La omnipresencia de la mímesis
en la obra de Manuel Puig

Portada Hispánica 11

Consejo de dirección
Patrick Collard (Universidad de Gante)
Hub. Hermans (Universidad de Groninga)
Francisco Lasarte (Universidad de Utrecht)
Maarten Steenmeijer (Universidad de Nimega)
Rina Walthaus (Universidad de Groninga)

Amsterdam – New York, NY 2001

La omnipresencia de la mímesis en la obra de Manuel Puig

Análisis de cuatro novelas

Ilse Logie

Cover illustration: M.C. Escher's 'Drawing Hands' © 2001 Cordon Art – Baarn – Holland. All rights reserved.

Uitgegeven met steun van de Universitaire Stichting van België

El libro se ha publicado con la ayuda de la Fundación Universitaria de Bélgica

The paper on which this book is printed meets the requirements of "ISO 9706:1994, Information and documentation - Paper for documents - Requirements for permanence".

ISBN: 90-420-1417-2
©Editions Rodopi B.V., Amsterdam – New York, NY 2001
Printed in The Netherlands

A Paul

Indice

Prólogo 1

0. Introducción 10
   0. 1. La mímesis poética 11
   0.1.1. Literatura de agotamiento y literatura de relleno 11
   0.1.2. Algunas consideraciones en torno al concepto poético de 'mímesis' 21
   0.2. La mímesis psicológica 39
   0.2.1. René Girard y el deseo mimético 39

1. *Maldición eterna a quien lea estas páginas*: mímesis psicológica y mímesis poética 60
   1.1. Intriga 60
   1.2. El deseo mimético en *Maldición* 75
   1.2.1. La retórica del amo y del esclavo 78
   1.2.1.1. Amor-pasión 79
   1.2.1.2. Mecanismos de compensación/ masoquismo 88
   1.2.2. Apogeo de la mediación interna: La mediación recíproca o la rotación de los papeles 94
   1.3. La mímesis poética en *Maldición* 102
   1.3.1. El modo: relato de palabras 104
   1.3.1.1. La falta de transparencia del contenido 115
   1.3.1.2. La compleja génesis de la novela/ su carácter de traducción 121
   1.3.1.3. El modo: conclusión 132

2. *The Buenos Aires affair*: Manuel Puig y el poder 143
   2.1. Intriga 143
   2.2. Contexto 148
   2.3. Reescritura paródica de discursos 153
   2.3.1. Desmantelamiento del narrador omnisciente y multiplicación de recursos narrativos con fines paródicos. 156
   2.3.2. Reescritura paródica del subgénero policiaco 158
   2.3.3. Reescritura paródica del discurso psicoanalítico 167

2.3.4. Reescritura paródica del discurso hollywoodiano... 175
2.3.5. Reescritura paródica de la 'midcult'...... 177
2.3.6. Otras reescrituras...... 178
2.4. El poder en la sociedad posmoderna...... 180
2.4.1. Manuel Puig y la hipótesis represiva: textos y paratextos...... 180
2.4.2. Del poder jerárquico al poder mimético...... 182
2.4.3. El poder según Michel Foucault: refutación de la hipótesis represiva; hipótesis nominalista...... 186
2.4.4. La experiencia sexual en *The Buenos Aires Affair*.. 192
2.4.4.1. Masoquismo y voyeurismo de Gladys...... 195
2.4.4.2. Sadismo y exhibicionismo de Leo...... 197
2.4.4.3. Conclusión...... 201
2.5. La vertiente mimética del poder...... 202
2.5.1. Los modelos miméticos de Gladys...... 204
2.5.1.1. El modelo materno o la impostura de la 'midcult' 205
2.5.1.2. Internalización de la norma paterna...... 211
2.5.1.3. El adoctrinamiento escolar: del paternalismo al patriotismo patético...... 214
2.5.1.4. La iconografía cinematográfica...... 216
2.5.2. De la mentira romántica a la verdad novelesca: hacia un nuevo paradigma...... 219
2.6. Manuel Puig y Michel Foucault: cultura híbrida y productividad de la norma, dos casos de 'doble vínculo'.. 223
2.7. Conclusión...... 226

3. *Boquitas pintadas*: **la mímesis sociológica**...... **237**
3.1. Intriga...... 237
3.2. La vertiente sociológica del deseo mimético...... 256
3.2.1. Transposición sociológica del deseo mimético...... 260
3.2.2. La paradoja argentina: una cronología (del 'sueño helénico' al 'sueño de Evita' y de la 'latinoamericanización' al paradigma posmoderno)...... 263
3.3. La 'enciclopedia ideológica' argentina o la arqueología de un 'error'...... 279
3.3.1. Los avatares del binomio 'civilización/barbarie'..... 280

3.3.2. *Boquitas pintadas*: de la exclusión mutua a la mímesis reversible 293
3.3.2.1. El motivo del blanqueo en *Boquitas pintadas*....... 293
3.3.2.2. El estatuto del narrador en *Boquitas pintadas*....... 302
3.4. Conclusión 307

4. *Cae la noche tropical*: Manuel Puig y el saber............... 321
4.1. Intriga............... 322
4.2. La mímesis psicológica en *Cae la noche tropical* 327
4.2.1. Silvia y José Ferreira 328
4.2.2. Nidia y Silvia............... 346
4.2.3. Nidia y Ronaldo 349
4.3. De la mímesis psicológica a la epistemológica pasando por la poética............... 353
4.4. Conclusión 357

Conclusiones generales 365

Bibliografía 376

Prólogo

A diez años de la muerte del escritor argentino Manuel Puig (1932-1990), reina un consenso en torno a su obra. La crítica es ahora unánime en considerar que novelas como *La traición de Rita Hayworth*, *Boquitas pintadas*, *El beso de la mujer araña* o *Cae la noche tropical* han instaurado un antes y un después en las letras argentinas. Pero no siempre ha sido así, y menos en la patria del autor, donde la acogida crítica ha sido más que problemática. El 'Encuentro internacional Manuel Puig', organizado por la Universidad Nacional de La Plata en agosto de 1997, ha puesto las cosas en claro: consolidando la atención académica que la obra del autor recibía desde hacía varias décadas en el extranjero, el coloquio equivalía asimismo a una canonización en la propia Argentina – consagración que culminará con la salida inminente de la edición crítica de *El beso de la mujer araña* en la prestigiosa colección Archivos (Unesco, París) a cargo de José Amícola. El congreso de La Plata se clausuró en General Villegas, el pueblo natal de Puig situado en la pampa húmeda, adonde nos llevó, a una veintena de participantes por lo menos, un interminable viaje en autobús. En su entrañable evocación de este 'gesto saturado de kitsch', Francine Masiello reflexiona a propósito del carácter decididamente posmoderno de la excursión, y de la confusión entre lo real y las estrategias de representación a la que dio lugar (Amícola & Speranza 1998: 375-379).

En su estudio reciente *Manuel Puig. Después del fin de la literatura* (2000), Graciela Speranza formula su impresión de que, por mucho que se haya dicho en los últimos treinta años sobre las novelas de Puig, el núcleo de su atracción permanece sin ser dicho. En su propia evaluación de ellas, Speranza antepone la experiencia de una visión (un retrato de Marilyn por Kuitca) a la enumeración de ideas teóricas. Compara el 'efecto Puig' a una epifanía, corroborando así la importancia de la matriz estética del arte Pop para un autor que siempre ha querido colocarse fuera de la literatura. Analizando en detalle las deudas del escritor con el cine, Speranza encuentra en él la presencia de una nueva sensibilidad, capaz de revitalizar la literatura argentina que, después de Borges y Cortázar, parecía agotada (véase nuestro capítulo introductorio).

La publicación de material inédito (los pre-textos de *La traición de Rita Hayworth* y algunos guiones) que a partir de 1996 vienen poniendo en circulación el equipo geneticista de esta misma Universidad Nacional de La Plata y Beatriz Viterbo Editora con sede en Rosario, confirma que la experiencia como asistente cinematográfico le ayudó mucho a Puig a encontrar su camino de autor. Inscribiéndose en una alternativa tradición literaria argentina que va desde Roberto Arlt a César Aira, el estilo de Puig no es ni pulcro ni liso. El autor se niega a cumplir la supuesta misión de preservar y de defender la pureza de la lengua nacional. Los tipos de textos que recicla se sitúan fuera de los cauces habituales de la literatura de su país: su prosa imita los procedimientos empleados en el cine, se abre a los ritmos del tango, recoge los ecos de la radio. De sus textos emana una seducción irresistible que opera hasta la última página.

Si bien Manuel Puig ha entrado en la historia de la literatura hispanoamericana como el que hizo caer la barrera erigida entre el arte culto y el arte popular, la postura que el autor adopta frente a esta problemática no es en absoluto unívoca: en el preciso instante en que revaloriza la cultura de masas, nos indica las estrategias de recuperación que se están forjando. Otros temas predilectos de Puig como, por ejemplo, el de la utopía, reciben igual tratamiento. En el cándido entusiasmo de Molina, de Gladys o de Nené, en su frivolidad torpe y su patetismo enternecedor, subyace un fondo de nostalgia, una incapacidad de aceptar la vida cotidiana. Simultáneamente, estas mismas novelas disuelven la nostalgia del origen y de lo absoluto definitoria de la modernidad. Quien lee y relee a Puig se percata de que la impresión de ingenuidad y de frescor que se desprende de su obra es falsa, es fruto de complejas maniobras narrativas. Creemos que en esta zona de tensión reside la singularidad del autor argentino.

No tendrá cabida en este prólogo el tradicional repaso de la vida del autor. Críticos como Pauls (1986: 5-10), Amícola (1992: 287-289), Bacarisse (1990b: 1365-1370) o Páez (1995: 149-159) nos han dado ya cronologías detalladas del 'vía crucis' que ésa ha constituido, y Faber & Faber acaba de publicar (2000) la biografía *Manuel Puig and the Spider Woman*, escrita por la traductora al inglés de Puig, Suzanne Jill Levine. Sí mencionaremos más adelante los episodios significativos (como el exilio) en la medida en que nos parezcan imprescindibles para la comprensión de las novelas comentadas. Puig, al igual que sus personajes, andaba constantemente en busca de un lugar ideal (a veces por decisión propia, otras veces por motivos ajenos a su voluntad), como si compartiera con ellos la convicción de que la 'verdadera vida' se encontraba en otra parte: primero abandona General Villegas para estudiar en la capital argentina y después para viajar a Roma donde queda defraudado por los estudios de Cinecittá y las reglas neorrealistas que éstos le imponen; más tarde se establece sucesivamente en Nueva York, México y Río de Janeiro; muere en Cuernavaca, México, país al que había vuelto en el '89 debido a la inseguridad creciente en Brasil.

La primera y la segunda novela de Puig (*La traición de Rita Hayworth* y *Boquitas pintadas*, de 1968 y 1969 respectivamente) son obras de inspiración autobiográfica. Con *The Buenos Aires Affair* (1973) empiezan los problemas del autor con las autoridades argentinas, que le obligan a abandonar el país para siempre. *El beso de la mujer araña* (1976) se considera su obra maestra. No cabe duda de que a partir de 1979 (fecha de publicación de *Pubis angelical*), la popularidad de Puig declina. Ni el gran público, ni la mayoría de los críticos han dado en su día una acogida entusiasta a *Pubis angelical*, a *Maldición eterna a quien lea estas páginas* (1980), a *Sangre de amor correspondido* (1982) y ni siquiera a *Cae la noche tropical* (1988). La escritura posterior a *El beso* se inscribe en una nueva línea, menos espectacular y más sobria, y se caracteriza por un retroceso de la presencia del arte popular.

La plena rehabilitación, y – como queda dicho – la canonización del autor se inician después de su muerte prematura, en 1990, dando lugar a una nutrida y creciente producción crítica. La bibliografía analítica y comentada 1968-1996 de Guadalupe Martí-Peña, *Manuel Puig ante la crítica*, está ahí para demostrar el éxito del autor. Esta valiosa herramienta de trabajo para investigadores y estudiosos de Puig subraya el alcance de una obra que continúa atrayendo y desconcertando a sus lectores. Otro estudio reciente, el excelente *Personaje y lectura en cinco novelas de Manuel Puig* (1998) de nuestra compatriota Geneviève Fabry, incluye un elaborado 'estado de la cuestión', inventario de los intentos críticos a los que ha dado lugar *El beso de la mujer araña*: desfilan análisis de índole impresionista, estructural y psicoanalítica, interpretaciones inspiradas en la teoría de la recepción (como la suya propia) y visiones de raigambre posestructuralista. Aunque se trata aquí de una sola novela, y de un enfoque que parte de un criterio particular (el del personaje), los resultados son perfectamente extrapolables al ser manifestaciones de los sistemas hermenéuticos subyacentes a las descripciones interpretativas. Parecía absurdo repetir el recorrido; por consiguiente, en este trabajo, la crítica sobre el autor sólo aparecerá mencionada o citada cuando sea relevante para una mejor comprensión de la mímesis. En este contexto, cabe destacar la constante pugna de modelos receptivos a la que ha dado lugar *El beso*. Fabry pertenece a los críticos que hacen hincapié en el juego contradictorio entre lectura participativa y lectura distanciada. La oscilación entre dos modos de leer invalida la supuesta transparencia de la obra de Puig, resaltando, en cambio, su carácter paradójico. Dentro de su marco receptivo, Fabry formula una paradoja compatible con las que han sido reveladas por nuestro propio estudio: la de la representación de la lectura, según la cual no se deben aplicar a los textos del escritor los modelos exhibidos en su seno.

Nuestro libro se sitúa en la prolongación de semejante visión integradora de la conjunción de opuestos que anteriormente ya había sido sostenida por Borinsky (1978), Pauls (1986), Kerr (1987) y Páez (1995). De la enumeración de estos autores se desprende que ya se han estudiado varias facetas de la 'paradoja de la representación', sin que en ninguno de los libros mencionados el proceso mimético haya sido abarcado en su totalidad. Hasta ahora, los diferentes niveles y dimensiones, tanto semánticos como formales, en los que la mímesis se infiltra no han sido vinculados de manera sistemática. Creemos que nuestra manera de abordar la mímesis permite indicar por qué la obra de Puig produce incomodidad crítica y por qué en ella la idea dialéctica y jerarquizada ha sido subsumida en una epistemología del término medio, que se caracteriza por la presencia simultánea de planteamientos contrarios.

El tema de la mímesis nos ha sido sugerido por la obra misma. Puig manifiesta una aguda preferencia por las situaciones de destrucción y de autodestrucción de personajes, entidades y procedimientos formales; revela el mimetismo agazapado en la ilusión de autonomía. Este afán mimético, tomado en su sentido lato de principio que se manifiesta en cualquier tipo de relación humana (psicológica, sociológica, poética, epistemológica) y que por tanto abarca las tres categorías modales de 'querer', 'poder' y 'saber', es una preocupación fundamental del autor desde la publicación de su primera novela, *La traición de Rita Hayworth*, y se mantiene constante hasta la última, *Cae la noche tropical*, no sin sufrir importantes cambios, como intentaremos demostrar en nuestro análisis del corpus propiamente dicho.

El mimetismo psicológico y sociológico de los personajes se conjuga con una forma muy particular de concebir la representación literaria (mímesis poética y epistemológica). Al tener tan hondas implicaciones en tantos campos diferentes, el tema de la mímesis resulta difícil de captar. Sin embargo, comprender mejor su funcionamiento contribuye a arrojar luz sobre el universo de Puig, al tiempo que permite penetrar en el paradigma paradójico que rige amplios sectores de la posmodernidad. Los postulados que sostenemos coinciden con un renovado interés por la mímesis: pensamos en los estudios de Gebauer & Wulf (1995), de Melberg (1995), y en las actas del coloquio de Groninga *De spiegel van Stendhal* (Van Heusden & Jongeneel 1998). A los cincuenta años de la publicación de la clásica obra de Auerbach, parece esbozarse un consenso en torno a la necesidad de replantear una noción que constituye el núcleo del arte y de todas las experiencias humanas.

Este trabajo se compone de una introducción y de cuatro capítulos que reflejan nuestra trayectoria crítica. Nos hemos limitado al género novelesco, dejando de lado los guiones, artículos y piezas de teatro de Manuel Puig. Nuestro criterio de selección de las cuatro novelas ha sido doble: pragmático por una parte (hemos descartado *El beso de la mujer araña* porque ya se ha analizado a saciedad), y teleológico por otra (hemos reunido obras en las que se desarrollan los aspectos más llamativos y más diversos de la mímesis). Así y todo, el muestrario nos parece representativo: figuran obras del 'primer Puig', o sea, anteriores al *Beso de la mujer araña* (*Boquitas pintadas, The Buenos Aires Affair*), y obras de madurez (*Maldición eterna a quien lea estas páginas, Cae la noche tropical*). El orden de las obras estudiadas no es, por tanto, forzosamente cronológico, sino que viene determinado por nuestro enfoque, es decir, por el protagonismo que en ellas reviste el aspecto mimético que hacemos resaltar en cada uno de los capítulos.

En la introducción, presentaremos el replanteamiento que el concepto mimético en su vertiente poética está conociendo en nuestros días, y discutiremos el estatuto de 'literatura de agotamiento o de relleno' que le cabe asignar a Manuel Puig. A continuación, presentaremos la noción de 'mímesis psicológica', basada en la teoría de René Girard, que constituirá un importante instrumento de análisis de las novelas de nuestro corpus.

El primer capítulo constituye la parte más polifacética de nuestro trabajo. Hemos preferido articularlo en torno a *Maldición*, un texto relativamente poco comentado y subestimado. En el estudio de esta novela, ponemos a prueba la mímesis en sus vertientes psicológica y poética. En cuanto a esta última, la estructura citativa de *Maldición* plantea varias paradojas y exige una redefinición de ciertas categorías narratológicas que Graciela Reyes y Meir Sternberg nos han ayudado a formular.

El segundo capítulo gira en torno a *The Buenos Aires Affair*. También en esta novela, el funcionamiento mimético ocupa el primer plano, tanto en el nivel psicológico (relaciones entre los protagonistas) como en el intersubjetivo y sociológico de las prácticas sexuales, que derivan de una concepción 'normalizadora' del poder tal como la ha elaborado Michel Foucault.

En el tercer capítulo, centrado en *Boquitas pintadas*, hemos realizado una transposición sociológica de los mecanismos miméticos, esbozando una 'historia mimética' de la Argentina a partir de una relectura del *Facundo* de Domingo Faustino Sarmiento.

Finalmente, en el análisis de *Cae la noche tropical*, pasamos revista a dimensiones ya tratadas de la mímesis (la psicológica, la poética), que desembocan en algunas reflexiones en torno al papel epistemológico que hoy en día corresponde a la mímesis, reflexiones inspiradas en la ontología 'débil' difundida por Gianni Vattimo.

La breve presentación que acabamos de hacer es, forzosamente, defectuosa. En la práctica, resulta imposible deslindar nítidamente los capítulos. En primer lugar, nos lo impide el tema estudiado. En segundo lugar, hemos partido siempre de novelas concretas que, afortunadamente, son asistemáticas por definición. Así, un autor como Umberto Eco aparecerá citado en varios capítulos, cada vez que surja la problemática de la (in)separabilidad del arte establecido y del arte popular.

Desde el primer momento, nos ha parecido poco satisfactorio limitar el estudio de la rica narrativa de Puig a la ilustración de un modelo teórico que, en vez de dilucidar los múltiples aspectos de los textos, prefiere mutilarlos para salvar así la coherencia del método. A nuestro entender, la novelística de Puig requiere un acercamiento que tome como punto de partida las obras mismas. Este es el motivo por el que hemos seleccionado las teorías con arreglo a cada novela. Nuestra primera lectura sistemática se ha concentrado en la función de la actividad imitativa que subvierte las nociones de autoría y de originalidad y que deriva de un replanteamiento de la mímesis. A medida que hemos empezado a fijarnos en esta norma, hemos percibido, en lecturas posteriores, que la mímesis no sólo actúa en el nivel poético, sino que migra constantemente hacia otras zonas (psicología de los personajes, de una colectividad, relaciones de fuerza en una sociedad poscolonial).

Las paradojas semióticas omnipresentes en la obra de Puig nos han llevado al camino de la desconstrucción. En teoría, de manera ideal, el objetivo de este método de lectura no es anular los fundamentos estructuralistas contra los que se levantó en un principio, sino llevarlos a debate y transformarlos en puntos de partida provisionales sin dejar de nutrirse de ellos. Para evitar las trampas de la deconstrucción, hemos actuado de acuerdo con esta regla 'ideal'. Como desaprobamos el ostracismo en todas sus manifestaciones, no hemos querido desprestigiar las etapas críticas que preceden a la actual y nos ha parecido justificado adoptar una actitud de 'doble vínculo' que consiste en reciclar algunos planteamientos estructuralistas (de Genette, por ejemplo) desde un punto de vista de desconstrucción.

En el presente trabajo no pretendemos, por tanto, copiar mecánicamente los procedimientos de la desconstrucción. Aparte de que una preocupación por la pureza metodológica estaría reñida con los propios principios de la desconstrucción, también lo estaría con el espíritu de Manuel Puig. Nuestra postura crítica nos parece, además, compatible con nuestra visión de la mímesis. En cada capítulo hemos reformulado algunas ideas clave y, al reformularlas desde puntos de vista afines, las hemos variado ligeramente. De esta manera, hemos establecido una especie de 'Verwindung' (Vattimo) entre enfoques críticos sólo parcialmente transitivos: sabido es que cualquier transferencia o asimilación deja residuos irreductibles y enriquecedores.

La selección de teóricos de la literatura no ha sido arbitraria. Derrida, Girard, Foucault, Vattimo, Eco, Hutcheon, Reyes... tienen mucho en común: todos creen que ha terminado la época de la 'metafísica de la presencia'; todos subrayan los modos en que los (imprescindibles) mecanismos de repliegue sobre sí mismo (de un texto, de un individuo, de un pueblo) trastornan paradójicamente sus tentativas de autoposesión y todos recalcan que los textos (individuos, pueblos...) aportan imágenes y argumentos para subvertir esas presuposiciones. Para contrarrestar el peligro del ombliguismo europeo y de la descontextualización de la obra de Puig, hemos incluido múltiples referencias a destacados críticos latinoamericanos como Julio Ramos, Angel Rama, Santiago Colás o Néstor García Canclini. No se puede hablar del 'otro' latinoamericano sin cederle la palabra.

La redacción de un trabajo con tales objetivos es comparable a la experiencia del funámbulo: la búsqueda del equilibrio entre el eje de lo concreto, del 'close reading', de lo específico, y el eje de lo abstracto, ir hasta el fondo de algunas intuiciones para explicitarlas y estructurarlas. Nuestro propio discurso crítico también es, hasta cierto punto, un discurso mimético que cita los libros analizados y las fuentes consultadas.

Quisiéramos terminar citando un comentario acertado del escritor argentino Alan Pauls a propósito de lo que él llama la capacidad de metamorfosis alojada en la obra de Puig, y el consiguiente gozo que su lectura continúa prodigando:

> Y eso hace que cada vez que yo entre de nuevo a un texto de Puig me sienta automáticamente como 'pasado de moda'; yo estoy pasado, no el libro. Eso es algo realmente extraordinario [...]: un escritor que convierte a los críticos en 'pasados de moda', a cualquier crítico y sobre todo cuando el escritor ha muerto. En un sentido, esa especie de descolocamiento de la lectura, o ese descolocamiento de la crítica en relación con la obra de Puig, para mí en la literatura argentina solamente tiene como otro ejemplo... el 'Pierre Menard' de Borges: es que todo parece estar ahí en ese texto, todo parece estar como servido en bandeja, para la crítica, para la teoría. Y sin embargo, hay un vértigo que subsiste; es como si el relato fuera solamente este vértigo, y todo el resto – la apropiación, la atribución, el plagio, el robo, la reescritura, etc. fuera como la miel para las moscas. Pero lo que subsiste es el vértigo. Y yo – que muchas veces pienso en volver sobre ese librito que escribí {*Manuel Puig, 'La traición de Rita Hayworth'* 1986; I.L.}, y en reescribirlo, y tratar de ponerme un poco a la moda con Manuel Puig, siempre me detengo y digo: tengo que esperar, tengo que esperar. (Amícola & Speranza 1998: 24-25).

Este libro es una versión reelaborada de la tesis de doctorado leída en la Universidad de Amberes, Bélgica, en mayo de 1997. Muchas han sido las personas que nos han brindado su ayuda a lo largo del trayecto. A todas ellas quisiéramos presentar nuestras más sinceras gracias.

En primer lugar, dejamos constancia de nuestra gratitud a nuestro director de tesis, el profesor Patrick Collard, actualmente catedrático de la Universidad de Gante, a cuyo estímulo científico, sentido común y calor humano este trabajo debe mucho.

Agradecemos, en segundo lugar, las observaciones críticas formuladas por los profesores Maarten Steenmeijer, Jacques Joset,

Josse De Kock y Fernand Hallyn - miembros del tribunal de la tesis - y los consejos atinados de los profesores Hub. Hermans y Geneviève Fabry.

Gracias también a Carmen Gómez Molina, por su disponibilidad y el rigor de sus lecturas.

Nuestro reconocimiento se dirige igualmente al Instituto Superior de Traductores e Intérpretes (HIVT) de Amberes, y especialmente a los compañeros del grupo de español Christiane Stallaert, Edwin Baert y Anne Verhaert, por el ambiente de solidaridad que han contribuido a crear hasta en los momentos más difíciles.

Por último, aunque no menos importante, este trabajo no se habría llevado a buen término sin el apoyo incondicional de tantos y tan queridos amigos, de nuestros padres, y de Paul, cuya pacienca durante el largo proceso de gestación y de redacción ha sido infinita, y cuya contribución mucho mayor de lo que él está dispuesto a admitir.

0.
Introducción

> La experiencia directa no había funcionado: tenía que resignarme a la erudición. Así va el mundo: la cosa parece próxima, inmediata, pero hay que dar un rodeo largo para llegar a rozarla, siquiera fugazmente, con la yema de los dedos. Nada de lo que nos interesa verdaderamente nos es directamente accesible. El cuerpo que suponemos desear es una superposición de proyecciones culturales inculcadas por el sistema tortuoso que quiere justamente impedirnos su goce; nuestro plato preferido, la única opción que nos deja un repertorio rígido canonizado por la costumbre. El pasado más remoto, la puesta de sol que estamos viendo o la naturaleza exacta de la punta de nuestra lengua, sólo tienen algún sentido o por lo menos alguna descripción plausible en algún capítulo o en algún volumen de una interminable biblioteca. Atrincherarse en lo empírico no aumenta el conocimiento, sino la ignorancia.
>
> Juan José Saer

0. 1. La mímesis poética
0.1.1. Literatura de agotamiento y literatura de relleno

En su ensayo 'The Literature of Exhaustion' (1967)[1], el escritor y crítico norteamericano John Barth, en busca de modelos literarios para su propia práctica de la escritura y la de sus contemporáneos, descarta la obra de Proust o de Joyce por su aplastante monumentalidad, y antepone a ella, para su generación, lo que llama la literatura 'desgastada' de Beckett, Nabokov y Borges. Temiendo que este calificativo haga surgir malentendidos[2], el autor se apresura a precisar lo que entiende por 'agotamiento' o, mejor dicho, lo que queda excluido de su definición: "Por 'agotamiento' no quiero decir nada tan manido como el tema de la decadencia física, moral o intelectual; tan sólo el desgaste de ciertas formas o el agotamiento de ciertas posibilidades" (170). Lo que, en opinión de Barth, ha expirado es, pues, una manera determinada de enfocar el concepto de representación. Los autores de la modernidad tardía y de la posmodernidad "han tirado el agua sucia del baño a cada momento sin perder en ningún momento al bebé" (175) o, en términos menos caseros, han sacrificado la romántica originalidad cambiándola por el usufructo de la palabra ajena. Hiperbólicos al respecto son la actitud citativa y el consiguiente cuestionamiento de la autoría y del origen asumidos por Jorge Luis Borges. El archiconocido relato 'Pierre Menard, autor del Quijote' (*Ficciones*) ilustra la firme convicción del escritor argentino de que la recreación intertextual no se debe confundir con la copia pasiva (Menard intentando escribir el *Quijote* sin dejar de ser Menard). La empresa asombrosa de Menard da cuenta de los problemas más acuciantes del fenómeno de la citación y ejemplifica la poética de Borges, según la cual el proceso de escribir se presenta como comentario de texto, como equivalente al de citar y éste se convierte en una inevitable perversión. La obra de Borges "está construida en el agotamiento de la cita. Borges hace recordar a su lector que lo que va a leer, ha leído o está leyendo es un ya dicho porque todo texto lo es, debe serlo y de eso se trata" (Reyes 1984: 47). El autor argentino se puede permitir la audacia epistemológica de 'reescribir' el *Quijote* porque, como advierte Barth, en ningún momento

> se atribuye el *Quijote* a sí mismo, y mucho menos lo recompone como Pierre Menard; en su lugar escribe una obra de literatura original y notable, cuyo tema implícito es la dificultad, tal vez la falta de necesidad, de escribir obras originales de literatura. Su victoria artística, si se quiere, reside en que confronta un callejón sin salida y lo emplea contra sí mismo para conseguir una obra nueva (Barth 1976: 175).

Para Borges, el autor no debe alegar 'originalidad' en literatura, si se toma la 'originalidad' en el sentido de lo que "no es repetición, copia o imitación de otra cosa" (*María Moliner*). Es más, aspirar a este tipo de 'originalidad' significa hacer prueba de vanidad y de ingenuidad. La verdadera originalidad se consigue precisamente cuando se descarta la obsoleta originalidad romántica, cuando se explotan a fondo los textos de los predecesores, cuando el autor cumple escrupulosamente con su estatuto de recopilador, de anotador, de traductor de los arquetipos preexistentes. La literatura es obra de todos y de nadie, es una cadena de distorsiones de un original inapresible en la que es imposible decir algo nuevo. Si en algo reside la 'originalidad', o mejor dicho, la capacidad creadora del artista, será en la revitalización consciente de lo que le ofrece el pasado. La más importante originalidad de Borges es sin duda la de haber levantado una obra literaria de valor sobre el cuestionamiento corrosivo de la literatura.

Semejante rechazo del dogma de la originalidad no le parece a Barth ningún motivo para alarmarse. Antes ve en él un estímulo para reorientar la producción literaria. Creemos que la historia le está dando la razón y que, tanto en Europa como en América, la profecía de Barth se está realizando. De la situación europea y estadounidense no nos vamos a ocupar aquí. En lo que concierne a América Latina, diremos que la resaca del 'boom' ha dado lugar a una situación de agotamiento, a una operación de 'adelgazamiento' que, salvando lo que hay que salvar, nos recuerda la iniciativa precursora de Borges, transgrediendo el autor argentino con creces el lugar 'cronológico' que ocupa en la historia de la literatura[3]. Hasta cierto punto, Puig puede ser considerado el heredero de Borges. Jorgelina Corbatta (1988: 100) llama a Borges 'el padre literario' de Manuel Puig con quien, en *Maldición* sobre todo, el autor comparte "la afición por la enciclopedia, las bibliotecas, las máscaras, los juegos con el doble y su pronunciado vampirismo". La relación entre padre e hijo oscilaría en términos de la crítica, "entre la ansiedad de la influencia" (clara referencia a la teoría de Harold Bloom, expuesta en *The Anxiety of Influence*) "y su rechazo". El rechazo es obvio. A primera vista, la narrativa de Puig, basada en la evocación de la vida de la gente vulgar, gobernada por la ley del deseo y contraria por completo al hermetismo, se encuentra a años luz de la elegante metafísica elaborada por Borges. Sin embargo, Ricardo Piglia (1993: 77-86) refuta esa hipótesis que ve en Puig el desarrollo de una escritura antiborgiana. Su relectura de la obra de Borges ha puesto de manifiesto el rescate por parte de este último de las formas del cine de Hollywood de los años treinta (westerns, policiales de Von Sternberg) – con lo cual la unión de la alta cultura y de la popular sería un elemento que ambos escritores argentinos tienen en común. Además, la obra de Puig se sitúa en la prolongación de la poética citativa por la que nunca cesó de abogar Borges. Puig está endeudado con Borges en la medida en que él también se ahorra la molestia de operar con materias primas y prefiere servirse de un repertorio existente. Tal como Borges, Puig tiene su 'biblioteca babélica' donde están, no todos los libros del mundo, sino todos los folletos, los boleros, los álbumes de familia, todos los recovecos íntimos de la anónima masa argentina. Puig creó su estilo reciclando, no los productos refinados y bizantinos de la civilización, sino sus desechos, y confeccionó sus novelas "con la basura que arrojaba la gente culta, con la sobra que dejaba la inteligencia de la Argentina, con el mal gusto que ellos despreciaban y pensaban inútil" (declaración hecha a Almada Roche 1992: 42).

Sin embargo, Puig no niega la importancia del criterio de la originalidad. Por el contrario, lo reivindica, cuando, sin esconder el propio orgullo, afirma que "todo escritor, todo hombre, quiere ser original. Algunos lo logran, otros no. Creo haber logrado cierta originalidad en mis trabajos literarios. No imito a nadie, mi estilo lleva su sello y eso me pone muy feliz. No lo niego" (Almada Roche 1992: 43). Pero a la tan anhelada originalidad se llega por unas vías radicalmente diferentes de las tradicionalmente recomendadas. Puig trastorna el equilibrio terminológico postulando implícitamente que el segundo término (el de 'imitación'), tomado como negativo y marginal o versión suplementaria del primero, resulta ser la condición de posibilidad del primero (el de 'creación, innovación'); asume sin vacilar que la originalidad no es más que un epifenómeno de la deliberada reproducción de discursos. El autor lúcido no tiene más remedio que reconocer la condición mimética a la que obedece la escritura: siempre se vuelve a escribir la misma historia. El ejercicio de la originalidad se desplaza, por tanto, hacia otros terrenos. Si todo está dicho, importa menos que una trama haya sido o no inventada antes. La originalidad radica en el tipo de discurso (más o menos desgastado) citado y en la forma en que dicho discurso resulta reproducido. Siempre hay un residuo irreductible en la reproducción y cabe sostener, por tanto, que la copia se transforma, paradójicamente, en transvase, en 'traducción', en 'producción' artística. En cuanto a la selección de discursos, la singularidad de Puig en el panorama latinoamericano reside en la ambición del autor de hacer una nueva literatura popular desde una postura de identificación crítica en un momento en que semejante proyecto suena inédito y desconcierta a la casi totalidad de los argentinos. Si la prosa del autor consigue el frescor que tanto cautiva a sus lectores, esto se debe a que nos muestra la otra cara de la Argentina (representada por Carlos Gardel o Libertad Lamarque, que conforman la educación sentimental de tantos personajes), violentamente desdeñada por las clases dirigentes. Puig inventa nuevos ámbitos en una época fatigada de la invención literaria. El aburrimiento se metamorfosea así en encanto. Pero la literatura de Puig no es interesante porque apele a lo pintoresco de estas subculturas; lo es porque nos informa de unos valores y principios profundos (entre ellos el mecanismo mimético) - patentes en las subculturas, pero disimulados en el arte superior - que operan con igual fuerza en las culturas extraoficial y oficial. Puig nos enseña que al vivir algo, siempre lo estamos viviendo de acuerdo con algún modelo (sea una lectura, una película, una letra de tango) que intentamos incorporar a nuestra existencia.

Claro está que dentro de la obra del autor, se han dado distintas entonaciones desde el 68 al 88, año de publicación de su última novela *Cae la noche tropical*, con la que, según el parecer casi unánime de la crítica, recobra la literatura de Puig su capacidad para poetizar rutinas domésticas. Con motivo de la aparición de *Maldición eterna a quien lea estas páginas* y, en menor medida, de *Sangre de amor correspondido*, algunos críticos condenaron severamente el énfasis puesto en el proceso lingüístico. En sus intervenciones públicas, el autor siempre rebatió la tesis del 'bajón'. En realidad, lo que las reseñas tienen por una 'ruptura estilística' no nos parece ser más que una modificación de registro (menos brillo, lenguaje más clínico, más topicidad) atribuible principalmente a las condiciones del exilio. Básicamente, el procedimiento del reciclaje se mantiene constante en todo el itinerario del autor, y no se percibe ningún cambio de rumbo significativo. A lo largo de su carrera, Puig se entregó a citar, a entrecomillar y a recontextualizar palabras ajenas.

De lo anteriormente expuesto se deduce que, entre las muchas puertas de salida vislumbradas ante la extinción del 'boom', una de las más prometedoras fue la que abrió Manuel Puig. Se le suele considerar una figura-bisagra entre los ambiciosos proyectos totalizantes de un Cortázar o un Fuentes y el modesto retorno a la subjetividad del 'post-boom'[4]. Antes de que se inaugure la literatura 'de relleno' (que en América Latina coincide con la del 'post-boom'), es preciso que se atraviese una fase de conciencia del 'agotamiento'. Manuel Puig ha contribuido sin duda alguna a asegurar la transición: si *La traición* pertenece en ciertos aspectos al 'boom', *Maldición* representa la fase de extinción, mientras que *Cae la noche tropical* posee la vitalidad que caracteriza el 'post-boom'. Puig cuenta entre los autores que con mayor firmeza han vuelto la espalda a la ilusión de exhaustividad, y que siempre han desafiado la idea de que la creación es fruto de la inspiración, del genio o de algún que otro estado de gracia. Por experiencia propia, Puig ha comprendido que la creación es siempre reelaboración, ya que todos los significados son productos históricos del juego diferencial de los significantes disponibles. Tampoco le ha tentado el espejismo de la mitología 'blanca', de un supuesto grado cero de la escritura al que aspiraba el 'Nouveau Roman'. Puig nunca ha creído que pudiera haber semejante inmaculada virginidad: tarde o temprano, lo que empieza siendo una ausencia de marca se convierte en una variante manierista.

Inscribir sin reserva a Manuel Puig en la línea del agotamiento sería sin embargo, reductor. Significaría hacer caso omiso de la dimensión seductora que, por contradictorio que pueda parecer, se conjuga en su obra con el eje del 'agotamiento'. En contraposición al ascetismo de cuño beckettiano, pero sin desacreditarlo, el autor ha logrado desarrollar una vertiente tierna y sensual que constituye algo así como su modo personalísimo de conjurar la aporía en la que se sentía atrapado.

Pero no por ser muy particular, este estilo está reñido con las estrategias narrativas características de la posmodernidad europea y estadounidense con la que el 'post-boom' latinoamericano comparte muchos rasgos. Frente a los Relatos Abarcadores, éste ha instaurado el pequeño relato; frente al Lenguaje Universal, la multiplicidad de lenguajes particulares. A pesar de las considerables divergencias internas que se presentan en el seno de esta amplia corriente y que descolocan a la crítica, la mayoría de las obras destaca por su ambivalencia y por su mestizaje de características. Cabe decir que, en general, las obras posmodernas se oponen a la transparencia de cierta concepción decimonónica de la mímesis, pero que tampoco permiten un excesivo grado de opacidad. Aparentemente, vuelven a plantear los antiguos temas: se vuelve al sujeto, a la trama, al ornamento y a la figura. La novelística actual parece haberse reconciliado con la narración, tiene un aspecto de 'realismo nuevo cuño'. Varios autores posmodernos se perfilan como defensores elocuentes del arte imitativo. Simultáneamente, el código convencional de la novela realista es exhibido, y, al ser exhibido, subvertido y cuestionado. La fidelidad al original del proyecto imitativo se ha revelado impracticable. Un mismo libro puede yuxtaponer un cinismo estridente con un cándido entusiasmo. Y es que el reencuentro con la ficción decimonónica, que parece tener lugar en tantas obras posmodernas, no puede ser un reencuentro ingenuo. No se trata de ningún modo de un retorno a la mecánica anterior, al viejo espacio racional y transparente. El realismo posmoderno, cuando se da, se presenta forzosamente bajo el signo de la irreverencia.

El texto posmoderno se sitúa, pues, a caballo entre los dos mundos irreconciliables que lo constituyen sin encontrar que esta incompatibilidad lo debilita. Suele, por el contrario, reivindicarla. Por una parte, los posmodernos han admitido y asumido plenamente la imposibilidad de la representación directa, asociada al autoritarismo. Saben que no hay palabra inocente o limpia. La palabra vuelve a nacer en cada emisión lingüística, está impregnada de significados y lleva el lastre de contextos anteriores. A veces, el lenguaje, por la opacidad que le es propia, nos hace decir lo que no queremos decir. Al mismo tiempo, los representantes de la posmodernidad están convencidos de que es imposible prescindir de un mínimo de referencialidad, por mediada que esté. Para ellos, la ruptura de la dicotomía significante/significado no equivale a la quiebra del significado en general, sino al final del significado estable para el significante, a la aceptación de la semiosis ilimitada.

Las declaraciones provocativas de Borges y la práctica discursiva exhibida en *Maldición* marcan sendos puntos culminantes en la polémica a propósito de la representación o mímesis en la literatura argentina. Desde la perspectiva de la producción literaria actual, todo indica que Puig encarna un paradigma en transición y que su empresa artística se sitúa en un campo de tensión que ha contribuido a generar la práctica de la 'reescritura' – término que tomamos en el sentido que le ha conferido Florencia Garramuño en su brillante estudio *Genealogías culturales* (1997). La crítica trabaja en un corpus de ficciones de índole historiográfica del Cono Sur de las décadas del 80 y del 90, entre las cuales se encuentran títulos argentinos como *La liebre* de César Aira, *El entenado* de Juan José Saer y *Fuegia* de Eduardo Belgrano Rawson. En los tres casos, se trata de reescrituras de crónicas de la conquista, de relatos de viaje, o de discursos nacionales de la formación del Estado. Garramuño explica que, agotadas las vanguardias y abandonadas las estrategias experimentales, domina en esta ficción posterior a la dictadura una relación más distendida con el pasado. En lo que sólo superficialmente puede ser interpretado como un retorno al realismo – hay cierta recuperación de la función referencial del relato – llama la atención la medida en que la tradición ha dejado de ser la gran enemiga. Los autores de los 80 y 90 parecen haber decidido hacer uso de ella configurando recreaciones del pasado que implican una nueva teoría de la representación. Ésta consiste en una 'representación de segundo orden' (Garramuño 1997: 89) puesto que lo que se representa no es tanto el pasado sino "el proceso mismo de la representación según el cual ese pasado fue construido, los modos de historización y las estrategias de representación que se emplean en la construcción de un discurso nacional." (ibídem). Esta nueva concepción de la mímesis corresponde a una época de redemocratización: siendo la reescritura "un contrapunto de versiones, una problematización de identidades" (Garramuño 1997: 87), rechaza la dicotomía para reflejar la indeterminación propia de un régimen democrático. Las reescrituras estudiadas por Garramuño no cuestionan sus fuentes sino "la noción misma de 'fuente', un origen al que, intacto, se pueda retornar para reconstruirlo, metaforizarlo o construir alrededor de él, como un núcleo, una serie de conclusiones y textos posteriores." (ibídem).

Otra característica de la literatura argentina de ahora que merece ser destacada es su tendencia a la fragmentación. Asistimos a una nueva eclosión del relato asistemático en sus diversas modalidades (por ejemplo: el microrrelato). Esperanza López-Parada, que ha dedicado un fascinante estudio a 'la marginalia' (*Una mirada al sesgo*, 1999), documenta el fenómeno al tiempo que demuestra que la creación híbrida (fragmentos, diarios, cuadernos de notas, o sea, estos textos que se encuentran "al margen del sentido, del prestigio, de la totalidad y de la obra cerrada, al margen del texto mismo, fuera de la distribución genérica y del concepto tradicional de autoría" (López-Parada 1999: 11)) constituye una constante en la literatura hispanoamericana en general, y de la argentina en particular (pensamos en Macedonio Fernández, este 'rey de la miscelánea'). No nos debe sorprender este retorno a los límites del discurso en un país donde la más estricta coherencia, basada en una perversión de los postulados universalistas de la Ilustración, ha podido desembocar en la más absoluta arbitrariedad de la 'lógica' del Proceso.

Tanto la práctica de la reescritura como la estética fragmentada perfilan otro tipo de biblioteca, otra concepción del hecho literario. Uno de los más radicales en asaltar los mecanismos vigentes de representación en la literatura argentina ha sido Ricardo Piglia. Tanto en su ampliamente comentada novela-parábola de su propia producción *Respiración artificial* (1980) como en *Nombre falso* (1975) o *La ciudad ausente* (1992), este escritor expone una y otra vez su defensa deliberada del plagio y su visión de la literatura como un archivo abierto e infinito que no tiene ningún lugar fijo porque circula por todas partes. Si el caso de Piglia es el más espectacular, otros autores como Saer, Pauls o De Santis también abogan, de una forma más implícita, por una estética derivativa que problematiza la obsesión argentina por la genealogía identitaria (tema que ha sido investigado en el volumen *Supersticiones de linaje*, a cargo de Elisa Calabrese (1996)).

No es exagerado sostener que Manuel Puig ha abierto el camino a muchos de estos desarrollos ulteriores de la literatura argentina. Al igual que una telaraña, la narrativa de Puig simultáneamente construye y deconstruye. En *El beso de la mujer araña*, por ejemplo, se cuestiona la posibilidad de distinguir un espacio interior de otro exterior, la pureza de la impureza, al oprimido del opresor. Sin embargo, como arguye Colás[5] (1994: 121): "A representation of utopia en crisis presupposes the continued existence of utopia, even in crisis." En efecto, la melancolía del romanticismo raras veces se despega por completo de la prosa de Puig. Tanto en la euforia sesentista que marca el telón de fondo de las primeras novelas, como en el desencanto posmoderno que está presente en las últimas, se percibe cierta tendencia a la nostalgia del 'aura' benjaminiana y de la plenitud, a la sustitución del mito por otro mito (esta construcción alternativa de la historia, que Garramuño juzga reñida con la reescritura (1997: 144)). Hay, por cierto, evolución hacia la desarticulación de los grandes metarrelatos (incluidos los de la izquierda). El idealismo se desplaza: se sitúa en un plano cada vez menos abstracto para manifestarse, en *Cae la noche tropical*, entre los pliegues de lo cotidiano y de lo doméstico. Si de la utopía queda algo, este algo sólo puede ser experimentado en pequeñas dosis. Por inclasificable y única que sea su novelística, Manuel Puig, al quebrar las tradicionales estructuras literarias, ha contribuido a superar lo que Leo Pollman (1998) llama 'la separación de los estilos' que desde los años 80 del siglo pasado reinaba en Argentina. Localizando, además, la experiencia propia a partir de un gesto de imitación, ha señalado la importancia de la mediación y del simulacro – preocupaciones que continúan siendo debatidas en nuestros días.

0.1.2. Algunas consideraciones en torno al concepto poético de 'mímesis'

Muchos de los problemas a los que ha dado origen la mímesis guardan relación con la imprecisión terminológica que rodea al concepto que ha sido, desde el principio, huidizo y refractario al análisis. Forjado en la Antigüedad, el término se ha mantenido hasta nuestros días, pero su contenido y su amplitud han variado considerablemente a lo largo de los siglos. Antes de emprender el análisis de la mímesis poética que rige la novelística de Manuel Puig, hemos juzgado oportuno echar un breve vistazo a las peripecias que la noción griega ha conocido hasta ahora, para después proceder a una formulación contemporánea del fenómeno que se aplique a la obra de nuestro autor. El replanteamiento en términos de 'diferencia' ha sido llevado a cabo por teóricos - hemos trabajado principalmente con Gebauer & Wulf (1995), Ijsseling (1980), Melberg (1995), Cohen (1994), Deleuze (1968), Derrida (1972a), Hutcheon (1984), Lacoue-Labarthe (1986) y Prendergast (2000) - que parten de postulados posestructuralistas, y cuyas relecturas de pensadores anteriores desembocan por tanto en definiciones relativamente homogéneas que, a su vez, se convertirán probablemente más tarde en objeto de crítica.

En la tradición retórica grecolatina, la mímesis consiste básicamente en la imitación de la naturaleza (la **physis**), por lo que constituye un instrumento de trabajo y de divulgación que apunta a un efecto de conocimiento. La mímesis artística es considerada una modalidad específica de la mímesis general que - contrariamente a la mímesis científica - no persigue en primer lugar la verdad sino la verosimilitud. Para lograr la perfección verosímil, se le permite al poeta agregar o suprimir elementos, trastocar o sustituir partes o subrayarlas mediante figuras lingüísticas.

Sería, sin embargo, erróneo presentar la herencia griega como un conjunto homogéneo. Todos los críticos que se han ocupado recientemente de la cuestión han señalado que las definiciones avanzadas sucesivamente por Platón y Aristóteles divergen considerablemente. Melberg, Cohen y Derrida, que han sometido la obra de Platón a una rigurosa desconstrucción, matizan la clásica imagen de un progresivo refinamiento terminológico advirtiendo que ya desde el principio, es decir, desde Platón, la mímesis dista mucho de ser ese pálido reflejo de la realidad en que el platonismo la ha transformado[6].

En principio, Platón[7] parte del primado de lo Mismo, postula una inalterable verdad divina, una presencia absoluta cuya trascendencia corre el riesgo de convertirse en inmanencia bajo los efectos temibles y moralmente inferiores del arte mimético (Melberg 1995: 10). En los libros III y X de la *República*, la mímesis (que será asociada en términos narratológicos al drama, y a la citación directa de personajes en el diálogo) queda definida como una fuerza proteica, una sacrílega analogía entre unas palabras seductoras y el conjunto de los objetos en el plano de la realidad, como un intento dionisíaco de desdibujar la línea divisoria que separa de manera radical lo divino de lo humano, lo bueno de lo malo. Para Platón, la imaginación poética no es el instrumento que evoca unos enriquecedores 'mundos posibles' paralelos al mundo real, sino el vehículo de una actividad mimética que desplaza al hombre de su centro, finge que es posible identificarse con el otro o lo otro y que, por tanto, introduce la confusión y la violencia y borra las diferencias sobre las que se asientan el orden y la paz. Dentro de la metafísica de la presencia que encarna Platón y contra la que arremeterán Deleuze y Derrida, 'ser' no es otra cosa que ocupar un lugar y coincidir por completo con ese lugar. A pesar de que Platón ve una incompatibilidad radical entre el orden trascendente sobre el que se apoyan la civilización y la estabilidad social y la mímesis poética, incompatibilidad que le conduce a recelar profundamente de los poetas y a expulsarlos sin miramientos fuera de los muros de la ciudad ideal, la mímesis ejerce una poderosa atracción sobre quien fue, dentro de su preocupación filosófica, un extraordinario poeta y estilista. En su calidad de **pharmakon** - droga cuyo efecto benéfico o maléfico depende de su dosificación - la mímesis que condena Platón crea adicción hasta en sus adversarios más feroces. Para Platón, la mímesis poética es muy diferente de esa inocente característica natural al hombre desde la infancia de que habla Aristóteles y a través de la cual aprende el hombre y es educado. La mímesis poética conlleva un elemento propiamente diabólico: **eros** y no **eidos** es la fuerza que impulsa esta mímesis que arrebata al hombre desenmismándolo, sacándolo fuera de sí y sometiéndolo al conjuro dionisíaco de la bacanal (Bandera 1975: 23). El intento de estabilizar y de erradicar lo que, en la propia percepción y creación de Platón se encuentra en perpetuo conflicto provoca este germen paradójico que caracteriza los textos del filósofo griego. Melberg (1995: 13) cita a varios pensadores que sitúan la importancia de la obra de Platón más en sus calidades poéticas que en su elaboración filosófica. Las intrigantes paradojas que impregnan los diálogos platónicos culminan en la paradoja siguiente: "Plato makes a poetic rejection of poetry - it is the poet Plato who rejects the poets." (Melberg 1995: 12). Para Melberg, la concepción de la mímesis en Platón no es, pues, ni remotamente unívoca. Amén de la contradicción anteriormente señalada, cabe observar que se deslizan en la mímesis platónica unos aspectos de distancia temporal y espacial a los que el filósofo se declara opuesto pero que, sin embargo, acabarán sentando las bases del 'imperio de la diferencia'.

Después de haber revisado los rasgos atribuidos a la mímesis platónica y de haber subrayado su inesperado potencial subversivo, Melberg concluye diciendo que "this paradoxical manner and attitude indicates that we are far from finished with Plato's evaluation of mimesis after having followed Socrates' evaluations in *Republic* - and it is still an open question whether Plato or Aristotle hold narration in the highest regard." (Melberg 1995: 17-18). Por su apasionada tabuización de la imitación artística juzgada culpable y contagiosa (Melberg 1995: 25), los textos platónicos siembran la duda acerca de la validez de la oposición jerárquica entre objeto y representación, presencia y ausencia, verdad y mentira que, por otra parte, intentan construir tan cuidadosamente.

La lectura desconstructiva de Platón efectuada por Jacques Derrida (particularmente en su ensayo 'La pharmacie de Platon' de 1972), apunta en la misma dirección que la de Melberg. El filósofo francés trata, como de costumbre, de dar con el desliz textual en el que se manifiesta que el significado del texto platónico no es justamente el que se está proponiendo el autor, sino otro acaso contradictorio. Derrida rastrea cierta inestabilidad en el sistema declaradamente logocéntrico de Platón. Aunque Platón insiste en el carácter derivativo del mimetismo y lo relega en cuanto actividad suplementaria; aunque, en otras palabras, Platón aparentemente margina el mimetismo, éste está presente en su propia escritura y también en la memoria, que Platón concibe en el *Filebo* donde Sócrates descubre la memoria, en términos específicamente miméticos, como 'cuadros pintados en el alma'. Platón nunca separa el descubrimiento de la verdad del fenómeno de la recuperación de la memoria (Derrida 1972: 216 y ss) y ésta última se fija mediante la escritura (en el *Fedro*, por ejemplo) que es considerada un remedio contra la debilidad de los recuerdos. En varias ocasiones, Derrida ha rehabilitado expresamente la aproximación platónica al mimetismo. En un comentario a propósito de Saussure observa, por ejemplo, que, a pesar de las incorrecciones que presentan, las premisas de Platón son superiores a las del linguista suizo:

> Platon, qui disait au fond la même chose {que Saussure} des rapports entre l'écriture, la parole et l'être (ou l'idée), avait au moins de l'image, de la peinture et de l'imitation une théorie plus subtile, plus critique et plus inquiète que celle qui préside à la naissance de la linguistique saussurienne. (1967: 50-51).

A modo de inesperado rebote de la pelota, algunos sectores de la posmodernidad (a los que pertenece Manuel Puig) se inspirarán parcialmente en esta carga diabólica que encierra, sin quererlo, el mimetismo platónico, en este doble significado del 'pharmakon' que cura e infecta a la vez. El escritor se transforma de nuevo en mago, en **pharmakeus**[8], en un Sócrates (detenido por brujo) contemporáneo que actúa por medio de encantamientos, trucos y artificios y que practica la ambivalencia del **pharmakon**, el nudo en que los opuestos se reúnen.

Aristóteles, por su parte, define la mímesis como la categoría genérica bajo la cual se incluyen todas las formas literarias. Su tratado sobre la literatura, su *Poética*, abre con una auténtica apología de la mímesis. Con respecto a su predecesor Platón, cabe observar que Aristóteles amplía[9], activiza y desintoxica el concepto mimético. En opinión de Aristóteles, se trata aquí de una característica relativamente inocente y universal, una facultad innata del hombre, que facilita la educación y el aprendizaje del género humano - ya que el animal, por su parte, está privado de la capacidad de sentir placer al imitar (*Poética* IV: 48b5/48b8[10]). Así determinada, la mímesis pertenece al **logos**, está ligada a la posibilidad del sentido y de la verdad en el discurso. Al comienzo de la *Poética* se plantea la mímesis de alguna manera como una posibilidad propia de la **physis**. Esta se revela en la mímesis, o en la poesía que es una de sus especies. Pertenece a la **physis**, o, si se prefiere, ésta comprende su exterioridad y su doble. La mímesis aristotélica implica la percepción teórica del parecido o de la similitud (**homoiosis**). La naturaleza, en general, se parece, se refleja y se imita por excelencia en la naturaleza humana. La mímesis es, por tanto, desvelamiento de la **physis**, un movimiento natural.

Si se examina de más cerca la mímesis aristotélica, se constata que es más elástica y extensa que la platónica, ya que no sólo designa la representación de la **physis**, sino que abarca también una actividad de composición (**poiesis**) en general, y de narrar (**diegesis**) en particular. La referencia al mundo exterior se acompaña necesariamente de un proceso de estructuración a través de los dos conceptos de **praxis** (la acción que se representa) y **mythos** (la forma literaria que recibe la praxis, la fábula) que forman un cañamazo inextricable y que introducen una dimensión temporal en la mímesis[11], subrayada sobre todo en el libro VI (particularmente 49b24, 36 y 50a15) de la *Poética* dedicada a la tragedia. Para Aristóteles, la imitación de acciones y la composición o estructuración de los hechos son una misma cosa. El autor imprime dinamismo a la representación, ya que considera que la acción nace con la mímesis, y, por tanto, no ha de ser entendida ésta como mera copia de nada preexistente; se trata, en cambio, de una imitación creadora (Gebauer & Wulf 1995: 54-55).

Aristóteles sostiene que es capital la coherencia lógica de la composición misma. Dicho de otro modo y como la narratología posterior ha revelado: el concepto de la verosimilitud y de la inseparable noción de necesidad en Aristóteles (VII: 50b34, 51a16) muestran ser la lógica causal del relato, la que crea el espacio de lo verosímil. Este se desarrolla en aquélla, como se ve en la doctrina aristotélica de los episodios.

La mímesis aristotélica, juzgada más flexible y desdramatizada que la platónica, ha seducido a la crítica literaria. Sin embargo, ella tampoco está exenta de contradicciones internas. En su ensayo 'La mythologie blanche', Jacques Derrida (1972b) las ha puesto al descubierto concentrándose sobre todo en la noción de 'metáfora' tal como queda definida por Aristóteles. Las elipsis y ausencias que detecta el filósofo francés son elocuentes y socavan implícitamente el ideal aristotélico de la univocidad esencial del lenguaje y la concepción analógica de la metáfora que ésta entraña. En algunos puntos nevrálgicos de su demostración, Aristóteles indica posibilidades alternativas, pero no se compromete en ningún momento con estas consecuencias para poner en tela de juicio el valor filosófico, la verdad normativa en la que cree. Semejante firmeza no quita, empero, que Aristóteles observe, por ejemplo, que la operación metafórica supone que el parecido entre los términos de la comparación no sea una identidad, lo cual equivale a decir que la mímesis no procura el placer más que a condición de dejar ver un acto que sólo se manifiesta en el doble del acto, en su **mimema**, y no en el acto mismo. Aristóteles deja abierta la cuestión de esta ausencia, de esta enigmática y prometedora desviación. Huelga decir que Derrida la aprovecha para desconstruir la oposición clásica de la metáfora y para erigir la ambivalencia epistemológica de la metáfora, su 'gasto' irreversible en emblema del funcionamiento del lenguaje en general.

Pero regresemos a la herencia aristotélica que - salvo en algunas épocas particularmente proclives al objetivismo - ha eclipsado la concepción platónica. Observa con razón Melberg:

> Above all, Aristotle tried to stabilize what in Plato was, as we saw, unruly, paradoxical, ambiguous. He was succesful in the sense that Aristotelian mimesis has dominated the history of aesthetics, albeit that Platonic paradoxes seem to arise in different repetitions and disguises. Modern narratology, and poetics of the novel have been thoroughly Aristotelian, and Platonic reminiscences have been marginal. (1995: 44).

La actualidad del paradigma aristotélico se desprende, por ejemplo, de los trabajos de la crítica canadiense Linda Hutcheon que, a la hora de definir sus términos de 'mímesis del producto' y 'mímesis del proceso' se confiesa en deuda con Aristóteles, mientras que el solo nombre de Platón provoca su indignación. Subraya que, hasta bien entrado el siglo veinte, hemos arrastrado las connotaciones negativas de la mímesis que para Platón era sinónima de algo artificial e inauténtico, algo "which suggests a lower ontological status: art is inferior to the 'life' it copies, and draws any value it has from its proximity to that life."(1984: 40). A raíz de semejante desvalorización de la mímesis artística y a partir del Renacimiento[12], las relaciones de la obra con la realidad (una realidad 'objetal', considerada en creciente medida como espectáculo para ser contemplado y reproducido) han constituido uno de los ejes centrales - concebido las más de las veces como una línea continua unidireccional - en torno al cual se han construido los sistemas críticos. Uno de los ejes, ya que siempre ha habido contracorrientes vigorosas, especialmente activas en la novela del siglo XVIII pero también en el siglo XIX, que no aceptaban la restricción de la mímesis a la mera imitación de la naturaleza o de la sociedad y que ponían en evidencia las convenciones fabuladoras de la literatura y la opacidad de los códigos narrativos - empezando con el *Quijote* hasta llegar al género epistolar y sus tentativas de naturalizar el relato o, en el otro extremo del espectro, a la exhibición del autor con fines humorísticos practicada por Sterne, Marivaux o Diderot[13].

La visión 'objetal' o la 'falacia mimética' se impuso firmemente y fue particularmente reductora en el siglo XIX, época en la que la literatura se orientaba hacia la ciencia y buscaba la descripción de la humanidad tal como se presenta a nuestra experiencia directa e inmediata[14]. El paradigma decimonónico de la mímesis, orientación teórica algo pobre que sin embargo ha producido unas excelentes obras narrativas y críticas - pensamos por ejemplo en *Mimesis* de Erich Auerbach[15] - , se ha confundido durante mucho tiempo y se sigue a veces confundiendo hoy día con 'la' mímesis a secas[16]. En realidad, no representa sino una amputación grosera de la definición aristotélica, de la que sólo toma en consideración la primera parte:

> What exponents of 'traditional realism' ignored, when they turned to classical mimetic theory for support, was that the instinct to imitate is complemented, in the *Poetics*, by an equally strong impulse toward ordering (7.2 and 4). Aesthetic imitation involves the completed and harmonized integration of parts into an organic whole (8.4), even if such parts should involve the irrational (24.10) or the impossible (25.5) (Hutcheon, 1984: 40-41).

Colocada en esta perspectiva, la tan enfatizada autorreferencialidad o metaficcionalidad contenida en la novela contemporánea (presencia insistente de lo que Hutcheon llama la 'mímesis del proceso', o sea, la 'poiesis') no es ninguna novedad. Prolonga más bien algunos de los recursos desplegados en el *Quijote*, en *Tristram Shandy*, en *Les liaisons dangereuses* ... recursos a los que, con propósitos más radicales[17], ha retornado la novela contemporánea: "Within this tradition, the rigidly mimetic theories of 'novelistic realism' in eighteenth-century England and nineteenth-century France almost seem reactionary, especially in the light of the freedom and autonomy sought by Cervantes, Sterne, Diderot and many other models." (Hutcheon, 1984: 39). Y Hutcheon concluye enérgicamente: "Mimesis is transmutation, not reproduction, whether it be a mimesis of product or process. Diegesis is a part of mimesis, as Aristotle perceived, and so ought to be taken into account in definitons of what constitutes novelistic 'realism'." (1984: 43).

Manuel Puig es un escritor que, quiéralo o no, pertenece a la tradición cultural hispana en la que se produjo un importante replanteamiento del concepto de mímesis entre 1580 y 1610 (transición del renacentismo a la época barroca). Tanto Maravall (1975) como Orozco Díaz (1992) insisten en que los preceptistas desvincularon la mímesis de la 'physis' para asignarle un estatuto de segundo grado en tanto imitación de los antiguos ('imitatio veterum'), y que las creaciones innovadoras en la lírica y en la novelística (las *Soledades* de Góngora, el *Quijote* de Cervantes) no son explicables sin contar con la tradición poética y doctrinal del clasicismo grecolatino renacentista. En las últimas décadas del siglo XVI hasta bien entrado el siglo XVII es norma imitar, pero se imita con criterio, se buscan "con el entendimiento nuevos modos de expresión" (Orozco Díaz 1992: 368). La entonces imperante doctrina de la imitación y del intelectualismo

> hace{n} que nada se cree como directa expresión del sentimiento, sino de una forma indirecta que supone el distanciamiento del arte y de la vida por interposición de esos planos literarios que constituyen la **idea** interior, o arquetipo de las cosas y las bellas realizaciones de los mejores poetas. Ello se refuerza por una técnica poética que entiende que la lengua del poeta ha de ser distinta, no sólo de la lengua natural, sino incluso de la propia de la prosa literaria (ibidem: 370; énfasis del autor).

A las *Soledades* de Góngora, el poema central del XVII en España corresponde, cincuenta años más tarde, el *Primero sueño* de Sor Juana Inés de la Cruz. Las 'nuevas novelas' de autores como Carlos Fuentes o Alejo Carpentier están claramente en deuda con las prácticas literarias que dominaban en la España de Cervantes.

El 'retorno a Aristóteles' propugnado por Linda Hutcheon y otros teóricos de la posmodernidad, tan sintomático del cambio de mentalidad que se ha ido operando en una época reciente, reanuda, pues, con una tradición española que se vio eclipsada por doctrinas literarias posteriores como el realismo, que han teñido la 'imitación de discursos' de connotaciones peyorativas. Sobre todo con la aparición del estructuralismo, la crítica se ha empeñado en estrellar con una ferocidad inusitada los tópicos alrededor de este realismo literario. La campaña que se ha desatado se ha concentrado en demostrar lo falaz que es la concepción de un realismo literario que reproduce una realidad vital 'en estado bruto' por medio de la capacidad imitativa del arte escrito. La distinción tajante y reduccionista entre literatura y realidad arrancaba, según sus detractores, de la calificación insostenible de lo real como algo dado, algo primigenio. Esta falacia referencial ha dejado de funcionar desde que la correspondencia entre las cosas en el mundo y los signos que las representan se ha problematizado.

Así las cosas, la novela es ahora, en opinión de todos, no sólo un proceso imitador de signos externos del mundo, es también (algunos dirán: en primerísimo lugar) una organización de signos lingüísticos que confiere sentido a lo representado y una reflexión explícita o implícita en torno a su propia constitución mimética. Porque una cosa es cierta: en la medida en que el escritor contempla la realidad, está utilizando esquemas para evocarla. Es más, sólo la percibe a través de filtros, de sistemas de modelización. Así, pues, la mímesis - concepto histórico sobre el que todavía no se ha alcanzado unanimidad[18] - es, en opinión de la mayoría, un proceso mediatizado por la conceptualización o asignación de sentido, ya que el hombre solamente se relaciona con las cosas a través de las ideas que se formulan acerca de ellas. El problema que sigue dividiendo a los teóricos de la literatura es la siguiente: ¿De qué índole son estas instancias mediadoras? ¿Cuál es su impacto, cuál su grado de opacidad o de transparencia? Debido a que la sociedad sólo es imaginable gracias a la existencia de la lengua y vice versa, el sistema de modelización más poderoso dentro y fuera de la literatura es sin duda alguna la lengua (que es, a su vez, realización del lenguaje). La lengua actúa como un medio privilegiado de explicación, de creación y de asignación de sentido, es el casillero conceptual por excelencia.

La aceptación de la mediatización lingüística (parcial o total) por la que pasa la realidad se impone definitivamente cuando Ferdinand de Saussure acaba con la teoría del vínculo indisoluble entre las palabras y las cosas[19], combatiendo así el atomismo de Port-Royal. Según Saussure, los signos no son en absoluto realidades positivas, no significan en virtud de referentes, sino que son productos de un sistema de diferencias y se definen por las oposiciones que mantienen entre sí. Por ser una combinación de significante (imagen de sonido) y significado (concepto), el signo es, en dos sentidos, arbitrario. En primer lugar, el vínculo entre significante y significado no es natural, porque nada en la naturaleza de las cosas fuerza a que una comunidad concreta adopte determinada imagen de sonido para hacerla representar determinado concepto. En segundo lugar, cabe inferir que el vínculo entre signo como totalidad (la entidad significante/significado) y la cosa real es arbitrario, lo que resulta evidente si se considera el hecho de que las mismas cosas reales estén representadas por signos distintos en las distintas lenguas. Cabe decir, pues, que el lingüista suizo ha situado lo arbitrario del signo y el carácter diferencial del signo en el principio de la semiología general. Arbitrario y diferencial son dos cualidades correlativas: no puede haber algo arbitrario si no es porque el sistema de los signos está constituido por diferencias. La lingüística, tal como Saussure la entiende, toma el lenguaje como sistema completo, cuya coherencia esencial se halla de algún modo en el seno del propio sistema que forma un todo autocontenido. La implicación de la concepción del lenguaje desarrollada por Saussure es que el concepto de referencia resulta fatalmente socavado. El significado es ahora autónomo, producido a través de la insostenibilidad de cualquier concepto de referencia. Al signo como unidad estable de significante y significado con la referencia asegurada, se opondrá, en la filosofía de Derrida, el texto que reflexiona sobre la disolución del signo en medio del juego de los significantes.

La mímesis tal como la enfoca Derrida no es un proceso especular que aprehende en los reflejos de la escritura un objeto ausente, presente a sí mismo, anterior a los sistemas de representación basados en el principio de la diferencia. Según la alteración introducida por Derrida en esta contradicción clásica, la mímesis se identifica como maniobra textual por la que se crea la ilusión de un objeto lingüístico provisionalmente aplazado. Derrida subraya el hecho de que tampoco la interpretación pueda ser mímesis pasiva, antes bien, lo que hace es sustituir una cadena de significantes por otra, agravando así el insondable abismo de la escritura. La citabilidad, que antes era considerada una perversión, una posibilidad parasitaria, no constituye para el filósofo francés la excepción a la regla, la desviación y menos una especie de extenuación del lenguaje, sino la regla misma. Derrida rehabilita vigorosamente la 'oratio obliqua'. La condición lingüística y la estructura citacional del texto literario gobiernan su análisis. Este fenómeno de citabilidad, que recuerda en algún aspecto el concepto clásico de 'imitatio' como su antecedente remoto, es, en la modernidad, sugerida inicialmente por Mijaíl Bajtín a raíz de sus teorizaciones sobre el dialoguismo y el nuevo concepto de la novela como obra abierta, y puesta en circulación por Julia Kristeva, que opina que todo texto se construye como un mosaico de citas.

Bajo el impulso de los teóricos de la intertextualidad, el terreno de acción de la mímesis parece haberse desplazado y ampliado. Allí donde antes se situaba en el plano de los nexos entre la obra y la referencia extratextual, ahora, con la problematización del carácter exterior del referente y el protagonismo que han cobrado las nociones de copia y de disolución del origen, se privilegian más bien las relaciones intertextuales. La literatura se vuelve así el modelo y el origen de la literatura (y, como veremos a continuación, hasta cierto punto de la vida). Ya no basta con conocer el contexto en que se produce una emisión lingüística; es necesario contar con el hecho de que cada signo no represente, no esté por un objeto, sino que cada signo repite o prefigura otro signo. Para interpretar un texto literario dado, hay que tener en cuenta no meramente el contexto en que se produce, sino todos los posibles usos en todos los posibles contextos. Derrida ha declarado que no le importa que le califiquen de 'pantextualista', a condición de que previamente se amplíe y reelabore el concepto mismo de texto (González-Marín 1986: 166).

Ahora bien ¿ha redundado en beneficio el encuentro sobre el papel de Derrida con Saussure? Creemos que sí, y explicaremos a continuación qué se ha ido ganando.

Decir, con los teóricos más consecuentes del estructuralismo, que no puede haber problema del referente, en la medida en que éste último se ve reabsorbido constantemente en el lenguaje bajo la forma de nuevos sistemas de signos, equivale simplemente a desplazar el problema, que así sigue intacto. Saussure, por ejemplo, no se preocupa demasiado por la cuestión espinosa de los referentes del signo lingüístico. Por haber forjado su propia terminología y por su enfoque en los significantes, el lingüista suizo logra alejarse del campo minado que es la referencia. Con Derrida, la doctrina de cierta heterogeneidad esencial entre significante y significado se convertirá en el instrumento de una crítica radical de la tradición filosófica occidental, que siempre ha recalcado la identidad entre experiencia y conocimiento, entre lenguaje y pensamiento, y que ha llevado a cabo sus tareas bajo el signo del ideal (del espejismo) de la presencia total. Derrida ha hallado en Saussure una poderosa fuente de inspiración. En sus ensayos 'Linguistique et grammatologie'

(1967b) y 'La différance' (1972b), Derrida lleva a cabo un afinamiento de las meditaciones de su predecesor y denuncia la infeliz contradicción en Saussure, que tiene por efecto el reinstaurar la idea trascendente de la presencia absoluta. Saussure y sus seguidores se sitúan en la continuación de los ideales logo- y fonocéntricos. A pesar de las vacilaciones que acompañan la liquidación de la lengua escrita (Derrida 1967b: 64,66,67), no dejan de creer en la 'cientificidad' de su empresa, pretensión que Derrida pone en tela de juicio (1967b: 83,88,92).

En su rica pero a veces hermética obra filosófica, Derrida expone que el significado no se produce dentro del terreno acotado de las oposiciones binarias, sino gracias al proceso interminable de aludir a los restantes significados ausentes, a la **différance** (diferancia), ese movimiento que nunca puede detenerse en presencia estática y que en los textos reviste la forma de la 'huella'.

Derrida representa el estructuralismo llevado a sus últimas consecuencias. Es como si la metodología estructural se hubiera dado cuenta de que a la larga es imposible separar el significado del significante, que ninguna técnica lo permite. Esta etapa 'canto de cisne' del estructuralismo se ha acompañado de otro importante cambio de enfoque: lo que empezó siendo la proyección de un modelo lingüístico basado primordialmente en la dimensión hablada del lenguaje encontrará su hasta ahora último avatar en una teoría de la escritura.

En una serie de análisis (Platón, Rousseau, Saussure, Husserl), Derrida muestra que la prioridad instintiva concedida a lo oral es atribuible a una ilusión 'romántica' sobre la transparencia absoluta del significado (fonocentrismo). Saussure otorga un privilegio al habla como realidad originaria, y posterga la escritura a una representación subsidiaria de la misma. El habla es el sujeto real de sus investigaciones, y no la escritura que connota distancia y ambigüedad. Derrida se opone a esta concepción y propone la inversión de la jerarquía: la escritura ocupa ahora la función original (1967b: 81). La escritura implica la ausencia material del emisor y del destinatario. Se escribe para comunicar algo a los ausentes; la ausencia está implicada en la escritura misma, y, según Derrida, en el lenguaje en general. Siempre existe un vacío entre un texto y su significado, una carencia ontológica inscrita en el propio texto. La escritura es, por tanto, el inacabable desplazamiento de un significado constantemente diferido. Vista así, la escritura se convierte en metáfora de la distancia con respecto a sí mismo que cualquier lenguaje (en cada situación de habla, el emisor y su mensaje están forzosamente distanciados por la propia opacidad del lenguaje), y por extensión, cualquier experiencia humana, llevan dentro de sí.

Ha sido el mérito de Derrida, Melberg y otros[20] el haber demostrado la insuficiencia del concepto clásico de 'reflejo' y la importancia de los fenómenos de refracción y de distorsión imposibles de eliminar. Si el original es irrecuperable, cada repetición viene a ser tergiversación. La imitación no es, pues, un accidente que recaiga en un original, sino la condición de posibilidad del original (Derrida, 1967a: 58). Derrida postula que en todos los casos que él ha analizado, el discernimiento absoluto de lo imitado y de la imitación sólo se puede mantener si hay un interés metafísico en sostener y controlar la pretendida diferencia radical entre la representación y lo que es representado y la prioridad de lo que es representado sobre su representación. El autor se complace en subrayar la proliferación de los momentos del mimetismo, en sostener que cada presentación es una representación, un proceso que sólo se detiene cuando se le plantea un origen divino o absoluto. Melberg, por su parte, también pone en crisis la arcaica relación entre original y copia: "where a totalizing mimesis coincides with its disappearance, nothing is left to imitate, when all is imitation and the original is finally gone." (1995: 2). Si Melberg acierta, lo real debe ser tratado en pie de igualdad con la obra de arte. Es mímesis secundaria, plagio, copia de lo ya copiado.

La desconstrucción derrideana instituyó un programa de desmantelamiento de la tradición logocéntrica. Derrida afirma que existe una pluralidad de interpretaciones de sentidos, y que es imposible postular una vez por todas la superioridad de unas con respecto a otras. La negación de la existencia de un mundo objetivo es acaso otra manera de afirmar el carácter textual de nuestro acceso a la realidad, acceso que se nos presenta como un conjunto de versiones en diferentes sistemas simbólicos dotados cada uno de determinadas estrategias retóricas que le son propias[21]. De eso no se deriva que todas las versiones son buenas. Pero lo real ha dejado de ser una entidad precisa. Es variable y debe su coherencia a procesos de mediación, ya que los criterios que se usan para determinarlo son contingentes y consensuales y dependen de sistemas de valores cambiantes[22].

Las intuiciones posmodernas acerca del carácter textual de nuestro acceso a la realidad conllevan necesariamente un cambio de estatuto para la literatura. Si, como Derrida ha demostrado en su disputa con el teórico de los actas de habla John Searle (Derrida 1990), el lenguaje serio es un caso especial del poco serio, las verdades son ficciones cuya ficcionalidad ha sido olvidada y la literatura no es una perversión parasitaria del lenguaje. La colección de deslices que se detectan en los textos no pueden ser meramente una característica desgraciada de la escritura como representación imperfecta del habla, sino que configuran el meollo del lenguaje mismo. Al avanzar la hipótesis de que al mundo se llega a través de la textualidad y al percibir un elemento de ficción en el lenguaje en general, Derrida - de nuevo - invierte los términos: "La distinction générale entre usage fictif et usage effectif du signe est menacée. Le signe est originairement travaillé par la fiction." (1967a: 63). En virtud de la enorme amplitud de la literatura, se puede considerar que otros discursos son más bien subclases de una literatura generalizada, de una 'archi-' o 'proto'-escritura. No hay ningún modelo que no pueda encontrarse allí, no se ignora ningún aspecto. Un análisis literario es aquel que no excluye posibilidades de estructura y de significado en nombre de las reglas de algunas prácticas discursivas limitadas porque la literatura se cuestiona y se trasciende continuamente a sí misma. Se podría sostener que la esencia de la literatura reside en no tener esencia[23], en ser proteica, indefinible, en abarcar aquello que pudiera situarse fuera de ella[24].

El replanteamiento de la mímesis en términos de 'diferencia' ha contribuido a que algunos teóricos de la envergadura de Linda Hutcheon, Patricia Waugh y Graciela Reyes hayan decidido conferir a la literatura una función epistemológica ejemplar y un trato preferencial. Pretenden que, si la literatura sigue ocupando una posición insustituible en el mundo contemporáneo, no es principalmente por el goce estético que proporciona, ni por el despliegue de información que ofrece, sino, en primerísimo lugar, porque ilumina el proceso mimético de asignación de sentido en la vida misma: "Fiction isn't a lie at all, but a true representation of the distorsion that everyone makes of life." (Hutcheon 1984: 89). Decir que la vida tiene estructura de ficción es menos absurdo de lo que parece: el complejo entramado de la vida - con la interacción oscilante entre identidad y alteridad, indefinible por incontrolable, por el derrideano residuo que hace que los dos contrarios sean irreductibles - constituye una mímesis generalizada. Y a la hora de juzgar nuestros actos y los de los demás, recurrimos a unos modelos que hemos aprendido con la ayuda de la literatura.

Graciela Reyes está convencida de que la literatura funciona como molde de todas las experiencias humanas, que es 'un espejo de aumento' (Reyes 1984: 63) de nuestras experiencias. Lo real no está arraigado en ninguna ontología inquebrantable, sino que se estructura en parte a través de unos signos lingüísticos que interponen su forma material. Como se desprenderá de nuestro resumen del análisis del 'estilo directo' por Reyes, también lo hace el lenguaje que llamamos ingenuamente 'ordinario' pero cuyo grado de impermeabilidad es muy relativo. La ficción se introduce en todas nuestras narraciones, privadas y públicas, en las que nos hacemos a nosotros y en las que hacemos a otros de nuestra experiencia. El juego del lenguaje es equívoco, nunca aislado y siempre atrapado en un cañamazo de relaciones complejas y móviles.

Concluyamos. El contrato que se establece entre escritor y lector sigue siendo de índole 'mimética'. Ninguna concepción del arte, tampoco la posmoderna, podría ser deliberadamente 'antimimética' sin volverse incomprensible. Lo que sí observamos es que el concepto clásico de mímesis ha sufrido importantes modificaciones. Las especulaciones teóricas de Derrida han encontrado un fuerte aliado en la novela que se encontraba tan necesitada de renovación al haber llegado a un 'agotamiento' de sus formas. En la actualidad, pese a los malos agüeros que sobre ella pesaban, la novela está más viva que nunca. Escritores posmodernos como Manuel Puig están en consonancia con las sensibilidades contemporáneas y se han liberado del yugo de las dicotomías del realismo, del modernismo, del estructuralismo y del posestructuralismo. Se han opuesto a la letanía de la muerte del sujeto y han trabajado en busca de nuevas prácticas referidas a sujetos que hablan, que escriben, que actúan y que formulan juicios, dándose perfecta cuenta de lo difícil que es seguir hablando, escribiendo, actuando y emitiendo juicios por los tiempos que corren. Pero, contrariamente a lo que pretenden los críticos apocalípticos, el hecho de que todas las nociones se hayan vuelto problemáticas no priva a los autores posmodernos de la posibilidad de manejarlas.

Desde luego, la posmodernidad, como cualquier manifestación artística, se interroga sobre las condiciones de su representación. Se afirma una y otra vez la imposibilidad de fijar significados inmutables a la obra. Sin embargo, constatamos que la insuficiencia de la lengua para lograr una aproximación a la realidad ya no recibe el mismo tratamiento y que conduce muchas veces a la inversión del antiguo paradigma. Ya no se supone que una pureza del lenguaje pueda haber tenido lugar.

Se pueden asignar distintos valores al mimetismo; se le puede condenar como duplicación que sustituye los originales por copias, alabar el grado en que se reproduzca con exactitud el original o juzgar las imitaciones superiores a los objetos imitados. Lo propio de la estrategia posmoderna estriba, a nuestro modo de ver, en que no hace nada de eso. No rehúye el modelo, porque sabe que un modelo del que se reniega se introduce a hurtadillas. La alteridad está siendo asumida como constitutiva del arte, de la misma manera que lo es de la vida. En la época posmoderna, se renuncia sencillamente a cualquier noción de mímesis que establezca una nítida separación entre objeto y representación. El original y su reproducción se han vuelto indistinguibles, se relacionan a la manera de dos vasos comunicantes. Los artistas posmodernos han decidido sacar partido del germen productivo encerrado en la copia, y han dejado de asociar el simulacro con un producto de dudosa autenticidad o con ciertas formas despreciables del comportamiento. El nuevo enfoque ha conducido a una explotación y rehabilitación de la cita en su sentido más amplio, a un mirar de nuevo a la tradición propia de la novela.

Los posmodernos tampoco aplican un 'platonismo al revés' ya que raramente pretenden que el arte sea superior a la vida. Vida y arte se vampirizan mutuamente en un interminable proceso de metabolización interactiva. La condición posmoderna rompe las fronteras entre arte y no arte, y renuncia a la dicotomía lenguaje literario/lenguaje no literario, caballo de batalla ('literariedad') del estructuralismo.

Frente a la desproblematizada mimetización de discursos ajenos, los antiguos instrumentos críticos parecen quedarse cortos. Hasta la distinción entre 'mímesis del producto' y 'mímesis del proceso', sugerida por Linda Hutcheon, peca de estática ante la asombrosa habilidad del posmodernismo para abarcar el panorama completo del proceso mimético. Decir que la 'poiesis' forma parte integrante de la mímesis suena más bien a perogrullada, y no es, en el contexto actual, capaz de dar cuenta del cambio de paradigma que estamos presenciando. La renovación literaria no se ha logrado a través de dispositivos formales; parece haberse alcanzado más bien a través de una reescritura deliberada de discursos ajenos. El camino más directo hacia el 'tono personal' y el 'realismo poético' pasa, paradójicamente, por el reconocimiento de la importancia de los modelos reproducidos. El triángulo del **double bind** (Bateson 1973) se revela ser más eficaz que la línea recta entre sujeto y objeto. Se les parece haber hecho patente a los escritores posmodernos que la repetición no es algo secundario con respecto a la originalidad. Le es algo esencial en tanto en cuanto constituye la condición de su existencia. En el interior de la propiedad, hay siempre una diferencia y un comienzo de expropiación, de 'traición'. El mimetismo genera intransitividad. Lo posmoderno se sitúa en la frontera de lo mismo y lo otro, niega la pertinencia de cualquier pregunta sobre el origen. Trabaja sobre otra palabra, y el destino de esta última es fatalmente ser trabajada por la que la retomará.

0.2. La mímesis psicológica
0.2.1. René Girard y el deseo mimético

En su primer gran estudio literario de 1961, *Mensonge romantique et vérité romanesque*[25], el filósofo francés René Girard ha aportado la noción fecunda del deseo mimético que nos ha hecho avanzar en el conocimiento del corazón humano. El autor ha derramado una ducha fría sobre los obsoletos prejuicios románticos que durante tanto tiempo alimentaron las interpretaciones literarias. Desarrolla en este estudio una hipótesis temeraria y ambiciosa, según la cual cabe asignar a las obras maestras - obras que por definición nos tienen tomada la delantera - una estructura dinámica del deseo que, a pesar de trascender las convenciones literarias y retóricas propias, no opera a contrapelo de los libros examinados. Estudiando obras de la envergadura del *Quijote*, de *Madame Bovary*, de *A la recherche du temps perdu*, Girard llega a elaborar una verdadera teoría del deseo de extraordinario valor, puesto que permite explicar la aparición de gran número de fenómenos psicopatológicos (como los celos, la coquetería, las estratagemas amorosas, las oscilaciones maniático-depresivas...) y su explotación bajo la forma de temas literarios. Al inscribirse tales fenómenos ahora en la trayectoria del deseo, ya no aparecen como entidades aisladas de difícil comprensión.

Girard tiene el mérito de haber destacado la maravillosa capacidad explicativa de estas novelas que, aunque sea de manera intuitiva o justamente por ser de manera intuitiva, se sitúan todas con fuerza dentro de un campo de preocupaciones de la máxima actualidad. Sosteniendo la absoluta e intocable singularidad del arte en general y de la literatura en particular, Girard le restituye a ésta lo que siempre le ha correspondido y aboga, a través de dicha rehabilitación, por la superación de los complejos que la crítica literaria sufre frente a la ciencia: la literatura debe ser preservada a toda costa de una, ahora menos amenazante, absorción en los salvajes y reductores ensueños positivistas.

Por lo que a nuestro propio estudio concierne, los resultados de la investigación girardiana han constituido en gran parte la base de nuestra aproximación del deseo psicológico en la novelística de Manuel Puig. A la luz de los notables resultados obtenidos con ese método, hemos decidido adoptarlo en su vertiente diagnóstica (el estudio de las estructuras de relación que configuran el trato humano), o sea, como camino a transcurrir, sin sacar por tanto las consecuencias últimas que, en la óptica de Girard, equivalen a 'escribir Dios con mayúscula' y teniendo en cuenta las rectificaciones propuestas por algunos de los discípulos de Girard como Cesáreo Bandera para la literatura, Jean-Michel Oughourlian (1982) para la psicología y Jean-Pierre Dupuy (1976, 1979, 1982a, 1982b, 1983), Paul Dumouchel (1985, 1995), Georges-Hubert de Radkowski (1980) y Hans Achterhuis (1988) para las demás disciplinas, concretamente la economía, la política y las ciencias exactas. Hecha esta aclaración, pasemos ahora a la topología del deseo humano propiamente dicha, cuyo centro es ocupado por el deseo mimético, considerado por Girard en su origen, en su dinámica o itinerario y en su despliegue escalonado.

Girard rechaza la espontaneidad del deseo, el deseo 'según uno mismo' que la mayoría de nosotros enorgullecemos de disfrutar. La representación de la estructura lineal que iría del sujeto al objeto, le parece una construcción psicológica, una autointoxicación procedente del romanticismo. La confundimos con la voluntad de ser uno mismo que invocamos para ocultar la influencia del 'deseo según el otro'. Entre el sujeto y el objeto de la relación (amorosa u otra) viene a interponerse fatalmente un tercer término, el mediador, que enseña el camino al sujeto y que, al hacerlo, ejerce en él una fascinación idolátrica, hasta el punto de convertirse él mismo simultáneamente en modelo y obstáculo. Es este modelo quien sugiere el deseo, quien designa un objeto cualquiera como deseable deseándolo él mismo. En los grados viscerales de la enfermedad mimética, el mediador y el sujeto se encuentran inexorablemente abocados a desear ambos lo mismo, situación que convierte al deseo mimético en fuente inevitable y no simplemente accidental de rivalidades.

El conflicto se define esencialmente como una rivalidad mimética. No surge de las diferencias de toda clase que el conflicto mismo invoca para justificarse (principios, intereses, pasiones, temperamentos), sino de la mímesis deseosa o deseante que se instala allí precisamente donde el conflicto pretende encubrirla, en el juego de espejos de las represalias, en la circularidad de la venganza. La violencia misma es mímesis, imitación del mediador en su calidad de obstáculo, irresistible reciprocidad entre todos los elementos de la estructura mimética. Girard denomina a esta triple relación básica 'el deseo triangular', figura geométrica cuyos tres ángulos están formados respectivamente por el sujeto, el mediador (modelo/obstáculo) y el objeto.

Después de haber percibido el papel desempeñado por la imitación en la génesis del deseo, Girard partió en busca de aliados. Como creía que se trataba de una enfermedad metafísica[26] y estando profundamente convencido de que la ficción literaria era un mundo caracterizado por la transcendencia desviada, rastreó la literatura y constató que sólo los grandes novelistas y poetas devolvían al mediador el lugar usurpado por el objeto, que sólo en estas obras 'novelescas' (que él opone a las 'románticas') se invertía la jerarquía del deseo comúnmente admitida. Girard decidió entonces que esos escritores serían sus cómplices, ya que hasta bien entrado el siglo veinte habían sido los únicos dispuestos a afrontar la incapacidad de los seres humanos de extraer sus deseos de sí mismos. Opinó, por tanto, que urgía poner en marcha una operación 'revelación del plagio' y con tal fin publicó su estudio *Mensonge romantique et vérité romanesque*.

En esta obra, el autor moviliza todos los medios a su alcance para advertirnos que las alegrías o las penas no se arraigan en las cosas, sino que son las personas las que hechizan o son hechizadas, mediante los objetos y copiando los deseos de sus mediadores. El sujeto se debate inicialmente entre la atracción y la repulsión provocada por el falso modelo pero acaba con ganas de destruir el objeto del deseo al no verlo tal como éste es, sino a través del deseo que le toma prestado al otro en su función de mediador. La única manera de romper el círculo vicioso consiste en reconocer el fracaso y renunciar a sí mismo.

Girard constata, pues, que al desaparecer la divinidad, el vacío de esa ausencia se ha revestido con el ropaje de lo sagrado. Los hombres adoran siempre a alguien, si no es a un Dios es a un ídolo de barro. La ausencia de Dios hace automáticamente que se cumpla

41

la promesa diabólica de Max Scheler, epígrafe que encabeza *Mensonge romantique*, "l'homme possède ou un Dieu ou une idole". Los viejos dioses, vencidos y sepultados por los movimientos secularizadores, vuelven, si es que jamás se han ausentado. Ahora, ya no son los seres feroces de antaño, vienen vestidos a la moda y dispuestos a no desentonar en un mundo desmitificado. Muertos los dioses, los hombres se convierten en dioses los unos para los otros, lo transcendente se hace inmanente, lo divino se diluye y se expande de manera insidiosa, como un veneno sutil, por todas las capas de la sociedad comenzando por las más altas que, a su vez, contagian a las demás. Esta falsa transcendencia (idolatría) es la matriz metafísica en la que se gestan todos los fenómenos de la mediación intersubjetiva analizados por Girard.

Lo anteriormente expuesto implica que, en opinión de Girard, el deseo triangular es un mal roedor que se extiende de acuerdo con una dinámica centrípeta, es decir, comienza atacando la periferia y se propaga después al centro. Girard agrupa las obras que comenta en dos categorías básicas según, precisamente, este grado de intensidad presente en la mediación. Entre los dos paradigmas que forja, la mediación externa y la interna, media una distancia de grado (y no tanto cualificativa si se toman en consideración las rectificaciones aportadas por Cesáreo Bandera (1975: 74-75)): la distancia es mayor en la mediación externa que en la interna. Como veremos enseguida, en esta última el mediador se halla colocado al mismo nivel que el sujeto, de tal manera que al mismo tiempo que hace nacer y estimula el deseo de éste, se convierte inevitablemente en el obstáculo que encuentra el sujeto para la posesión del objeto deseado.

René Girard lleva a cabo un análisis detallado de las distintas manifestaciones de la mediación - del paso de la externa a la interna y del subsiguiente paso de ésta a la mediación recíproca - y de su aparición en la literatura europea desde Cervantes hasta Dostoyevski. Habla de mediación externa cuando la distancia (espiritual, no geográfica ni física) entre sujeto y modelo se considera infranqueable, es decir, cuando es lo suficientemente grande como para que las dos esferas de posibilidades, cuyos respectivos centros ocupan el mediador y el sujeto, no puedan entrar en contacto. En el *Quijote*[27], por ejemplo, se nota claramente que el modelo de la imitación caballeresca, Amadís de Gaula, permanece fuera del alcance y del universo del sujeto. En la medida en que la mediación es simplemente externa, el sujeto puede reconocer sin alterarse la presencia del mediador. De allí que Don Quijote proclame en voz alta la auténtica naturaleza de su deseo, que se declare discípulo de Amadís y que venere abiertamente al modelo. En estos casos no podemos hablar propiamente de enfermedad metafísica, a pesar de que el sujeto lleva en sí el germen de esta enfermedad. A continuación, Girard precisa las condiciones de surgimiento de la modalidad interna. Si es verdad que los héroes de Flaubert obedecen al bovarismo, también es verdad que este bovarismo causa estragos relativamente limitados al tratarse aquí de personajes que sueñan mucho y desean poco, mientras que los de Stendhal, Proust y Dostoyevski[28] han dejado de soñar tanto y se han puesto a desear febrilmente. Semejante transición se operó al compás de la disociación de los valores aristocráticos[29]. Es empíricamente observable que la ausencia de distancia social favorece la imitación entre iguales y que la mediación interna triunfa en un universo en el que se borran las diferencias entre los hombres. Girard destaca la ideología romántica como un momento clave en la evolución de la mediación. El orgullo romántico denuncia la presencia del mediador en los otros, a fin de asentar su propia autonomía, distinción a todas luces falaz, como lo demuestran los grandes novelistas. En la época romántica, el ideal de 'ser original' derroca a la imitación y acarrea la creación ex nihilo de un yo casi divino. El romanticismo busca lo que es irreductiblemente nuestro en lo que nos opone con mayor violencia al otro. Distingue dos partes en el individuo: una parte superficial en la que el acuerdo con los otros es posible, y una parte más profunda, en la que este acuerdo está excluido. En la época romántica, el hombre ya no resiste a la tentación del orgullo y usurpa el lugar de Dios. El romanticismo instaura el sagrado principio que hace de la intensidad del sentimiento el criterio de su autenticidad. Para Girard, se trata aquí de un principio traicionero.

Basándose en la constatación que el hombre moderno ya no cede ante los mandatos divinos sino que los desafía convirtiéndose a sí mismo en semidiós ('hybris'), Girard reserva el término 'romántico' para las obras que prolongan este engaño, al reflejar la presencia del mediador sin revelarla jamás, y el término 'novelesco' para las obras que sí revelan dicha presencia. Estas últimas nos hacen de nuevo comprender que la realidad reviste invariablemente la forma de la paradoja, ya que el ser humano es tanto menos autónomo en la misma medida en que reivindica o proclama ásperamente la autonomía. Girard habla, pues, de mediación interna cuando la distancia entre sujeto y modelo es lo suficientemente reducida como para que las dos esferas penetren, más o menos profundamente, la una en la otra. Este tipo de mediador, por encontrarse tan cerca del sujeto, ya no puede interpretar su papel de modelo sin interpretar igualmente, o aparentar que interpreta, el papel de obstáculo: las distancias se han acortado tanto que permiten la concurrencia de los deseos. Al estar instalado el modelo ahora dentro del universo del protagonista, el héroe de la mediación interna, en lugar de vanagloriarse de su proyecto de imitación, lo disimula cuidadosamente. Así pues, el sujeto experimenta por este modelo un sentimiento desgarrador formado por la mezcla turbia de dos contrarios: la admiración más sumisa y la voluntad de emulación o el rencor más intensos. A este fenómeno del 'doble vínculo' volveremos repetidamente en nuestros análisis de las novelas de Puig. Se trata aquí de sentimientos que comúnmente se llaman odio, envidia, celos, resentimiento... nombres tradicionalmente dados a la mediación interna que nos ocultan su verdadera índole. Los conceptos acuñados por Girard nos permiten redefinirlos en términos - mucho más coherentes - de mediación. Detengámonos un momento en la definición 'nuevo estilo' de los celos. La obra de Marcel Proust es emblemática de su funcionamiento. Demuestra cuán estrechamente el amor corre subordinado a los celos. El celoso se persuade fácilmente de que su deseo es espontáneo, es decir, que está arraigado en el objeto y únicamente en este objeto. Los celos siempre suponen un elemento de fascinación respecto al 'insolente' rival. Dirijámonos ahora hacia el odio. Girard sostiene que el que odia se odia en primer lugar a sí mismo a causa de la veneración secreta que su odio esconde. En el odio, el orden cronológico se invierte, el papel secundario del mediador pasa, pues, a primer plano y disimula el papel primordial de modelo religiosamente imitado.

Girard intenta convencernos, en su característico tono profético, de que la mediación interna no supone en absoluto un punto culminante y que el deseo mimético no admite la tregua. Una vez desatada su mecánica infernal, ya no hay quien sepa pararla. El autor también procede a esbozar los contornos de la época contemporánea, en la que el orgullo, increíblemente orquestado y amplificado, se ha hecho irresistible y en la que la 'verdad' arrastra al sujeto a unas mentiras cada vez más delirantes. Cuanto más se acerca el mediador, más tienden los fenómenos asociados al deseo mimético a tomar un carácter colectivo y a desembocar en la dislocación de la sociedad. La descripción de Girard se articula en torno a la metáfora central de la 'enfermedad contagiosa' que, sin embargo, aísla a los individuos y los enfrenta unos a otros. El resultado más espectacular es la fundamental soledad del hombre actual. En esa soledad, los individuos descubren que la promesa inicial fue falaz, pero nadie resulta capaz de universalizar esta experiencia, ya que todos pensamos que la promesa sigue siendo verdadera para los otros, de los que nos imaginamos que sí son felices. Todos los mediadores hacia quienes nos precipitamos nos parecen inmunizados contra el fracaso, que sólo recae sobre nosotros y que resentimos como una maldición. Experimentamos una repugnancia invencible hacia nuestra propia sustancia, tenemos la absoluta seguridad de no ser nada ni nadie.

Sintetizando, cabe decir que el deseo mimético atraviesa varias etapas intermedias en las que, por un lado, el mediador se acerca aún más al sujeto deseante que en la mediación interna, hasta el punto de confundirse a veces las posibilidades de los dos rivales (mediación mutua, recíproca o doble mediación) y, por otro lado, se multiplican los modelos copiados (mediaciones polimorfas o múltiples). En la obra de Dostoyevski, la fuerza del otro sobre el yo llega a extremos paroxísticos y se extiende como una mancha de aceite. En *Apuntes del subsuelo* (también conocido bajo el título español de *El hombre del subterráneo*) por ejemplo, el odio acaba por estallar revelando su verdadera naturaleza y cobra una vehemente fuerza disolvente, que irá creciendo en el transcurso del siglo veinte.

No puede ser subestimada la dimensión paradójica del deseo tal como la hace resaltar la literatura novelesca. Si bien el proceso de mediación interna, o los grados aún más intensos de mediación, aportan una impresión vivísima de espontaneidad y de autonomía, la producen en el preciso instante en que los sujetos dejan de ser espontáneos y autónomos. No es de extrañar, por tanto, que Girard subraye a saciedad este carácter paradójico: la introducción del tercer término y de la estructura triangular constituye sin duda alguna el mayor mérito de su obra y supone, en un sentido amplio, una contribución original a la desconstrucción de cuantas dicotomías tradicionales han quedado hasta ahora en pie.

Girard ha captado nítidamente las inevitables decepciones a las que la mediación interna conduce. Una vez poseído el objeto, éste se desacraliza repentinamente por la apropiación, y es reducido a sus propiedades objetivas. Flaubert ya anuncia esta sensación de los globos que se pinchan uno tras otro, cuando describe los sucesivos estados de desengaño que sufre Emma Bovary. Y es que los objetos en los que tanta confianza y esperanza se deposita no pueden sino decepcionar. La decepción es de tipo metafísico y, por consiguiente, se agrava a medida que disminuye la distancia entre sujeto y mediador. Este fenómeno de la decepción demuestra irrefutablemente el absurdo del deseo triangular. El héroe no tiene más remedio que rendirse a la evidencia: nada ni nadie lo separa de ese yo abyecto que el deseo recubrió, en cierto modo, de futuro. Pero la reacción del sujeto no da pruebas de sensatez. En vez de renunciar al deseo triangular, el sujeto da una vuelta más a la rueda refugiándose en un nuevo razonamiento falso. Acalla la voz de la conciencia contándose a sí mismo que la decepción mal digerida no demuestra lo absurdo de todos los deseos metafísicos, sino lo absurdo de este deseo concreto y manifiestamente erróneo que acaba de frustrarle. En otras palabras, el sujeto refiere ya el valor iniciático a otra cosa. Pasará la existencia de deseo en deseo. Se hace señalar un nuevo objeto por su antiguo mediador o decide cambiar de mediador. Los mundos proyectados por las mediaciones sucesivas aisladas entre sí terminan por producir 'yo-es nomádicos', personalidades descompuestas que caen en las redes de un sinfín de reinos tiránicos, tanto más tiránicos cuanto son breves y pasajeros.

El deseo metafísico es irreversible y se acelera a medida que avanza. En el universo proustiano todavía se dan períodos de estabilidad relativa, aunque éstos vayan luego seguidos de crisis violentas. Dostoyevski, en cambio, - cronológicamente anterior a Proust pero más permeable a los fenómenos imitativos - escenifica la crisis perpetua. Sus personajes están divididos entre varias mediaciones contemporáneas que atomizan la identidad en busca de la cual éstos se habían lanzado. Las formas dostoyevskianas de la mediación deben definirse como formas prácticamente abstractas, en las que el valor metafísico del deseo ha hecho progresos a expensas de su valor físico. Así vemos que una diferencia nula entre sujeto y mediador, entre dos figuras simétricas, engendra precisamente una afectación máxima. De la perfecta intercambiabilidad de modelo y sujeto, de esta curiosísima arbitrariedad, de esta coincidencia de dos papeles radicalmente incompatibles, cabe derivar que no se desea tanto el objeto como se teme verlo poseído por otro. En su etapa más reciente y fuerte, la mediación se ha transformado en pura reciprocidad. Ni siquiera es necesaria la presencia de un rival para poder calificar el deseo (sexual, por ejemplo) de triangular: el ser amado se desdobla en objeto y en sujeto bajo la mirada del amante. Se habla de mediación recíproca cuando un deseo se agrava sin que intervenga ningún elemento exterior a los dos triángulos superpuestos. La doble mediación es una figura cerrada en sí misma, una auténtica máquina generadora del deseo. A la luz de esta modalidad mediadora, Girard ha reinterpretado fenómenos como el esnobismo, el sadismo o el masoquismo que presentaremos cuando analicemos el comportamiento de Larry, protagonista de *Maldición eterna a quien lea estas páginas*, y el de Leo, protagonista de *The Buenos Aires Affair*.

Por otra parte, Girard se hace visionario cuando prevé unas figuras cada vez más complejas que engendren mundos novelescos cada vez más amplios. La evolución posterior de la novelística, que efectivamente encadena los triángulos, le está dando la razón. El sujeto del deseo metafísico, víctima de una irresistible atracción hacia los 'otros', vive, de hecho, dentro de un espejismo colosal. Puesto que no ve nunca los objetos de su más íntimo deseo tal como éstos son en realidad, sino a través del prisma de un deseo ajeno, desrealiza el mundo y permite que la ficción lo invada todo. Por no desesperar nunca bastante de la mediación, el deseo se adhiere de manera más estrecha al mediador, lanzándose a una servidumbre que empeora a cada paso. Tal situación es campo abonado para toda clase de rivalidades, las cuales se radicalizan y pueden adquirir dimensiones trágicas. La lucha por el objeto más insignificante puede convertirse así en una lucha a muerte. Girard sostiene por tanto que el mundo de la mediación es un mundo esencialmente violento: en cierto modo, la locura de Don Quijote se ha convertido en algo banal, reflejando así la banalidad de todo deseo violento, la intrínseca banalidad del objeto de este deseo. La unicidad de Don Quijote ha desaparecido, se ha esfumado la diferencia 'fundamental' entre Don Quijote y el resto de los mortales. A estas alturas, se impone la reformulación de la paradoja girardiana en términos todavía más inexorables. Los hombres aspiramos a diferenciarnos a toda costa unos de otros. Pero cuanto más lo intentamos, más idénticos nos volvemos. La humanidad, sin quererlo explícitamente, lleva camino de suprimir hasta las más ínfimas diferencias que antes nos separaban y nos protegían. Pero en eso no se agota la paradoja, el colmo es que cuanto más nos parecemos, más diferentes nos imaginamos. El mismo que nos obsesiona es concebido erróneamente como el otro absoluto. Considerada así, la libertad individual que tan a menudo se esgrime como si fuera la principal conquista del siglo veinte, viene a ser una quimera teórica, una virtualidad que se frustra en el vivir del sujeto, puesto que cualquier anhelo genuino o cualquier auténtica añoranza son inmediatamente absorbidos por la mímesis del deseo. La doble mediación ha excluido todo lo que sea reciprocidad verdadera entre el yo y el otro. El hecho de que la humanidad haya sido - para bien o para mal, poco importa aquí - liberada de la tutela propiamente religiosa, no ha redundado en su beneficio psicológico, ya que la idolatría de uno solo ha sido reemplazada por el odio de cien mil rivales.

La circularidad del deseo mimético lleva al descentramiento del individuo, que acaba por buscar la esencia divina en lo que niega radicalmente su propia existencia, es decir, en la muerte y en las tendencias suicidas. El mismo Girard le reserva a nuestra sociedad el epíteto de 'totalitaria'. A su modo de ver, existe totalitarismo cuando se llega, de deseo en deseo, a la sucesión cada vez más rápida de objetos - tanto productos como teorías o escuelas -, a la movilización general y permanente del ser al servicio de la nada. La única escapatoria capaz de romper este círculo vicioso es, según Girard, el gesto de humildad o de tenderle al otro la mano, de reconocer la propia vulnerabilidad, gesto juzgado subversivo en un mundo desorbitado por la soberbia.

En los finales de las grandes obras literarias se produce el milagro 'novelesco' del héroe que se reconoce en el rival absolutamente aborrecido y que decide, de la forma que sea - un héroe solitario que se une a los demás hombres o un héroe gregario que conquista la soledad - oponerse radicalmente a la vida hecha de quimeras. O, dicho aún de otra forma, lo que la objetividad de la novela 'novelesca' descubre es la "mutua convertibilidad de términos que pugnan por separarse, por evitar esa escandalosa y catastrófica indiferenciación." (Bandera 1975: 66). A través de la objetividad 'novelesca' se descubre un mundo trágico, ya que presupone necesariamente el descubrimiento de que esa lucha fratricida carece por completo de fundamento, es por completo arbitraria, y de que en realidad se lucha por nada, por mantener una diferencia que parece tanto más esencial cuanto más inexistente, cuanto más vacía de contenido. El único camino de 'salvación' para una humanidad intoxicada de ficción 'romántica' consiste, en la opinión sensata, a veces demasiado sensata de Girard, en negarse a aceptar el sacrificio del héroe, negarse a seguir transformando la vida en mala literatura. Debemos renunciar a nuestra heroicidad, a un mundo de valores irreales, abandonar los intentos de convertir el encuentro con el otro en un encuentro de proporciones trágicas.

En la introducción a su estudio *Mímesis conflictiva* (1975), Cesáreo Bandera desanda el camino recorrido por René Girard. Bandera recuerda que Platón ya recelaba profundamente de los poetas al juzgar que el oficio de imitar o recrear la realidad a través de la mímesis comportaba serios riesgos, siendo el mayor de ellos el peligro de descentrar o de borrar las diferencias y de usurpar el lugar que sólo le corresponde a Dios, único ser que permanece en sí, que está siempre presente a sí mismo. Convencido de que era mejor tomar precauciones rigurosas, Platón condenó esa actitud mimética, este 'jugar con fuego' contra el cual su obra nos pone constantemente en guardia, y expulsó a los poetas de la ciudad. Tal negativa a admitir al arte dentro de la ciudad, tal maldición inexorable, no significa en absoluto que el filósofo griego no hubiera entendido el sentido de la poesía. Significa que lo entendió con una penetración como tal vez pocos (exceptuando a los grandes autores) lo hayan entendido después. El maléfico y fascinante influjo del discurso, el **pharmakon** cuyo poder embriagó al mismo Sócrates (Platón, *Fedro*: 278c), será analizado en un estudio posterior de orientación más antropológica que literaria de Girard[30], *La violence et le sacré* (1972), y esa misma droga benéfica y maléfica, a la vez remedio y veneno, servirá de punto de partida a la desconstrucción del texto platónico que tan brillantemente llevó a cabo Jacques Derrida (1972). Los paralelismos sorprendentes entre algunas intuiciones clave en la obra de estos dos destacados pensadores contemporáneos, René Girard y Jacques Derrida, ya han sido señalados por varios críticos. Sin que nos puedan hacer olvidar las importantes discordancias que subsisten en sus escritos, estos paralelismos merecen ser examinados de más cerca. Dentro del texto de Platón, la función que ocupa el **pharmakos**, llamado por él **pharmakeus**, es básicamente la misma que la que Derrida atribuye a la 'différance', comienzo y fin de toda la metafísica dentro de la historia del pensamiento de Occidente, punto de arranque y desplazamiento del mismo fuera de su centro, soporte, por un lado, y, por otro, inevitable violentamiento de toda la estructura del pensamiento filosófico. En su análisis del *Fedro*, Derrida ha puesto al descubierto las conexiones existentes entre el **pharmakon** platónico y la ambigua actitud que Platón adopta frente a la escritura (230d, 274e, 275a). Ahora bien, esta función ambigua, tanto positiva como negativa de la 'différance', de este desplazamiento, ofrece una asombrosa semejanza con la función que Girard asigna al mecanismo colectivo de la expulsión de la víctima expiatoria, o sea, del **pharmakos**[31]. El mismo Girard desarrolla la afinidad entre su idea y la derridiana (1972: 410).

No es éste el lugar para replantear el pensamiento de Girard o para confrontarlo con el de Jacques Derrida[32]. Por ahora nos interesa hacer resaltar la inquietante medida en que ambos filósofos hacen surgir un formidable signo de interrogación frente a toda la historia del pensamiento occidental. En el momento en que Derrida renuncia a fijarle un epicentro a este pensamiento occidental que le aparece como desplazado de su centro, cuando ese desplazamiento cuestiona la existencia misma de lo existente como existente en sí, como presencia en y para sí misma, Girard, por su parte, descubre en la base de toda civilización un arbitrario desplazamiento de la violencia, el que se produce a través de la expulsión del **pharmakos** o chivo expiatorio, que atrae el odio universal. El **pharmakos** se puede arrojar una y otra vez de la ciudad para preservarla pura, pero arrojar la metáfora, la poesía, lo parasitario, lo poco serio, sólo es posible porque ya habitan en el corazón de la ciudad y porque se descubre una y otra vez que están ahí, lo cual constituye la razón de que quepa arrojarlos una y otra vez.

Suponiendo que nos declaremos dispuestos a aceptar el reto que los dos filósofos nos lanzan, se nos hacen en adelante insostenibles la sacralización y la consiguiente institucionalización de la violencia. En *La violence et le sacré*, Girard desenmascara el proceso de ocultamiento al que, en cierta manera, la filosofía y la ciencia de Occidente han sometido la violencia ritual a lo largo de los siglos, demostrando que la violencia ritual, la que rememora la expulsión original, nunca era diferente de la violencia que el sacrificio trataba de mantener 'fuera de la ciudad', o sea, que nunca hubo ninguna diferencia comprobable entre una violencia buena, sagrada y una violencia mala, puramente humana.

Una lectura en profundidad del *Quijote*, como la que nos propone Bandera, nos enseña que el propio Cervantes ya admitió la transformación de la burla inicial contenida en su obra en un peligro serio, es decir, en la posibilidad del contagio de la locura. Lo que Cervantes llegó a descubrir, era que esa expulsión del loco fuera de la sociedad es una expulsión ilusoria,

> que el origen de la locura no es individual sino colectivo y que, por consiguiente, ese derrumbamiento de la realidad o difuminación de los

contornos de lo real que se produce en la mente del loco no es sino el reflejo de una violencia cuya permanente virtualidad lleva en sí el germen de una destrucción total de la sociedad. En el loco se actualiza lo que está siempre presente de manera virtual en la base misma de la sociedad (Bandera 1975: 55).

Lo que la obra de Derrida sugiere indirectamente, y lo que la de Girard afirma de manera explícita es que, en definitiva,

la reconstrucción de los muros de la ciudad, la expulsión de la violencia que llevan a cabo el pensamiento filosófico y el científico, no es menos arbitraria que la que se opera en torno al altar sangriento de los sacrificios; que todo el esfuerzo civilizador no es sino un monumental sacrificio (Bandera 1975: 180).

La obra de los dos filósofos franceses pone pues en entredicho la objetividad misma de todo posible saber racional, empírico o filosófico, la objetividad de todo ese orden 'natural' y universal.

A partir de *La violence et le sacré*, Girard abandona por completo la noción de la mediación externa como un peso muerto que ya no le sirve de nada, y dedica sus esfuerzos al rastreo de la verdadera causa de la violencia y de la degradación de los valores, la gradual aproximación de los contendientes. Partiendo de los procesos de mediación puestos de manifiesto en su primer estudio, Girard dirige después su mirada hacia aquello que, dentro de la mediación interna, le parece formar la clave del conflicto y avivar la febril vehemencia de su círculo vicioso: la esencial igualdad entre el mediador y el sujeto mediatizado. El autor descubre entonces la violenta simetría de los interlocutores y de sus razones y argumentos en el interior del diálogo trágico, y, a continuación, se ocupa del supersticioso temor de tantas sociedades primitivas en torno a las más diversas manifestaciones de igualdad entre sus individuos, especialmente los tabúes concernientes a las parejas de hermanos gemelos. La 'crise sacrificielle', elemento de base en *La violence et le sacré*, se define como un desmoronamiento de las diferencias en el seno de la colectividad. En más de una ocasión, y particularmente en su estudio dedicado a Shakespeare (*Les feux de l'envie*, 1990), Girard hace referencia a la significación del discurso de Ulises en *Troilus and*

Cressida sobre la importancia del 'degree' (grado, diferencia, jerarquía) en toda sociedad humana. La causa de la violencia que, hablando históricamente, corroe los cimientos de toda cultura y de todo sistema institucional, y aquello de lo que se alimenta, a su vez, la violencia, no son las diferencias entre los individuos de esa cultura o de ese sistema, sino la profunda igualdad entre todos ellos.

En *Le bouc émissaire* (1982) y *La route antique des hommes pervers* (1985b), Girard preconiza la fe cristiana como la única escapatoria posible al deseo metafísico. Según él, la Biblia desenmascara el mito romántico. En la Biblia, es la víctima quien tiene la última palabra. La diferencia entre el héroe clásico (Edipo) y el cristiano (Job) estriba en que los diálogos de Job son diálogos de un Edipo que se niega hasta el final a unir su voz a la de sus perseguidores, por lo que fracasa el proceso victimario, ya que la exigencia de que la víctima consienta en su papel de víctima es una característica de todas las formas de totalitarismo. Al asumir su responsabilidad, Edipo se puede considerar un chivo expiatorio logrado, mientras Job es una víctima propiciatoria fallida. Al mantener su punto de vista frente a la unanimidad que se cierra sobre él, este último descompone la mitología que debería devorarle.

Girard pretende que para romper la espiral de la violencia que nos amenaza a todos, no nos queda más remedio que curarnos del resentimiento y hacer, nosotros frente a nuestros prójimos, el gesto de la reconciliación. Se da perfecta cuenta de que la conversión al cristianismo que predica, esa transformación de negatividad en energía positiva, equivale a un salto en el vacío y se declara dispuesto a darlo.

Semejante salto no nos convence, sin embargo, desde un punto de vista intelectual. En la primera parte de *L'enfer des choses* (1979), 'le signe et l'envie', el economista Jean-Pierre Dupuy ha ido más allá que Girard en la aceptación del 'tercer término' mediador, al desaprobar fundamentalmente la solución unívoca del cristianismo que Girard ha terminado por abrazar. Nos adherimos a la postura de Dupuy (1979: 132), negándonos con él a tomar refugio en la religión cristiana o en cualquier doctrina que, en virtud de la mítica transparencia que ésta se arroga por definición, destruye el fundamento paradójico que el mismo Girard se ha esforzado a duras penas por revelar. Compartimos la impresión de Dupuy de que el misticismo girardiano representa un nuevo avatar de la ilusión mítica. Opinamos asimismo que, en busca de la privilegiada herramienta de desmitificación que pretende haber encontrado en la Biblia, Girard ha caído en una trampa, la de dejarse seducir en última instancia por un método de análisis que, al fin y al cabo, continúa siendo tributario de un dualismo antigirardiano.

A imitación de lo que ha hecho Dupuy, proponemos que la categoría de 'paradoja' sea considerada en adelante una categoría irreductible, congénita en las relaciones interpersonales y en la cultura humana, y que en ella se funde una epistemología de la 'vía media'. Contrariamente a René Girard, cuyos escenarios pecan de apocalípticos, deseamos asumir la paradoja porque creemos en su asombrosa capacidad regeneradora. Dupuy nos incita a valorar positivamente los obstáculos con los que topamos a cada paso, ya que ellos constituyen unos componentes imprescindibles de la comunicación y unas condiciones previas a la preservación de las diferencias entre los hombres. Nos exhorta incluso a que nos hagamos cargo de esta tendencia a la proliferación que exhibe el deseo mimético, y a que manejemos eficazmente y de manera constructiva las limitaciones que no logramos superar. Dupuy sostiene además que no basta con reconocer e identificar los deseos mezquinos que nos habitan; pretende que es preciso que colaboremos activamente a ponerles frenos cada vez que nos parezca saludable hacerlo.

En la segunda parte del libro, 'L'ambivalence de la rareté', Paul Dumouchel describe la forma contemporánea que ha adoptado el astuto deseo mimético en su afán autocontrolador, es decir, la de una economía de mercado, especie de mutante que hace de pararrayos, que engrasa el mecanismo mimético al tiempo que conjura la violencia, que lo prolonga sin que se deje destruir por él.

NOTAS

[1] Citamos por la traducción española: 'La literatura del agotamiento' (Barth 1976).
El ensayo de Barth hizo fortuna y constituyó el punto de partida de varios estudios sobre el tema del agotamiento en literatura. Mencionemos el trabajo de Dominique Rabaté (1991) que, desde otro enfoque, llega a conclusiones similares.

[2] El estilo ligeramente irónico del artículo sin embargo los provocó. En 1980, Barth se vio por tanto forzado a redactar un segundo texto, 'The Literature of Replenishment. Postmodernist Fiction' (citamos por la traducción francesa, Barth: 1981), en el que explica que su escrito anterior no trataba el agotamiento del lenguaje ni el de la literatura sino el de la estética del modernismo de élite. A continuación, califica los relatos de Beckett y las novelas de Nabokov de prodigios del modernismo tardío, y los distingue de las obras 'de relleno' de escritores posmodernos como Italo Calvino o Gabriel García Márquez.

[3] Alfonso de Toro (1997: 31) hace coincidir el comienzo de la posmodernidad con la aparición de *Ficciones*: "A la obra de Jorge Luis Borges le ha sucedido aquello que han experimentado muchas obras de la literatura universal: su discurso no se había podido fijar históricamente [....] en aquella literatura que aperece en los años 50, esto por la sencilla razón que la escritura de Borges se encontraba ya en la segunda mitad del siglo XX."

[4] Swanson (1995) nos pone en guardia contra la indeterminación de semejantes clasificaciones. En lugar de 'post-boom', se emplean asimismo las designaciones 'posmodernismo', 'novísima narración' y 'boom junior'. Para un estado de la cuestión, véase Donald Shaw, 1989 y 1994b. En otro artículo, Shaw considera explícitamente a Puig un autor de transición (1994a: 125).

[5] En su estudio comparativo de *Rayuela* y *El beso de la mujer araña*, Colás sostiene que, mientras Horacio Oliveira todavía cree en el concepto utópico, a Molina no le queda más remedio que cuestionarlo: "The characters of *El beso* make leaps like Horacio Oliveira. In Puig's text, however, they land in the arms of the ennemy, entangled in that from which the utopian leap was supposed to liberate them. Yet characters do not therefore abandon their faith in utopia, conceived of as an existence completely liberated from the alienation that permeates their daily lives. In this sense, the abstract concept of utopia is brought into crisis, to a crossroads. For it is simultaneously constructed and deconstructed in this text." (Colás 1994: 77)

[6] Para un inventario completo de las acepciones de mímesis in Platón, véase el segundo capítulo de Gebauer & Wulf, "Imitation, Illusion, Image (Plato)", (1995: 31-44, y particularmente 35-37).

[7] Para la obra de Platón, nos hemos basado en la edición de la Pléiade (*Oeuvres Complètes*) en dos tomos a cargo de Léon Robin.

[8] En la introducción a la mímesis psicológica, estableceremos una fuerte vinculación entre **pharmakon** y **pharmakos** o **pharmakeus**, el chivo expiatorio de René Girard.

[9] Aunque, en otro sentido, lo restringe también, al tratar casi exclusivamente las dimensiones estéticas del concepto (Gebauer & Wulf 1995: 53; 57).

[10] Aristoteles, *Poetica* (1995).

[11] Véase también a este respecto la lúcida lectura hermenéutica que Paul Ricoeur ha hecho de los pasajes clave de Aristóteles en *Temps et récit*, tres tomos, 1983, 1984, 1985. Ricoeur reconstruye las tres etapas que intervienen en la creación de un texto - creación de un mundo imaginario textual (mímesis II) a partir del mundo real (mímesis I) y su recreación por parte del lector (mímesis III) - definiendo la identidad del ser humano como una identidad asentada en la narración. Hemos preferido no incorporar la interesante interpretación de Ricoeur en este panorama por juzgarla algo alejada del enfoque posestructuralista que sirve de hilo conductor en nuestras consideraciones en torno a la mímesis.

[12] El Renacimiento es una época en la que, paradójicamente, la 'imitatio' "offered an opportunity to circumvent the primary thrust of social control by encouraging the development and publication of individual expression [...] the restrictions and controls to which poetry is subjected, as paradoxical as it sounds, carve out room for individual subjective expression." (Gebauer & Wulf 1995: 87-88).

[13] En *L'imitation des modernes*, Philippe Lacoue-Labarthes (1986) analiza el estatuto mimético del teatro y se detiene en la célebre 'paradoja del actor' de Diderot, que implica un retorno a las concepciones prearistotélicas de la mímesis. La paradoja formulada por Diderot consiste en que ser un buen actor equivale a ser un 'hombre sin atributos': "Pour tout faire, tout imiter – pour tout (re)présenter ou (re)produire, au sens le plus fort – il faut n'être **rien** par soi-même, n'avoir rien en **propre**, sinon una égale aptitude à toutes sortes de choses, de rôles, de caractères, de fonctions, de personnages, etc." (Lacoue-Labarthes 1986: 27; énfasis del autor).
En otros capítulos, el autor describe con admirable penetración el 'doble vínculo' inherente a la mímesis que pesaba sobre el poeta romántico Hölderlin y sobre los filósofos alemanes Nietzsche y Heidegger.

[14] Para una descripción pormenorizada del paradigma decimonónico véanse M.H. Abrahams (1953) y Hamon (1989).

[15] Véase Van Heusden & Jongeneel (1998).

[16] Puede parecer contradictorio que la crítica vaya perdiendo el interés por la vertiente teórica y estética del concepto 'mímesis' en el preciso instante en que esta misma mímesis invade todas las actividades humanas.

[17] La intertextualidad no es un procedimiento literario exclusivo de la posmodernidad. Al ser intertextual el *Quijote*, Cervantes también deconstruye la mímesis. Lo que sí difiere es la forma de su empleo. En la obra de Cervantes se restaura el sistema mimético al fin del libro (Don Quijote reconoce su locura y rechaza los libros imitados). Además, Cervantes parte de modelos bien determinados como son, por ejemplo, las novelas de caballerías, mientras que la referencia literaria en la posmodernidad (por ejemplo, en Borges) es elaborada de tal forma que desaparece en una pluralidad de códigos simultáneamente válidos.

[18] La mímesis nunca será definida de manera satisfactoria, ya que no debe ser considerada un concepto homogéneo, sino "a highly complex structure in which an entire range of conditions coincide: it is a theoretical and practical bearing toward the world; it encompasses cognition and action, symbolic systems and communications media, relationships between I and Other." (Gebauer & Wulf 1995: 309).

[19] Michel Foucault (*Les mots et les choses*, 1966) fue el filósofo que hizo el intento más explícito de elaborar un tipo de historia funcionando a base de modelos o paradigmas. Con él, y a pesar de que más tarde las críticas arrecian (Jameson en *The Prison-House of Language* (1972) y Thiher en *Words in Reflection* (1984) rechazan la extrema discontinuidad, las mutaciones o rupturas radicales que Foucault introduce entre las sincronías sucesivas), se consagró la inevitabilidad de las 'instancias modelizadoras', la idea de que en la 'episteme' del siglo veinte el acceso directo a la realidad está vedado.

[20] Pensamos también en Deleuze (1968) y en Eco (1985b, particularmente la sección 'Voyage dans l'hyperréalité').

[21] Véase Goodman, *Ways of Worldmaking* (1978).

[22] "What we take to be reality at any given moment is merely a game construct, a successful model, drawn up in accord with arbitrary rules, that succeeding and more seductive models can easily replace in the minds of men if these models can improve their rules as the criteria for a succesful game." (Thiher 1984: 162).

[23] Lo prueba el fracaso del proyecto romántico cuyo anhelo absoluto tropieza constantemente con 'un jeu d'écarts', 'une singulière éclipse' (Lacoue-Labarthe & Nancy 1978: 419), y cuya transparencia se empaña misteriosamente: "Le Même, ici, n'arrive pas à sa mêmeté."(419)).

[24] El género que mejor encarna el carácter virtualmente inagotable de la literatura es la novela. Recordamos que, conforme a la teoría de Bajtín, la novela ha surgido de la apertura semántica e ideológica de un universo cerrado de valores compartidos, reverente a un pasado glorioso, inmutable, a un mundo en proceso, a ideologías en gestación, a formas lingüísticas indeterminadas, a un presente, en definitiva, desmitificador.

[25] René Girard, *Mensonge romantique et vérité romanesque*, Grasset, 1961. Traducción española: *Mentira romántica y verdad novelesca*, Anagrama, 1985. A continuación citaremos por la edición española.

[26] Girard opina que la necesidad que se satisface en la mediación es una necesidad de transcendencia. En contra de las apariencias y de los lugares comunes, no hay nada menos materialista que el deseo triangular. La pasión que ponen los hombres en arrebatarse los objetos no es un triunfo de la materia, sino un triunfo del mediador, ese 'dios con cara humana'. Los sujetos no buscan ningún beneficio concreto, sus placeres y sufrimientos son puramente espirituales. El materialismo aparente oculta un espiritualismo invertido.

[27] Cabe observar que la interpretación del *Quijote* que propone Girard es unilateral, ya que no tiene en cuenta la lectura cómica anterior ni lecturas posteriores más matizadas que abarcan conjuntamente los aspectos trágico y cómico de la novela. Al denunciar 'la mentira romántica' en el *Quijote*, Girard cae, hasta cierto punto, en la misma trampa puesta en tela de juicio.

[28] La última etapa queda reservada para Dostoyevski, que, si precede a Proust en la cronología, le sucede en la historia del deseo triangular (42).

[29] Los escritos de Alexis de Tocqueville nos permiten descubrir la ambivalente herencia de la modernidad. Tocqueville prevé los futuros descarríos del sistema. La democracia que él describe es un régimen político y un Estado social que conforma las instituciones, costumbres y mentes de los hombres modernos. El predecesor de la sociología y profundo filósofo político nos hace entender, por ejemplo, en qué medida los nobles se aburguesaron por odio a la burguesía y se democratizaron por miedo a la democracia.

[30] En sus estudios antropológicos, Girard ha transgredido los principios de la crítica adoptando una actitud de cuño psicológico y metafísico donde arte y vida actúan como el anverso y reverso de la misma moneda, motivo por el que ha entrado varias veces en colisión con dicha crítica.

[31] La tesis victimaria de Girard describe un proceso de estructuración y explica los cambios repentinos en la opinión pública, el fenómeno del rechazo unánime dirigido contra una persona - la víctima expiatoria - que antes/después gozaba/gozará del favor unánime de este mismo público. El caso de Edipo ofrece un buen ejemplo de semejante mudanza masiva y súbita de una opinión pública visiblemente inestable, caprichosa, carente de moderación que pasa del

aborrecimiento a la adoración. Girard concluye diciendo que, para que se ocasione esta unanimidad en los dos sentidos, debe producirse un mecanismo **mimético** de la multitud. Al menor paso en falso, el ídolo puede transformarse en chivo expiatorio. Los miembros de la comunidad se influyen recíprocamente, se imitan unos a otros en la adulación fanática y, a continuación, en la hostilidad aún más fanática. Girard añade, como condición previa al éxito del linchamiento o del exorcismo, que el grupo humano debe percibir su propia violencia colectiva como algo sagrado y que, para ello, es preciso que la ejerza unánimemente contra alguien cuya inocencia desaparece por el solo hecho de esta unanimidad. Compárese con *Le bouc émissaire*, 1982.

[32] El aspecto excesivamente sistemático de los principios que maneja Girard, la fe inquebrantable que tiene en su propia causa, y el número impresionante de fenómenos y de campos científicos que pretende abarcar, se consideran generalmente los principales defectos del proyecto girardiano ('le système Girard'), aunque por otra parte estas mismas 'debilidades' otorgan coherencia a esta obra. Los colaboradores y críticos de Girard de tendencia posmoderna condenan precisamente esa coherencia implacable y la juzgan reñida con los planteamientos girardianos de carácter paradójico. En general, se le asocia a Girard con el posmodernismo, parcialmente a causa de su entorno francés y en parte a causa del textualismo de su primera versión del deseo mimético. Pero es difícil imaginar a un teórico más opuesto al posmodernismo que el Girard de algunos años después, que se define a sí mismo como científico que procura demostrar que la cultura y las instituciones se derivan de actos de violencia reales y específicos contra inocentes elegidos arbitrariamente. A partir de *La violence et le sacré*, las obras literarias serían repeticiones rituales de los hechos reales de producción de víctimas que la cultura oculta pero cuyas profundas huellas se pueden estudiar en sus escritos. Al desarrollar y extender su poderosa hipótesis antropológica, Girard se ha convertido en un pensador religioso y mítico (léase, al respecto, el excelente capítulo que Gebauer y Wulf dedican al pensamiento de Girard, 'The Mimesis of Violence' 1995: 255-266) y en un adversario declarado de las preocupaciones posestructuralistas, para quien la revelación cristiana, con su auténtica y divina víctima sacrificial, ofrece la única escapatoria a la violencia del deseo mimético.

1.
Maldición eterna a quien lea estas páginas: mímesis psicológica y mímesis poética

> Plus platement on copie le réel, plus intimement on le bouleversera.
>
> Michel Tournier

1.1. Intriga[1]

Maldición eterna a quien lea estas páginas, publicada en 1980[2], es la sexta novela de Manuel Puig. El libro ofrece la estructura en dos partes (de doce y once capítulos, respectivamente) que caracteriza la mayoría de las novelas del autor.

En nuestra introducción hemos señalado que la narrativa de Manuel Puig despertó, en su día, las más inesperadas y contradictorias reacciones, y que la acogida de su sexta novela, un texto de fingida y supuesta sencillez, fue abiertamente hostil. Varios críticos le reprocharon su "plúmbea monotonía" y su "modelo expresivo sintácticamente pobre, tedioso y vulgar."(Marco 1981)[3]. Lo que sacaba más de quicio a los comentaristas, a juzgar por los argumentos esgrimidos en la polémica, era el carácter exclusivamente conversacional de la novela, el hecho de que el diálogo - recogido además con métodos casi de antropólogo[4] - fuera promovido al rango de eje vertebrador. Este singular mutismo del narrador, que *Maldición* lleva a sus últimas consecuencias, corresponde a una concepción de la literatura por completo distinta de la de las narrativas tradicional y modernista. Sin embargo, las opiniones adversas no hacían ni siquiera mención de la poética del autor y, en la mayoría de los casos, pese a su apariencia crítica, revestían el carácter de un ajuste de cuentas[5]. Nos parece injusto atribuir a algún tipo de incompetencia artística la reticencia del narrador extradiegético (la instancia más cercana al autor) a elaborar su material. Aun cuando el resultado se considere poco logrado[6], se puede observar que el procedimiento básico de *Maldición* completa la larga trayectoria del autor en busca de instrumentos narrativos que hagan desaparecer a la instancia focalizadora omnisciente. Tal como intentaremos demostrar en el análisis del modo en *Maldición*, esta etapa no contradice en absoluto los compromisos anteriores de Manuel Puig que, desde el principio, concebía el argumento como una serie de amplificaciones o reiteraciones de una constelación inicial y no como el desenvolvimiento lineal de una trama. Al pasar de la reconstrucción de acontecimientos a la transcripción de palabras y al pretender levantar las mediaciones entre narrador extradiegético y personajes, Puig creía acortar las distancias que antes separaban el texto de su lector.

La historia se ubica en Nueva York[7] en el año 1978 y pone en escena a dos personajes. Uno es Juan José Ramírez, ciudadano argentino de 74 años, que ha estado preso en su país, acusado de 'actitudes subversivas', a raíz de las cuales ha sido encarcelado y torturado. A consecuencia de los malos tratos recibidos en la cárcel ha quedado inválido, ha perdido la memoria y sufre de manía persecutoria. La Comisión de Derechos Humanos finalmente logra trasladarlo a EEUU donde, al arrancar la novela, se encuentra exiliado y alojado en un hogar. Su antagonista se llama John Lawrence, 'Larry', y tiene 36 años. Es norteamericano y licenciado en historia. Por razones que se van despejando en la novela, Larry ha preferido situarse al margen de su sociedad y ganarse la vida fuera de la universidad en la que primero trabajó, haciendo ahora tareas menores como por ejemplo la de sacar a pasear al señor Ramírez en su silla de ruedas. Son estas salidas las que, en una primera etapa - hasta que la enfermedad de Ramírez se agudiza - proporcionan el marco estructurador del relato.

En este libro, el único medio que utiliza Puig para entregarnos a Ramírez y Larry en toda su extensión psicológica es, como acabamos de subrayar, el diálogo. Ya en novelas anteriores, este recurso había sido el molde con que el autor forjaba a sus personajes, pero en *Maldición* su uso supera el estatuto de técnica narrativa para llegar a desencadenar la trama, trama por cierto extremadamente escueta, y convertirse en razón de ser de la obra.

Dicho diálogo, sostenido a lo largo de la novela, sólo alterna con las múltiples alucinaciones nocturnas que padece el señor Ramírez en su cuarto del hogar y que toman el carácter o de diálogos imaginarios, o de monólogos interiores. Como lo ha declarado el mismo Puig, Ramírez, por su edad, tiene asociada 'ficción' o 'aventura' al lenguaje folletinesco, a Verne o a Salgari, porque fueron las fantasías que nutrieron a esa generación y, por consiguiente, este universo es el que hace oficio de palimpsesto en sus pesadillas. Las alucinaciones aparecen en los capítulos 3, 8 y 11 de la primera parte y 2, 4, 7 y 10 de la segunda. En estas ensoñaciones, Ramírez transforma a Larry, mediante el procedimiento típico de la sustitución, en el protagonista de aventuras heroicas, cargadas de suspenso, persecuciones y clímax melodramáticos. En casi todas vemos a un Larry dotado de poderes sobrenaturales (entra y sale por ventanas y puertas cerradas) y retratado como el malo de la película. Por lo general, se debe mostrar muy agradecido para con Ramírez por las acciones de rescate que este último lleva a cabo[8]. El capítulo 11 de la primera parte es el único en el que Larry desempeña un papel favorable, puesto que salva a una mujer de abrigo de pieles de las manos de un viejo de voz carraspeante y respiración anhelosa (110), probablemente Ramírez[9], arrebatándole el revólver. Las alucinaciones en las que Ramírez, como por arte de magia, parece haber recobrado la memoria, cristalizan sus verdaderas preocupaciones. Prácticamente todos estos sueños tematizan las relaciones entre Ramírez y Larry. Están conectados con acontecimientos ocurridos durante el día ('restos diurnos'), anticipan sucesos venideros o prolongan discusiones mantenidas recientemente, bien por reiterar imágenes obsesivas, bien por citar textualmente algunas frases o caracterizaciones que sirven luego de 'estribillos' metonímicos (ejemplo: la "voz carraspeante" (50,110)) o de claves en la identificación de las voces[10].

Las conversaciones ganan en intimidad a medida que avanza la novela y acaban cobrando el carácter de auténticas sesiones psicoanalíticas centradas en liberar los recuerdos, vehículos de traumas para ambos. En un principio tienen por objeto algunos conceptos abstractos que Ramírez, aquejado de amnesia, no entiende o no sabe vincular con los sentimientos correspondientes. Cortado por la fuerza de sus raíces argentinas, Ramírez se encuentra desgarrado y perdido en un mundo que le es ajeno y hostil, tanto más ajeno si consideramos la marginalidad de este hombre como hispanohablante en el mundo norteamericano. Para él, muchas palabras no pasan de ser meras designaciones de sensaciones que no consigue vivir por dentro. El lenguaje manejado en la novela, un lenguaje traducido (véase infra), transcrito en una jerga neutra y seca ('degré zéro'), en los antípodas de los fenómenos de 'estilización' (Bajtín) o 'saturación' (Genette) que caracterizan *Boquitas pintadas*, refleja dicha imposibilidad comunicativa y llama la atención sobre el dramático exilio de muchos intelectuales latinoamericanos entre los que ha figurado el mismo Puig.

Los primeros diálogos entre Ramírez y su acompañante se limitan, por tanto, a descifrar y descodificar realidades. Sabido es - nos lo ha enseñado la lingüística saussuriana - que las palabras adquieren significado de acuerdo con su posición dentro de un sistema conceptual de similitud y diferenciación y no mediante una relación directa con la realidad. El hecho de que Ramírez haya perdido su sistema conceptual (argentino) explica por qué, aun cuando logre vincular los significantes con sus significados, la realidad exterior carece de sentido, resulta hueca y sin consistencia. Pero el exiliado argentino no tarda en desplazar su centro de interés desde los conceptos meramente denotativos – "Cuando los ojos se llenan de lágrimas, dice la Enciclopedia, a veces es de alegría, no siempre de dolor. Parece ser que ciertas emociones muy profundas, aunque positivas, placenteras, hacen llorar"(26) - hacia los aspectos connotativos de la lengua, hacia lo que el ser humano experimenta por dentro cuando pronuncia palabras – "No me interesa la parte exterior del asunto. Quiero saber lo que sucede en lo interior de la gente"(89). Ramírez se da cuenta de que esta carga emocional es lo que más le cuesta recuperar y en varias ocasiones se muestra capaz de formular su propio diagnóstico:

> Estuve muy enfermo en mi país. Me acuerdo de todas las palabras, de cómo se llaman las cosas que se pueden tocar, y ver. Pero otras cosas, que no están más que en ...en... [...] Sé lo que significan {las palabras}, leí la definición en el diccionario, pero tal vez no las haya experimentado últimamente. Y por eso entiendo el significado... hasta cierto punto, nada más (10).

Ante un Ramírez inicialmente tan indefenso como insistente, Larry se irrita muchas veces y se niega repetidamente a tender puentes entre el nombre de las cosas y sus referentes. Se resiste a hacer de psicólogo, de profesor de idiomas o de padre. De sus réplicas, se deduce fácilmente que no tiene ganas de entrar en el juego de Ramírez y que se arma de ironía cada vez que se siente acosado por las preguntas molestas de éste ("¿Dos personas no pueden conversar sin meterse en cuestiones privadas? Hablemos de deportes, o de las últimas noticias, ¡de terremotos! ¡de libros!" (16)). Larry compensa el miedo que le inspira la intimidad con un nihilismo que trasluce en varias ocasiones, por ejemplo cuando se empeña en subrayar el carácter vacío de los ritos sociales, desconcertando así al ingenuo Ramírez[11]. La inicial actitud reticente que adopta Larry se traduce igualmente en los calificativos negativos con los que desaprueba las intrusiones de Ramírez en su vida privada: le llama "voyeur" (89, 176), "espía" (180) o "vampiro" (55,88), prueba de que el acompañante es lo suficientemente lúcido como para darse cuenta de que el otro le sorbe la memoria y le chupa la sangre. Pero, imperceptiblemente, la lucidez de Larry se desmorona y su resistencia se debilita. Subyugado, empieza a dejarse manipular y entrega varios episodios de su vida pintados con gran lujo de detalles. Todos están centrados en algún recuerdo de amor, pero el que destaca entre ellos es el paradigma de su primer amor, es decir, el de la adoración excesiva hacia la madre, que arrastra para toda su vida y sobre la que se han calcado sus arrebatos amorosos posteriores. Las anteriormente mencionadas alucinaciones del viejo que casi todas giran en torno a esa rivalidad padre-hijo[12], asocian definitivamente al padre con el principio de prohibición. Pero el dominio de la metáfora paterna no se deduce únicamente de esta figura edípica, sino que se impone asimismo a partir de la diferencia de edad que separa a los dos protagonistas (Ramírez le dobla la edad a Larry) y que hace que la reconquista del léxico por parte del anciano se organice espontáneamente alrededor del campo semántico de las relaciones padre-hijo. En el cuarto capítulo de la primera parte asistimos por primera vez a una 'representación dentro de la representación' en la que Ramírez obliga a Larry a intervenir, y en la que desarrollan juntos el tema de la rivalidad en un modo hipotético, cuando Ramírez le propone a Larry: "Usted podría hablar como si fuese un padre. [...] Yo escucharía como si fuera el hijo."(41). Tomando como punto de partida el mecanismo de la sustitución recíproca, el hijo se vuelve padre y viceversa. El procedimiento se repite varias veces y coloca a los personajes en una situación de absoluta vulnerabilidad que recuerda las rápidas idas y venidas entre parejas de un clásico drama de amor y celos. Si, como queda dicho, la indefensión de Ramírez lo constituye primero en hijo, paulatinamente se invierten los papeles para ajustarse a la lógica de la realidad. El pasado - mudo o vacío - de Ramírez sirve entonces de referencia paterna y empieza a determinar el contenido de la novela.

A partir del momento en que Larry, so pretexto de curar a Ramírez, acepta el reto y consiente en desahogarse con su 'amigo' cediéndole a éste fragmentos de su vida, la relación entre los dos personajes cambia de naturaleza. Mientras tanto, el lector ha percibido ya que las obsesivas preguntas de Ramírez pretenden mucho más de lo que obtienen. Una vez que los objetos están debidamente localizados y relacionados con sus respectivos referentes, una vez que Ramírez ha logrado desbloquear su capacidad de sentir y reactivar su memoria, no deja por tanto de someter a Larry a sus interrogatorios. Tal insistencia deja al descubierto que, desde el primer momento, el anciano no estaba deseando realmente rescatar su pasado a fin de liberarse definitivamente del trauma que arrastra. Por su parte, Larry padece una orfandad cada vez más pronunciada en la medida en que le va prestando recuerdos personales a Ramírez. El lector constata, pues, que la relación Ramírez-Larry desborda la escena de familia, y se desarrolla en una situación de profunda ambigüedad, donde atracción y odio viven su existencia de auto-anulación. El progresivo debilitamiento de las líneas divisorias entre los papeles hace que los personajes aparezcan cada vez más como fundidos y excedan el dominio tradicional de la dualidad. Al constatar que ambos se empeñan en exorcizar los fantasmas adormecidos y los deseos inconfesados que los habitan, el lector va adivinando poco a poco la presencia de una llaga compartida, de un 'núcleo reprimido' (Corbatta 1989) presente en los dos protagonistas. Prueba de que, a estas alturas, el diálogo opera e incluso llega a ser reparador es el alargamiento progresivo de los capítulos. Paralelamente observamos que el espacio se ha reducido ahora que las salidas se han vuelto imposibles por motivos de salud. Los dos comunican en adelante en el confinamiento de la pequeña habitación de Ramírez, acercándose de esta forma tanto literal como figuradamente el uno al otro. Este movimiento centrípeto desemboca en un auténtico psicodrama, en una serie de representaciones con fines catárticos en las que los dos protagonistas se salen al paso construyendo a duras penas unos 'mundos posibles' alternativos. En esta fase de la colaboración, los escenarios, que varían según sean formulados por uno o por otro, circulan y se superponen. Ya no importa que Ramírez no haya vivido tal o tal experiencia; basta con que Larry se la haya contado para que la asuma y la incorpore a sus recuerdos personales, privando a su compañero de parcelas de su identidad. Cuando Ramírez exclama, pongamos por caso: "Sé que una vez viví con una mujer, fuimos de vacaciones a la playa una vez, un lugar de médanos. Hijos nunca tuvimos"(88), se apropia el pasado de Larry que le había confiado este episodio de su vida (alusiones a los "médanos de Cape Cod" y a la "luna de miel en Cape Cod"en las páginas 76 y 185, respectivamente).

Desgraciadamente, el afán de recordar de Ramírez es también una táctica, un arreglo para defenderse de los 'espías' que su paranoia le hace suponer en todas partes y para posponer el momento de la verdad, el momento en que por fin se levante el tabú que pesa sobre su pasado argentino. Mientras tanto, Ramírez ha hecho progresos. Recuerda ahora "todo lo que llevo leído desde que aterricé en esta ciudad." (17). Constatamos efectivamente que, a corto plazo, la memoria le ha vuelto a funcionar: "Usted no me ve, pero desde que llegué y empecé a leer no he parado. Sobre todo al ver que me acuerdo de todo lo que voy leyendo. Me estimula mucho."(61). Pero en cambio descubrimos que, cuando se trata de enfrentar el 'núcleo reprimido' de su vida argentina, Ramírez opone resistencia y que la amnesia que sufre es en parte deliberada. Desde el principio se ha negado a admitir que ha estado implicado en política ("Nunca tuve que ver con política." (56)). Si Larry le pregunta por qué se ocupa entonces de él un comité de Derechos Humanos, se inventa una vaga historia de desfalco, pretendiendo que su hermano mayor le pagó el viaje a EEUU (56). El propio Ramírez se contradice más de una vez. Frente a su pasado argentino adopta una actitud ambivalente, de 'doble vínculo' (Bateson 1973, véase infra), es decir, aspira a conocer la verdad al tiempo que obstaculiza su emergencia. A pesar de su obstruccionismo sistemático, a veces se le va la lengua y hace declaraciones que dan a conocer su urgencia de penetrar el secreto. Cuando Larry le presenta su tesis de la mujer 'inalcanzable', Ramírez reacciona pareciendo hablar por experiencia propia (79). Un poco más adelante, se queja abiertamente de que los médicos no hayan querido revelarle la verdad de su vida por temor a perturbar su equilibrio mental: "Y yo lo que necesito es saber. No que me traten como a una piltrafa que no aguantaría un golpe más [...] {Saber} me es indispensable para mejorar." (86). No saber produce "esa sensación de ahogo en el pecho" que apenas soporta. En un gesto de solidaridad, Larry acepta la poco gratificante tarea de acceder a las instancias del anciano: "Mataron a su familia. [...] Pusieron una bomba en su casa. Ocurrió cuando usted ya estaba preso. Pero era por cuestiones políticas, nada de estafas."(86-87). Ramírez reacciona con incredulidad e indignación: "Tengo mis razones... para saber... que no es cierto." (88). Hasta pone en duda la existencia de esta familia: "¿Qué clase de familia me inventaron? ¿A quién dijo que mataron?" (88). Y Larry contesta en serio: "A su mujer, a su hijo y a su nuera." (88).

Sin embargo, hay indicios para creer que la verdad se abre inexorablemente camino en la mente de Ramírez. Ya antes de que Larry se la revelara, Ramírez le había solicitado un primer psicodrama (al que hemos aludido) en torno a las relaciones entre padre e hijo. Más tarde, confiesa que se ha ido documentando sobre el tema de la paternidad: "Mire, esta enciclopedia trae un montón de cosas, y he estado leyendo sobre los pájaros, los gorriones en especial. Y cómo cuidan a la cría. Construyen el nido, empollan los huevos y los protegen de las maneras más increíbles ¿Usted lo sabía?" (114). En la página siguiente, el tema aflora de nuevo en un modo hipotético:

> Al leer eso, pensé que yo también habría cuidado a un hijo si lo hubiera tenido. Porque al ver a alguien más chico inmediatamente uno se da cuenta de que puede resolverle cosas que él no podría. Pero después el hijo crece, y ya no necesita más de nadie, y es mejor que se vaya (115).

Momentos después de haberse enternecido con los pájaros, cambia bruscamente de estrategia y deja que su instinto protector se convierta en la indiferencia más total: "A su gato le habría gustado uno de estos pichones tan tierno, de que le hablé" (115), para luego salirse de nuevo de su papel, y, al ritmo de los altibajos que le caracterizan, prolongar su alegoría:

> Los gorriones, y toda clase de pájaros... y tal vez toda clase de animales, cuidan a la cría... mientras se mantiene chica de tamaño. Cuando los pichones de gorrión crecen, los padres ya no saben quiénes son... no reconocen a los hijos más... porque no tienen memoria, como los humanos (117).

La metáfora de los pájaros crea en Ramírez una nueva disponibilidad. Le conduce a considerar que quizá haya tenido un hijo y a tratar a Larry como si fuera su sustituto, su hijo adoptivo:

> Desde que llegué a esta ciudad... y empecé a sentirme mejor... cuando empecé a leer... bueno, usted sabe... usted comprende... hoy, si un hijo mío estuviera tirado en la calle, sangrando... yo lo reconocería... trataría de socorrerlo... porque puedo acordarme de las cosas... yo lo reconozco a Usted cada día que viene... Pero antes no... antes de que me pusieran en ese avión... no habría reconocido a mi hijo... tal como los animales (117).

A raíz de esta confesión, se pone en marcha un segundo psicodrama entre padre e hijo (118). Pero finalmente la orfandad de Larry no es compensada, ya que Ramírez no le aplica sus principios alegóricos. Aun a sabiendas de que "el hijo crece, y ya no necesita más de nadie, y es mejor que se vaya" (115), Ramírez se opone a que Larry empiece la carrera que mejor le conviene. La reconciliación no tiene lugar.

Para encontrar el acceso a la zona vedada que su compañero lleva dentro, Ramírez le relega desvergonzadamente al rango de instrumento, vampirizándole, compensando la falta de experiencias propias con las de Larry sin ofrecerle nada a cambio. Ramírez no se echa atrás ante el chantaje ni cuando su éxito implica destruir psicológicamente a Larry. Se muestra capaz de cualquier cosa con tal de sobrevivir él mismo. Este desequilibrio pone en marcha un movimiento centrífugo. El último capítulo de la primera parte, que se articula en torno al psicodrama 'el regalo', encierra un aporte considerable de información y marca un nítido retroceso en la intimidad. La escena se carga de ambigüedad cuando resulta que el regalo simulado en la reconstitución de un día de cumpleaños de Larry[13] corresponde a un paquete real y tangible que el señor Ramírez recibe desde la Argentina y que lleva remitente de una oficina de Derechos Humanos en Buenos Aires. Su contenido - tres ediciones antiguas de novelas francesas (*Les liaisons dangereuses* de Choderlos de Laclos, *Adolphe* de Benjamin Constant y *La princesse de Clèves* de Madame de Lafayette) y un cuarto libro sin identificar - amplía las posiblidades de interpretación de *Maldición*[14] y explicita la obsesión de Ramírez por sus anotaciones[15]. Los libros no tardan en caer entre las manos de Larry, quien descubre en seguida que Ramírez ha escrito en clave sobre sus textos. Descifra la primera frase ("Malédiction éternelle a qui lise ces pages"(124)) y se entusiasma con seguir interpretando. Es pertinente observar que ahora le toca a Larry el papel de descodificador que antes le correspondía a Ramírez. Al encontrar testimonios acerca de las luchas políticas y sindicales en el Cono Sur, el joven concibe el plan de hacer editar las memorias, encontrando en ellas un estímulo para un trabajo de investigación. Se obstina en captar el sentido del mensaje expresado por Ramírez, pero tropieza con la resistencia de éste al que no le gusta nada semejante empresa. La considera una violación de su intimidad, actitud que se radicaliza en cuanto Larry le revela que las memorias político-sindicales alternan con fragmentos del diario personal que Ramírez llevaba cuando estaba preso. En el fondo, se opone a que Larry haga ahora lo que acaba de hacer él con respecto al pasado de Larry: a que "le sorba la memoria y le chupe la sangre."

Desde un punto de vista narratológico, resulta interesante destacar que, en la segunda parte y excepción hecha de las alucinaciones del anciano, Larry constituye el único filtro a través del cual el lector se entera del pasado de Ramírez, ya que sólo dispone de los datos que Larry está dispuesto a proporcionar. Se trata básicamente de dos escenas, la de la 'huelga salvaje' (195-196 y 200-211) y la 'carta al padre' (255-258).

Este enfoque restrictivo hace pensar en el recurso del manuscrito hallado, un viejo tópico cuya función consiste en avalar el monopolio de la instancia narrativa, en este caso la voz de Larry. No obstante, Ramírez se niega tercamente a reconocer las anotaciones, a las que ha hecho referencia a lo largo de toda la obra, como suyas. Hace todo lo que puede por boicotear el trabajo de Larry acusándole de proferir tonterías y burlándose de sus esfuerzos (252). En un momento dado, llega incluso a prohibirle rotundamente que vuelva a sacar el tema (262). Sin embargo, no cabe duda de que es Larry quien domina las representaciones que tienen lugar en esta segunda parte. Cuando llega la hora de la venganza, saca ventaja de las posibilidades de chantaje que le procura el diario. Después de haber brindado al que antes era su amigo varias oportunidades para conversar a propósito de este doloroso pasado argentino, decide volver a la carga. Ahora que está en posesión de los documentos que confirman lo que ya sabía por médicos y enfermeros, se dirige a Ramírez echándole en cara los errores que éste ha cometido en su vida: "Por lo que he visto de su diario personal sí causó un montón de problemas"(154); "Usted se desentendió de su esposa y sus hijos, está escrito por su propio puño en el diario de la prisión"(156); "La culpa se extiende sobre su vida como una mancha de aceite". Pero el verdadero golpe de gracia lo asesta en la página 259, cuando formula la irrevocable maldición:

> A ellos los mataron, a su esposa, a su hijo, y a la pobre francesa que subía y bajaba el telón {la nuera}. Bastó con poner una bomba en su casa. Usted les habría deseado la muerte alguna vez, y el deseo se cumplió. Y eso le arrasó el cerebro, enfermo ya como estaba por el calabozo y la tortura...

Los últimos psicodramas confirman la hipótesis de que el curso de las vidas de los dos personajes se ha rozado continuamente, hipótesis que el lector ha ido barajando desde el principio de la novela. La interpenetración es tal que finalmente cabe preguntarse quién se ha nutrido de quién. A partir de la segunda parte, cuando Larry está en posesión de los libros, parece sugerirle a Ramírez unos recuerdos que pertenecen a este último. En un caso concreto, el procedimiento es bastante obvio. En la escena de la huelga salvaje, Larry evoca, a petición de Ramírez, una 'escena de familia'. Esta vez relata la presentación de su novia a sus padres. Los dos jóvenes están muy pendientes de la aprobación de los padres de Larry, pero todo parece salir bien (199). Pero en el momento menos indicado, la armonía se rompe. Suena el teléfono y un compañero le pide a Larry que se encargue de organizar en el acto una huelga salvaje. Larry no sabe zanjar entre los reclamos legítimos de los obreros y las reivindicaciones de su familia. El lector se da cuenta de que esta escena debe ser apócrifa, ya que el mismo Larry nos ha contado anteriormente que él siempre se ha interesado por cuestiones sindicales (51), mientras que el señor Ramírez "no se conformó con la teoría como yo {Larry}, usted actuó."(224). Larry lo sabe por su trabajo de desciframiento de las anotaciones (195-196), y nos lo comenta: "Cuénteme cómo coordinó esas huelgas salvajes... en sus plantas automotrices, saltando por encima de la autoridad sindical." Nuestra impresión se confirma cuando Ramírez se anima a intervenir activamente en la escena y a completarla.

De la descripción que precede, sólo se puede concluir que Manuel Puig ha querido hacer de los recuerdos de ambos un todo inextricable, con el fin de dar otra vuelta de tuerca al problemático pero crucial concepto de la identidad. Por muy diferentes que Ramírez y Larry nos sean presentados al principio de la novela, los dos personajes se contagian irremediablemente cuando, en el transcurso del coloquio, renuncian a sus mecanismos de defensa. La obsesión por el significado de las palabras que tiene Ramírez se convierte en la obsesión por el secreto de los libros de Larry, quien, a su vez, había estudiado precisamente historia llevado por su deseo de encontrar las raíces de un impersonal presente norteamericano. Alienados y expuestos a similares experiencias de vivir en el anonimato de grandes ciudades cosmopolitas, ambos personajes tratan de recuperar los lazos de la familia en un intento de regresar a los orígenes. Nacidos respectivamente en EEUU y Argentina, dos países que a primera vista comparten muy pocas características, Larry y Ramírez tienen en común su ascendencia italiana. Ambos han tenido problemas con su pareja por causa de su exclusiva dedicación al trabajo. El hijo de Ramírez se ha alejado de su padre tal como Larry llegó a desolidarizarse del suyo. Además, las opiniones políticas y filosóficas de los dos personajes coinciden la mayoría de las veces.

Pero, contrariamente a lo que Ramírez da a entender, los dos hombres no han compartido demasiado a lo largo del intercambio, nos parece que más bien han compartido demasiado poco. Sobre todo Ramírez no está a la altura de las oportunidades que le son brindadas. Sólo admite integrar los recuerdos en su nueva vida cuando son placenteros. En una sesión terapéutica en la que acaricia a un perro lanudo y blanco, reaparecen elementos de su propia vida que saluda con alivio:

> Qué pelo tan suave. Me parece ya haber acariciado antes, a este animal... Hace muchos años... ¡Sí! ¡ahora lo recuerdo! Alguien me llevaba de la mano a la plaza. Allí está ese árbol tan antiguo. Y me llevaba ella de la mano, esa mujer, la que me sonreía, y me aseguraba que nunca jamás en la vida me iba a abandonar. Y estaba nevando, pero yo había insistido tanto para que me llevara a la plaza. Y era tan hermoso ver todo blanco de nieve y la perra igual de blanca (168).

Pero Ramírez no sabe traspasar el último umbral: el de evocar los recuerdos dolorosos que le son tan irreductiblemente propios. En vez de experimentar una catarsis (estimulando la carrera universitaria de su nuevo amigo/hijo adoptivo y colaborando con él), morirá amargado y solo.

El desenlace de *Maldición* demuestra hasta qué punto las palabras son capaces de transformarse en actos o acontecimientos, son performativas. La historia culmina cuando Larry comunica a Ramírez su decisión de marcharse a Montreal donde le han contratado en la universidad para que investigue allí el tema de las luchas políticas en el Cono Sur. Entonces es cuando la incomunicación entre padre e hijo (adoptivo) llega a su punto álgido dramático. El señor Ramírez se siente abandonado (192) y se empeña en sabotear ahora definitivamente el trabajo de Larry. Ha llegado el momento de la ruptura. A pesar de haber tenido el valor de aceptar el desafío, Ramírez no ha logrado liberarse de los atávicos paradigmas del poder. Cuando muere a los pocos días del penoso enfrentamiento con el joven, lega los libros a su enfermera preferida del Hogar, Virgo, retirándolos de hecho a Larry.

¿A qué se debe el fracaso sobre el que se termina la novela? Nos parece que dos son los factores a ser tenidos en cuenta. En primer lugar, cabe subrayar que los recuerdos de Ramírez son de fuerte alcance emocional y particularmente traumatizantes.

Cuando Larry le informa de lo que realmente ocurrió, el mismo Ramírez va hasta decir que "[...] no es la peor noticia posible, que una bomba los mató [...] porque {si estuviesen vivos} ... podrían estar sufriendo. Podrían estar pagando culpas mías." (87). Es cierto que, si "no recordar tiene un precio muy alto" (129), recordar también puede costar caro: "No, si esa fuera la verdad yo no podría hacer más el inmenso esfuerzo de vivir. A mí me cuesta un inmenso esfuerzo." (260). La violencia que le fue infligida a Ramírez ha ocasionado heridas incurables: él no sólo ha perdido a los suyos, sino que también se sabe culpable, ya que el régimen del Proceso les ha pasado factura a sus familiares inocentes mientras que él, en su calidad de militante, ha sobrevivido[16]. Para Ramírez, la característica ambivalencia del 'doble vínculo' (simultáneamente querer saber y no querer saber) se transforma en un auténtico atolladero. Si el anciano no da con ninguna salida, es que, en segundo lugar, su fracaso debe ser atribuido a las constelaciones del poder que caracterizan la sociedad de la que proviene: una sociedad en la que la sinceridad masculina acarrea automáticamente una pérdida de prestigio. El malestar de Ramírez ante el relevo generacional traduce un mal endémico de las sociedades latinoamericanas que trataremos en nuestro análisis de *The Buenos Aires Affair*. Aunque en sus memorias se había arrepentido de las oportunidades perdidas para con su hijo – "Ahora todo sería diferente, si pudiese verlo. Trataría de descubrir en él las cualidades que no había sido capaz de ver antes" (258) –, los mecanismos de proyección y de idealización que tan fuertemente le fueron inculcados le impiden ahora fomentar la labor universitaria de Larry. Repite su error, traicionando al joven norteamericano como antes había traicionado a su propio hijo. Arrastra a Larry en su caída, cumpliendo así una profecía de este último: "Sucede constantemente que la gente se eche atrás, no intime, no se atreva a encariñarse, por más que necesite afecto da un paso atrás." (54).

Aunque Larry se ha quedado sin trabajo al no disponer de su material, la novela termina con la redención del joven. Animado por las conversaciones terapéuticas que le han ayudado a emanciparse, Larry decide buscar otro puesto de trabajo digno de sus capacidades intelectuales.

Es importante señalar que la estructura de este capítulo final refleja el curso de los acontecimientos. De acuerdo con la suspensión definitiva de las charlas dialogadas, el narrador, sin por tanto apartarse de su estrategia citativa, abandona la forma conversacional e incluye cinco cartas, una solicitud de empleo y un acta testamentaria, documentos todos que resumen el conflicto que ha dominado la novela y redondean la trama delineando la mutua destrucción de dos seres humanos, la fatal y sadomasoquista incomprensión entre padre e hijo que resulta emblemática en varios aspectos. Resulta emblemática por ilustrar, entre otras cosas, la maldición que amenaza con deteriorar todas las relaciones humanas como ya lo había demostrado, con un cinismo inigualable, Choderlos de Laclos, a cuya obra maestra alude explícitamente *Maldición*. El narrador extradiegético de *Maldición* parece sugerir que el ansia de dominio y de victoria puede convertir toda relación en un combate ininterrumpido donde cualquier arma vale y con preferencia la que pueda herir más profundamente al amigo/adversario. Este combate, si no se para a tiempo, amenaza con desembocar en una guerra total que desencadene el odio y que perpetúe la soledad.

1.2. El deseo mimético en *Maldición*

A continuación, nos proponemos interpretar el deseo procedente del otro tal como aparece funcionando en *Maldición* a la luz de la fenomenología elaborada por René Girard. Más que hacer un análisis completo de la novela, vamos a seguir el hilo a la idea mimética, zigzagueando un poco entre algunos de sus episodios y hasta saliéndonos del libro hacia el resto de la obra de Puig cuando lo consideremos necesario para una mejor inteligencia de la idea estudiada. Extraeremos y haremos explícitas las constantes que permanecen sobredeterminadas en las escenas que juzgamos más significativas.

Maldición es una novela que se nos resiste a pesar de su aparente levedad de lectura sugerida por su castellano de traducción, su monotonía y su abuso de la oquedad del estereotipo. Los palimpsestos que en ella abundan y que revisten la forma de anotaciones y manuscritos, le confieren el estatuto de caja de Pandora que oculta más calamidades interpretativas de las que se filtran en su superficie. Como ocurre en sus obras anteriores y más aún en las posteriores a *Maldición*, Puig explora aquí los repliegues de dos personajes imaginados, pero mucho más representativos de lo que aparentan. Según lo ha explicado el autor, siempre procede de la misma manera a la hora de concebir una novela. Se esfuerza por entrar en un universo que no comprende, por incursionar en un terreno ajeno, que intenta descifrar a través de un personaje alienado al que considera un producto de rechazo de la sociedad:

> Escribo novelas porque hay algo que no comprendo, un problema muy especial y entonces se lo achaco a un tercero y, de ese modo, a través de ese personaje trato de aclararlo. La génesis de toda mi obra ha sido ésta: no me atrevo a enfrentar el problema directamente porque sé que hay defensas inconscientes, hay frenos que no me dejan llegar a ciertos enfrentamientos dolorosos (Corbatta 1983: 605).

Con su estrategia exorcista, el autor practica, pues, la mediación polimorfa. Recorre varias etapas de identificación a fin de evacuar sus obsesiones personales y de conquistar su propia identidad.

En *Maldición*, la alienación ha invadido todos los estratos del texto y cobra dimensiones patológicas. Para empezar, Ramírez y Larry son personajes mutilados (Ramírez lo es literalmente). Sufren enfermedades físicas que reflejan los trastornos metafísicos u ontológicos de los que ambos están aquejados. Estos dos seres desgraciados están acorralados cada uno dentro de su circunstancia como en una prisión. La invalidez, la amnesia y la vejez despiertan en el señor Ramírez una paranoia, frente a la cual el joven y saludable Larry apenas le va a la zaga con su neurosis, la neurosis - especie de exilio interno - de un joven norteamericano que no ha podido resolver sus problemas edípicos y de relación. La enfermedad de los personajes apunta hacia un malestar social que tiene su origen en el exilio. Manuel Puig concibe el exilio como una mutilación profunda del ser humano y la ciudad de Nueva York como el símbolo de una creciente deshumanización. El tema de la migración obligatoria le permite destacar el contraste geográfico-cultural entre América Latina y América del Norte, y vincular este conflicto de culturas con un conflicto de generaciones. Le permite también seguir hablando de la sociedad argentina a través del encuentro entre seres de nacionalidades diferentes a los que ha colocado en una zona esquizoide y ligeramente apartada de la sociedad como lo es el asilo. La manía persecutoria de Ramírez y el desarrollo del olvido como mecanismo de defensa revelan la existencia de problemas personales intransferibles, sobre los que volveremos, pero también de fracasos de índole colectiva como la derrota política rioplatense y los traumatismos del inconsciente argentino. Aunque dotado de una memoria excelente "Registro todo como una computadora. Mi cerebro clasifica y asocia el material, me es fácil" (221), el neurótico Larry, que se ha autoexiliado hacia el margen de la sociedad norteamericana, tergiversa la verdad cada vez que le aparece oportuno. Nos nos debe extrañar que este personaje, detractor de la política oficial de su país, haya seleccionado precisamente los episodios más cargados de la historia estadounidense tal como lo prueban sus fabulaciones que nos sumergen en la guerra de Vietnam.

La insistencia con la que Puig trata el tema del exilio justifica el protagonismo detenido en esta novela por el lenguaje. Si bien los personajes terminan por practicar el diálogo como una descarga neurótica, al final de la novela concluyen que la terapia no ha operado debido en parte a que la comunicación ha sido vehiculada por tres idiomas distintos: el inglés defectuoso de Ramírez (castellano en la novela), el inglés de Larry (castellano de traducción en la novela) y el francés de las anotaciones de Ramírez. Los cortocircuitos provocados por el aspecto traicionero de la traducción ocupan una posición central en la trama. Este problema de comunicación concierne sobre todo al señor Ramírez que, mientras no recupere su pasado, está condenado a refugiarse en una superficie lingüística que se ha cortado de sus raíces imaginativas para caer en la contingencia más absoluta. Pero esta incomunicación funciona igualmente como una metáfora del hueco temporal y del vacío referencial en que se mueven los dos personajes a lo largo del libro. Cuando Ramírez recupera por fin sus anotaciones, se niega primero a aceptar la terrible verdad de su pasado militante y destructor[17] que pugna por salir. Una vez vencida la resistencia inicial, admite que habría preferido no saber la verdad[18]. El rescate de su identidad argentina no contribuye en absoluto a levantar el vacío que lo atormenta.

En conclusión, cabe destacar la sensación de profunda alienación de los personajes que se prolonga en su estado físico y se refleja en su autismo social. Si Girard acierta, esta sensación debe de estar arraigada en un afán mimético descarriado, en una enfermedad ontológica que se esconde en las manifestaciones visibles que venimos comentando.

1.2.1. La retórica del amo y del esclavo

Hagamos ahora un análisis girardiano del comportamiento de los personajes para ver cómo se integra nuestro diagnóstico en la estructura psicológico-metafísica de la mediación que hemos estado considerando. En un primer paso, descodificaremos los elementos que intervienen en la construcción del **mito del amor-pasión** (1.2.1.1.) al que Larry inicialmente adhiere sin reservas. Su actitud implica una concepción romántica del deseo, ya que da lugar a un tipo de amor que desrealiza su propio objeto y que espera de la posesión una metamorfosis radical del ser del sujeto. Semejante concepción de la pasión excluye, por definición, el desenlace feliz y desemboca en fracasos amorosos estrepitosos que ponen en marcha el desarrollo de **mecanismos compensatorios** (1.2.1.2.), tales como los constituyen, en el caso de Larry, la huida en el trabajo y en el compromiso político. Mirados de cerca, estos fracasos son provocados por una palanca que el sujeto prefiere ocultar: la invencible repugnancia que experimenta hacia su propia sustancia y que hace que sólo le interese lo que le es negado y sólo en la medida en que le es negado. Cuando el sujeto juzga insostenible su autodespreciación/**masoquismo** (1.2.1.2.), puede que decida invertir los papeles e infligir a su víctima el desprecio que siente hacia sí mismo. A esta repentina inversión de los papeles llamaremos, a imitación de lo que hizo Girard (1985a: 160-174), **sadismo**. En apoyo de esta trayectoria del deseo que acabamos de esbozar, vamos a traer a colación algunas escenas de las que esperamos echen luz sobre los mórbidos recovecos de la mediación interna y su estadio culminante, la mediación recíproca en la que - según Girard - reside el núcleo de lo moderno y que despliega una capacidad asombrosa de engendrar en el sujeto una sumisión absoluta ante el otro.

1.2.1.1. Amor-pasión

En las descripciones que Larry hace de sus amores, destacan tres constantes: metaforización y espiritualización en lo que se refiere al sujeto, e idealización del objeto. La primera cita que reproducimos nos presenta a un Larry insaciable en cuyo discurso metafórico (asociación del amor y de la mujer ideal con el hambre y la comida) trasluce ya el vampirismo que tiñe toda la novela:

> Sí, es como la necesidad de dulces. Muy parecido, es algo que el organismo pide, para devorar en cantidades enormes. Un ansia insaciable. Gula. Sin eso, algo nos está faltando, una parte importante de nosotros mismos [...]. No es una parte específica. Pero se siente como si una herida estuviese abierta, que uno está incompleto, que no se puede hacer nada hasta que esa necesidad sea atendida. Se parece mucho al hambre (147).

Con el correr del tiempo, este éxtasis aparentemente espiritual se va desublimando en un anhelo físico y nos encontramos ahora ante un Larry que, si bien permanece en busca de la unión hipostática entre hombre y mujer, actualizando así la platónica figura del andrógino, la va colocando en un plano más corporal hasta cuando se da cuenta del carácter igualmente ilusorio de esta segunda empresa. Tenemos aquí uno de sus destellos de lucidez: "Porque es una ilusión. El que alguien o algo desde fuera pueda completarnos."(78)[19].

Finalmente, Larry renuncia a cualquier concepción del amor según la cual las experiencias sexuales no sean sino materializaciones de la sed de absoluto en el hombre, del imperio de la imaginación sobre la realidad, de la imagen utópica de la detención del tiempo como renacimiento de la situación edénica en la que el hombre adquiere esa serena suficiencia que ha atribuido a los dioses[20]. O mejor dicho: pretende renunciar, ya que los decorados en los que Larry sitúa sus vivencias amorosas - paisajes placenteros desligados del desgaste temporal donde caen todas las defensas y se evaporan las preocupaciones - pertenecen invariablemente a la retórica del amor-pasión[21]. De esta concepción mítica a la que Larry pretende haber vuelto la espalda testimonia asimismo el estatuto mágico, de diosa inalcanzable, que otorga al objeto de su pasión[22]:

> Uno puede conseguir a todas las otras sin ningún problema, pero queda siempre suspirando por alguien más. La persona que realmente quiere, la que es mágica para uno, la que le resolvería todos los problemas y le colmaría todos los vacíos, y le curaría todas las heridas, esa persona es casi inalcanzable, y uno se debilita a medida que se le acerca (78).

La concepción del 'amor-pasión' es, en última instancia una concepción condenada al fracaso, ya que el absoluto anhelado jamás se alcanza y, si se alcanza, no se puede conservar, por mucho que el sujeto aspire a vivir en suspenso y a oponerse a la relatividad de la vida sumergida en el tiempo. Si se la analiza bien, se observa que se trata aquí de una concepción fuertemente mediatizada por unos arquetipos que desintegran la objetividad de lo real en la misma medida en que ésta se convierte en literatura romántica[23]. La pregunta a la que debemos dedicar ahora nuestra atención es cómo la enfermedad metafísica ha logrado y sigue logrando ese trágico desequilibrio entre dos instancias iguales, el sujeto y el objeto.

En el discurso de Larry, reconocemos la sombra del mito literario ávidamente consumido por los lectores de la novela pastoril, la novela de caballerías, la novela rosa..., esa típica historia de amor que tan agudamente ha descrito y desconstruido Denis de Rougemont en *L'amour et l'Occident* (1972)[24]. De Rougemont ha descendido hasta el fondo del mito esencialista del amor-pasión con el fin de desenredar sus aspectos. Lo que, según el investigador, caracteriza al amor romántico es que tiene por objeto el obstáculo que se le opone. Los amantes creen amarse recíprocamente, y los menos ciegos entre ellos confiesan que aman el amor, el hecho mismo de amar, el 'amabam amare' de San Agustín. En realidad, los ejemplos de de Rougemont demuestran que los interesados se aman a través de ensoñaciones literarias, y que se entregan a la creación de obstáculos que preservan y consagran su amor. De Rougemont ha sido uno de los primeros en percibir que toda pasión se alimenta de estos obstáculos y que muere ante su ausencia. Partiendo de *Tristán e Isolda*, comenta en qué medida el amor cortés se nutría del principal obstáculo que le impedía institucionalizarse: la existencia del marido y de los celos solapadamente favorecidos. Isolda sería menos deseable si no fuera la mujer destinada al rey; en el fondo Tristán aspira a la realeza en el sentido más absoluto del término. Sin el obstáculo del adulterio, a los dos amantes no les habría quedado más remedio que casarse. Si se hubieran casado, su pasión habría dejado de ser lo que era, ya que el ardor amoroso espontáneo es por definición poco duradero y no puede sobrevivir mucho tiempo a su consumación; de ahí la incompatibilidad de pasión y matrimonio. Sólo el obstáculo infranqueable autoriza a que los amantes prolonguen y renueven la pasión prohibida o el amor inconfesable. En materia de amor, la presencia es mucho más difícilmente expresable que la ausencia ('el amor feliz no tiene historia'), y la felicidad de los amantes nos emociona en primer lugar por la espera de la desgracia que acecha, puesto que partimos de la suposición de que se pierde la felicidad en el momento en que se pretende tenerla en la mano. Retardar el placer, cultivar el retraso o, por el contrario, la nostalgia de los recuerdos, éstas son sin duda las astucias más elementales del deseo. Esta constante indecisión del protagonista paralizado, ese dejar pasar una tras otra las oportunidades, nos prueban la existencia de una curiosa fascinación ante el obstáculo.

Cabe preguntarse cómo se explica este gusto por lo que amenaza con aniquilarnos. De Rougemont vincula lo que él considera una inclinación natural del hombre con los residuos de un instinto de guerra y consagra un capítulo a la retórica guerrera en el lenguaje de la pasión (1972: 265-268). A quien se ama de verdad cuando se cree arder de pasión, dice de Rougemont, es a sí mismo, y si es al otro, es siempre a partir de sí mismo. Al amante se le elige como pretexto para exaltarse. La pasión (el 'eros' que de Rougemont opone al 'ágape') tiene así su origen en una falsa reciprocidad, en un doble narcisismo. El amor-pasión transfigura a su objeto, que puede ser una figura banal o artificiosa a cuya imagen sólo el amor ha conferido un valor incomensurable. Ambos amantes presienten vagamente la posibilidad de una tragedia y la van posponiendo porque se sienten fascinados por su contacto. No es que tengan miedo de perder lo que poseían, puesto que esa pérdida no es sentida como un emprobrecimiento. Al contrario, se imaginan que la aventura los hará vivir más peligrosamente[25] y esperan de su amor fatal alguna revelación sobre sí mismos o sobre la vida en general, proyectan sobre ese amor un valor iniciático. De Rougemont postula que la proximidad de la muerte es el verdadero aguijón del deseo, que lo agrava en todos los sentidos de la palabra, que el 'eros' comporta un importante componente tanático. Si los amantes vacilan en superar el obstáculo, lo hacen porque intuyen que, en la satisfacción del deseo, la suprema exaltación corre el riesgo de destruirse[26]. La fascinación ante el obstáculo, disimulada con vigor por los interesados o sencillamente inconsciente, traduce el sentimiento de la propia inadecuación (masoquismo) que sufren los dos amantes, y desemboca en un profundo desasosiego que no desaparece ni cuando se levanta la dificultad. El presentimiento de que es imposible conseguir lo que se desea arroja al uno en brazos del otro y paraliza a ambos. Denis de Rougemont no llama 'libre' al hombre de la pasión, al actuar éste como un ser poseído y lanzado fuera de sí[27]. René Girard suscribe a esta definición del deseo como 'deseo del obstáculo carente de objeto apropiado', pero imprime al razonamiento bipolar de de Rougemont un carácter relacional y triangular. Girard está convencido de que, incluso en el masoquismo, donde el obstáculo es lo único directamente buscado, éste no puede ser prioritario. Pretende que allí donde la búsqueda del mediador ha dejado de ser inmediata, se persigue a través del obstáculo. En opinión de Girard, es el masoquismo el que engendra el amor-pasión, dado que el sujeto de la relación masoquista es un apasionado que aspira a lo divino a través del obstáculo insalvable al que erige en norma. Los dos amantes se aman tanto más intensamente, perciben su amor como tanto más verdadero cuanto mayor es su mutua dependencia, su deseo de fundirse el uno con el otro, deseo, como ya lo hemos comentado, arraigado en la autocondena de los sujetos, en su reconocida incapacidad de cumplir con la promesa de autonomía metafísica, es decir, con su desmesurado proyecto de autodivinización.

En los largos diálogos de *Maldición*, Larry admite abiertamente que le preocupa su complejo de inferioridad. Nos explica que, a los 36 años, se obsesiona en primer lugar con los estragos de la edad (34), y que esa frustración excesiva se remonta a su niñez y a los comentarios hirientes a los que, en aquella época, dio lugar su aspecto físico. Ni siquiera la propia madre del niño Larry se abstuvo de ellos y, más tarde, el adulto Larry ha interpretado cualquier observación como una confirmación de esa maldición inicial:

> {Mi madre} me dijo que recién nacido era muy flaco y feo, que parecía un mono, que me crecían unos pelos largos de la nuca, que

era tan feo que tanto ella como mi padre me tenían asco, pero que de lástima no me tiraron a la basura. Un día volviendo de la escuela dos muchachos me pasaron al lado y se rieron, y me dijeron que parecía un mono (157).

Larry incluso llega a identificarse con el protagonista de la película *El increíble hombre encogido*[28], reconociendo así implícitamente que su problema no se reduce a un problema físico, ya que en la película la estatura del protagonista y las proporciones gigantescas del entorno (un gato que se ha convertido en un animal antediluviano) materializan un estado depresivo en el que indirectamente se le arrebata al varón su virilidad. El hecho de que Larry se compare con el hombre encogido indica que se han deslizado componentes psíquicos en el profundo malestar que le atormenta. Pero hay más. En un momento dado, el antihéroe de *Maldición* confiesa a su interlocutor Ramírez que se siente mejor cuando se degrada y que le resulta incómodo estar con alguien a quien desea, porque entonces no hace más que pensar en sus propios defectos. Dice que siempre se las arregla para quebrar el encanto y que se siente muy vulnerable por miedo de ser rechazado o de echar a perder la oportunidad[29].

El profundo derrotismo de Larry nos hace pensar en una metáfora acuñada por René Girard que reza así:

> Un hombre sale en busca de un tesoro oculto, según cree, bajo una piedra. Levanta, una tras otra, un gran número de piedras pero no encuentra nada. Se cansa de esta vana empresa pero no quiere renunciar a ella pues el tesoro es demasiado precioso. Por consiguiente, el hombre comenzará a buscar una piedra demasiado pesada para ser levantada, en esa piedra depositará toda su esperanza hasta desperdiciar con ella todas sus fuerzas restantes (1985a: 160).

El perfil de Larry es del tipo que acabamos de presentar y la lógica aparentemente extravagante que se observa en su conducta es la del **masoquismo**. Para Girard (1985a: 160-174)[30], el masoquismo representa una imitación del segundo grado, la imitación de una imitación que ya es una copia. La visión masoquista nunca es independiente. Siempre está enfrentada a un masoquismo competidor que organiza los mismos elementos en una estructura simétrica e inversa. Lo que se define como bueno en una de las dos caras del díptico es automáticamente definido como malo en la otra cara y viceversa. La lógica 'extravagante' se convierte en un razonamiento irreprochable cuando se examina desde un enfoque mimético. Si en el deseo 'ordinario', la imitación engendra el obstáculo, en el masoquismo es el obstáculo insuperable el que engendra la imitación, es decir, son la humillación, la impotencia y la vergüenza las que determinan ahora la elección del mediador. Sólo hay un objeto cuyo valor se considera capaz de estimar el masoquista: este objeto es él mismo y su valor es nulo.

El análisis al que Girard somete el masoquismo desmarginaliza el fenómeno. El autor subraya que no se trata aquí tanto de una 'patología', o sea, que el masoquista no desea lo contrario de lo que deseamos todos, que no es ningún 'perverso' del que nos distinguimos por nuestro sentido común - Girard vuelve a rechazar así la división romántica y maniquea entre el yo y los otros -, sino que desea exactamente lo mismo que deseamos nosotros: la autonomía y el deseo divino. La diferencia estriba en que el masoquista percibe la relación entre el deseo y sus nefastas consecuencias y que persigue estas últimas de una manera más intensa, lúcida y diabólica. En cierto sentido, la lucha masoquista es más 'meritoria' que la de las personas 'normales' porque es una lucha destinada a fracasar. Es evidente que la pesadilla del masoquista es una mentira, ya que el modelo adorable no es Dios, sino un ser humano. Según Girard, la actual tendencia al masoquismo repulsivo se debe a la aproximación del mediador, que se hace cada vez más visible. Con su interpretación, Girard confiere al masoquismo una dimensión metafísica que ha escapado a la mayoría de los psicólogos y psiquiatras. Pretende que este fenómeno, en sus formas exacerbadas, revela plenamente la contradicción que sustenta el deseo metafísico en general.

De los pasajes en los que Larry comenta sus problemas sexuales se desprende una verdadera pasión por un obstáculo que aumenta sin cesar. La falta de seguridad en sí mismo de Larry raya en la manía y despierta en él unos celos excesivos que confirman la existencia de la fascinación por el rival virtual. El sujeto experimenta por este modelo/rival un sentimiento desgarrador formado por la unión de dos contrarios, la veneración más sumisa y el rencor más intenso. Reproducimos una cita a título ilustrativo:

> No me gustaba llevarla {a su mujer}, me daba miedo de que viese otros hombres, y le gustaran. Era muy atractiva, y los hombres la codiciaban. Cada vez que pasábamos junto a un tipo apuesto yo la observaba, para ver si lo miraba. Me moría de celos, pero no lo manifestaba. No le decía una palabra. La furia se me iba acumulando por dentro (217).

Larry se representa sistemáticamente al otro como a un superhombre sin limitaciones. Comprende que la rutina le ha hecho previsible para su mujer y se teme que ella parta en busca del misterio y de la aventura. Persuadido de su absoluta inferioridad frente al hipotético rival cuya presencia le causa "[...] una pésima sensación, como si mi lugar no estuviera al lado de ella, como si no la mereciese; ¿Acaso {ella} no está perdiendo el tiempo conmigo? Ella debería estar con él {el rival}" (217), Larry se comporta de tal manera que acaba por arrojar a su mujer en brazos de otro hombre, como si a lo largo de su vida él no hubiera hecho otra cosa que precipitarse sobre el obstáculo y entregarse a la desdicha y al fracaso. Empuja a la mujer amada hacia el mediador para hacérsela desear y para triunfar a continuación sobre este deseo rival. En el fondo, lo único que le interesa a Larry es la victoria decisiva sobre este insolente mediador. Anticipándose a los acontecimientos, Larry pasa largos ratos imaginándose cómo este 'otro' haría gozar a su mujer: "Con el otro sería mejor, duraría más. El no sentiría ese ansia en su verga por eyacular, no tendría que esforzarse tan bárbaramente." (219).

Finalmente, su esposa convertirá el guión ficticio en realidad y se enamorará de otro. La reacción de Larry parece curiosa a primera vista, pero encaja de maravilla dentro de la estructura mimética en la que intentamos inscribir la novela. El estar obsesionado con la propia impotencia sexual es una actitud prototípica en las víctimas del mal ontológico que se desprecian demasiado a sí mismas para no despreciar a los seres que las desean. La ley que se cumple en este contexto y que, como tendremos ocasión de demostrar, se repite en la forma de la novela, es la de la proporcionalidad inversa. Consiste en que el masoquista juzga a los demás hombres según la perspicacia que le parecen demostrar con respecto a él: se desvía de los seres a los que inspira afecto y ternura, se aproxima ávidamente, por el contrario, a los que le manifiestan desprecio. Y es esta misma ley la que explica la desaparición progresiva del placer sexual en los estadios más agudos de la enfermedad ontólogica[31]. El sujeto víctima de la fascinación no logra reconciliar las dos fuerzas de sentido contrario que intervienen en su decisión táctica. Por un lado, hace falta que el sujeto reprima el deseo, puesto que mostrarlo equivale a ser sincero, y la sinceridad a la debilidad y a la pérdida de poder. Pero a fuerza de disimular, el sujeto ya no es capaz de levantar la interdicción que pesa sobre el deseo y de abandonarse a cuanto había de real y de concreto en el deseo amoroso. Dividido entre dos tendencias opuestas, el antihéroe sucumbe a la fascinación y acepta que la 'virtud' del mediador actúe como un veneno cada vez más abundante que le paraliza poco a poco. La decepción, una vez más, no es meramente física sino en gran parte metafísica.

La reacción de Larry es, pues, representativa al respecto. Si bien Larry considera la infidelidad de su mujer una traición de su confianza, al mismo tiempo se deja invadir por otro sentimiento opuesto que terminará por vencer la humillación: la fascinación de "oírla (a su mujer) enardecerse sexualmente con otro hombre"(247), una fascinación que no es más que una forma camuflada e intensificada de la humillación, como si Larry hubiera sabido siempre que este rival la satisfaría mejor que él mismo. En vez de echar fuera al rival, Larry, de acuerdo con los principios anteriormente expuestos, cree merecerse el castigo que se le inflige y actúa como si fuera él el intruso y espía a los dos amantes cuando se acuestan juntos en su propia casa. La fascinación que el rival ejerce sobre el sujeto es ya tal que le paraliza y hace de él un mirón que se excita con lo que se desarrolla bajo sus ojos:

> El departamento estaba en la oscuridad total, yo oía todo. Estaban echados en el sofá, besándose y haciéndose mimos. Podría haberme levantado, y haberle echado fuera, como era mi derecho. En cambio, me aterroricé, y me excité esperando que sucediese lo inevitable. Finalmente la penetró y a ella le oí decir 'sí' en un sollozo (247).

De este análisis concluimos que el germen del mito del amor-pasión tal como es cultivado por Larry y cuyos antecedentes literarios de Rougemont y Girard hacen remontar al amor cortés, reside en su componente perfeccionista, figura según la cual el sujeto se interesa particularmente por los objetos cuya posesión le veta un mediador implacable[32].

Si regresamos ahora a los interrogantes de los que partimos, constatamos que la lectura comentada que acabamos de llevar a cabo intensifica nuestros planteamientos anteriores, al revelarse ser el masoquismo, esa piedra angular del edificio girardiano, una de las premisas básicas sobre las que se asienta la significación de la trama principal en *Maldición*.

1.2.1.2. Mecanismos de compensación/ masoquismo

El ansia de plenitud de Larry, la urgente necesidad que este personaje resiente de apropiarse todo lo que tiene al alcance de la mano no surge a raíz del casual encuentro con el señor Ramírez. Actúa más bien como una constante en la novela y traduce un **deseo de compensación** por las sucesivas derrotas amorosas y sexuales que el personaje padece. Estableceremos ahora un breve inventario de los **mecanismos rectificadores** en los que se refugia este ser humano profundamente acomplejado.

a) Larry se zambulle en el ejercicio físico que le sirve de escapatoria a su mundo interior, asumiendo así una separación harto artificial entre lo físico y lo mental y conformándose con el ideal norteamericano. Nos lo confiesa en un monólogo: "Hago gimnasia, salto a la cuerda, nado y a veces ando a bicicleta, lo que sea. Para descargar esta tensión terrible que tengo." (35).

b) Larry se desahoga asimismo de la agresión confeccionándose un pasado fuerte y asignándose un coraje físico desmesurado. Pretende haber participado activamente en un acontecimiento crucial de la historia de EEUU: la guerra de Vietnam. Si bien este episodio se evoca por primera vez en una secuencia de tono onírico (26), se vuelve a mencionar en un diálogo que tiene lugar de día (71). Es probable que Larry confirme la estancia en Vietnam para no romper las ilusiones de Ramírez, ya que, más adelante, desmiente esa información ("*Nunca salí del país*" (73)) y proclama su condición de objetor de conciencia. Ramírez aprovecha la fabulación de Larry para plantear una situación que los implica a ambos en el presente de la novela, a saber, su relación con una enfermera del hogar, la enfermera llamada 'Virgo' por su signo del zodíaco. Ramírez evoca una visita apócrifa de Larry a un burdel de Saigón, y se identifica con el oficial mayor que le habría disputado a Larry los favores de una prostituta.

Es obvio que la atracción que ambos hombres experimentan por la enfermera en cuestión reproduce la 'situación primera' a la que Larry alude repetidamente: la situación triangular hijo-padre-madre. Hacemos observar que la escena reaparece modificada en los sueños de Ramírez. En la nueva versión, Ramírez se identifica con un enfermo grave impotente para salvar a una enfermera inglesa agredida por un oficial alemán.

Poco importa aquí que el episodio de Vietnam haya o no tenido lugar. Atrapado en la tela de araña tejida por Ramírez, exactamente como Valentín se dejó seducir por Molina en *El beso de la mujer araña*, Larry deja aflorar sus fantasías más secretas de dominio y sometimiento de la mujer y son estas revelaciones las que nos ocupan aquí. Larry admite que lo que le gustó en aquellos momentos fue "[...] la idea de ver a alguien reducido a existir nada más que para usted {sí mismo}, un esclavo. No sé por qué, pero da placer, excita."(74).

El vago placer que Larry evoca hace pensar en la violencia del sádico que, en la teoría de Girard, quiere disfrutar de la ilusión de que ya ha alcanzado su objetivo, que se afana por ocupar el lugar del mediador y ver el mundo con sus ojos, con la esperanza de que, poco a poco, la comedia se convierta en realidad (Girard, 1985a: 168 y 1983: 457-467). Esa tentativa constituye otro esfuerzo por alcanzar la divinidad. Sin embargo, la empresa citada surte un efecto contrario, ya que el hecho de reducir a la otra persona al rango de objeto conlleva fatalmente la reificación del propio sujeto. Semejante conclusión es lógica si tenemos en cuenta la convicción de Girard de que el sadismo tiene un carácter imitativo y que, por tanto, el sádico - víctima del mal ontológico - se menosprecia demasiado como para no menospreciar al ser que lo desea, lo cual implica que el sádico no puede disfrutar la ilusión de que él es el mediador sin convertir a su presa en un doble de sí mismo, sin identificarse con la inocencia perseguida.

Ahora bien, Larry confirma de manera implícita el diagnóstico girardiano cuando, refiriéndose al episodio del burdel, comenta la sensación turbia de goce que le invadió a la hora de acostarse con la prostituta:

> Está el otro goce, el de estar cara a cara con alguien. Y ver el propio placer reflejado en la otra cara. Es un goce, cálido. Pero el espejo es más perverso, usted sale de escena y ve a la otra persona como un objeto, reducido a una cosa, alguien que está entregándole todo de sí misma, que se está postrando, vaciándose, y eso también es goce (74).

En un plano mucho más real y menos afectado por la fabulación, se nos presenta una segunda escena en la que el acto de amar tiende a derivarse hacia el odio implacable, un odio evidentemente entremezclado con la auto-agresión. Esta escena se produce hacia el final del matrimonio de Larry, cuando su mujer ya ha buscado consuelo en la bebida. Larry reconoce que, en esa época, a veces "[...] hacer el amor era un acto de odio, incluido el orgasmo" (244) y que, por entonces, le resultaba excitante "[...] montarse a una borracha" (244).

No nos debe sorprender que las pulsiones agresivas de Larry atenten - al margen de su objeto inmediato, a pesar de la feroz autocensura y más o menos tardíamente - contra él mismo. Si hay un punto en el que psicoanalistas y sociólogos han coincidido, es sin duda la relación entre agresión y frustración y, por tanto, entre agresión e impotencia. Cabe afirmar, pues, que toda pulsión agresiva es, en última instancia, automutilación y que genera un comportamiento circular: la agresión se concluye en sentimientos de culpa y de depreciación de sí mismo, que a su vez componen la base de un autobloqueo ulterior o que suscitan una nueva situación de desequilibrio que se hace preciso volver a superar[33]. En *Maldición*, como en todas las novelas de Manuel Puig, el acto sexual permite la canalización encubierta de instancias agresivas y se asocia las más de las veces con calificativos negativos. El personaje masculino se ve obligado a asumir el papel que se supone le corresponde por tradición, es decir, el comportamiento fuerte, viril e impasible. A la mujer, las estructuras novelísticas de Puig le atribuyen invariablemente un papel sumiso, pasivo y sentimental. Ella es víctima, aunque al mismo tiempo se la considera portadora del mal, ya que bajo su faz angelical y su cara de diosa esconde un aspecto de bruja. Esta polarización nace del sentido radicalmente distinto y absolutamente incompatible que cobra el acto sexual para hombre y mujer. Al hombre, este acto le confiere prestigio a menos que le inflija humillación, lo que ocurre cuando las experiencias sexuales no tienen éxito. Para la mujer, ceder ante la insistencia masculina significa automática e irremediablemente la pérdida de la honra. No se tolera que sea ella la que toma la iniciativa en materia sexual: "Si una muchacha aceptaba de veras hacer algo... a nuestros ojos se degradaba de inmediato y se volvía menos deseable como objeto sexual." (178). En el universo evocado por Puig, los hombres parecen sufrir en igual medida que las mujeres al estar condenados a despreciar a su pareja y a jugar el papel del agresor. El amor raramente está descrito como una aceptación de un ser en sí, limitado y real, que no esté seleccionado como objeto de contemplación o de agresión, sino como una existencia autónoma e incomparable cuyas necesidades mentales e impulsos físicos se respeten plenamente. En nuestro capítulo sobre *The Buenos Aires Affair*, volveremos sobre el tema del machismo[34]. En *Maldición*, la agresividad en general y la agresividad sexual en particular obran de pantalla para ocultar la llaga oculta de los personajes.

c) De estudiante Larry sacó excelentes notas y por tanto pasó sin transición a ser profesor de historia en una universidad de Brooklyn. Cuando fue contratado por el señor Ramírez ya había renunciado a su carrera universitaria y ejercía humildes quehaceres como el de sacar a pasear a pacientes del hospital. Delante de Ramírez, Larry pretende sencillamente "no sentirse en condiciones" (66) de seguir haciendo cualquier trabajo de investigación - que no obstante correspondería mejor con sus capacidades intelectuales - y se muestra reacio a justificar esa reorientación repentina y degradante de sus aspiraciones profesionales. En el transcurso del diálogo, sin embargo, salen a la superficie los motivos verdaderos de este fracaso y nos enteramos de que, en realidad, la anterior y excesiva dedicación al trabajo de Larry delataba desde el principio una sublimación mal llevada. Mediante el fanatismo laboral, Larry quería infundir respeto e inspirar envidia a sus colegas y a sus estudiantes: "Sí, tenía que complacer a todos los alumnos, y ser admirado por todos los profesores. Por alguna razón, mi identidad pasó a depender de eso. Tenía que brillar y ser la estrella."(238).

El masoquismo que late bajo la ambición exagerada que Larry admite haber acariciado durante algún tiempo se disfraza de un autocontrol y un dominio absolutos y le asegura el desarrollo de las rivalidades miméticas que suelen nacer cuando los competidores se encuentran en igualdad de condiciones: son los demás profesores a los que la eterna víctima Larry logra imponer su superioridad intelectual. Pero, a largo plazo, el autoengaño y la huida en el trabajo no prosperan y hasta le impiden a Larry efectuar una exploración más profunda de su propia identidad. Larry no está a la altura de las continuas astucias que su estatuto de modelo le inflige: sabido es que al menor paso en falso, acechado desde todas las partes, el ídolo puede transformarse en chivo expiatorio. Cuando Larry por fin se da cuenta de que su estrategia es inviable, intenta reorientarla proyectando sus pasiones sobre otro ideal absoluto: el marxismo.

d) A partir de aquel momento, Larry moviliza todas sus energías al servicio del derrocamiento de las relaciones sociales capitalistas y se compromete a fondo con la utopía de la sociedad sin clases. En la cuarta salida, los dos protagonistas de la novela visitan una biblioteca y Larry se dirige a la sección de marxismo, gesto que desencadena un largo discurso de su parte, tejido de lugares comunes, dogmatismo y reducción ideológica. Consciente de que las ideologías transmitidas por la prensa, la televisión, la publicidad, la religión y la escuela han actuado sobre él desde niño, Larry siente en una época determinada la necesidad de deshacerse de ellas. A esta conclusión llega por ejemplo en las páginas 222 y 223 de *Maldición*:

> Me habían bombardeado con ideologías desde niño, [...] y las había detestado a todas pero casi sin saberlo, vagamente, sin darles una respuesta coherente. Asqueado me volqué en la literatura, en el refinamiento, en algún contrapeso cultural que oponer a ese atado de mentiras y falacias mal propuestas. El marxismo me pareció la respuesta, el modo de mantenerme íntegro, y entrar en la realidad social, no huir de ella.

Por otro lado, también es verdad que, sumergiéndose en sus estudios ("era como si a una parte mía confusa y balbuciente se le hubiese dado un lenguaje para expresarse"), Larry encuentra la coartada ideal para posponer el tratamiento de sus dificultades personales. Hacia el final de su trayectoria, descubre que la alienación marxista de la que él fue víctima forma una variante más sofisticada del lenguaje prestado que empleaba su madre con quien había entrado en conflicto al llegar a la adolescencia[35] (223-224). La indagación del otro (Ramírez) actúa aquí de catalizador: le fuerza a Larry a buscar su propia expresión y a dejar de lado los estereotipos con los que al principio se identificaba.

La conducta aparentemente libre de la madre de Larry, pero irónicamente también la del mismo Larry y probablemente la de todos los personajes de Puig, parece ser en realidad un condicionamiento que se pone de manifiesto en el uso de lenguas de segunda mano, como producto de la incapacidad de forjarse un lenguaje propio. A este respecto, cabe recordar la función ejercida por el radioteatro en el caso de Nené y Mabel en *Boquitas pintadas*, de Gladys y el reportaje de revistas femeninas en *The Buenos Aires Affair*, de Molina y las películas o Valentín y el discurso político en *El beso de la mujer araña* y de Ana y el género fantasmagórico y la ciencia-ficción en *Pubis angelical*.

1.2.2. Apogeo de la mediación interna:
La mediación recíproca o la rotación de los papeles

En este apartado, nos concentraremos en los elementos girardianos de *Maldición*, sin por ello pasar por alto el impacto de los discursos freudiano y lacaniano en la novela, que se manifiestan respectivamente en la cristalización temprana de la sexualidad y en la estructura lingüística del inconsciente.

De lo anteriormente dicho, se desprende que el principio de la mediación recorre la novela *Maldición* del comienzo al fin, y que el buen entendedor no debería dejarse engañar por las apariencias de transparencia que exhibe la forma dialogada de la obra. Con su habitual perspicacia, Girard ha demostrado que a una mediación paroxística suele corresponder una fuerte ascesis para el deseo, y por consiguiente, un disimulo cuidadoso del impulso hacia el objeto. En otras palabras, en la doble mediación, el poder siempre recompensa a aquel miembro de la pareja que mejor oculta su deseo.

Dos hombres en un constante intercambio de ideas crean la anécdota de *Maldición* y producen un vaivén de preguntas que apuntan a una posible comprensión de la existencia humana. Al final de la novela, sin embargo, constatamos que, a pesar de haberse establecido varios circuitos de identificación entre ambos hombres, ha estallado el conflicto y se ha roto la intimidad. Cabe señalar que lo que falta desde el principio en esta conversación masculina y lo que la aleja del auténtico diálogo, es precisamente el elemento de confianza, elemento imprescindible en una relación humana verdadera (ej. el trato de 'Usted'). No es de extrañar, por tanto, que lo único que logran Larry y Ramírez sea una negociación calculada y premeditada. No olvidemos que la novela se sitúa en plena época mediatizada y que la aproximación del mediador ha hecho coincidir desde hace mucho tiempo ya las esferas de posibilidades cuyos centros respectivos ocupan los dos rivales. Los estragos que Girard detectó en el universo creado por Dostoyevski no han hecho sino ampliarse, y Larry y Ramírez sucumben fatalmente a esta especie de vértigo que es la mediación recíproca, también llamada 'doble mediación'. Esta doble mediación debe ser interpretada como el último eslabón de la cadena, el final del itinerario que culmina en una doble fascinación que comentaremos a continuación.

Si se ignoran los antecedentes de la mediación recíproca, puede sorprender la vehemencia con la que irrumpe en contextos aparentemente convencionales. Pero si se analiza bien el proceso, se observa que las manifestaciones repentinas de violencia constituyen su término previsible, ya que los celos miméticos las incubaban desde el primer momento, y que el rival estaba ahí enmascarado, de manera virtual, antes de que se revelara físicamente. El espacio mimético llamado 'recíproco' es un espacio predeterminado que condiciona la aparición de una 'ascesis para el deseo' cada vez menos voluntaria, y que engendra la parálisis. Los dos miembros de la pareja se contrarrestan tan eficazmente que ninguno de los dos puede acercarse al objeto: Larry y Ramírez se sienten atraídos por la misma mujer - la enfermera Virgo - y se controlan mutuamente para impedir la atribución definitiva de este 'objeto'. Observa con razón Cesáreo Bandera (1975: 95) que en semejante situación, la única certeza que pueden tener ambos rivales para saber que poseen este objeto del deseo, es percibir que el otro no lo posee. Tal posesión es, claro está, un puro espejismo ya que 'poseer' quiere decir aquí 'poseer algo concreto'. Lo único que se posee, pues, es la desposesión del otro, su falta de posesión, pura negatividad. El objeto adquiere un poder de seducción muy superior al que tenía antes, se le confiere un valor de fetiche[36].

El resentimiento que los dos rivales experimentan al no conseguir la posesión del objeto deseado no cesa de aumentar y el deseo, al verse compartido, se reduplica. En *Maldición* se teje entre los dos personajes, a partir de esta situación inicial, una poderosa red de **relaciones simétricas** en la que domina, paradójicamente, el deseo de **diferenciarse** a cualquier precio. Larry y Ramírez quedan cara a cara, inmovilizados en una oposición que devora toda su energía y los compromete por entero. El uno es al otro lo que sería su imagen salida del espejo para obstruirle el camino (Girard 1985a: 157). Los dos personajes reciben su identidad a través del espejo simétrico del deseo competidor, están atrapados en el callejón sin salida del 'doble vínculo', el principio que, en el actual estadio de la mediación, rige todas las relaciones intersubjetivas. La figura del 'double bind' (Bateson 1973) parte de la paradójica pero observable cohabitación de dos deseos opuestos, el que dice 'me gustaría ser yo' y el que contesta 'me gustaría ser otro'. Tal figura constituye una valiosa herramienta a la hora de desmitificar y de descomponer la incompatibilidad aparente de las dos lógicas antagónicas en virtud de las cuales Larry y Ramírez se sienten alternativamente atraídos y repelidos por el otro. La figura del 'double bind' explica por qué el modelo se vuelve obstáculo nada más surgir y por qué a la conversión del modelo en obstáculo sucede la conversión del obstáculo en modelo, o a veces una verdadera pasión por el obstáculo llamada 'masoquismo'. Explica asimismo por qué el sujeto suscita en su rival simultáneamente el deseo y el rencor, dos sentimientos que aparecen curiosamente entremezclados. El 'double bind' patentiza que, al caracterizarse nuestro universo entregado al mimetismo por la ausencia de moderación, tarde o temprano desencadena el mecanismo de la **inversión**. La sumisión ante el otro se transforma en hostilidad fanática. Cuando ambos sujetos se copian mutuamente el deseo, la incompatibilidad se revela ser mera interdependencia. Más de una vez, los papeles que asumen los dos personajes aparecen intercambiados (por ejemplo los de padre e hijo), y las fronteras personales borradas. Y es que el conflicto entre Larry y Ramírez no surge porque sus deseos sean diferentes, sino porque los dos desean exactamente lo mismo. Tal paradoja está aún más agudizada por la total igualdad de condiciones de los dos protagonistas. En definitiva, la relación que nace entre ellos es una relación de poder metaforizada en la lucha por la paternidad, y el terreno en que se mueven los dos personajes un campo de batalla.

Como queda dicho, en *Maldición*, la relación de poder se invierte a partir del último capítulo de la primera parte, cuando el viejo Ramírez pasa a ser la víctima, en tanto Larry asume el papel de inquisidor. La causa de esta inversión reside en la llegada de unas novelas francesas que contienen en su interior números que indican mensajes cifrados y que fueron introducidos por Ramírez cuando estaba preso. Si, en una primera fase, Larry era el instrumento del que se servía el señor Ramírez para recobrar su propio pasado reprimido, por medio de una acuciosa e incesante interrogación, en la segunda parte del libro es Larry quien aparece lleno de apetito caníbal.

A pesar de la resistencia que le opone Ramírez, Larry va descubriendo aspectos de la vida de su rival que le permiten recomponer su pasado y acceder a su 'núcleo reprimido'. Se entera asimismo de que este pasado del viejo que va descifrando se está reproduciendo invertido en el presente del diálogo y en la relación que mantienen los dos hombres. La incomunicación con el hijo y el abandono del hogar por éste a causa de la extremada adhesión al trabajo de su padre, el señor Ramírez, se refleja en la decisión de Larry, quien es ahora el que abandona a Ramírez en su búsqueda de afirmación personal, haciendo exactamente como lo hizo el propio hijo de Ramírez. Simultáneamente, el pasado de Ramírez parece haber servido como referencia paterna a Larry, quien, sin darse cuenta, ha repetido casi textualmente la trayectoria del anciano. Observamos, pues, que todas las fuerzas de estos dos seres se organizan poco a poco en torno a unas estructuras gemelas. La desconcertante supresión de una alteridad que parecía irreductible, retoma el tema del doble característico del romanticismo alemán y de Dostoyevski, y la crítica ha sido unánime en subrayar que se trata aquí de una constante en las letras argentinas[37]. Pero en *Maldición*, el doble rebasa el estatuto de mero tema literario. Enfocada desde una perspectiva girardiana, la pérdida de la singularidad que se opera en esta novela es irreversible y la estructura de conciencia en la que un yo y un otro luchan por separarse sin conseguirlo, significativa. Larry y Ramírez forman el anverso y el reverso de la misma moneda, las caras de ambos andan estrechamente enlazadas, guardando entre sí una perfecta simetría en la discordia. Funcionan como dos triángulos superpuestos que se alimentan y generan mutuamente y se vacían recíprocamente de su sustancia propia. Exactamente como la novela *Maldición* en la que actúan, no se definen por ninguna circunstancia ajena a su relación.

La doble mediación a la que se entregan los dos personajes termina arrastrándolos hacia las regiones infernales, connota agresividad sádica respecto al objeto que los sujetos tratan de incorporar. La doble mediación resulta finalmente destructora y estéril, y los dos sujetos deseantes acaban siempre por abrazar la nada. Parecen condenados al narcisismo y al auto-erotismo (Ramírez:"¿No siente ansias carnales, acuciantes?"/Larry: "Con la mano las calmo." (191)).

El vampirismo o parasitismo en el cual desemboca la lucha no se conforma con hacer naufragar las diferencias o destruir lo genuinamente propio. Si se lo estudia bien, se nota que conduce asimismo a una descomposición acelerada de todos los valores y a la desaparición de todo punto de referencia. La rapidez con la que los dos personajes pasan, como en un movimiento pendular ininterrumpido o en una oscilación constante, del éxtasis apasionado a la frustración más profunda se ha vuelto tan meteórica que los efectos de tales cambios se aniquilan en la pura in-diferencia. La violencia de la que va acompañada la mediación recíproca no tolera el retroceso y tiende constantemente a más: una vez encaminada no se para. El público acaba cansándose de sus ídolos, acaba quemando lo que adoraba, en el olvido de su propia adoración. En un mundo de trascendencia desviada, todo individuo corre el riesgo de ser víctima de la más absoluta arbitrariedad totalitaria, lleva siempre en sí la posibilidad de convertirse indiscriminadamente, ya en ídolo ya en esclavo de los otros. En una fase de doble mediación, la imitación puede llegar a adoptar un carácter absurdo.

Así esbozado, el cuadro final de esta obra narrativa parece desolador. Ramírez ha dejado sus apuntes en manos de la enfermera, quitándoselos de hecho a Larry, que no dispone ahora de su principal instrumento de investigación. Ambos personajes se encuentran en un estado de abatimiento sin haber llegado a satisfacer sus ansias de desvelar el secreto del otro.

No obstante, la solicitud de empleo de Larry sobre la que termina la novela contiene un tímido mensaje esperanzador, un elemento de tipo 'novelesco'[38]. El destinatario de la carta de Larry - un tal profesor Brown, responsable del departamento de empleos profesionales de una agencia de colocaciones de Nueva York y figura paterna ("Se lo debo todo a Usted" (278))- reemplaza al señor Ramírez, señal de que Larry ha dado el paso que lo separaba de los demás y de que quiere romper la estéril oposición entre sí mismo y el resto de los ciudadanos. En dicha carta, Larry reniega de su existencia anterior y comunica su deseo de reanudar con el mundo académico:

> He cambiado de parecer y ahora estoy dispuesto a volver a un trabajo universitario de responsabilidad [...]. Quiero algo en contacto directo con medios de investigación activos, no repetir errores del pasado [...]. Me siento optimista, por primera vez en mucho tiempo (277-278).

La pregunta que surge a estas alturas es la siguiente: ¿Cómo es posible que Ramírez, que tanto se proponía reconciliarse consigo mismo no lo haya logrado, mientras que Larry, que no se lo planteaba explícitamente, se encamina hacia la serenidad? Creemos que la formulación de la pregunta ya encierra algunos elementos de la respuesta. Hemos constatado a lo largo de nuestro análisis que para Ramírez, forjarse una nueva identidad era un asunto de vida o de muerte, una meta conscientemente perseguida. Su entrega exclusiva a la búsqueda de la identidad ha desembocado en un parasitismo sin límites de la vida de Larry. En las páginas que preceden, hemos comentado varias escenas en las que Ramírez ya no distingue entre causa y remedio; la imitación se ha ido degradando para la víctima en una dolencia de la que se niega a sanar. Al aumentar irresponsablemente la dosis de la medicina (de idéntica composición a la del veneno), el argentino no ha conseguido otra cosa que empeorar su estado para encontrarse finalmente con un 'yo' completamente permeabilizado y convertirse en una virtual 'no-persona'. Es evidente que, a la hora de justificar el dramático fracaso de Ramírez, se deben invocar algunas circunstancias atenuantes: las atrocidades políticas perpetradas contra él y su familia y su avanzada edad (mientras que Larry tiene todavía gran parte de su vida por delante). Pero en última instancia, Ramírez, al no haber sido capaz de aceptar su propio pasado, es el principal causante de su derrota. O dicho de otro modo: proponerse con tanta vehemencia la construcción de la identidad ha terminado obrando un efecto contrario. En el caso de Larry, se ha dado exactamente la situación inversa: aquí la búsqueda de la identidad no ha sido deliberada y el descubrimiento de la misma constituye un efecto inintencionado. Como ocurre a menudo, y según una lógica de tipo paradójico ('colateralidad'), el crisparse a fin de conseguir un cierto estado de cosas, contribuye activamente a impedir que ese estado se produzca y, al contrario, la situación apetecida sobreviene a quien no la desea todavía o ha dejado de desearla.

Lo anteriormente dicho indica ya que Puig no aplaude todos los elementos que intervienen en la tesis de René Girard. El trato (siempre indirecto) que el novelista le da al deseo mimético es más matizado y cauteloso, menos esquemático que el de Girard. Amén de no creer en el determinismo moral al que adhiere el filósofo francés, Puig discrepa del movimiento de regresión por el que Girard va abogando en creciente medida[39]. Contrariamente al catedrático de Stanford, Puig no cree que sea oportuno reorientar la energía mimética hacia contemplaciones religiosas;

opina, en cambio, que esta forma de hipostasiar la mímesis no nos haría avanzar un ápice. El anhelo romántico sencillamente está ahí, insoslayable. Puig ni siquiera está convencido de que sería deseable extirpar este poderoso mito que sobrevive metamorfoseándose. Hasta le reconoce virtudes a la nostalgia de la plenitud originaria: proporciona energías insospechadas, nos anima a tomar iniciativas generosas, alimenta obras artísticas y ambiciosos proyectos científicos. Todos los mitos son, al fin y al cabo, totalitarios, y los que se rebelan contra la pulsión romántica - las sedicentes demostraciones racionales -, no son sino formas desviadas del mismo 'metarrelato' metafísico. Lo importante es darse cuenta del carácter mítico de las aspiraciones.

A los personajes de Puig no les queda, por tanto, más remedio que efectuar la inevitable 'travesía del desierto', el doloroso paso por la imitación alienadora, etapa que tampoco le ha sido ahorrada a Larry. La búsqueda de posibles centros de coherencia de los que este estadounidense se siente carente sólo prospera en el momento en que el personaje abdica de su propia coherencia individual. Larry se inmuniza contra la imitación excesiva después de haber absorbido y asumido cierta dosis de violencia mimética. La curación de las patologías pasa por una aceptación de la falta de la integridad, una aceptación del tiempo y de la repetición del deseo en el tiempo[40]. La relación que media entre la pareja identidad/alteridad es una relación de estrecha vecindad, de paradójica cohabitación. Identidad y alteridad no son en absoluto unidades incompatibles; en virtud del principio de la 'colateralidad', cabe decir que la identidad es un 'subproducto' de la alteridad, algo que se obtiene inadvertidamente, cuando menos se lo espera.

Huelga decir que el concepto de la identidad que nos es presentado en *Maldición* difiere sustancialmente del 'carácter redondo' humanista para acercarse a las nociones 'débiles' descritas por Gianni Vattimo[41]. En las novelas de Puig, nada está nunca conquistado para siempre. La identidad no es un estado de gracia al que se puede llegar definitivamente. Es, al contrario, un estado provisional que, una vez sobrevenido, no da ninguna garantía para el futuro, pero que deberá ser ajustado a situaciones imprevisibles y será confrontado con nuevas fascinaciones y nuevas pulsiones miméticas.

Manuel Puig se interesa sobre todo por el proceso de constitución de la identidad, siendo el hecho de 'dirigirse hacia' más satisfactorio por definición que la consecución efectiva. Sus novelas son comparables a talleres en que se van forjando y deshaciendo subjetividades al ritmo de los encuentros interpersonales. En *Maldición*, se repite esa característica y problemática inconclusión, puesto que Larry todavía no ha ganado la batalla. Pero ya se perfila en él, tanto en el plano laboral como en el afectivo, una alentadora disponibilidad a intimar con sus prójimos, a exteriorizar sus sentimientos, o sea, a esbozar un gesto de humildad que, para los hombres aún más que para las mujeres, es considerado convencionalmente un gesto que rebaja, que disminuye la autoridad y el poder del sujeto pero que, en realidad, rompe al menos uno de los círculos infernales que mantienen preso al individuo.

1.3. La mímesis poética en *Maldición*

Detengámonos ahora en la estructura 'citativa' de *Maldición*. La novela parece copiar la diáfana transparencia de la oralidad[42]. Un análisis pormenorizado nos muestra, sin embargo, que la obra está volcada sobre su propia textualidad y que en ella se problematiza el concepto mimético tradicional: la oralidad que se percibe en la novela no es la oralidad tal cual. Una vez más, Puig engaña sutilmente a sus lectores. Bajo una semblanza transcriptora, el autor nos descubre el grado de mediatización lingüística que rige tanto la literatura como la vida, pone de manifiesto los cruces y préstamos de discursos que los determinan. Todo lo que dice esta novela reconoce, en el mismo momento de decirse, su condición lingüística. Todo pasa necesariamente por la articulación del lenguaje, no hay objeto que resista a ser hablado, referido, metaforizado. Se puede aplicar a *Maldición* lo que Alan Pauls observa a propósito de *La traición de Rita Hayworth*:

> Basta leer una sola página de esta novela para experimentar la sensación de que entre la voz que habla y aquello de lo que habla hay, no la relación 'natural' e 'inmediata' que postula el realismo, sino toda una dimensión de mediaciones, interferencias y discursos que se entrelazan (1986: 23).

A pesar de que Derrida ha desenmascarado el acabamiento redondo de las obras literarias y del análisis de las mismas, sostenemos que la narratología, en una versión ligeramente adaptada a la singularidad posmoderna, sigue siendo una herramienta imprescindible a la hora de ordenar los significantes de una novela. El uso equívoco o sencillamente tautológico de la desconstrucción, entendida a menudo como un juego libre de interpretaciones, nos ha hecho preferir en una primera fase una tipología basada en los aspectos narrativos de la obra, que ha alcanzado además una sólida respetabilidad en la crítica literaria. Nos referiremos en primer lugar al clásico modelo propuesto por Gérard Genette (1972 y 1983)[43].

Genette ha sistematizado el significante en torno a tres grandes categorías tomadas de la gramática del verbo. Esa división clasifica los problemas del relato en problemas del tiempo, del modo, y de la voz. En la categoría del tiempo se expresa la relación entre el tiempo de la historia o diégesis y la del discurso o relato (1983: 85). La categoría del modo agrupa las determinaciones que se refieren a las modalidades (formas y grados) de la representación narrativa (ibídem: 86). El modo es, para Genette, una gran categoría que abarca tanto la perspectiva o focalización como la distancia o los tipos de discurso verbal. En el punto 'voz' se tratan las determinaciones que se refieren a cómo se encuentra implicada en el relato la propia narración, es decir, la situación o instancia narrativa, y con ella sus dos protagonistas: el narrador y el narratario (ibídem)[44].

Un breve repaso a esta clasificación nos indica que la literatura también encuentra a la historia en su camino y que *Maldición* se resiste a entrar en el esquema que Genette ha elaborado partiendo de *A la recherche du temps perdu*. Para que la obra posmoderna de Manuel Puig encajara en él, ha sido preciso que procediéramos a una redistribución parcial de las categorías de modo y voz, a su 'telescopaje', y a una marginalización de la categoría del tiempo. El caso es que el análisis de la focalización en *Maldición* resulta relativamente pobre, lo que se debe a que los espectáculos visuales[45] se encuentran sistemáticamente obstaculizados por las palabras, transformándose así en relatos verbales. Desde un punto de vista puramente analítico, hay que observar que la evocación de lo visual en la literatura siempre es perfectamente ilusoria y convencional. Pero en *Maldición*, Puig subordina de tal manera lo visual a lo verbal que la convención resulta totalmente socavada. La percepción se reformula insistentemente en términos de enunciación, el discurso invade todo el espacio de la novela y la historia, cuando aparece, siempre es el producto de una cita. Sin embargo, *Maldición* se presenta explícitamente al público como novela: no es una obra de teatro ni pretende serlo. Los experimentos que se han realizado con *El beso de la mujer araña*, han revelado además que, contrariamente a lo que se podría pensar, las novelas dialogadas y dialógicas de Puig se resisten a ser llevadas a la pantalla y a las tablas[46]. Siendo así las cosas, no nos queda más remedio que volver a vincular las categorías de modo y de voz que Genette había separado con toda legitimidad[47].

1.3.1. El modo: relato de palabras

Para Genette, la segunda modalidad esencial de la regulación narrativa es la distancia (1989: 220). En el libro III de la *República*, Platón opone dos modos narrativos, según que el poeta hable en su nombre sin intentar hacernos creer que es otro quien habla (relato puro) o, al contrario, se esfuerce por dar la ilusión de que no es él quien habla, sino otro personaje, si se trata de palabras pronunciadas: a eso es a lo que Platón llama propiamente imitación o mímesis, la forma más condenable moralmente. Entre el relato puro y el relato mimético, Platón distingue una forma mixta o alternada (el autor habla por momentos en su propio nombre y por momentos reproduce los diálogos de sus personajes). El sistema de los estilos directos e indirectos, entendidos como modos de referir un tipo especial de acontecimiento, el discurso, arranca de esta tripartición platónica. La defensa por parte de Platón de lo narrativo puro surtió tanto menos efecto cuanto que Aristóteles no tardó en sostener, al contrario y con la autoridad y el éxito que sabemos, la superioridad de lo mimético puro (Genette ibídem: 230). Esta oposición entre relato puro y relato mimético resurgió bruscamente en EEUU y en Inglaterra a finales del siglo XIX y comienzos del XX, en Henry James y sus discípulos, bajo los términos apenas transpuestos de 'showing' (mostrar) frente a 'telling' (contar), pronto convertidos en la vulgata normativa anglosajona (ibídem: 221-222). Como ya advertimos, ningún relato puede 'mostrar' ni 'imitar' la historia que cuenta, sólo puede contarla de forma detallada, viva, precisa y dar con ello más o menos la ilusión de mímesis visual, puesto que la narración es un hecho del lenguaje y el lenguaje significa más allá de la mera imitación. Los factores miméticos propiamente textuales se reducen, en opinión de Genette, a estos datos ya implícitamente presentes en las observaciones de Platón: "la cantidad de información narrativa (relato más desarrollado o más detallado) y la ausencia (o presencia mínima) del informador, es decir, del narrador.' (ibídem: 223).

Hasta aquí le damos toda la razón a Genette. Pero ya no nos convence tanto cuando pretende que la 'mímesis' verbal "no puede ser sino mímesis del verbo" (ibídem: 222). El teórico francés distingue, dentro de lo que él llama 'relato de palabras' (por oposición a 'relato de acontecimientos'), tres modos de reproducción de discursos o pensamiento de los personajes: el discurso directo o 'restituido', que es el de la cita directa; el discurso transpuesto, que incluye las transposiciones en estilo indirecto o indirecto libre, y el discurso narrativizado o discurso tratado como un acontecimiento, sin reproducción alguna del texto original. Si la imitación verbal de acontecimientos no verbales le parece una utopía, la de 'palabras' contaría con una modalidad propia, la del discurso restituido. La cláusula parece evidente: el único objeto que el lenguaje es capaz de mimetizar es el propio lenguaje. Según los criterios de Genette, *Maldición* sería, pues, una novela puramente reproductora, ya que la distancia modal entre historia y relato resulta ser nula. Puig realiza el 'showing' a través del 'telling'. Los paratextos (las declaraciones del autor, por ejemplo) apuntan en la misma dirección. Puig repite una y otra vez que su 'relato de palabras' es un relato fiel, que las frases han sido transcritas tal como supuestamente han sido pronunciadas por los personajes. Lo único que ha faltado es la grabadora. Pero cuando se lee la novela, se constata que algo no encaja, y que la reduplicación del lenguaje es particularmente traicionera. La transgresión es tal que parece constituir un rechazo puro y simple de la milenaria oposición estática entre diégesis y mímesis. Lo que Puig mimetiza es la imposibilidad de 'mimetizar', al menos de una 'mimetización' definida como copia servil. Para entender cómo la máxima inmediatez puede producir un efecto extremo de mediatización, nos hemos dejado inspirar por el estudio *Polifonía textual* (1984) de Graciela Reyes, que plantea el problema de los discursos del narrador y del personaje en el marco teórico general de la cita y que investiga los mecanismos lingüísticos de la translación discursiva. La pregunta que nos hemos hecho es la siguiente: ¿cómo se reproduce una enunciación por medio de otra, ¿cómo se hacen simulacros de palabras con palabras?

Reyes parte de dos premisas. En primer lugar, parte del principio de que el discurso literario es un objeto estético, una estructura lingüística no exclusivamente comunicativa por estar desarraigada de su contexto de producción y tener sentido fuera de él (1984: 14). Por otra parte, cree que también sería engañoso considerar el discurso literario una creación exclusivamente autorreferencial, ya que el 'yo' se constituye en virtud del discurso y que nadie puede seguir sosteniendo que este 'yo' es una entidad unificada y precultural (ibídem: 39-40). En definitiva, Reyes opina que el discurso literario tiene la cualidad de un discurso citado, que recoge actos de habla imaginarios, porque reconcilia dos operaciones: es un discurso mostrado, mencionado y, simultáneamente, usado como mostración de sí mismo en el acto de articular la experiencia literaria (ibídem: 14). Reyes se adelanta a los reparos que se pueden poner a sus afirmaciones. Se da cuenta de que la idea de que toda obra literaria es imitación de actos de habla reales, de enunciaciones ya codificadas socialmente, resultaría insostenible si esa imitación se entendiera como 'copia' (ibídem: 31). El concepto de cita - ella habla de 'citación' - que maneja Reyes es mucho más amplio que el corriente de transcripción literal. Designa más bien una puesta en relación, una puesta en contacto que implica cierta manipulación, cierta fricción. De allí que a la autora no le cueste demasiado refutar la objeción de los originales inexistentes. La califica de ingenua, alegando que a veces sí los hay (es el caso de *Maldición*), pero que, aun cuando faltan, el narrador tampoco inventa, sino que cita textos anteriores de manera implícita: un texto literario sólo se vuelve inteligible por estar inscrito en un corpus de textos, ya que sin discursos previos, cualquier discurso sería ininteligible (ibídem: 38). Además, las citas no literarias presentan las mismas características. Tampoco tienen siempre un original, ya que tantas veces citamos palabras posibles, previstas o inventadas (ibídem: 39). Para Reyes, pues, la cita de habla puede ser asimilada sin dificultades a la cita de escritura porque siempre media una porción de mestizaje y de contaminación entre original y cita y cada discurso citado se transforma, a su vez, en discurso citable, ya que todo discurso es susceptible de ser injertado en nuevos discursos (ibídem: 42). Al igual que Derrida, Reyes invoca la iterabilidad del signo, de la que el carácter citacional del discurso es una manifestación lógica, para neutralizar la distinción que Austin y Searle hacen entre actos lingüísticos serios y no serios. Como observa Reyes, ningún acto lingüístico de los que los pragmáticos han llamado serios podría emplearse si no contuviera como tal acto lingüístico la posibilidad de ser 'no serio', pues tal citabilidad es un rasgo constitutivo del signo. Citar tiene, por tanto, dos momentos: un momento de exhibición y uno de subversión, artificio y perversión. Suscitar otra voz no significa en absoluto perder la propia. Al estar convencida de que la cita nunca es réplica o copia exacta, Reyes introduce el término 'simulacro' para designar mejor la índole particular de la cita, ya que el simulacro es una transcripción aparente de lo que no se puede transcribir por completo (ibídem: 63).

La tesis de Reyes la conduce a reconsiderar el esquema gramatical de los estilos directos e indirectos. En las páginas siguientes, nos ocuparemos principalmente del estilo directo (ED), por ser éste el modo de representación exclusivo en *Maldición*. El ED parece ser regido por un "contrato de literalidad". Su funcionamiento supuestamente evidente hace que haya recibido poca atención de la crítica. Ni Graciela Reyes ni Meir Sternberg, particularmente en su artículo del 1982, 'Proteus in Quotation-Land. Mimesis and the Form of Reported Discourse', se han podido conformar con que el ED sea el pariente pobre del sistema y le han dado un tratamiento mucho más extenso, haciendo resaltar su relativa complejidad. El ED corresponde tradicionalmente a la mímesis platónica, en la que el poeta trata de crear la ilusión de que no es él quien habla, sino otro. Pero contrariamente a lo que ocurre según Platón, el autor, en la terminología de Reyes, no 'finge', no deja de hablar cuando cita, sino que 'hace' hablar, 'convoca'- y aquí Reyes recurre a la etimología española de citar - a su(s) narrador(es) o personaje(s), ya que 'citar' es repetir palabras pero significa asimismo 'poner en movimiento', 'hacer acudir', 'convocar palabras'". (ibídem: 58).

Si bien en la práctica se suele atribuir a la cita directa un mayor porcentaje de representatividad, viéndola como una imagen fiel del texto original, este presunto contrato de literalidad no se cumple siempre. Como hemos señalado anteriormente a propósito de las técnicas citativas de Borges, hay un fenómeno que obstaculiza a priori la fidelidad absoluta de la cita, también de la directa, y que hace que la repetición total sea imposible: el que su producción se efectúe mediante una recontextualización del fragmento citado. El ED aparece inevitablemente en contextos narrativos y la expresión citada se encuentra, por tanto, enmarcada por otro discurso, del que depende tanto lógica como comunicativamente, de lo que se deriva que el discurso siempre resulta más o menos violentado, pervertido, dotado de un nuevo significado en el contexto de la cita. Semejante desplazamiento contextual puede alterar el sentido de la más escrupulosa transcripción (es lo que pasa por ejemplo con los epígrafes de *Boquitas pintadas*). El contrato de literalidad debe ser considerado, por tanto, una ilusión óptica, nutrida por siglos de convenciones narrativas y por un consenso sociológico en virtud del cual se confiere objetividad al ED. La ilusión óptica tiene que ver con la ausencia del narrador, que parece callarse para ceder la palabra cada vez que cita en ED. Su mediación visible parece reducirse a proporcionar un marco narrativo al discurso citado. Se establece una ecuación entre ED y la mímesis reproductora: "Quotation [...] remains the last stronghold of the copy theory of mimesis." (Sternberg 1982: 127).

Suele decirse que la reproducción verbatim del ED es una ficción más de la literatura, donde el texto supuestamente citado no tiene original. Pero el ED empieza por ser una ficción en la lengua hablada, una ficción probablemente no sentida como tal, sino como una convención comunicativa más, como una consecuencia natural de las limitaciones de la memoria o del intento de ser claro, de persuadir, en suma, como un rasgo trivial de la retórica del discurso ordinario (Reyes, 1984: 144). Reyes se hace la pregunta pertinente: "¿Cuántos debates, cuántas conversaciones reales, posibles, deseadas, temidas, maquinadas tienen lugar en nuestra mente en forma continua? ¿Cuál es el original de estos simulacros de discursos en nítido ED? Cuando recordamos conversaciones, conversaciones que quizá han sido lo más importante que nos sucedió en la vida ¿podemos recuperar realmente aquellas palabras pronunciadas?" (ibídem: 144). Reyes deja entender que tal no es el caso, por lo que cabe concluir, una vez más, que la literatura no se aparta de la vida, que no tiene sentido establecer una compartimentación delimitada entre literatura y vida "al no ser las conversaciones que 'recuerda' el narrador literario más ficticias que las de nuestros auténticos recuerdos, sino ficticias **de otra manera**, ficticias en cuanto literarias." (ibídem: 144, énfasis del autor).

Constatamos, pues, que el contrato de literalidad se rompe también fuera de la literatura, y que las fronteras entre estilo directo e estilos indirectos son menos nítidas de lo que nos hace creer el esquema vigente. Reyes demuestra que la función que se suele atribuir exclusivamente al EI (estilo indirecto), la de preservar la proposición al tiempo que se reformula más o menos libremente la forma de la expresión original, la realiza también con mucha frecuencia, aunque con procedimiento gramatical diferente (sin subordinación ni transposición de deícticos), el ED (ibídem: 141). A esta clase de citas, que abundan tanto en la literatura como en la lengua ordinaria, las llama Reyes 'citas aproximativas' (ibídem). El problema de la fidelidad del ED se agudiza aún más si tenemos en cuenta la presencia abrumadora en la lengua de lo que Sternberg ha bautizado 'preproductive discourse', es decir, 'cita prospectiva', el hecho de citar en la conversación discursos que todavía no han ocurrido (ejemplo de Reyes: "No, no le voy a pedir dinero a Juan. Ya sé lo que me va a decir: 'Estoy pasando un momento malísimo'."(ibídem)).

De los razonamientos que preceden se deduce que Sternberg y Reyes desmienten el supuesto vínculo automático entre ED y literalidad. A la hora de investigar la responsabilidad del narrador en el ED, resulta que la separación técnica entre ED y EI es excesivamente nítida. A pesar de que los contratos del ED y del EI son diferentes - el estilo indirecto representa, en principio, el contenido de un texto y no sus palabras - en la práctica se ve que en muchas ocasiones el ED se aproxima al EI y vice versa. Los dos estilos son mucho más compatibles de lo que se ha supuesto hasta ahora. Reyes subraya que el EI tampoco corresponde a los estereotipos establecidos. En la realidad, es muy común que la expresión citada indirectamente - que en principio corre a cargo del citador - también mimetice, en parte o por completo, el lenguaje de la fuente citada. Esto ocurre en muchas clases de textos, tanto en los textos teóricos como en los periodísticos y en las conversaciones cotidianas (Reyes, 1984: 81). Además, entre el ED y el EI se ha desplegado todo un abanico de formas intermedias o 'citas mixtas' (citas directas dentro de las indirectas, formas enmascaradas de citas, la 'oratio quasi obliqua' de Reyes, la monstruosidad sintáctica del estilo indirecto libre) que problematizan el sistema que ha sido fijado por la tradición. En estas formas mixtas reconocemos expresiones no siempre o ya no atribuibles a un sujeto particular, sino a un sistema de pensamiento, un conjunto de proposiciones ajenas que emergen en la formulación del narrador. Según Reyes, no hay vuelta que darle, el mundo es una telaraña de discursos:

> Al poner la otra palabra en la propia, sumerjo una visión, una realidad, un mundo, en otro, y pierdo de vista los límites, que posiblemente no existan, entre lo mío y lo ajeno. Al poner otra palabra en mi palabra, sin marcarla, sin proteger su forma, también la tuerzo, la violento, la obligo a encajar en mi punto de vista, a servirme para corroborar o negar, para creer o para descreer. Y, simultáneamente, al poner otra palabra en la mía, hablo como yo y como el otro, me alieno, me sumo a la autoridad del consenso, me pliego a lo ya dicho (ibídem: 181).

Tanto para Graciela Reyes como para Meir Sternberg, la clásica teoría de la representación discursiva no posee la suficiente elasticidad funcional para resistir un análisis detenido de sus manifestaciones literarias y cotidianas. En cuanto a las técnicas de acomodación de la enunciación ajena a la propia, el sistema vigente sólo se atiene a los rasgos lingüísiticos de las formas del discurso (la identidad o no de los deícticos, la presencia o ausencia de los verbos introductorios, la subordinación o coordinación y otras articulaciones sintácticas canónicas). Es, pues, la distinción gramatical entre estilo directo e estilo indirecto la que se encuentra en el origen de la reflexión sobre los modos de representación narrativos. Aunque tales sistematizaciones de la traslación del discurso han sido refinadas considerablemente por investigaciones narratológicas recientes, ni Sternberg ni Reyes las encuentran satisfactorias. Sternberg afirma rotundamente que la relación representativa entre el texto citado y su original es independiente de la forma directa o indirecta que adopte la cita, que a las definiciones sintácticas no corresponde automáticamente ninguna inferencia lógica. El autor aboga por descartar el inadecuado sistema tradicional. Sin embargo, no propone otro en su lugar, temiendo complicar aún más las nomenclaturas existentes. Reyes ha optado por matizar la vieja distinción entre mímesis y diégesis y lo hace mediante el análisis de variantes lógica y pragmáticamente definibles. Sternberg, al no creer en la funcionalidad para la economía discursiva de la correspondencia entre estilos gramaticales y su carácter más o menos reproductivo, prefiere dejar la cuestión en suspenso. Intentar inventariar las posibilidades requeriría un esfuerzo comparable al de esbozar una fenomenología completa de la imaginación. Su análisis hace resaltar el carácter arbitrario de la asociación entre ED y mímesis en cualquiera de sus acepciones. En todos los casos se reproducen proposiciones, lo único que varía de contexto a contexto es el grado de atribución y de asunción de la palabra ajena. Estando convencido de que las formas citativas cambian constantemente de aspecto, Sternberg postula el funcionamiento camaleónico de la cita y formula su 'Proteus Principle':

> In different contexts - reporting frames as well as reporting frameworks - the same form may fulfill different functions **and** different forms the same function. Regulated by this two-pronged principle, quotation is a microcosm not only of all mimesis but of artistic strategy and human communication as a whole (1982: 148; énfasis del autor).

La conclusión de Reyes es análoga: al constituir un espacio continuo y permitir un pasaje permanente, una violación más o menos grave entre mi palabra y la palabra del otro, el terreno de la 'citación' se resiste a toda sistematización definitiva.

Teniendo en cuenta las rectificaciones aportadas por Sternberg y Reyes, nos es posible ahora definir las estructuras discursiva y representacional de la novela *Maldición*. La estructura discursiva corresponde a la de la cita (cita de conversación y cita de documentos escritos), del estilo directo con marco implícito (el narrador extradiegético sólo nos proporciona los guiones del diálogo, pero por lo demás faltan las acotaciones). La novela pertenece a una etapa del proceso citativo en la que el narrador extradiegético o narrador-citador y los narradores intradiegéticos o narradores citados parecen haberse desprendido por completo el uno de los otros. No se expresa el narrador-citador a través del diálogo o por medio de él, sino que lo muestra; no habla en un lenguaje sino a través de un lenguaje. En *Maldición*, el narrador-citador no habla: hace hablar. Con esta novela, Puig llega a un punto culminante, agota una posibilidad discursiva. En sus dos novelas posteriores, *Sangre de amor correspondido* y *Cae la noche tropical*, el autor no tendrá más remedio que cambiar de rumbo.

El estatuto representacional de *Maldición* es mucho más difícil de determinar. La novela se compone enteramente de discursos citados, de metarrelatos petrificados por el lugar común que ejercen un poder hipnótico sobre los personajes. Sin embargo, el texto no connota transparencia ni inmediatez. A pesar de que el lenguaje de Ramírez y de Larry no se tiñe aquí del discurso del narrador, a pesar de que Puig ha renunciado a cualquier procedimiento de transfusión de discursos y que el texto de los personajes ha alcanzado el estado de cristalización gramatical de la cita, el autor, por todos los motivos que hemos ido enumerando, no ha logrado salir de la figura paradójica que, según Mijaíl Bajtín, desemboca en la coexistencia pacífica entre identidad y alteridad. El estilo de Puig en *Maldición* es centrífugo, se orienta hacia uno de los extremos del discurso. El autor ha descartado la posibilidad de que el sujeto de la enunciación (Ramírez, Larry) se manifieste en un lenguaje ajeno (el de su narrador-citador) y ha optado por un narrador-citador que habla a través de sus personajes. Sin embargo, en la terminología de Sternberg, las citas de *Maldición*, como la mayoría de las citas, incluidas las que formalmente parecen perfectamente fieles, se sitúan ontológicamente a mitad de camino entre ambos extremos y nos hacen pisar las arenas movedizas de lo cierto y de lo falso: "Most quotations are neither transparent nor opaque but (if I may be forgiven this barbarism) **transpaque**: two-faced, indeterminate, ambiguous between the perspectives of reporter and reportee." (ibídem: 144; énfasis del autor). Por centrífugo que se quiera, un discurso que se limita a citar no exime al citador de la responsabilidad de la intención comunicativa ya que pocos actos nos comprometen tanto como el aparentemente inofensivo de entrelazar discursos. Y es que los extremos se tocan. La posibilidad de decir 'soy yo' en el lenguaje del otro y la de decir 'soy otro' en mi propio lenguaje se vuelven indistinguibles. Óscar Tacca remite al mismo mecanismo de inversión cuando advierte que la desnudez del personaje no es la mejor forma de salvaguardar su autonomía: "Nunca el personaje adquiere un carácter tan artificial, tan fabricado, tan muñeco, como cuando el autor postula su autonomía." (1978: 133). Un repaso a los efectos que *Maldición* produce en el lector nos enseña que el autor, empeñado en radicalizar la emancipación de todo patrocinio narrativo, se embarcó en una aventura insostenible desde el punto de vista lógico. El eclipse de la autoridad no puede superar nunca la condición de artificio, puesto que el mero proceso de selección al que se somete el material delata la presencia inevitable de una persona interpuesta y que la composición final de la novela entraña la subrepticia interferencia de un narrador extradiegético. En lo que se refiere a *Maldición*, cabe afirmar que, paradójicamente, el intenso deseo de transparencia no ha hecho sino generar una mayor opacidad.

En su análisis pormenorizado de *Boquitas pintadas*, el crítico Jorge Guzmán observa que "lejos de anularse, su {del narrador extradiegético, al que Guzmán llama aquí 'narrador-bricoleur'} participación es muchísimo mayor de lo que se creería confiando en la impresión que deja la primera lectura."(Guzmán, 1984: 137). Guzmán llega a la conclusión acertada de que llevar tan lejos la distancia afectiva produce un efecto curioso de acercamiento, conclusión en aparente contradicción con su constatación anterior de que el narrador extradiegético, al asumir un libro que provoca la impresión de objetos y personajes que se presentan solos, "se parece cada vez más a los entomólogos en el manejo de sus especímenes."(ibídem), o dicho en otros términos, que la estrategia de acercamiento puede perfectamente surtir un involuntario efecto distanciador. Aunque los comentarios de Guzmán se aplican a la novela *Boquitas pintadas* y no a *Maldi-*

ción, dos libros que no son del todo comparables al ser esta última novela un 'relato de palabras' y aquélla un 'relato de acontecimientos', nos parece legítimo plantear que los dos textos se caracterizan por un idéntico y excepcional exhibicionismo mimético. Vistos de cerca, los efectos producidos por este mimetismo - que Guzmán juzga contradictorios - se dejan interpretar como las dos caras intercambiables de un mismo fenómeno: la relación inversamente proporcionada que Guzmán detecta en *Boquitas pintadas* (el alejamiento que, pasado cierto umbral imposible de determinar, se transforma en acercamiento) se invierte en *Maldición* donde el narrador extradiegético vuelve a traspasar la información en bruto al lector, acercándose en esta ocasión a los dos protagonistas, citando con tal precisión sus diálogos que el efecto afectivo obtenido es, paradójicamente, de alejamiento[48].

En el apartado que sigue, nos proponemos indicar los factores que empañan aún más la transparencia de la cita en el caso concreto de la novela *Maldición*. Los obstáculos que iremos comentando pertenecen grosso modo a dos categorías: en primer lugar nos ocuparemos del carácter hipotético de las experiencias evocadas en *Maldición* (la falta de transparencia del contenido); en segundo lugar, nos detendremos en la inevitable transposición o recontextualización efectuada por el autor y en el poderoso impacto deformador que ejerce el filtro de la traducción, que se ha interpuesto entre la información narrativa de *Maldición* y su forma definitiva (la compleja génesis de la novela y su índole de traducción).

1.3.1.1. La falta de transparencia del contenido

En *Maldición* llama la atención que el material reproducido por el narrador-citador exhiba su dudosa autenticidad y reivindique abiertamente su estatuto hipotético. En esta novela, se establece una intrigante homología entre el discurso prospectivo ('preproductive') y el modal por una parte, y el retrospectivo por otra. Este último, que no figura en el catálogo de Sternberg, es asociado constantemente al primero, como si todo recuerdo voluntario se dejara asimilar sin problemas a la construcción de una hipótesis. En el caso del amnésico señor Ramírez, la invención de los recuerdos todavía se justifica: privado de su memoria, el exiliado argentino se aferra a cualquier asidero con tal de forjarse un pasado, de entender su propio funcionamiento y de situarse a sí mismo en el mundo. Asombran más las recreaciones llevadas a cabo por Larry. Sin embargo, la distancia que media entre el terreno de la prospección - abierto, libre y vacío - y el del pasado juzgado comúnmente inamovible y cerrado es menor de lo que se pensaría a primera vista. En la práctica cotidiana, se da un vaivén continuo entre estas dos zonas cuyo punto de intersección provisional ocupa el presente: el futuro arrastra la carga del pasado al recibir su influencia retroactiva, mientras que la memoria opera según un criterio selectivo y se moldea en parte sobre el futuro (nuestras expectativas de futuro son las que nos guían en la detección de los contenidos dignos de ser recordados). Tanto el pasado como el futuro admiten, pues, una relativa latitud. Este margen de libertad se ve aumentado, en el contexto de *Maldición*, por el hecho de que los dos personajes sólo tienen acceso a estos dos territorios temporales mediante la exteriorización verbal. A estas alturas del trabajo, habrá quedado ya claro hasta qué punto la palabra debe ser considerada en todas las circunstancias un poderoso instrumento de ficcionalización.

En la vida humana, los recuerdos son constantemente evocados y reorganizados de acuerdo con una coherencia provisional a la que se llama 'identidad'. Aparentemente, semejante práctica es universal y constituye para cada uno de nosotros una imprescindible estrategia de supervivencia. Se suele partir del supuesto de que estos 'paisajes interiores' recorridos por los individuos sean estrictamente privados y totalmente intransferibles. En *Maldición*, sin embargo, los recuerdos se dejan y se toman en préstamo, y el paso entre el pasado propio y el ajeno se salva con relativa facilidad. Y es que, si se recapacita, los recuerdos sólo nos pertenecen en parte ya que poseen un fuerte carácter intertextual. Van mediatizados por relatos e imágenes apócrifos. Los recuerdos estructurales (en *Maldición* los que se organizan alrededor de los papeles sexuales y del eje edípico) se construyen según una lógica determinada y las normas de cierta cultura. Cabe sostener, pues, que por mucho que nuestra conciencia tienda a obliterarlo, los recuerdos presentan un aspecto citacional.

Tanto el discurso prospectivo como el retrospectivo constituyen el espacio de la alteridad. En la confusión de tiempos que provoca el proceso de recordar, se produce una turbación afectiva, un cuestionamiento de la propia identidad. La memoria abre paso a una contemplación doble, a una verdadera visión estereoscópica entre, in casu, el Larry joven recordado y el Larry adulto que rememora y que experimenta una sensación de alteridad respecto a quien fue. Así se van acortando las distancias entre Larry y Ramírez: el ejercicio recordatorio le facilita la tarea a Larry, le abre una puerta hacia lo otro y el otro. De ahí que, en *Maldición*, los recuerdos circulen[49] y lleguen a imbricarse estrechamente. Semejante experiencia se cristaliza en los psicodramas que son inducidos por el intercambio conversacional entre los dos protagonistas. Allí, en estas simulaciones con fines terapéuticos, en estos nudos semióticos, es donde más íntimamente se trenzan la dimensión retrospectiva y la hipotética. Tales psicodramas, que actualizan las memorias de Larry, tienen por función el hacer transitable para Ramírez la distancia entre el manuscrito descolorido y lleno de elipsis de su pasado (sus 'anotaciones') y su estado actual. Le permiten al anciano una vivencia vicaria y completa - con todos sus componentes sensitivos, racionales y afectivos - de las experiencias humanas más fundamentales. Como ya hemos indicado en nuestra presentación de la novela, la terapia funciona hasta el momento en que Ramírez recupera sus apuntes e, incapaz de sustraerse a la atracción magnética ejercida por el deseo mimético, se niega a poner en marcha el flujo contrario, que partiría de él hacia Larry.

A modo de ilustración, estableceremos ahora un rápido inventario de los psicodramas más significativos y más elaborados de *Maldición*.

a) (pp. 41-45) - Ramírez manifiesta su deseo de dar con el papel que mejor le corresponda. Primero intenta interpretar el de 'hijo', pero pronto se da cuenta de su verdadero estatuto paterno. Esta urgencia de identificación le lleva a introducir el juego: "Escuche ¿por qué no hacemos una cosa? Usted podría hablar como si fuese un padre, así yo aprendo. Yo escucharía como si fuera el hijo." (41). Ante la insistencia de Ramírez, Larry se da por vencido y sus contestaciones permiten al argentino proyectarse en el papel de hijo: "Papá, tengo que aprender a remontar el barrilete" (42); "Papá, el pecho a veces me duele tanto" (45); "Papá, perdí mis anotaciones y las necesito. Sé que nunca las voy a recuperar, pero las echo de menos, y mucho." (45). Es particularmente llamativo el marcado interés de Ramírez por el aspecto lingüístico de los recuerdos; siempre anda buscando las palabras más adecuadas. Esta preocupación por la expresión verbal que encontramos en toda la novela (querer saber "lo que un padre dice a su hijo" (43); "No quiero mirar, quiero que me diga" (74); "Larry por favor dígame otras palabras que usaba su madre" (102); "¿Qué le dice Dios al hijo" (149)) debe ser atribuida sin duda a una fuerte influencia lacaniana.

b) (pp. 71-75/80-83) - Esta escena en dos fases se desarrolla en un burdel en Vietnam (Saigon). Larry confiesa explícitamente haber mentido para darle a Ramírez la oportunidad de explorar el campo semántico del sexo ("No, le inventé todo" (73)). Pero Ramírez no se da por aludido ("Qué tontería, me lo dijo usted mismo, que era china, de gran refinamiento, casi religiosa" (81)), y se empeña en elaborar el tema de la rivalidad sexual entre Larry y un oficial que hace de modelo/rival. Larry consiente en montar el psicodrama ("De acuerdo, ya estamos en el burdel" (80)), pero espera instrucciones de Ramírez, y es él quien, paradójicamente, formula las preguntas: "¿y detrás de la cortina, señor Ramírez?" (81); "¿lo maté, señor Ramírez?" (82); "¿qué me iba a hacer?" (83).

c) (pp. 91-92) - En estas páginas se describe el encuentro ficticio entre Larry y la enfermera 'de Virgo'. Es una creación que corre por la cuenta del señor Ramírez. Inicialmente, Larry se opone, pero termina participando en la escena triangular (Larry-Ramírez-la enfermera).

d) (pp. 118-134) - Aquí nos encontramos con el primer psicodrama construido enteramente en torno al regalo y a la paternidad, que desembocará finalmente en la llegada de los manuscritos franceses. Ramírez le ruega a Larry que le explique su anterior situación laboral y el funcionamiento de las relaciones familiares en general: "Pero no me acuerdo de nada... ¿dónde es que trabajo? ... ¿cómo llego hasta ahí? ... tiene que decirme lo que debo hacer [...] (Quiero saber) todo lo que tengo que hacer, para que su madre y usted estén satisfechos conmigo." (118). Larry entra en el juego, no sin expresar su desagrado ("No me gusta nada la forma... en que me obliga a hacer las cosas... Pero, para qué discutir, en fin ... veremos [...]" (119)) o salirse ocasionalmente de su papel ("Que se vaya al diablo"(123)). Formula una hipótesis sobre el trabajo de Ramírez (capataz en una empresa – "[...] primero que todo... tiene que levantarse muy temprano, antes de que salga el sol [...] y el día empieza en la fábrica...."(118) -), dejándose inspirar probablemente por la profesión de su propio padre ya que todavía no está en posesión de las anotaciones del anciano. Ramírez se entusiasma con la escena hasta el punto de confundir a Larry con su propio hijo: "Tengo que pedirle perdón... por supuesto sé que lo que usted quiere es jugar... Quiere ir a remontar el barrilete... jugar a la pelota, conmigo [...]" (119). Continúa tercamente, pone elementos de su cosecha y chantajea a Larry para que éste evoque los detalles de su 'último cumpleaños'.

e) (pp. 149-155) - Evocación de un día en la vida de Dios. Ambos personajes participan activamente en la elaboración de este inventario concreto de las ocupaciones de Dios.

f) (pp. 159-163) - El psicodrama culminante del libro, el más paradójico también y el segundo construido alrededor del regalo. Larry intenta transmitirle al argentino el contenido de las anotaciones que está descifrando. Ramírez se muestra reacio y le interrumpe proponiéndole lo siguiente:

> Sabe una cosa... esas supuestas notas que ha estado... leyendo ... yo no creo una sola palabra de lo que dicen [...] Usted llega a mentir con tal de no hacerme sentir inferior. Sé de la superioridad de sus padres. Conozco los errores que los míos cometieron, y me deleitaría oyendo todos los errores que sus padres no cometieron [...]. Me tiene demasiada consideración. No puede exhibir sus riquezas, sus anécdotas más queridas. Pero propongo una solución, **cuéntemelas como si fueran mías**. Cuénteme de mis padres maravillosos (159, énfasis añadido).

Larry acepta la oferta, cambia de rumbo, y será ahora él quien se deje llevar por la historia y se equivoque de deícticos personales y posesivos: "Antes de la casa vivieron en un departamento. Esa misma noche su padre llegó a casa con un regalo. Creo que era un disco, tal vez **mi** primer disco. Yo estaba entusiasmadísimo, saltando de contento"(160, énfasis añadido). A Ramírez no se le escapa el desliz: "**Mi** primer disco, y **yo** estaba entusiasmadísimo, saltando de contento." (160-161, énfasis del autor). Larry se da cuenta de su error y lo rectifica: "Seguramente **usted** lo abrazó y lo besó por el regalo [...]" (161, énfasis añadido).

g) (pp. 198-211) - En este último psicodrama de la novela y el tercero que tiene por tema el regalo, Larry intenta transformar un fragmento de su propio pasado en la evocación del pasado activista del anciano. La escena surge a petición expresa de Ramírez, que desea saber cómo se celebraba en su casa la Navidad, fiesta que le impresiona particularmente:

> Querría saber cómo era esta gran celebración en su casa, con sus seres queridos. Pero al mismo tiempo quiero saber más de esa muchacha tan encantadora. Hubo una Navidad en que su novia estuvo presente también y usted por fin logró todo lo que ambicionaba (198).

A pesar de que le "están viniendo náuseas" (198), Larry aprovecha hábilmente la ocasión para desplazar el centro de su narración hacia el dilema básico de la vida del argentino, a saber, la mutua exclusión entre lucha revolucionaria y armonía familiar. Se atribuye a sí mismo el papel de protagonista y refuta las objeciones de Ramírez al respecto ("No, yo enseño Historia en la universidad, pero soy activista también. Ya otras veces los he asistido. Soy su asesor" (200)). El argentino se conforma con la explicación, y va creciendo su grado de implicación en el episodio de las 'huelgas salvajes'. Llega a identificarse totalmente con el padre de Larry, que por primera vez se muestra comprensivo en vez de burlarse del compromiso político de su 'hijo'. Hacia el final del psicodrama, Ramírez ya no se siente lo suficientemente fuerte como para seguir reconstruyendo un pasado que le pesa y se refugia en un final feliz poco convincente. En esta escena, los papeles se han vuelto rotundamente intercambiables y la línea divisoria entre la realidad y la ficción lleva camino de quebrarse. Cabe concluir, por tanto, que la inestabilidad ontológica de los recuerdos y, por extensión, de todas las experiencias tratadas en *Maldición* (citas de citas de citas), impide de entrada cualquier aspiración a la transparencia absoluta.

1.3.1.2. La compleja génesis de la novela/ su carácter de traducción

Las novelas de Puig que integran el 'ciclo americano' (*Pubis angelical, Maldición eterna a quien lea estas páginas, Sangre de amor correspondido* y *Cae la noche tropical*) no transcurren en Argentina sino en México, EEUU y Brasil respectivamente. Deben leerse en el marco de la situación biográfica del autor y de la situación política en su país de origen. El propio Puig no ha dejado de subrayar que la segunda mitad de la década de los setenta fue la época más traumatizante de su vida. Recordamos que los problemas del escritor con la censura empezaron en enero de 1974 (con Perón reelegido presidente) después de la publicación de *The Buenos Aires Affair*, porque a través de los personajes se formula en la novela una visión crítica del peronismo. El boicoteo se agravó después de la muerte de Perón. Cuando Puig ya llevaba más de un año fuera del país, recibió un plazo para abandonar la Argentina (equiparable a una amenaza de muerte) por parte de la siniestra organización Triple A (la Alianza Argentina Anticomunista), comandada por José López Rega alias El Brujo, que desencadenó una despiadada caza de brujas contra presuntos disidentes políticos e intelectuales. Aunque totalmente antiperonista, la Junta militar renovó la prohibición de los libros de Puig y exacerbó aún la censura. A partir de entonces y hasta el restablecimiento de la democracia, las novelas de Puig no pudieron aparecer en la Argentina, con lo cual el autor se vio cortado de su principal mercado (Roffé 1985: 136-137; Almada Roche 1992: 55).

Puig pasó los dos primeros años de su exilio – 'su período de noviciado del exilio' - en México, para después, por razones de salud (el autor soportaba mal la altitud) trasladarse a EEUU donde se quedó otros dos años. Llegó a Nueva York a principios de 1976, año negro para la Argentina, año del advenimiento de la Junta y de la inauguración del 'proceso militar'. Puig reaccionó muy negativamente al cambio de país y de idioma que le fue impuesto a los 47 años, y nunca consiguió reconciliarse por completo con su condición de exiliado, aunque en la última fase de su vida admitió que a la larga el exilio "le había beneficiado" (Almada Roche 1992: 72-74) y hasta que Río de Janeiro le había convertido el destierro en 'fiesta'.

El reencuentro con Nueva York, ciudad que anteriormente había despertado en Puig un gran entusiasmo – 'mi tabla de salvación' - le decepcionó profundamente y le hizo experimentar dos sentimientos contrapuestos del tipo 'doble vínculo': "La {Nueva York} deseaba y la rechazaba al mismo tiempo. Las gentes se comportaban de una manera extraña: no dialogaban, vivían huyendo y no eran para nada solidarias." (Almada Roche 1992: 150).

Este es el ambiente contradictorio y confuso en el que Puig concibió *Maldición*, cuya génesis descubriremos ahora más en detalle porque ilustra que el elemento desencadenante de la ficción es, en el caso de Puig, invariablemente de índole autobiográfica. A lo largo de declaraciones y entrevistas, Puig se ha mostrado siempre bastante explícito a propósito de la circunstancia biográfica presente en el origen de cada novela, y particularmente cuando se trata de *Maldición* y de *Sangre*. En diversas ocasiones, ha confesado que se había dejado arrastrar con facilidad por la historia que alguien le iba ofreciendo desde la vida real. Para Puig, la escritura respondía claramente a una urgente necesidad interna, y en los momentos clave de su trayectoria se tornó un medio de supervivencia, una verdadera cuestión vital. Cada novela le fue dictada por el afán de analizar sus propios problemas con otra perspectiva. Pero, temiendo que las defensas inconscientes le prohibieran el acceso a las zonas dolorosas de su personalidad, prefirió no enfrentar los problemas de forma directa. La aproximación lateral le parecía más fructífera: achacar las propias penas a un tercero, tomar distancias con respecto a sí mismo. El argumento que el autor solía invocar era que una comunicación con el mundo exterior obraba así de detonante para que el sujeto volviera a tener bajo control los aspectos que se le escapaban por los motivos más diversos. Puig intentaba generalmente aclarar sus preocupaciones en el preciso instante en que la vida le salía al paso, en que se le cruzaba en el camino un personaje que las compartía y del que el autor luego sacaba provecho convirtiéndole sin demasiados escrúpulos en el protagonista de una novela. Confesó el propio escritor que siempre le había obsesionado el canibalismo psicológico. Lo que, desde niño, apreciaba por encima de todo en los objetos eran sus "posibilidades de empleo en la representación, en ese constante ejercicio de **imitación** de modelos y de aproximación a los adultos." (Almada Roche 1992: 94; énfasis añadido). Le caracterizaba una agitación constante por integrarse en el mundo del prójimo ("ese afán mío de oír los diálogos de los mayores y luego reinventarlos, recrearlos de un modo elemental, y, sin embargo, artístico" (Almada Roche, 1992:93)). El autor llega a comparar semejante afán de desdoblamiento a un auténtico trance, que iba acompañado generalmente de una sensación física:

> Mi paso del doctor Jekyll a Mr Hyde dura [...] más o menos dos o tres horas. Luego, poco a poco, el cosquilleo y el vacío en la boca del estómago se me va yendo igual que si un globo se fuera desinflando

lentamente hasta quedar vacío. Después de esto, vuelvo otra vez a la normalidad (Almada Roche 1992: 28).

Observamos, pues, que la pulsión mimética se repite en cada uno de los estratos de nuestro objeto de estudio: tanto en el origen de la actividad de narrar (el autor ha vivido el mimetismo en su propia carne), como en el interior del universo novelístico (convivencia entre los personajes, recursos narrativos). Sólo a partir de *Maldición* Puig se comportó como un autor declaradamente vampiro, introduciendo una variante de su técnica novelística, a saber la de trabajar con materiales suministrados por informantes reales. A propósito de *Maldición* el autor dio a conocer que la idea había surgido a raíz del encuentro en Nueva York con un personaje que le intrigaba sobremanera y al que transformó en Larry:

> Pero el Nueva York de la segunda vuelta fue muy triste para mí. Era el de la resaca, se había acabado la aventura hippy y no había proyecto colectivo. Yo trataba de interesarme por las cosas del país y hacer amistades, pero me sentía muy aislado. [...] Bueno, yo iba todos los días a nadar a una piscina municipal porque tenía problemas de salud, de presión, por el exilio supongo, todas somatizaciones. Allí en la piscina, estaba este hombre, más joven, que regalaba salud. Además yo lo veía como alguien que tenía todo en la vida. Pero estaba solo, siempre, a todas horas. Y se me produjo una terrible curiosidad. ¿Qué pasa, qué desperdicio hay aquí? ¿Qué hace con su vida este personaje? Empezamos a hablar y era muy diferente a lo que yo había pensado: odiaba ser norteamericano, tenía admiración por la gente que sabía idiomas, era marxista y quería escribir. Yo quería ser él y él quería ser yo. Cuando empezamos a hablar no nos entendíamos para nada. El tenía una imagen muy idealizada del escritor, como de alguien muy seguro de sí mismo. Estaba desocupado y quería ser jardinero. Entonces le propuse dialogar tres veces por semana, pagándole (Catelli 1982a: 24-25[50]).

El personaje que en la novela se llama Lawrence John le atraía, pues, porque parecía encarnar el conflicto de su ciudad, porque su comportamiento era a un tiempo "absurdamente desagradable y muy estimulante" (Almada Roche 1992: 151). Puig se imaginaba que, si lograba entender a Larry, se le aclararía también el misterio Nueva York y sabría si merecía la pena o no incorporarse a la metrópoli.

El método de trabajo de Puig puede ser definido, en este caso y en el de *Sangre de amor correspondido*, de antropológico: "Nos encontrábamos dos horas cada vez. El no quería grabadora, así que todo lo que iba diciendo yo lo escribía a máquina. El diálogo en el que yo me ponía en el lugar del viejo, es la novela" (Catelli 1982a: 25). Primera constatación: a Puig no le ha importado nunca revelar sus fuentes. En consonancia con nuestras afirmaciones acerca de la 'literatura de agotamiento', el autor reconoce que constituyen su punto de partida; un punto de partida que fatalmente se irá transformando y adecuando a las propias necesidades comunicativas que nos quedan por describir. En cierta medida, el principio que rige *Maldición* es el de la traducción en su sentido lato de reformulación, reescritura. En segundo lugar observamos que, contrariamente al proceso creativo que determina otros tipos de ficción, las diferencias ocurridas entre el modelo imitado y la obra de arte pueden parecer aquí mínimas. Se trata de modificaciones de órden práctico, de cierto rigor en la construcción de la novela, de los efectos de montaje y de la consiguiente recontextualización que acompañan a la versión definitiva. Pero no por menos espectaculares semejantes cambios son menos reales y significativos. En cierta medida se puede sostener que lo son aún más, ya que nos enseñan que hasta la mímesis de palabras, la única mímesis juzgada perfectamente posible por críticos como Genette, no se consigue sin que haya de por medio un grado determinado de metamorfosis, de renovación o, si se quiere, de creatividad.

El mero hecho de que haya desliz o desvío hasta en conversaciones copiadas al pie de la letra corrobora las tesis de Sternberg y de Reyes. O como lo advirtió el propio Puig a propósito de *Sangre de amor correspondido*, cuya génesis fue muy similar a la de *Maldición*:

Si es el personaje el que habla, hay que pensar que es filtrado por mí. No es él exactamente quien está hablando. Es mi recuerdo de una persona, mi registro. Puedo haberme equivocado al seleccionar el material porque dejo fuera de la novela no sé cuántas horas de conversación con ese hombre. Integré un número limitado de esas páginas posibles (Essoufi 1995: 74).

Pese a la fingida ingenuidad y la insistencia en el realismo de sus novelas, Puig explotó esta plusvalía porque había caído en la cuenta de que en ella radicaba su peculiar originalidad.

A todo lo anteriormente dicho, hay que añadir el argumento de mayor peso en contra de la hipótesis 'copiadora': el hecho de que *Maldición* sea una novela traducida del inglés y que tanto el español de Ramírez como el de Larry sean, por tanto, ficticios. Originalmente, la novela fue escrita en inglés[51] porque la experiencia fue vivida en inglés y uno de los personajes, Larry, hablaba sólo inglés. Para mayor complicación, la traducción española, realizada por el mismo Puig, salió en 1980, dos años antes del original inglés.

Al autor le parecía lógico que esa historia se contara en el idioma en que había sucedido (Essoufi, 1995: 174). Pero la coherencia interna del relato no puede haber sido el único motivo que condujo al autor a redactar *Maldición* en inglés. La decisión debe de haber obedecido asimismo a un fuerte imperativo psicológico, a una "necesidad absoluta de entender ese medio" (García Ramos 1991: 36). El autor reconoció que le cansaba mucho el tener que expresarse en un idioma extranjero ("Aunque domino el inglés, me cansaba muchísimo, porque corresponde a una sensibilidad muy diferente" (Essoufi 1995: 24)) que admiraba y que había estudiado durante muchos años, sin llegar a dominarlo nunca satisfactoriamente. Puig ha transmitido, pues, su propio inglés defectuoso a Ramírez, en quien la impotencia cobrará unas dimensiones esquizofrénicas. Se le puede aplicar directamente a Ramírez lo que Puig ha dicho de sí mismo: "Antes {del exilio}, el lenguaje {el español} era vehículo de filosofía y de caracteres, un lenguaje del que tengo todas las claves, ahora {con el inglés}, tengo todos los datos de un idioma del que no tengo las claves". (Corbatta 1983: 620). A la luz de declaraciones hechas por el autor a propósito de las infructuosas evasiones del principio de su carrera, evasiones que ya entonces se debían a un problema de índole lingüística y que le duraron mientras no había desarrollado su característica técnica de registrar voces, nos parece prudente, sin embargo, matizar la primera parte de esta afirmación. Manuel Puig nunca se ha sentido enteramente a sus anchas frente a su idioma materno, siempre ha mantenido una relación problemática con el castellano. El mismo ha explicado por qué:

> Como te decía, empecé a escribir guiones. Pero resultaban copias inconscientes de las grandes películas de Hollywood, que eran las que más me habían gustado [...]. Mis amigos estaban muy preocupados porque me veían completamente equivocado. Me aconsejaron que escribiera en español. El tercer guión, basado en un episodio del peronismo, lo escribí en español. No escribía más que los diálogos, lo demás lo dibujaba. Sentía una gran resistencia ante la lengua castellana escrita; porque no la sentía legítima, auténticamente mía. En Argentina hablamos castellano, pero con una deformación en la lengua hablada, que no pasa a la lengua escrita. Y de eso me había dado cuenta siempre. En la literatura argentina me había chocado ese modo de adoptar una lengua que no era la propia, con el mayor desparpajo del mundo. Escribir en español castizo no va con el contenido que hay que expresar (Fossey 1973: 140-141).

Y en otra ocasión, vuelve a la evocación de sus pinitos literarios arguyendo que

> yo no sabía más que escribir monólogos interiores porque a mí el castellano puro me hacía temblar. A lo único que me animaba era a registrar voces. No es que fuera un trabajo de grabador. Yo después manejaba el material, lo recortaba o hacía con él el experimento que quería, pero el material era siempre el lenguaje hablado (Sosnowski 1973: 71).

Y, calando más hondo todavía en las causas de su particular aversión hacia el castellano:

> Una tercera persona no podía abordar, porque estaba olvidado del castellano, no tenía confianza en mi castellano. Ni siquiera tenía lecturas en castellano. Había leído todos los clásicos italianos cuando estudié italiano, los franceses... pero los españoles... estaban todos teñidos de pampa, de machismo que yo rechazaba (Sosnowski, 1973:72)[52].

De lo anteriormente expuesto se desprende que para el autor nunca ha habido coincidencia perfecta entre sus experiencias personales y la lengua en la que le tocaba expresarlas, fuera el español, el inglés, el italiano, el francés o el portugués. En este sentido, no es en absoluto casual el que la problemática de la traducción, con toda la opacidad que implica, funcione de metáfora central en la obra de Puig, particularmente en las novelas posteriores a *El Beso* en las que se percibe una radicalización perfectamente compatible con lo que Panesi (1983: 905) ha llamado 'el sistema lingüístico de Manuel Puig'. El protagonismo que adquiere el oscilamiento entre dos lenguas constituye una variante de dicha bipolaridad (escritura/oralidad), surgida a raíz de la experiencia personal del exilio, y se introduce en la obra de Puig a partir de *Pubis angelical* donde, por primera vez, la reproducción del habla se trueca en traducción[53]. *Maldición*, *Sangre de amor correspondido*[54] y *Cae la noche tropical* prolongan y amplían esta práctica, al incorporar la traducción como proceso genético. Contrariamente a *Pubis angelical*, estas tres novelas se declaran - en su totalidad o parcialmente - traducciones del inglés y del portugués, respectivamente.

Maldición promueve al rango de principio estructurador un grado extremo de lo que Meir Sternberg ha bautizado 'translational o interlingual mimesis': "the problem of rendering discourse originally made in a language (or register or dialect or style) other than the frame's and beyond the communicative competence or interest of its occupants, the reporter and his audience" (Sternberg 1982: 136). Lo que en *Pubis angelical* y en la versión original inglesa de *Maldición* no había pasado de ser una preocupación temática que se repetía en todos los estadios y estratos de la intriga - las anotaciones de Ramírez están cifradas en cuatro novelas francesas y la labor de Larry consiste, por consiguiente, en traducirlas hacia el inglés - se convierte en la versión española de *Maldición* en un procedimiento constitutivo. Cuando se la estudia en su funcionamiento concreto, resulta que la mímesis de traducción, incluso en su variante más reproductora que ha sido semiotizada por convenciones consensuales más que por evidencias empíricas, sabotea seriamente la ilusión de la 'mímesis pura' que el diálogo en ED suscita automáticamente en el lector. En *Maldición* el autor ha optado globalmente por un procedimiento homogeneizado (Sternberg, 1981: 224): el inglés de la lengua fuente se transforma radicalmente en el español de la lengua meta, sin que haya renunciado a las técnicas de 'explicit attribution' (ibídem: 231) ("a direct statement on the reporter's or even the reportee's past concerning the language in which the reported speech was originally made"), de 'conceptual reflection' (ibídem: 230) ("what it retains is not so much the verbal forms of the foreign code -{el inglés}- as the underlying socio-cultural norms, semantic mapping of reality -{el tema de la navidad}- and distinctive referential range, segmentation and hierarchies"), y de 'verbal transposition' (ibídem: 228), aunque semejante transposición se produce exclusivamente en lo que concierne al estilo ("stylish features that are contrary to the spirit of the language").

La presencia en la novela de la tensión entre lengua fuente y lengua meta abre una brecha en la supuesta lealtad al original, ya que delata implícitamente las manipulaciones de un narrador extradiegético-traductor. Sumergiéndose en el universo de la traducción, el narrador extradiegético o narrador-citador, ha querido asumir la hibridación intrínseca y la imperfección que caracterizan al tráfico interlingüístico en particular (ya que una traducción engendra otra realidad nueva) y que caracterizan a la lengua en general. Sin lugar a dudas, semejante insistencia en la traducción debe ser acercada a la obsesión por el simulacro que impregna toda la obra narrativa de Puig. La pareja lengua fuente/lengua meta reduplica, a modo de metonimia, la relación original/copia, frente a la cual el autor manifiesta, como ya hemos observado, una actitud sumamente ambigua ('doble vínculo') de atracción y de rechazo. Siendo esto así, hay que interpretar la repetición compulsiva del tema de la traducción en *Maldición* como un mensaje metaliterario, es decir, un mensaje que se orienta hacia el código narrativo, o, en otros términos, una construcción en abismo[55].

En *Maldición*, Puig imita palabras que no pertenecen por completo a los personajes que las han pronunciado. Comete otra transgresión contra el código realista al concebir su novela como una traducción en la que fatalmente se han integrado algunos residuos de la lengua fuente. Destaquemos, para concluir, una última vuelta de tuerca con la que el autor borra las pistas: la de haber concebido *Maldición*, no como una traducción unidimensional, sino como una traducción elevada a la segunda potencia. Al 'homogeneizar' (en el sentido que le confiere Sternberg) los diálogos sostenidos entre Ramírez y Larry, al traducirlos hacia el español, Puig neutraliza en la forma de su novela la preocupación temática que apuntala la versión original inglesa. Ha invertido contenido y forma, como si no quisiera que sus lectores domestiquen el juego de equívocos que se establece en la novela. El resultado es harto paradójico: Ramírez se lamenta en español (su idioma materno) de la insuficiencia de su inglés, mientras que la superioridad y la fluidez de Larry se expresan en una lengua que éste ni siquiera domina (el castellano).

Otra situación imposible de desentrañar es la que se produce cuando Ramírez se entera de sus propias memorias (redactadas en francés) a través de la traducción inglesa de Larry (en realidad se trata de una re-traducción, ya que Ramírez había codificado su historia traduciéndola al francés). A todas estas consideraciones, hay que añadir las citas de las novelas francesas a las que Ramírez remite constantemente. El propio título de *Maldición* procede de una traducción del francés: 'Malédiction éternelle à qui *lise* ses pages' (énfasis nuestro). El subjuntivo 'lise' no es correcto en francés; se debe sin duda a una interferencia del español, la lengua materna del protagonista, que no se comporta aquí como un traductor 'invisible' (Venuti, 1995). Sin embargo,

Ramírez se resiste a aceptar su propia ambivalencia porque cualquier mediación o doble papel le saca de quicio, motivo por el que se niega a considerar suyas las anotaciones.

Con *Maldición*, Puig ha creado una monstruosidad lingüística[56], actualizando así hasta en sus más inextricables complicaciones una conjetura prevista por Sternberg: "What happens to translational mimesis in translation, especially when the new target language is non other than the heterolingual source imitated by the original text?"(1981: 239). Puig contesta a esta fascinante pregunta adentrándose de lleno en el laberinto discursivo. Su texto introduce una circularidad lingüística - una réplica en español de Ramírez constituye la traducción de una cita inglesa que mentalmente ya era la traducción de un giro en español - que le impide al lector determinar dónde termina el original y dónde empieza la copia. Ante el trasvase del sentido de una lengua a otra, ante la enmarañada situación discursiva que el traductor debe trasmitir fielmente a los lectores, uno acaba preguntándose de qué sentido se trata, a qué texto originario se debe aplicar la fidelidad. Por todos los motivos arriba enumerados, nos parece legítimo caracterizar *Maldición* de estructura topológica de inclusiones y reversiones, como una tira de Möbius o como una caja de Pandora que, una vez destapada, ofrece infinitas perspectivas en abismo, reservando en su fondo un sinfín de interpretaciones. El efecto es comparable al de las *Drawing Hands* o *Manos dibujando*, el famoso grabado de Escher:

> Pourquoi les *Mains dessinant* d'Escher nous troublent-elles? Les mains s'éteindraient-elles, qu'il n'y aurait là qu'un cercle banal. Mais le rapport entre dessiner et être dessiné implique une organisation en niveaux hiérarchiques, fondée sur un ordre strict, antisymétrique [...]. Et cependant, la boucle récursive affole cette hiérarchie, sans pour autant jamais s'annihiler (Dupuy 1982a: 240)

Puig ha construido, aunque partiendo de todas las convenciones topológicas vigentes, un universo en el que no hay ni arriba ni abajo, ni dentro ni fuera, ni izquierda ni derecha - un foco de resistencia que no se deja apropiar.

1.3.1.3. El modo: conclusión

En las páginas que preceden hemos intentado demostrar que ni siquiera la transcripción escrupulosa en ED de un diálogo efectivamente pronunciado consigue la supresión de la opacidad del significante. El 'relato de palabras', con su pretensión de imitación absoluta, termina por exhibir los mecanismos de su textualidad, por abrir grietas en el concepto de la lengua como reduplicación del mundo.

La ilusión de transparencia despertada por la novela *Maldición* debe atribuirse en parte a los privilegios que confiere al habla la tradición occidental del pensamiento sobre el lenguaje. Según lo hemos indicado en el comentario de Derrida a propósito de Saussure, la oralidad se considera generalmente sinónimo de la comunicación natural y directa mientras que la escritura se ve relegada al rango de representación artificial e indirecta. Así, Jorge Panesi coloca la relación entre habla y escritura en *Maldición* bajo el signo de la dicotomía. En su opinión, la ley 'materna' implica una proclividad hacia la lengua hablada (la voz, el chisme, el contar, la fabulación) y hacia la recepción pasiva de la escritura (la lectura de novelas), mientras la paterna queda cifrada en los libros 'fuertes' que connotan poder, en la carta oficial, en los documentos administrativos (los hombres no hablan, no cuentan, no leen literatura) (Panesi 1983: 904-906). Las observaciones de Panesi no son incorrectas pero sí incompletas. Simplifican la compleja pareja oralidad/escritura, puesto que en *Maldición* los personajes cometen numerosas infracciones contra esta codificación lingüística: los hombres (Larry y Ramírez) hablan sin parar, ambos pretenden ser lectores voraces (Ramírez se declara muy aficionado a las novelas), y no todas las mujeres poseen el don seductor de la palabra. Contrariamente a las interpretaciones que la obra parece fomentar, y probablemente también a las interpretaciones sugeridas por el propio autor[57], *Maldición* no confirma el predominio de la oralidad sobre la escritura. Esta jerarquía que hace de la escritura una forma derivativa del habla, una forma parasitaria de representación añadida (al habla), ha sido eficazmente desconstruida por Jacques Derrida. El filósofo sostiene que la oposición entre habla y escritura es una oposición mal planteada, al tiempo que nos ofrece una salida del círculo vicioso, proporcionando un nuevo concepto de la escritura: una escritura generalizada (archi- o proto-escritura) que es condición tanto para el habla como para la escritura en su sentido concreto (1967b: 81). Semejante reconsideración se impone porque el habla ya está marcada con las cualidades que se suelen predicar de la escritura: ausencia, malinterpretación, carencia[58]. En este sentido, cabe decir que la escritura siempre precede a la oralidad, que penetra en ella. En *Maldición*, la escritura invade todo el libro mediante las memorias redactadas en clave por Ramírez, los manuscritos franceses que pertenecen al canon de la literatura, la labor de desciframiento de Larry y el proyecto de este último de concebir un estudio de historia a partir de las 'anotaciones' de su compañero. En *Maldición*, Puig estigmatiza en primer lugar el empleo reductor, 'presente a sí mismo', autosuficiente, esclerotizado de la lengua, tanto en sus expresiones escritas como en sus manifestaciones orales.

Pero la mayor paradoja de *Maldición* estriba en que el diálogo de los personajes llega al lector bajo la forma de un texto escrito. La figura a la que esta novela debe ser asociada, nos parece ser, por tanto, la del quiasmo, que trastorna la relación interpretativa porque lo que significa *Maldición* queda negado en la forma en que lo significa. Al tiempo que Puig aparenta condenar la escritura como destrucción de la presencia y enfermedad del habla, la reivindica en su calidad de escritor. Opinamos que esta figura del quiasmo refleja la paradoja básica de la empresa novelística del autor argentino y que, en otro plano, se identifica con el mecanismo del 'doble vínculo': fuerte deseo de transparencia comunicativa que contrasta con la inviabilidad intrínseca y admitida de toda mímesis lingüística, de toda plenitud.

NOTAS

[1] Aprovecharemos los apartados en los que se presentará la intriga de cada novela para suministrar datos informativos pertinentes, y para formular observaciones que nos parecen fundamentales para su comprensión, pero que caen fuera del marco mimético propiamente dicho. Más que resúmenes - en los que no creemos, ya que la forma de sintetizar siempre delata una interpretación previa - estos subcapítulos aspiran al estatuto de glosas, de acuerdo con la intuición posestructuralista que plantea la inseparabilidad de texto y comentario.

[2] *Maldición eterna a quien lea estas páginas*, Barcelona, Seix Barral, 1980. En adelante, todas las citas llevarán entre paréntesis la página que corresponde a esta edición.

El público no siempre apreciaba los títulos estridentes de Manuel Puig. A petición de algunos libreros y distribuidores, *Maldición eterna a quien lea a estas páginas* se redujo, en ediciones posteriores, a *Maldición eterna*. A continuación, designaremos la novela por el título aún más corto de *Maldición*.

[3] El comentario más despiadado salió de la pluma de Héctor Anibitarte (1981: 66): "Las casi trescientas páginas desorientan, fatigan, angustian, golpean como un sordo taladro en un mismo lugar, son una cruel búsqueda en el túnel oscuro sin salida".

Las críticas arreciaron con motivo de la publicación de la penúltima novela de Puig, *Sangre de amor correspondido* (1982), pero se suavizaron cuando salió *Cae la noche tropical* (1988). En varias ocasiones, Puig ha admitido que estos ataques feroces han influido negativamente en su creatividad (véase por ejemplo Montero 1988).

[4] En diversas entrevistas, Manuel Puig ha confesado que se dejaba arrastrar por la historia que el personaje le ofrecía desde la vida real y que se limitaba a grabar y a registrar, asumiendo a veces, en el proceso de preparación del material, un papel en el diálogo. A propósito de *Maldición*, ha dado a conocer que la idea surgió a raíz del encuentro en Nueva York con un personaje que le intrigaba sobremanera y al que ha transformado en 'Larry' (Catelli 1982: 24-25 y Corbatta 1983: 619-620).

[5] Véase el análisis que Nora Catelli hizo de la recepción sistemáticamente negativa del 'último Puig' (1982: 30-35).

[6] Cabe resaltar que los reparos que se pusieron a la novela guardaban todos relación con este deliberado silencio del narrador. Los personajes de *Maldición* son prolijos al hablar, comentan todo lo que hacen, son

demasiado explícitos en cuanto a sus procesos mentales y dan, por fuerza, mucha información que habitualmente da el narrador. A veces, tal procedimiento puede conducir al límite de lo inverosímil y confiere al diálogo un estatuto paradójico de artificio literario: no todo es verbalizable y si el autor pretende lo contrario, lo hace en beneficio del lector. Pero si fracaso hay, éste se sitúa en un terreno formal antes que temático y es sumamente instructivo. Si el narrador extradiegético de *Maldición* no consigue la transparencia a la que aspira pese a imponerse la más rígida parquedad, esto se debe a que el lenguaje mismo está cargado de opacidad.

[7] Desde la primera novela, *La traición de Rita Hayworth*, aparece, a través de las fantasías fílmicas, la fascinación de Manuel Puig por el modo de vida estadounidense. Esta atracción se convierte por vez primera en escenario principal en *Maldición* bajo la forma de una transposición de las vivencias personales del autor.

[8] Así, en el capítulo dos de la segunda parte, se nos cuenta la acción heroica de dos perros viejos y cansados que defienden al señor Ramírez contra el ataque de hombres amenazadores, y que luego se arrojan por la ventana. Los perros se muestran dispuestos a hacer lo que se niega a hacer Larry: sacrificarse por su amigo. En el cuarto apartado de la segunda parte se nos relata el rescate de un Larry exhausto en un paisaje canadiense por parte de un Ramírez generoso. La reunión que se celebra entre Ramírez (mentor, padre) y Larry (hijo) es simbólica.

[9] La alucinación debe aproximarse a la 'escena de lectura' en la que Ramírez comenta su propia voz: "Pero después si tengo que llamar a una enfermera, o a cualquiera, oigo mi verdadera voz: cascada, carraspeante, no me gusta." (51).

[10] Véase nuestro análisis de las isotopías en *Sangre de amor correspondido* (Logie 1989).

[11] La diferencia de mentalidad se explica en parte por el diferente ámbito cultural del que salen los personajes. La incompatibilidad se cristaliza en torno a la fiesta de Navidad (157,175,185,195,198) que le hace mucha ilusión a Ramírez. Larry, por su parte, le quita encanto al ritual: "Está inflando la cosa fuera de toda proporción. Es un día de fiesta, la gente no va al trabajo, se emborracha, gasta dinero y ahí está todo." (196).

[12] Evocamos, a modo de ejemplo, la 'alucinación nocturna' (II,7) del señor Ramírez que pone en escena la huida en las nieves de Rusia de los dos protagonistas, en compañía de una joven deseada por ambos, de una patrulla zarista que los persigue. En esta escena se nos revela hasta qué punto los dos, padre e hijo, han cometido un error de apreciación al juzgar al otro según los prejuicios vigentes. El desenlace muestra, en un modo utópico, que

ambos habrían podido salir beneficiados con que hubiera reinado una mayor confianza entre ellos.

[13] El psicodrama empieza como una 'escena de familia' en la que Ramírez hace de padre y Larry de hijo. Habla Ramírez: "¿Estos libros viejos lo hacen tan feliz? Yo no sé por qué los elegí. Habré sabido que eran los que usted quería... como regalo." (125).

[14] Las novelas francesas tienen implicaciones considerables para la concepción de la literatura de Puig, en la que la intertextualidad ocupa un lugar central. Se suprime el concepto de filiación; la inscripción del autor no remite a un principio o fin del texto sino a una ausencia del padre y el autor se apropia los textos de la tradición literaria.

[15] Desde el principio, la memoria se ha presentado bajo forma de texto, ya que Ramírez admite haber tenido siempre el "vicio de las notas": "Pensándolo de nuevo, tal vez haya tomado notas toda mi vida, pero cuando llegué tenía poco equipaje" (19). Ramírez se muestra infeliz de haberlas perdido: "Ojalá tuviese yo mis anotaciones para poder discutirlas" (17). El tema de las anotaciones constituye la única transgresión del orden cronológico en *Maldición*. Funciona a modo de 'prolepsis temporal' o anticipación (Genette 1989: 121) y prefigura la recuperación de los apuntes. Cuando finalmente llegan, Ramírez se niega a asumirlos. A partir de entonces, la amnesia debe ser considerada deliberada: "Sabe una cosa... esas supuestas notas que ha estado leyendo... yo no creo una sola palabra de lo que dicen..." (159).

[16] Por la 'carta al hijo' sabemos que no sin haber sufrido torturas y malos tratos: "Este calabozo, hasta hicieron el simulacro de una ejecución, en un cuartito, dos hombres con pistolas, me mataron con balas falsas. Tres veces, decían que las balas eran reales, pero que la puntería les fallaba."(258).

[17] Tanto Larry como Ramírez se declaran firmemente de izquierdas y rechazan los sistemas políticos que les han tocado vivir, pero en su vida familiar aplican esta misma acción represiva que tan fuertemente critican.

[18] Pamela Bacarisse lo formula de la siguiente manera: "In the end words betray Ramírez. He does discover what he wanted to and he does learn to feel again, but with the irony often found in life and not infrequently in the writings of Manuel Puig, what he discovers are unbearable facts from his past (that his wife, son and daughter-in-law were all murdered because of their connection with him (p.259)), and what he feels is vengeance, resentment and hatred [...]" (Bacarisse 1988: 180).

[19] En su análisis de la falacia romántica, Lacan ha demostrado que la neurosis es esencialmente esa negativa a aceptar la castración, la carencia primaria que surge a raíz de la separación de la madre. Cuando degenera en

neurosis, ocupa el centro mismo de la vida plasmándose en una nostalgia vana e imposible de esta primera plenitud esencial. Los trastornos en el deseo son, pues, para Larry, consecuencia de un intento de mantener viva la ilusión y la ficción de la satisfacción máxima. Las soluciones que propone Lacan son más reconciliables con la poética de Manuel Puig que las de Freud.
Para la homología entre comer y copular, consúltese a Panesi 1983: 913.

[20] Por ejemplo cuando le reprocha a Ramírez su ansia de felicidad: "Usted siempre está pendiente de la felicidad y la felicidad no es un artículo que abunde" (153); o cuando concluye, cínicamente: "No hay por qué afligirse, seguiremos viviendo sin necesidad de ser felices." (154).

[21] Larry asocia sistemáticamente el sexo con un entorno paradisíaco, con "lomas suaves, verdor y lagos, los médanos de Cape Cod" (76-77), con "las truchas plateadas y sabrosas del Canadá" (190). El amor se hace siempre en paisajes luminosos: "Hacíamos el amor sobre la duna, el sol nos estaba asando... y la arena nos picaba, nos raspaba la piel y nos la enrojecía" (185).

[22] Ramírez y Larry tienen, como prácticamente todos los personajes de Puig, una relación difícil con el ideal femenino. Véase por ejemplo este pasaje de *Maldición*: "Pues no es así. {Las mujeres} siempre me trajeron problemas. Son extremadamente deseables pero tengo que admitir que me dan miedo. A mi edad debí haber solucionado ese problema y pues no, les sigo temiendo, por eso mejor lejos, las divinas criaturas" (191).

[23] Thiher (1984) ha investigado el paso del arquetipo romántico al modernista y el paso del modernista al posmoderno. Demuestra en qué medida el modernismo arrastró la herencia romántica de concebir la existencia como una obra de arte absoluta y la trágica consecuencia derivada de creer en el poder transfigurador del arte: el absolutismo estético. El arquetipo modernista intenta, por tanto, congelar la relatividad del tiempo en la intemporal fijeza del arte, mientras que el posmoderno celebra la disociación. En la posmodernidad se anula la oposición de los contrarios, generándose así posibilidades interminables. Este último paradigma constituye, en definitiva, una negación de la legitimidad de un principio de identidad stricto sensu que el mundo establecido nos ofrece, principio que, al fin y al cabo, no sería más que una coherencia ficticia creada por la gramática.

[24] La obra ha recibido duras críticas; baña en un ambiente de cristianismo casi místico del que nos distanciamos totalmente. Sin embargo, nos parece que el diagnóstico de de Rougemont sigue siendo válido y que el patetismo romántico indica que la presencia del deseo sustituye la ausencia de identidad.

[25] Compárese con el afán de Larry de experimentar "emociones fuertes, algo nuevo. Algo que aparejase riesgos [...]. Nos gustaba escandalizar a la gente convencional. O provocar reacciones, sacudir esa realidad estancada, aburrida, repetitiva. Algo que probara que éramos diferentes, únicos" (141).

[26] En su análisis del fetichismo de enamorado practicado por Jean-Jacques Rousseau, Jacques Derrida (1972: 203-234) lo ha desenmascarado como una astuta pero deficiente estrategia metafísica. En la obra de Rousseau, la ubicuidad del suplemento traiciona la carencia originaria y el carácter ilusorio de toda metafísica ya que los suplementos funcionan en ausencia de la amante y como sustitutos de su presencia. A lo largo de estas secuencias de suplementos surge una ley, la de la serie de vinculaciones interminables. Esta ley multiplica las mediatizaciones suplementarias que producen la impresión de la misma cosa que retrasan: la impresión de la cosa misma, de la presencia inmediata, o de la percepción originaria. Se percibe que la inmediatez se deriva y que, en realidad, todo comienza con el intermediario. Los textos de Rousseau, así como muchos otros, nos enseñan que la presencia está siempre aplazada.
Compárese con Melberg, "Rousseau's 'rêverie'" (1995: 85 y ss).

[27] Contrariamente a Larry al que las excursiones con la canasta de picnic hacen sentirse libre y único. Le dan la sensación "[...] de trazar el mapa de un terreno nuevo, como si fuera el primer explorador" (79); "No podíamos ver nuestra realidad en ese parque, por eso es que podíamos olvidar. Libres para imaginar cualquier cosa [...]. Todas nuestras posibilidades de vida, todas las cosas que podríamos llevar a cabo. Cosas que nos hacían remontar el espíritu."(183).

[28] *The Incredibly Shrinking Man* (1957, director: Jack Arnold), película que presenta reminiscencias de *La metamorfosis* de Kafka.

[29] Cuando Larry acaba de conocer a la que más tarde será su mujer, el que una chica guapa se haya enamorado de él le parece un cuento de hadas. Enseguida fabrica una explicación (que nadie conseguirá quitarle de la cabeza) destinada a autohumillarse y se convence a sí mismo de que la historia no va a durar: "Me escogió porque ella tenía poca experiencia, esa fue mi impresión hasta después de diez años de casados. La impresión de que yo había tenido suerte, de que se apegara a mi tan joven, antes de ver lo que el mercado le ofrecía. Y me quedé siempre esperando que un día lo descubriese y me abandonase, que descubriese que la había tenido atada en base a astucias y tretas bajas. Nunca creí en mí lo suficiente como para creer en su amor por mí, aún después de diez años." (181).

[30] En su edición de *La Vénus à la fourrure* de Sacher-Masoch, Gilles Deleuze reduce la complementaridad entre masoquismo y sadismo a una

analogía abstracta. Su pormenorizada descripción formal del síndrome masoquista, basada en premisas que poco tienen que ver con las de Girard, ha sido recogida en *Présentation de Sacher-Masoch* (1967).

[31] Compárese con Girard 1985:147: "Paralizado por la mirada del mediador, el héroe quiere sustraerse a esta mirada (del rival). Toda su ambición se limita, a partir de entonces, a ver sin ser visto, aparece ahí el tema del mirón, ya tan importante en Proust y Dostoyevski y más importante todavía en la ficción contemporánea llamada 'Nouveau Roman'".
A continuación Girard indica cómo la omnipresencia de la mirada culmina en la mediación recíproca y en el onanismo/vampirismo.

[32] Véase nuestro comentario a propósito del síndrome masoquista en *The Buenos Aires Affair*.

[33] Por otra parte, hay ocasiones en la que la agresividad resulta saludable; los historiadores constatan con perplejidad que las sociedades no agresivas se han demostrado inviables. No se puede prescindir de la agresividad, como tampoco es posible sustraerse al mecanismo de la imitación.

[34] Acerca del tema de la adscripción de roles sexuales, consúltese la contribución de Luraschi (1979).

[35] Larry considera a su madre un ser que vivía "con frases hechas que creía haber inventado. Sus propias necesidades, que eran distintas, no encontraban un lenguaje con que expresarse, o con que aflorar a la conciencia. Pero sí ejercían una presión exasperante" (102).

[36] Tal fetichización del objeto se hace compatible con la 'teoría de la reversibilidad' de la seducción, elaborada por Jean Baudrillard (1990). Si los objetos parecen imponerse a los sujetos, es que el deseo ha quedado al desnudo, flota en el aire y magnetiza los objetos desocupados.

[37] José Amícola (1992) advierte con razón que el tema del doble ya está muy presente en la obra de Roberto Arlt (conflicto entre sus personajes clave Barsut y Erdosain en *Los siete locos*, ambos atraídos por la misma mujer Elsa) y, de manera más explícita, en Julio Cortázar (*Rayuela* lo ofrece como clave en el enfrentamiento entre Horacio Oliveira y Manuel Traveller, ambos atraídos por Talita).

[38] Recordamos que en la terminología de Girard, lo 'novelesco' se opone a lo 'romántico'.

[39] A partir de *Quand ces choses commenceront...* (Girard 1994), el tono moralizador y visionario que adopta Girard se ha vuelto francamente insoportable.

[40] Las soluciones por las que opta Puig delatan la influencia de Lacan.

[41] En nuestro capítulo sobre *Cae la noche tropical*, trabajaremos con la terminología de Vattimo.

[42] Una serie de estudios recientes atestigua el creciente interés por el tema de la oralidad literaria y por la contradicción interna que semejante concepto alberga en su seno. Mencionemos, en primer lugar, el proyecto de investigación llevado a cabo por Walter Bruno Berg, de la universidad de Freiburg. En el coloquio que condujo al libro *Oralidad y Argentinidad* (Berg y Schäffauer 1997), los participantes han llamado la atención sobre las numerosas operaciones de traducción/mediación que preceden a la oralidad literaria, una oralidad que está concebida intencionalmente por un escritor y que supone múltiples interferencias entre la modalidad escrita y la realidad oral. Se trata, en otras palabras, de una oralidad construida, o, como lo formula Schäffauer, de una 'escritoralidad'. Nuestras conclusiones apuntarán en la misma dirección.

[43] En lo sucesivo, se incluirá en el texto la página entre paréntesis de la traducción española: *Figuras III*, Barcelona, Lumen, 1989.

[44] El análisis de la 'voz' (no recogido en este libro) en *Maldición* nos ha permitido encontrar una justificación para la utilización casi exclusiva del 'relato de palabras': semejante exclusividad citativa se deja vincular con una crisis de la representación y con una preferencia por formas narrativas como el 'schizo-text' (Thiher 1984).

[45] En otras novelas de Puig en las que lo visual está más presente, resulta poco fiable. Véase al respecto el pertinente análisis que Fabry (1998) ha llevado a cabo sobre el particular. La dimensión enunciativa resulta ser mucho más reveladora de la identidad de un personaje que la imagen visual, que obstaculiza más bien la captación de tal identidad. Mucho más que la visión, la narración vertebra la identidad, siempre frágil, del ser humano tal como lo concibe Puig.

[46] A estas conclusiones ha llegado Nadine Dejong (1996).

[47] En su estudio *Words in Reflection*, Allen Thiher (1984) constata en las poéticas occidentales de la segunda mitad del siglo veinte una ruptura con la hegemonía de las representaciones visuales, y un desplazamiento hacia el discurso verbal. En su introducción, Thiher vincula el antiguo predominio de lo visual con la metafísica occidental que desde siempre ha privilegiado las percepciones visuales por encima de las no visuales ('ut pictura poesis'). En nuestro siglo, semejante 'visualismo' ha dado lugar a las sensaciones de epifanía que florecían en el período del modernismo. Pero, gradualmente, las dudas han empezado a agrietar la estética modernista y se han neutralizado mediante la multiplicación de los focos de percepción (la 'polimodalidad' de Genette), en un intento desesperado de los artistas de seguir siendo fieles a la estructura representacional. El concepto 'visualista' ha sido posteriormente sometido a duras pruebas por las teorías lingüísticas

que surgen a comienzos del siglo veinte y que Thiher comenta ampliamente, dedicando capítulos bien documentados a Wittgenstein, a Saussure y a Derrida. Es obvio que la poética de Manuel Puig, que privilegia tanto la palabra, participa en este cambio de paradigma.

[48] *Transparent Minds*, el excelente estudio de Dorrit Cohn consagrado enteramente al modo narrativo, aportó en su día nuevas pruebas a favor del denostado relato mediatizado al que rebautiza con el nombre de 'psycho-récit'. Sin proceder a formular un principio cualquiera que regule la coincidencia entre mediatización y profundidad, la autora hace de la proporcionalidad inversa el núcleo de su argumentación, al sustentar que el monólogo interior y técnicas de cita afines no constituyen el mejor método de acceso a las zonas más recónditas del alma (Cohn 1981).

[49] En un momento dado, Ramírez le ruega a Larry que le preste un paisaje ("un paisaje, por favor" (76)) con el que conectar sus fantasías eróticas. Desempeñarán este papel los médanos de Cape Cod (un recuerdo personal de Larry) que volverán más tarde en una evocación de Ramírez (88).

[50] Compárese con Corbatta 1983: 619-620.

[51] *Eternal Curse on the Reader of these Pages*, New York, Random House, 1982. Véanse Lavers, 1988: 49 y Kerr, 1987: 251.

[52] Resulta curiosa la interpretación de la historia que hace el autor aquí. En realidad, la imposición del idioma español a la población indígena de la pampa tuvo lugar como paso en el proceso de organización nacional y no al revés. Sobre este proceso, véase Catelli 1999.

[53] Recordamos que en *Pubis angelical* una argentina dialoga y 'traduce' modismos porteños a una mexicana y que ésta hace lo mismo con los mexicanismos.

[54] Véase el comentario de Kerr (1997: 251 y ss) sobre la génesis de *Sangre de amor correspondido*.

[55] En los últimos años, la traducción está siendo redimensionada a partir de una postura posestructuralista. Nuevos enfoques la definen cuestionando los principios antagónicos (original/copia; fidelidad o equivalencia/traición) en los que se sustentaba antes. En adelante, el traductor es quien va a transformar y a producir significados, nuevas impurezas. Se destaca cada vez más el desbordamiento de la traducción, su indomesticabilidad, al tiempo que se rechaza su supuesta pasividad vicaria. El 'doble vínculo', que interfiere irremediablemente en la correlación entre dos lenguas ('tradúzcame/no me traduzca'), muestra que la traducción es posible e imposible, que la pretendida fidelidad es una ilusión teórica necesaria e

imposible. Este nuevo concepto se expone en una abundante bibliografía y ha sido aplicado a Puig por Lori Chamberlain (1987).
Compare con otro doble vínculo que pesa sobre *Maldición*, el 'léame/no me lea' contenido en el título

[56] Autores argentinos de la envergadura de Juan José Saer, Ricardo Piglia o Alan Pauls han hecho hincapié en el papel de la traducción en la construcción de la argentinidad. Si la hay, reside, como ya lo anunciaba Borges, en la "intransigente voluntad de traducir mal" (Pauls 1998: 37), como si el país hubiera sido desde siempre una "máquina sintonizadora que no acaba de funcionar bien" (ibídem). El ejemplo de *Ferdydurke*, de Gombrowicz, cruce entre el polaco y el español, está ahí para probarlo.
Si el último período de Puig (1980-1990) se caracteriza por una escritura 'de traducción', cabe señalar la presencia de un proceso de traducción (en el sentido lato del término) implícito en toda la obra del autor: traducción de las referencias del cine de Hollywood, del discurso de los países centrales. Puig ha declarado más de una vez que su novelística surge de la decepción con respecto al guión cinematográfico, de una operación de traspaso de los códigos del cine a la literatura. Esta operación no solo ha sido corroborada por el estudio de los pre-textos de *La traición de Rita Hayworth* (Amícola 1996), sino también por las re-traducciones al inglés llevadas a cabo por Suzanne Jill Levine (1998).

[57] José Amícola, que ha entrevistado al autor, concluye que "la novela dialogada responde en primera instancia al deseo de cargar todo el peso de la palabra sobre el diálogo para evitar con ello toda la tradición que pasa por la palabra escrita. La obra manifiesta así, en primera instancia, el avance del habla por sobre la literatura, [...]" (1992:105).

[58] El esquizofrénico Ramírez se percata de la no coincidencia en el 's'entendre-parler' cuando observa que al conversar consigo mismo sólo oye una voz: "Aunque haya dos partes mías hablándose entre sí. Pero no es mi voz... Una voz que suena bien, fuerte, segura, y hasta de timbre agradable. Como la voz de un actor. Pero después si tengo que llamar a una enfermera, o a cualquiera, oigo mi verdadera voz. Cascada, carraspeante, y no me gusta." (50).

2.
The Buenos Aires Affair: Manuel Puig y el poder

> Puig believed that patriarchy, like other forms of authoritarian oppression in Argentine society, was most dangerous in its critical form. The real ennemy, perversely, was the perceived advantages oppression brought its victims.
>
> Santiago Colás

2.1. Intriga

The Buenos Aires Affair[1] (1973) es claramente obra del escritor maduro cuya fuente única de inspiración ha dejado de ser la biografía. Contrariamente a *La traición de Rita Hayworth* y *Boquitas pintadas*, que trataban la infancia de Manuel Puig, la tercera novela del autor no pertenece al 'ciclo de la pampa' o 'ciclo de Coronel Vallejos' (General Villegas) y se ambienta en la capital argentina. Por su carácter metropolitano, *BAA* integra, junto con *El beso de la mujer araña*, la novela que le sucederá en 1976, lo que se podría denominar el 'ciclo de Buenos Aires', díptico que destaca por su elaboración formal.

Comparada a las novelas anteriores, la que nos proponemos analizar en este capítulo llama asimismo la atención por el salto cualitativo de sus personajes. Gladys y Leo, los protagonistas cosmopolitas de *BAA*, han tenido acceso a una educación mucho más esmerada que los de *La traición* y *Boquitas pintadas*. Gladys ha sido alumna del Instituto de Bellas Artes Leonardo da Vinci y ha estudiado posteriormente en Estados Unidos, mientras que Leo ha conseguido un puesto diplomático que le permite ser más tarde el crítico de arte más notable de la capital argentina.

Esta afinidad profesional entre narrador (artista literario) y uno de los personajes (la artista plástica) facilita, además, la identificación entre ambas instancias y hace de Gladys la portavoz implícita del credo estético del propio autor, motivo por el cual *BAA* debe ser considerado una obra autorreflexiva.

La novela relata los últimos días en la vida de Leopoldo - Leo - Druscovich, editor y 'zar' de la crítica plástica porteña, un señor aparentemente seguro de sí mismo y triunfador que, en realidad, se revela ser un perverso aquejado de neurosis sucesivas, que se manifiestan en las grotescas secuencias de sus repetidos fracasos sexuales. En su calidad de presidente del jurado encargado de seleccionar al representante argentino para la Muestra Bienal Interamericana de San Pablo (Brasil), Leo entra en contacto con Gladys Hebe D'Onofrio, escultora afectada en sus treinta de un desequilibrio nervioso, que convalece, en compañía de su madre, en la localidad imaginaria de Playa Blanca. El crítico descubre la revolucionaria obra 'total' de Gladys, que pronto recibe la aceptación de la élite artística bonaerense por su valor renovador, y se entusiasma de tal forma con los experimentos de la candidata y con la candidata misma que termina por designarla representante oficial y por acostarse con ella. Gladys, cuyas experiencias con el sexo fuerte han sido hasta entonces sumamente insatisfactorias - un intento de violación ocurrido durante su estancia en Estados Unidos hasta le ha hecho perder un ojo - se imagina que por fin se van a realizar todos sus sueños. Por su parte, Leo ve en la artista la rectificación de sus aventuras pasadas y de su matrimonio disuelto. Pero en vez de cumplir con los estereotipos románticos, el príncipe azul se metamorfosea pronto en un hombre perturbado que manifiesta poca consideración hacia su amante. La extraña cooperación de esta última, que se deja manipular sin oponer resistencia y cuyos deseos más íntimos consisten en tener relaciones sexuales con un ser que la maltrata, transforma este idilio en un morboso suplicio sadomasoquista.

En virtud del condicionamiento social que, durante las décadas del cuarenta y del cincuenta, abarca todos los aspectos de la educación argentina, identificando lo masculino con la fuerza y la crueldad, y lo femenino con el servilismo y la pasividad, Leo no consigue concebir el sexo sin la violencia. Su compulsión sádica tiene un contrapunto en la inquietante tendencia a la autodegradación desplegada por Gladys.

El lector se percata paulatinamente de que, más que entidades separadas, los protagonistas encarnan las dos caras de la misma medalla: la del divorcio entre amor y sexo y de la frustración sexual, que forma parte del subconsciente latino en general y del 'error argentino' (Puig en Corbatta 1983: 794) en particular, error contra el cual Manuel Puig no ha dejado nunca de arremeter. En todas sus novelas, el sexo adquiere por tanto caracteres violentos y sórdidos que chocan con los mitos prevalecientes en el Río de la Plata. En *BAA*, a los personajes no les queda más remedio que refugiarse en el placer solitario; se ofrece una prueba de ello en el capítulo cuatro de la novela, un largo monólogo masturbatorio de Gladys, actualización alucinatoria de sus experiencias de goce pasadas que le funciona como último recurso pero que excluye, por definición, cualquier reciprocidad.

Sea como sea, Leo posee en adelante la clave del éxito público y de la realización personal de su amante, poder del que no vacila en abusar cuando se le ofrece la ocasión. Hacia el final de la novela, descalifica de hecho a Gladys como ganadora del certamen, dando al traste con la gran oportunidad de la escultora, lo que iba a constituir su catapulta hacia la fama internacional[2]. A esta humillación profesional le sigue otra de índole sexual, la del secuestro que vertebra la trama propiamente detectivesca de una novela que, como tendremos ocasión de demostrar, a pesar de anunciarse explícitamente como novela policiaca, sólo lo es a medias. Mientras tanto, resignada, Gladys se entrega a los barbitúricos y al onanismo. La nominación para San Pablo recae definitivamente en María Esther Vila, artista plástica convencional ya entrada en años en la que el huérfano Leo encuentra una madre sustitutiva.

Analizaremos en detalle los penosos antecedentes familiares de Leo. Diremos, por ahora, que la serie de profundos desórdenes sexuales que padece (impotencia, sadismo, exhibicionismo...) no son todos atribuibles al proverbial machismo argentino. Simultáneamente, el crítico sufre de un complejo edípico mal digerido que le conduce a culpabilizarse excesivamente. Así, interpreta todo acto sexual que lleva a cabo como una reproducción del 'crimen originario', el 'asesinato' de su madre en el parto[3]. En este contexto, le obsesiona particularmente su responsabilidad en el 'crimen del baldío' ocurrido en su adolescencia. Con este nombre, Leo designa un incidente con un homosexual que se negó a participar en los juegos sádicos que había sugerido. Perdido todo control, Leo violó al homosexual y le golpeó con un ladrillo en la cabeza, dejándole al borde de la muerte. A pesar de que no se ha publicado nunca la noticia del fallecimiento, Leo cree firmemente haber asesinado al joven. Más tarde, delata a sus compañeros de militancia política bajo la tortura de la policía de Perón[4]. En un intento posterior de reorientar su vida y de sublimar sus errores pasados, toma la decisión de estudiar arte en Europa y de someterse a una terapia psicoanalítica que, sin llegar a borrar totalmente el sentimiento de culpa del paciente, parece operar, y hace que el comportamiento de Leo se estabilice.

A unos veinte años de haber traicionado a sus camaradas, Leo, ya en su función de crítico respetado, lee una noticia sobre un caso que le recuerda simultáneamente el 'crimen del baldío' y su cobardía política. La prensa menciona el descubrimiento en las afueras de Buenos Aires de un cuerpo de hombre que después se ha reconocido como el de un activista que propugnaba el regreso al país del ex-presidente Perón. Arrepentido, Leo intenta proteger a la familia de la víctima. Ante el rechazo de su gesto, el crítico, acosado por un repentino ataque de remordimiento, se desahoga con su psiquiatra y con María Esther Vila. A esta última le confiesa el episodio completo del baldío, pero sustituyendo al homosexual por su ex-mujer. Semejante maniobra deja bien a las claras que, si a Leo le obsesiona el presunto crimen, no es tanto por el delito en sí, sino más bien por el carácter homosexual del mismo que, en caso de ser descubierto, podría arrojar dudas sobre su virilidad. Dicha sustitución de víctima bastará luego para que las pesquisas policiacas no prosperen en contra de él aunque sí despierten en Leo la necesidad de desmentirle a María Esther Vila la existencia del crimen, intención que supone de nuevo involucrar a Gladys. En parte con el propósito de cubrir sus traiciones anteriores, Leo rapta a la escultora de su casa en Playa Blanca, la trae narcotizada a su propio piso en Buenos Aires y organiza una espectacular representación en la que, para beneficio de María Esther, amenaza de muerte a Gladys. A través de tal simulacro, Leo se propone demostrar su inocencia como homicida y afirmar su heterosexualidad. La extraña configuración desemboca finalmente en una ceremonia erótica triangular que comentaremos en uno de nuestros apartados. En el capítulo 13, verdadero capítulo culminante, es donde se describe con gran lujo de detalles dicha puesta en escena, en la que confluyen las tensiones expuestas a lo largo de la novela y en la que concurren la intriga detectivesca y la psicoanalítica. El mismo capítulo recoge además algunos fragmentos que evocan las sensaciones ambiguas de Gladys (atracción y rechazo) y los diferentes modelos contemplados por Leo.

El desenlace confirma la incurable tendencia a la autodestrucción que caracteriza a los dos protagonistas. Después de haber encerrado a Gladys en su piso, Leo, más paranoico que nunca, sale a la carretera y muere en un accidente de automóvil por exceso de velocidad. Por su parte, Gladys, desengañada y completamente abandonada, está a punto de suicidarse cuando oye los ruidos de una escena de amor en el apartamento de al lado. Al poco tiempo, sale al balcón y ve a una mujer asomada por el balcón contiguo. Entra en contacto con los vecinos, que representan todo lo que ella misma hubiera querido tener pero no ha podido obtener (relación conyugal feliz, hijo encantador), y se hace enseguida amiga de ellos. Los elogios sinceros formulados por la joven vecina, que se declara honrada en conocer a 'una artista promisoria' (217) de la envergadura de Gladys, hacen renacer en ésta cierta estima de sí misma y despiertan proyectos que acaso presagien una tímida recuperación de la protagonista. Con todo, la escena final resulta esperanzadora y contrasta con la tonalidad sombría del resto de la novela.

2.2. Contexto

BAA alude, con sordina[5], a elementos cronológicos que permiten entender el proceso sociopolítico en que las vidas de los personajes se inscriben: el ascenso de Perón al poder, su gobierno y la llegada de las 'cabecitas negras' a la capital en busca de trabajo, la represión policiaca de los disidentes y la tortura bajo el régimen, la caída de Perón por un golpe de Estado, los esfuerzos fracasados por destruir al peronismo y crear una alternativa civil con el apoyo de la mayoría, la guerrilla subsiguiente en que se agruparon los peronistas radicales del movimiento Montonero y los trotskistas del Ejército Revolucionario del Pueblo (ERP)[6].

Toda la novela está envuelta en un ambiente siniestro. Si bien esta tonalidad negra se debe en parte a las exigencias del género detectivesco, la frecuencia con la que en ella sobrevienen asaltos y persecuciones, con la que desaparecen cuerpos y con la que se cometen traiciones, denota el clima de violencia que impera en la Argentina de aquellas décadas.

No está tampoco exento de significación que Leo Druscovich haya nacido poco después del golpe de Estado de 1930 - el efectuado por el general José F. Uriburu que inicia en el país la secuencia de asaltos al poder por parte de las Fuerzas Armadas - y que muera en pleno 'Onganiato', o sea, durante el régimen de línea dura del teniente general J.C. Onganía, días antes del gran motín urbano que se produjo en Córdoba ('el Cordobazo') en mayo de 1969 y que fue, ante todo, la expresión de un descontento general hacia el gobierno (Rock, 1988: 432). En opinion de José Amícola, el mismo nombre de Leo sería alegórico al contener una referencia al poeta Leopoldo Lugones, tristemente famoso por haber acompañado con una proclama el golpe militar del 6 de septiembre de 1930 (Amícola 1992: 144-145). La ideología fascista esbozada por el mussoliniano Lugones en la década del veinte se prolonga posteriormente en el Onganiato, que reprime la cultura "[...] en nombre de los altos valores morales de los que las Fuerzas Armadas son consideradas los custodios" (Amícola 1992: 144-145), para desembocar en el terrorismo de Estado de las Juntas que se sucederían en el gobierno argentino entre 1976 y 1983, período del eufemísticamente llamado 'Proceso de Reorganización Nacional'.

En *BAA*, Puig, aunque sin caer en el didactismo que caracteriza ciertos pasajes de *Pubis angelical*, alude constantemente a la insistencia con la que los intermitentes regímenes dictatoriales argentinos hacen alarde de su poder y despliegan, bajo la forma de una auténtica red de espionaje policiaco de la vida privada de los ciudadanos, sus vastas campañas de moralización en favor de los valores patriarcales.

El protagonismo real de esta novela no lo ocupa, sin embargo, el autoritarismo en su modalidad de perversión institucionalizada. El autor sugiere más bien que éste, antes que originarla, lleva a su máxima expresión una tendencia a la intolerancia ya perceptible en la sociedad argentina desde su etapa formativa[7]. A Puig le interesa en primer lugar investigar los procesos que han hecho surgir esta marcada vocación al fascismo y esta estigmatización incondicional de todas las formas de disidencia.

Con el propósito de dibujar una intuitiva genealogía de dicha seducción autoritaria, *BAA* articula expresamente una homología entre vicios públicos y vicios privados. El autor considera que, si se admite la explotación de un ser humano a manos de otro en el seno del hogar, aumenta la probabilidad de que ésta se transplante luego al ambiente público: del sadismo individual a los regímenes rutinariamente represivos no habría más que un paso. De ahí que, en *BAA*, las relaciones familiares estén tejidas de pequeños crímenes escondidos que nunca serán sancionados, como por ejemplo la fecundación de la madre de Leo en contra de su voluntad, el abandono del padre de Leo, la seducción y el posterior rechazo de Leo por parte de su hermana menor Olga, o el desamor mutuo entre Gladys y su madre. Son precisamente tales injusticias, juzgadas sin trascendencia, las que terminan por crear un clima propicio al nacimiento del fascismo de Estado. Si el propio Leo, cuyas simpatías políticas están teñidas de oportunismo, no pertenece a ningún comando de ultraderecha, sus descargas en la intimidad no difieren sustancialmente de las prácticas de los verdugos de la Alianza Anticomunista Argentina. De entre todos los posibles delitos caseros, el ámbito de la sexualidad es sin duda donde cunden las groserías menos imaginables y menos perdonables[8]; recordemos que la resistencia que Gladys opone a su agresor le inflige nada menos que la desfiguración física, la amputación social de su deseo, el recuerdo constante de la imposibilidad de alcanzar la belleza tan anhelada de sus modelos cinematográficos, la prueba permanente de su condición de ser inferior. En su búsqueda de las raíces sexuales del mal argentino, Puig ha dedicado - y en *BAA* más que en ninguna otra de sus novelas - una atención privilegiada al machismo, doctrina que otorga plena supremacía al despótico 'pater familias' y que justifica la opresión arbitraria de la mujer como si se tratara de un mandato de la naturaleza. Con el laconismo y la aversión por lo sistemático que le son propios, Puig se ha negado siempre a pronunciarse sobre algo tan grandilocuente como 'la esencia' del machismo. Pero de sus observaciones ocasionales (por ejemplo, Corbatta 1983: 594), cabe derivar que la definiría como una prerrogativa sistemática concedida al hombre que implica un correlativo sojuzgamiento de la mujer, y como un fenómeno en cuya composición entran al menos cuatro ingredientes: la separación de las esferas de acción masculina y femenina; el prestigio de la fuerza y el desprestigio de la debilidad y de la sensibilidad; la reacción de burla frente a todo lo que sea diferente del macho seguro de sí mismo; y el culto de la virginidad femenina y por tanto la seducción concebida como estafa (Fossey 1973: 137).

Huelga decir que este falocentrismo argentino le ha valido al autor el más rotundo rechazo. Al constituir la unidad básica y el modelo nuclear de las estructuras sociales que, indirectamente, derivan de ella, la explotación sexual posee, además, una incuestionable dimensión política. El coito se halla tan firmemente enraizado en la amplia esfera de las relaciones humanas que debe ser enfocado, en opinión de Puig, como un microcosmo representativo de las actitudes y valores aprobados por una cultura.

Siendo así las cosas, cualquier modificación profunda de la sociedad implica una transformación previa de este esquema sexual que humilla a la mujer al tiempo que le impone al hombre un yugo incómodo. Es obvio que, a través del paradigma del 'superhombre', el fascismo, con sus característicos delirios de grandeza, ha exacerbado aún más el falocentrismo vigente en la Argentina. Nos parecería erróneo alejar a Leo y a Gladys de los hombres llamados normales. Creemos en cambio que se obtienen resultados más instructivos cuando se invierte el sentido de la explicación y se interpretan los casos aparentemente patológicos ('obsesiones sexuales') como actualizaciones exasperadas de un paradigma intrínsecamente repulsivo a pesar de ser generalmente aceptado. En un ambiente tan impregnado de machismo, cualquier fracaso surgido en el proceso de adecuación al estereotipo sexual, origina en el individuo una abrumadora sensación de culpa y de confusión. Por mucho que el hecho de pertenecer a una u otra categoría sea considerado inherente a la misma naturaleza, el peso de la prueba recae, en última instancia y sobre todo si es hombre, en el individuo que se ve en la constante obligación de demostrar su pertenencia a un género.

Leo es incapaz de satisfacer a las mujeres que despiertan su amor y sólo logra poseer a quien se le resiste. Se da así en el crítico una discrepancia (dramática para el personaje, irónica para el lector) entre el tamaño desmedido de su miembro viril y su falta de hazañas sexuales. Al percatarse de que no encaja en la categoría del 'superhombre', este personaje, frustrado y resentido, se debate constantemente entre el deseo, la culpa y la vergüenza. Entra en una aguda crisis existencial que termina por empujarle a la brutalidad y a la perversión. Desarrolla asimismo una inclinación masoquista que le hace asemejarse a su antagonista Gladys. Una vez que esta última ha descubierto que su entrega total al hombre modélico que aparentaba ser Leo no le ha traído la felicidad, tiene una típica reacción de autodesprecio: en lugar de sentirse traicionada por el concepto del amor romántico, cree merecer el castigo que le ha sido impuesto.

Constatamos, pues, que no obstante la diferencia radical del papel sexual que le corresponde a cada uno de los protagonistas, las simetrías entre ellos abundan y son en realidad mayores que las oposiciones. En un desesperado intento de dar sentido a su existencia, ambos personajes se esfuerzan por superar sus respectivos desequilibrios emocionales a través de sus distintas vinculaciones al arte. Leo construye dos realidades separadas, una sexual y otra profesional, entre las que raramente admite interferencias. Sin embargo, la sublimación así concebida le deja de funcionar cuando recibe señales de que la separación que deslinda estos dos papeles está a punto de desaparecer. Esto ocurre en el momento en que María Esther pone a la policía en la pista de sus delitos sexuales. A partir de entonces, ya nada puede impedir que Leo pierda definitivamente el control de sí mismo. El autor se muestra más indulgente respecto a Gladys. Ella sobrevive y se le confieren posibilidades de resurgimiento, a condición de abandonar la dolorosa dicotomía entre su dorada esperanza de salvación caballeresca (concretamente, su mitificación de Leo) y su carrera.

Durante una noche pasada en vela, Gladys empieza a vislumbrar que no es dejando de copiar, sino sacando provecho de la copia, como encontrará un camino fructífero, y que su única oportunidad de forjarse un estilo propio consiste, por tanto, en el reciclaje de materiales usados:

> No pude dormir, a las cinco el amanecer me sorprendió en la playa, recogiendo por primera vez los desechos que había dejado la marejada sobre la arena. La resaca, me atrevía solamente a amar la resaca, otra cosa era demasiado pretender. Volví a casa y empecé a hablar - en voz muy baja para no despertar a mamá - con una zapatilla olvidada, con una gorra de baño hecha jirones, con una hoja rota de diario, y me puse a tocarlas y a escuchar sus voces. La obra era ésa, reunir objetos despreciados para compartir con ellos un momento de la vida, o la vida misma. Esa era la obra (108).

Irónicamente, cuando Leo muere, la descripción de su cadáver (reproducción del informe de autopsia) le equipara con los objetos traídos por la resaca que Gladys recoge en la playa. Por primera vez, la experiencia erótica se subordina aquí a la artística. Sería excesivo calificar este desenlace de 'final feliz';

como mucho, cabe concluir que para Gladys las puertas hacia la emancipación han dejado de estar inexorablemente cerradas.

En *BAA*, el deseo de posesión cede el paso al deseo de expresión. Por esta vía, Manuel Puig nos sugiere que si la plenitud es por definición inalcanzable, donde mejor se logra es, paradójicamente, en la representación que de ella construye el arte. Con este propósito, el autor desprestigia la fuerza física 'masculina' al tiempo que privilegia ciertos atributos de creatividad 'femenina' a los que él mismo suscribe sin reservas. El gran hallazgo plástico de Gladys equivale al gran hallazgo literario de Puig; a la técnica plástica de Gladys (el 'collage' de heterogéneos desechos marinos) responde la composición de la novela de Puig (el montaje de lenguajes prestados), delatando ambos proyectos una concepción estética paralela. Las esculturas de Gladys tienden a lo mismo a lo que tiende la escritura de Puig, a la "[...] apropiación de algo que le es exterior y {a} la transformación de ese algo en otra cosa que se representa como lo mismo pero que sólo puede hacerlo gracias a la radical diferencia que guarda con respecto a su referente." (Borinsky 1975: 44)

2.3. Reescritura paródica de discursos

Como tendremos ocasión de comentar, y de acuerdo con los planteamientos teóricos de Michel Foucault, el poder contemporáneo se ha descentralizado y dinamizado de tal manera que penetra todas las relaciones, las prácticas y los lenguajes humanos. Foucault representa sin duda la vertiente más radical de esta concepción, que constituye un desafío a la concepción liberal y, en menor medida, a la marxista. Ya en *Surveiller et punir* (1975), el filósofo francés postula que el poder forja al individuo, que éste no debe considerarse un material inerte sobre el que se fija el poder, o sobre el que éste se manifiesta de manera fortuita. En realidad, uno de los primeros efectos del poder es el de que ciertos gestos y deseos se identifican y se construyen como individuos. El individuo no es, pues, algo que esté frente al poder, es uno de sus primeros resultados. Así, en opinión de Foucault, la idea de que el individuo es un sujeto de acción continuo e idéntico a sí mismo debe ser abandonada; el sujeto no es algo preconstruido, no es un ser portador de intereses claramente identificables ni tampoco una víctima indefensa de las estructuras de poder. De conformidad con esta teoría, sobre la que volveremos con mayor detenimiento y a la que Puig parece suscribir globalmente, estudiar el ejercicio del poder en una sociedad determinada pasa forzosamente por el inventario de los discursos que la moldean; en *BAA*, el método narrativo que consiste en presentar, de entrada, a los personajes en sus circuitos de representación simbólica correspondientes, es, sin duda, el que mejor se ajusta a la meta que Puig se ha fijado. La ambición del autor explica, asimismo, por qué *BAA* presenta semejante multiplicidad de recursos narrativos y reviste las características de un mosaico de lenguajes.

Cabe concluir diciendo que el narrador de *BAA* narra **citando** y **parodiando**. Narra **citando**, ya que se limita a estilizar y a exhibir, como un ventrílocuo, los discursos que reproduce y a coordinar la variedad de técnicas. Expresarse equivale a percibir y a evaluar, siendo así que cada lenguaje posee su idiosincrasia, unas normas que lo rigen, y que a cada lenguaje corresponde una manera diferente de ordenar y comprender la realidad circundante. Estas connotaciones no son descritas ni analizadas expositivamente en el discurso del narrador, sino mostradas en conflicto mediante su mera cita. Contrariamente al procedimiento citativo que domina en *Maldición*, el modo de enunciación de *BAA* pertenece a una etapa del proceso citativo en la que citador y citado no se han desprendido todavía uno de otro. En esta situación, la atribución de discursos ajenos no se manifiesta, por tanto, "[…] mediante las formas que han sido institucionalizadas por la gramática", sino

> […] por simples yuxtaposiciones o alusiones o mímicas más o menos veladas de la palabra ajena. En esos casos, el lenguaje del otro (y por lo tanto el pensamiento del otro) se perciben como 'entonaciones' o

como 'sabores', sin alcanzar el estado de cristalización gramatical de las citas directas o indirectas (Reyes 1984: 123).

La voz principal no sólo habla, también es hablada, ya que arrastra los códigos de su lengua y las mitologías colectivas de su cultura, sean éstos voluntariamente explotados o no. Así, narrar citando significa, se quiera o no, narrar implicándose a sí mismo. En el universo evocado en *BAA* no hay frontera nítida que separe los niveles narrativos, no hay ni 'dentro' ni 'fuera'[9]. Contrariamente al narrador omnisciente tradicional, el narrador-citador baraja una pluralidad de códigos de los que se declara cómplice. En su propia voz resuena la de muchos, en cada 'ejercicio de estilo' los planos se mantienen diferentes pero solidarios, no hay verdaderamente distancia entre voz citadora y voz citada. La novela requiere por tanto la complicidad de un lector que desenmascare el lenguaje empleado y que capte la carga interdiscursiva. Si, según la definición de Reyes, todo citar conduce a una desfiguración del original, y si se acepta el replanteamiento posmoderno del término 'parodia' - el narrador-citador de *BAA* se convierte automáticamente en un narrador-**parodiador** que se encuentra implícito dentro de su parodia y que se emociona con sus personajes. Ha realizado su propósito combinando diferentes tácticas:

2.3.1. a través del desmantelamiento del narrador omnisciente y de la multiplicación de recursos narrativos con fines paródicos
2.3.2. a través de la reescritura paródica del subgénero policiaco
2.3.3. a través de la reescritura del discurso psicoanalítico
2.3.4. a través de la reescritura del discurso hollywoodiano
2.3.5. a través de la reescritura de la 'midcult'
2.3.6. a través de la reescritura de diversos otros discursos

Emir Rodríguez Monegal ha sido uno de los primeros críticos en señalar la actitud ambigua de Puig con respecto a los modelos populares: "En toda parodia hay un homenaje implícito. Nadie parodia algo que no le interesa." (1974: 30). Tradicionalmente definida como imitación burlesca, la parodia tal como la concibe Linda Hutcheon resulta más matizada. Según ella, se trata de una burla que contiene un velado homenaje, implica una reacción paradójica de reverencia crítica o de crítica reverencial:

> Parody, therefore, is a form of imitation, but imitation characterized by ironic inversion, not always at the expense of the parodied text [...]. Parody is, in another formulation, repetition with critical distance, which marks difference rather tan similarity (1985: 7).

Importa, sin embargo, distinguir la parodia, aun en su versión replanteada, de las 'reescrituras' que han surgido en la literatura argentina de las décadas del 80 y 90. Según la definición de Garramuño, la reescritura es una práctica más amplia que consiste en la repetición de una tradición discursiva (no de un género ni de un texto determinado), que condensa "estrategias contestatarias de desconfianza y reconocimiento simultáneas." (Garramuño 1997: 48). Para que haya parodia son necesarios la identificación de un original y un efecto de humor (Garramuño 1997: 95). La reescritura tiene en cambio metas más sutiles, y su manejo es menos estridente.

Con todo, la forma en que Hutcheon ha reorientado la parodia la acerca a la reescritura de Garramuño (por ejemplo cuando aquélla dice: "Parody is a productive, creative approach to tradition." (1985: 7)), y no es siempre fácil trazar la frontera entre ambas categorías. Puig anuncia la posterior aparición a gran escala de la reescritura: *BAA* contiene muestras de esta modalidad discursiva (es el caso del discurso patriótico que trataremos bajo 2.5.1.3.), pero también de evidente parodia, como demostraremos a continuación.

2.3.1. Desmantelamiento del narrador omnisciente y multiplicación de recursos narrativos con fines paródicos

De los dieciséis capítulos que comprende *BAA*, catorce cuentan con la presencia de un relator heterodiegético y sólo dos (los capítulos 7 y 8) tienen un régimen exclusivamente homodiegético. En varios capítulos, la relación entre narrador y persona aparece como más flotante: así, en el capítulo 4, que recoge las fantasías masturbatorias de Gladys, se practica repetidamente una especie de 'transvocalización' repentina (Genette 1983: 74), una metamorfosis de 'yo' en 'ella', vértigo pronominal que concuerda con una lógica más libre y una idea más compleja de la identidad humana.

En cuanto a la perspectiva aplicada a nuestro objeto de análisis, merecen ser señaladas las variaciones del punto de vista que se producen a lo largo del relato que, en su conjunto, fluctúa entre objetividad y subjetividad. Domina la 'no focalización' o 'focalización cero', es decir, la omnisciencia, que, como veremos a continuación, no se comporta de manera ortodoxa y que tampoco se mantiene constante en toda la duración del relato: alterna con la 'focalización externa' (tal es el caso en particular en el capítulo 2) en que los personajes son vistos desde fuera sin que se entre en su conciencia y, en otras ocasiones, con restricciones de campo parciales o 'focalizaciones internas', en que el foco de la percepción se sitúa en un personaje determinado. La focalización interna es evidente en los capítulos 7 y 8, y se realiza plenamente en los monólogos interiores de los capítulos 4 y 11, pero cobra dimensiones más ambiguas en otros capítulos (por ejemplo, el 15) o en fragmentos de capítulos (el 9). Este cóctel de focalizaciones teóricamente incompatibles trastorna la lógica de cierta representación narrativa - la centrada que Puig sustituye por otra, descentrada - al cuestionar la viabilidad de las categorías previas y de los límites estables.

La yuxtaposición frenética de puntos de vista presenta una incongruencia con respecto a los fines que la novela persigue: mucha acrobacia técnica para una intriga al fin y al cabo liviana. Semejante explotación excesiva y a veces francamente arbitraria (capítulo 4) de las modalidades de la perspectiva y de la voz le resta relieve a la funcionalidad que la narratología atribuye a cualquier indicio formal, por leve que sea.

La presencia masiva de la tercera persona en *BAA* es sumamente ambigua. Esta rehabilitación parcial de la focalización cero no significa que el autor haya superado la aversión que el empleo del narrador impersonal le inspiraba en la época de *La traición de Rita Hayworth*. Si Puig asume la autoridad de contar, es para desvirtuar mejor a este narrador infalible, dotado de la ubicuidad y que lee los pensamientos de los personajes, o sea, al paradigma alcanzable e indeseable del superhombre que será tematizado en *Pubis angelical*. Por un lado, utiliza sin escrúpulos y a veces fuera de todo contexto funcional una herramienta que antes ha rechazado por obsoleta. Por otro, recarga tanto las tintas de la omnisciencia - la primera frase del libro ya marca la tónica: "Un pálido sol de invierno alumbraba el lugar señalado. La madre se despertó un poco antes de las siete, estaba segura de que nadie la observaba." (9) - que finalmente desprestigia en parte la instancia narrativa en la que, no obstante, ha basado gran número de capítulos de su propia novela. Está claro que la tercera persona de *BAA* que, aunque tímidamente, ya pasaba al frente en *Boquitas pintadas*, dista mucho de coincidir con el unitario narrador decimonónico: en vez de mantenerse constante, se transforma de un capítulo a otro y practica una asombrosa alternancia de registros. Como hemos avanzado en nuestras líneas introductorias, este cambio de orientación de un narrador hegemónico a uno polifacético se efectúa dentro del marco de la arqueología del poder en la sociedad argentina a la que Puig se ha propuesto contribuir.

2.3.2. Reescritura paródica del subgénero policiaco[10]

De la misma manera que *Boquitas pintadas* revitaliza el género folletinesco, *BAA* está concebido como una reelaboración de los códigos policiacos, tanto formales como temáticos.
• criterios formales
Contestando en carta personal a una pregunta de García Ramos (1993: 158), Puig ha afirmado que el primer capítulo de *BAA* le dio mucho trabajo por su peculiar 'tercera persona cinematográfica'. El autor no se ha esforzado en vano: por su densidad narrativa, el primer capítulo de *BAA* es una auténtica pieza de antología. El empleo del recurso de la 'cámara' narrativa provoca de entrada - es decir, antes de que la intriga

policiaca haya arrancado verdaderamente - una relativización de los conceptos característicos del género.

En la madrugada del 21 de mayo de 1969, en Playa Blanca, Clara Evelia, que no ha logrado ser reconocida ni como poetisa ni como declamadora y ni siquiera como madre[11], se da cuenta de la misteriosa desaparición de su hija Gladys. Mientras busca indicios, no puede dejar de recordar en el trayecto la 'Rima LXXIII' del *Libro de los gorriones* de Gustavo Adolfo Bécquer que tiene por tema la muerte de una muchacha joven: "'[...] ... de la casa en hombros/lleváronla al templo/y en una capilla/dejaron el féretro. La luz que en un... en un...' ¿cómo continuaban esos versos? Sólo recordaba que eran palabras dolorosas que seguían." (11). Por el modo en que Clara insiste en recordar determinados versos, se da a entender al lector que, en el fondo, la madre no sólo teme la muerte de Gladys, sino que, simultáneamente, la desea para que así se terminen de una vez sus problemas y pueda volver a declamar poesía. El enfoque narratológico particular de este primer capítulo le permite al autor mostrar la cara oculta del instinto maternal tan idealizado por la sociedad. Unicamente sustentada en el funcionamiento social por su maternidad, Clara saca en determinados momentos las garras contra su propia hija, supuesto objeto de su ternura y justificación de su vida. Pero esta rivalidad con su hija, Clara sólo se la manifiesta en la intimidad y de forma solapada, razón por la cual Puig ha recurrido a dos técnicas capaces de captar semejante corriente subterránea: la de la 'cámara subjetiva' (Corbatta 1983: 603) y la de la inserción oblicua del poema de Bécquer.

La elección del primer procedimiento narrativo hace que la malignidad del capítulo recaiga, antes que sobre el secuestrador, sobre la madre, quien, al desear que la desaparición de su hija sea definitiva, se convierte en cómplice de Leo. Provoca de este modo un significativo desplazamiento de óptica, que subraya la arbitrariedad de las categorías normativas vigentes en la novela policiaca, las de criminal y de víctima, tendencia que se irá afianzando a medida que avanza la novela.

El segundo hallazgo de este capítulo reside en el diálogo intertextual que el narrador ha establecido con la 'Rima' fúnebre de Bécquer. Los versos significativos que Clara cita intermitentemente[12] desmienten las apariencias y ponen en evidencia el vínculo de amor/odio que tiene con su hija, mientras que la dificultad de recordar los versos con precisión y el vano placer que siente al superar esta limitación expresan su frustración por no haber llegado a ser una poetisa o declamadora de importancia. No sabemos finalmente lo que más deplora: el no recordar a Bécquer o el no encontrar a Gladys. La yuxtaposición de sentimientos contrarios se expresa magistralmente en la frase que cierra el capítulo:

> [...] {Clara} consultó su reloj-pulsera, eran las nueve y media de la mañana ¡qué no hubiese dado por saber dónde estaba su hija en ese preciso momento! '... allí cae la lluvia/con un son eterno;/allí la combate/el soplo del cierzo./Del húmedo muro/tendida en un... en un... ¡hueco!/acaso de frío/se hielan sus huesos...', logró por fin recordar, con satisfacción (16).

Pero la reconstrucción de Clara no sólo significa por lo que cita, también significa por lo que calla. No nos parece casual que el superego de la declamadora haya preferido reprimir los últimos versos del poema: "¡No sé; pero **hay algo/que explicar no puedo,/algo que repugna**,/aunque es fuerza hacerlo,/a dejar tan tristes, tan solos, los muertos!" (énfasis añadido)[13].

En el segundo capítulo de *BAA*, que observa una acción simultánea con el primero - transcurre durante la misma mañana del día 21 de mayo de 1969, pero en Buenos Aires - se nos presenta a un hombre y a una mujer en una habitación. El está de pie y ella yace en una cama, amordazada. Por los datos que se nos proporcionan sobre la mujer, aunque nunca se menciona su nombre, puede deducirse que se trata de la hija de la declamadora del primer capítulo que ha sido raptada. El clima de tensión típico de la novela policiaca está captado aquí por una dinámica que se desplaza de la vista al oído, y del tacto al olfato. El capítulo entero está concebido como un laboratorio de investigación; el ambiente reinante es frío y distanciado. El narrador extradiegético se limita a establecer inventarios (de los cinco sentidos sólo falta el sabor), a clasificar y a comparar ("Pero la superficie más pulida corresponde a un cenicero de cristal francés"(18); "el objeto de menos valor de la habitación es una caja de fósforos de cera, casi vacía" (20)). No entra en la conciencia de los personajes que actúan ante nosotros, no nos permite conocer sus pensamientos ni sus sentimientos. La focalización por la que se ha optado aquí es la externa (Genette 1989: 245), característica del relato llamado objetivo o conductista popularizado por cierta novela negra y por algunas novelas cortas de Hemingway.

Aparentemente, el segundo capítulo de *BAA* encaja, pues, con la lógica de la novela negra moderna, la que va de Hammett a la recodificación llevada a cabo por el 'Nouveau Roman' francés, al que la Argentina reservó una acogida cálida y con la que Puig ha admitido sentirse en deuda (Puig en Corbatta 1983: 608-609). ¿No había el portavoz del movimiento, Alain Robbe-Grillet, declarado la guerra a los viejos mitos del esencialismo y de la profundidad? ¿No había decretado que la tonalidad narrativa sería imparcial (técnica de 'l'oeil caméra', practicada por ejemplo en *La jalousie* (1957)) o no sería? ¿Y no le había servido precisamente de paradigma, a este mismo Robbe-Grillet, para su ambiciosa empresa, el género policiaco? (Robbe-Grillet 1963: 21). Pero Puig no ha resistido a la tentación de parodiar los experimentos y excesos formales del 'Nouveau Roman'[14]. En el segundo capítulo de *BAA*, el narrador extradiegético lleva la descripción neutra hasta el extremo de la adivinanza, exagerando su afán denotativo. Así, después de habernos ofrecido una lista completa de los ruidos perceptibles en la habitación, empieza a registrar los imperceptibles:

> La pérdida de agua de una canilla de cocina produce en cambio un sonido imperceptible. También son imperceptibles la vibración del filamento, próximo a fundirse, de una lamparita encendida en el baño, y el paso del vapor caliente por la instalación calefactora compuesta de dos radiadores visibles y cañerías ocultas dentro de la pared (17-18).

En varias entrevistas[15], Puig se ha distanciado explícitamente del 'Nouveau Roman', destacando su formalismo, su vanidad, y la obsolescencia general de las modas literarias. Con todo y pese a su aversión por cualquier proyecto totalitario, Puig no ha condenado el estilo sobre el que ironiza. Fiel a sí mismo, ha preferido rentabilizar las técnicas de una escritura caída en desuso, enriqueciendo con ellas su propia novela. El autor ha intuido la ferocidad de un fenómeno típico de la sociedad posindustrial: la saturación estética, en virtud de la cual toda innovación corre el peligro de convertirse en la producción de una costumbre. Muy sensible a estos movimientos de recuperación, el autor ha manifestado su deseo de anticiparse a semejante erosión.

- ingredientes temáticos

La intriga de *BAA* se inicia con el enigma de la desaparición de Gladys. Mediante omisiones, pistas falsas y saltos temporales, la revelación del crimen se difiere hasta los últimos capítulos. Todo parece indicar que se trata de una auténtica novela negra: hay un crimen y el esbozo de un segundo, hay denuncias a la policía y un comienzo de investigación emprendidos por uno de los personajes secundarios, María Esther Vila. El suspense se encuentra exacerbado todavía más por la introducción deliberada de tópicos que evocan la tradicional estampa del género - las cortinas que se mueven en la casa de la playa, los truenos de los vientos antárticos, el título importado, todos ellos elementos muy de película de serie B - y por la narración efectista de algunos capítulos.

Si contemplamos, por otra parte, el uso paródico sistemático que Manuel Puig hace de los códigos policiacos, se constata que el parentesco entre *BAA* y la clásica novela negra no va más allá del vago aire de familia. Como ya ocurría con el uso del modelo folletinesco en *Boquitas pintadas*, Puig se ha valido en este caso del género policiaco más como arquetipo emocional que como prototipo retórico. Un examen detenido de la obra confirma que las principales convenciones del subgénero aparecen aquí subvertidas y que los motivos policiacos presentes no se desarrollan de acuerdo con las leyes usuales.

En general, *BAA* peca por demasía y falta de dosificación: los sentimientos de los personajes alcanzan proporciones exageradas, la resolución del misterio se aplaza más de lo acostumbrado, y los episodios se entretejen y se complican de tal forma que el lector termina por perder el hilo de la historia. El vaivén temporal, recurso imprescindible del género, cumple la función de crear expectativa en el lector frente a los hechos presentados. Como apunta Todorov (1971: 55-65), el texto detectivesco se desarrolla en dos historias: la primera, la de los acontecimientos criminales, termina cuando comienza la segunda, la de la investigación. Pero en *BAA*, apenas hay crimen propiamente dicho, apenas hay verdadera investigación. La deformación del movimiento temporal aparece así privada de su principal función y deja incómodo al lector. El estilo hiperbólico de determinados capítulos infringe otra de las reglas de oro del subgénero, ya que, según Todorov, "[...] les théoriciens du roman policier se sont toujours accordés pour dire que le style, dans ce type de littérature, doit être parfaitement transparent, inexistant; la seule existence à laquelle il obéit est d'être simple, clair, direct." (1971: 59). A esos argumentos se añade que el núcleo de la novela no lo constituye la investigación, sino las fantasías y los delirios de los protagonistas, un tema que normalmente no tiene cabida en este tipo de novela: "L'amour n'a pas de place dans le roman policier", como tampoco se toleran las descripciones ni los análisis psicológicos (Todorov 1971: 62). Pero los mayores desvíos con respecto a la norma policiaca guardan relación con el título de la novela y con el reparto de los papeles constitutivos del género, la tríada autor del crimen/víctima/detective.

El título de la novela, *The Buenos Aires Affair*, es autorreferencial y tiene la estructura y la doble codificación (copia y guiño) de una cita. En el capítulo 7, Gladys se imagina ser una artista consagrada en los círculos artísticos internacionales, y elabora una entrevista ficticia con la sofisticada revista femenina neoyorquina *Harper's Bazaar*, adoptando simultáneamente los papeles de entrevistadora y entrevistada. Como título de este artículo, Gladys elige 'The Buenos Aires Affair', porque le parece que "[...] corresponde al lenguaje chic e internacional de la revista"(106). En su calidad de título de la novela, 'The Buenos Aires Affair' suena irónico en sus dos acepciones. En el sentido erótico, esta denominación que sugiere éxito en la vida afectiva, consiste en realidad en una aventura amorosa de marcada índole masoquista que termina con un rapto degradante. En el sentido policiaco, el 'affair' - o mejor dicho, los 'affairs', porque inicialmente se supone que hay dos - también dejan en ayunas al lector, tanto por la ausencia de 'caso' concreto - no se comprueba la existencia de un crimen punible en una novela que, por lo demás, abunda en perversidades e injusticias - como por la falta de un criminal bien determinado. Del delito que Leo cree haber cometido en su juventud (el involuntario 'crimen del baldío'), no se sabe a ciencia fija si ha conducido a la muerte de la víctima (92-93), y tampoco se llega a concretar el segundo delito, concebido a fin de encubrir el primero. Leo ni siquiera consigue ejecutar el pseudoasesinato que ha elaborado para convencer a María Esther. La erección imperiosa que le sobreviene en el momento menos oportuno torpedea la realización del único crimen planificado de la novela y lo convierte en una grotesca copulación que, para colmo, parece ser del agrado de la 'víctima' amordazada y narcotizada. Esta constelación imprevista rompe con otro código de la novela policiaca, el que presupone la inocencia de la víctima. Con sólo pensar en su agresor al que visualiza "penetrándola y sonriéndole dulcemente" (211), Gladys, dominada por una súbita fruición, no puede frenar "un orgasmo rápido y fuerte" (211).

BAA no cuenta, pues, ni con verdaderos crímenes, ni con criminales identificables ni con víctimas que inspiran compasión. Hasta María Esther Vila que, al fin y al cabo, es la que abre el caso, consiente en hacerse cómplice del acusado. En los capítulos que recogen su denuncia (5 y 10), se emplea una técnica característica del cine. En el capítulo 5, el procedimiento consiste en reproducir las réplicas del oficial de policía, pero no las palabras de su interlocutora. Le corresponde al lector deducir que una mujer cuya identidad no se revela (María Esther) comunica sus temores porque un hombre que ella conoce (adivinamos que se trata de Leo) y que ya ha cometido un asesinato (el crimen del baldío), está determinado a perpetrar un segundo crimen. En el capítulo 10, en lugar de transcribirse la conversación telefónica, se nos da una versión taquigráfica tomada por un subalterno de policía, que presenta la curiosidad sintáctica de tener todos los verbos en infinitivo. En ambos casos, se nos informa asismismo de los titulares y artículos de periódico que el oficial ojea mientras atiende a María Esther. La elaboración de estos sucesos de actualidad ocupa la mitad de sendos capítulos. Esta digresión tiene la lentitud de una pausa descriptiva. Al detener la acción, constituye otra de las múltiples parodias a las que Puig somete el código policiaco tradicional.

En las líneas que preceden, nos hemos ocupado principalmente de los dos primeros términos de nuestra tríada: criminal y víctima. Si nos concentramos ahora en la figura del detective, constatamos que brilla por su ausencia. La labor detectivesca propiamente dicha queda reducida a una pura función burocrática (está en manos de una policía que, si no pasa el rato leyendo el periódico, maneja la picana...), a menos que atribuyamos esta función al lector de la novela[16], cuya trayectoria corre paralela a la que haría un detective profesional. El lector conjetura que el 'affair' del título tendrá algo que ver con un crimen que habría de ser resuelto. Sus expectativas quedan satisfechas, aunque falsamente, en el primer capítulo, cuando se entera de que la protagonista Gladys ha desaparecido de su casa. El lector leerá la novela completa buscándola. Su hipótesis parece confirmarse en el segundo capítulo, pero hasta el capítulo 13 el lector no se encuentra en condiciones de atar todos los cabos. Después de leer los 'Acontecimientos principales de la vida de Gladys' (capítulo 3), se entera, por una sección paralela (capítulo 6), de la biografía de Leo, personaje nuevo que, hasta entonces, no tiene nada que ver ni con Gladys ni con la historia ni con el supuesto crimen. Mientras el lector continúa leyendo, asume, erróneamente, que no es el delito que él consideraba central el crimen verdadero, sino el de Leo, que aparece por primera vez en el capítulo 6. La lectura le hará seguir manteniendo ambas suposiciones en mente. Llenando brechas y construyendo puentes entre todos los puntos de vista, tratará de encontrar indicios para solucionar el enigma. La perplejidad del lector irá en aumento a medida que va descubriendo que todo el andamiaje policiaco ha sido un simulacro y que en realidad ha leído una novela de investigación psicológica, cuya meta principal ha sido la de penetrar en el mundo de los personajes. Paralelamente a lo que sucede en los capítulos 5 y 10, el capítulo 13 crea otro efecto de frustración en el lector, al enumerar una por una y etapa por etapa, las sensaciones que atraviesan la cabeza de los personajes ("Sensaciones experimentadas por Gladys al notar que Leo empuña un revólver y María Esther permanece callada"; "Sensaciones experimentadas por Leo, al verse en el espejo junto a Gladys, inmóvil en la cama, y junto a María Esther, la cual de pie en el centro del cuarto, bajo la amenaza de su revólver según lo previsto por el plan de acción, exclama: 'Por favor no hagas una locura'", etc.)

Elusivo y centrífugo, este capítulo culminante confirma la orfandad genérica que caracteriza la novela entera. Así, el lector, al igual que los personajes, no sólo hace el papel de detective sino que es "[...] víctima del verdadero criminal en el texto: el autor. Este ha roto las convenciones de la narrativa tradicional, ha engañado sutilmente a su lector haciéndole seguir pistas falsas [...]" (Manzor-Coats 1988: 126). A pesar de haber tratado de encontrar las respuestas a todos los crímenes, este lector no ha logrado estabilizar la indeterminación del texto.

Otra posible lectura consistiría en la sustitución de la figura del detective por la del psicoanalista de Leo. El texto contiene elementos que apuntan en esta dirección. En el capítulo 8, que nos presenta las "Divagaciones de Leo durante una visita a su médico", el paciente termina por confesar el crimen cometido en su adolescencia. Más tarde, durante uno de sus recurrentes estados de insomnio (capítulo 11), Leo tiene una pesadilla en la que su psiquiatra, violando el secreto profesional, le denuncia y le inculpa, retroactivamente y "sin pruebas materiales, solamente en base a deducciones psiquiátricas" (163, 164, 167), del crimen del baldío. Nada más tomar en consideración este escenario, Leo se propone eliminar físicamente a su médico para impedir la hipotética traición de este último. Significativamente, el asesinato imaginario se lleva a cabo con la ayuda de un cenicero de piedra (167). En el capítulo 12, Leo, temiendo que la investigación abierta por la policía incluya interrogatorios a sus conocidos, contempla, por segunda vez, la posibilidad de que el psiquiatra recuerde su implicación en el incidente del baldío (175).

Constatamos que el paciente acaba odiando al analista tanto como a la policía. Junto con una serie de factores que enumeraremos en nuestro apartado siguiente, la evaluación negativa a la que se ve sometido el terapeuta de Leo (ojo omnisciente, espía desleal, catalogador de perversiones) constituye una refutación explícita de la tesis freudiana.

Asuma quien asuma la función detectivesca en *BAA*, nadie se la ve atribuida sin reservas, cosa que tampoco ocurre con las otras instancias-clave del relato que hemos evocado. En su reelaboración de la novela policiaca, Manuel Puig ha superado las evidencias características del género, género que ha transformado en una virtualidad bastarda, en una fértil coexistencia de elementos heterogéneos, cuando no opuestos. Por su utilización particular de las normas del género negro, el autor argentino debe ser considerado uno de los precursores del actual renacimiento de la novela policiaca, cuyo principal representante en el ámbito hispanoamericano es sin duda el mexicano Paco Ignacio Taibo II.

2.3.3. Reescritura paródica del discurso psicoanalítico

Se han publicado varias aproximaciones dignas de mencionar con respecto al psicoanálisis como modelo básico de elaboración de *BAA*. Destaquemos dos de ellas, divergentes entre sí: la de Roberto Echavarren (1977), que considera la doctrina de Freud un instrumento heurístico de primerísima importancia a la hora de interpretar la obra de Puig, y la de Elías Miguel Muñoz

(1987a : 49-55), que subraya más bien las connotaciones irónicas que aquélla cobra en la tercera novela del autor argentino.

Creemos, con Muñoz, que un cuadro clínico como el de Leo presenta demasiados ingredientes clásicamente freudianos como para ser tomado totalmente en serio. Una densidad patólogica tan desproporcionada no puede sino alertar el sentido crítico del lector[17]. Pero dejamos de estar de acuerdo con él cuando rechaza el psicoanálisis en favor de un impreciso (e improbable) orden utópico. Opinamos que en *BAA* el psicoanálisis es sólo uno de los modelos de interpretación que recibe tratamiento paródico. Cabe subrayar una vez más el aspecto 'cara de Jano' de tal práctica narrativa, ya que aquí se actualiza plenamente. Si el psicoanálisis recibe especial protagonismo, lo debe al hecho de haber estado muy de moda en la Argentina de los años setenta. Por su forma de proceder, Puig demuestra que, proyectada sobre el comportamiento de un personaje complejo como Leo, esta doctrina es capaz de proporcionar una sistematización coherente e interesante de una serie de acciones a primera vista contingentes y opacas, pero que, al igual que otros modelos explicativos, deja de funcionar cuando se institucionaliza y pierde de vista su intrínseca arbitrariedad, su condición de metarrelato teleológico. A fin de poner de relieve los límites de esta teoría y su excesivo determinismo, Puig ha construido uno de sus protagonistas rigurosamente de acuerdo con los postulados de Freud. El resultado es, según el punto de vista que se adopte, alucinante o hilarante. Veamos ahora de qué rasgos y antecedentes estereotípicos se compone este personaje, y descubramos las causas del trauma de la impotencia que marcará su personalidad.

La madre de Leo muere cuando éste ha cumplido tres meses (**ausencia de la madre**). El chico ve por primera vez a su padre, que trabaja fuera de la capital, a los siete años de edad. Será por tanto criado por sus hermanas Amalia y Olga. Como consecuencia de esta **falta de un modelo paterno**, su superyó no se internalizará satisfactoriamente. La escena que explica la mayoría de sus posteriores trastornos sexuales se produce en su temprana infancia. De acuerdo con la teoría de Freud, se articula alrededor de unos juegos eróticos del niño con su hermana menor Olga (**motivo del incesto**). Leo disfruta particularmente el 'juego de la hormiguita': Olga le hace cosquillas de la planta del pie hasta la ingle para finalmente "tironear del diminuto miembro viril" de su hermano (85)[18]. El padre, en un regreso intempestivo, pone fin a esa etapa de juegos. Humillada, Olga descarga su rabia en Leo y se niega categórica y repentinamente a retomar el juego, decisión que Leo interpreta como un castigo inmerecido. Cuando la hermana mayor Amalia va corriendo a su cuarto llorando, el niño cree que llora porque él se ha portado mal. A raíz de este incidente y de la interrupción de su primer contacto sexual, se desarrollan en Leo un intenso sentimiento de culpa, una vergüenza sexual (**miedo a la castración**), una tendencia a la autodegradación (**masoquismo**) y una actitud ambigua hacia las mujeres (el 'imítame/no me imites' de Bateson).

El hecho de ocupar, en su primera experiencia sexual, una posición pasiva - posición que en la visión de Freud se sitúa automáticamente del lado de la mujer - provocará una **tendencia latente a la homosexualidad** y explica por qué la sexualidad será fuente de ansiedad, frustración e insatisfacción.

En el primer encuentro sexual de su adolescencia, Leo sufre problemas de erección (**impotencia**) que le traicionarán en los momentos decisivos (101, 103, 105, 111, 118), y que intentará compensar con sesiones masturbatorias (única escapatoria cuando la violencia de sus erecciones le mantienen insomne), con la agresividad incontenible de sus acciones (viola y golpea a un homosexual en un baldío, ataca a su esposa cuando ésta le reprocha su impotencia...) y con sus visitas periódicas a las prostitutas, únicos seres en cuya compañía logra alcanzar un orgasmo pleno (96-97). Para Leo, la violencia es, por tanto, parte integrante del acto sexual, y la imposición del poder marca cada una de sus experiencias eróticas, como si, en cada descarga de dolor (**sadismo**) que ocasiona, devolviera a su hermana el golpe recibido y afirmara su superioridad. Podríamos decir que la culpabilidad inherente a la castración de su yo no puede olvidarse en el momento del placer y necesita ser transferida al sufrimiento de la mujer. De esta suerte, su masculinidad brutal no es otra cosa que la imposibilidad de aceptar el goce mutuo (Echavarren 1977: 161). Finalmente, el **exhibicionismo** de Leo proviene de fantasías fijadas en el período de su niñez y de los juegos con Olga; será reforzado por un desarrollo genital prematuro y exagerado, y por el asombro y la admiración de los que pueden verlo.

En el capítulo culminante del libro, el 13, todos los elementos que condicionan la sexualidad de Leo aparecen integrados en una verdadera escena primaria (Echavarren 1977: 150). Si nos detenemos en los modelos simbólicos que orientan las sensaciones del protagonista, observamos que éstos comparten una ambigüedad en lo que se refiere a la típica polarización freudiana virilidad/castración. Semejante ambigüedad apunta inevitablemente a una fractura inminente del ideal del superhombre.

El primer modelo mencionado (187) es el dios Hermes esculpido por Praxíteles, figura hallada entre las ruinas de Olimpia a la que le faltan el brazo derecho y el miembro viril. Representa el ideal divino de belleza característico de la cultura helénica. Es de proporciones perfectas, pero manifiesta una tendencia al realismo, de lo que se deduce que Praxíteles "[...] no habría seguido las normas de sus antecesores - las cuales pretendían que la representación minimizada de los genitales masculinos era signo de buen gusto - y por lo tanto habría dotado al dios de un órgano vigoroso."(187).

En segundo lugar, Leo se identifica con la imagen de San Sebastián en el Juicio Final pintado por Miguel Angel en la Capilla Sixtina (187-188). Mártir por su castidad, el santo destaca por su fuerte físico y por el tamaño de su órgano genital, que en el fresco sólo se sugiere: "Apenas el extremo de un lienzo le cubre parte de la ingle, pero toma la forma del miembro que oculta, de volumen decididamente mayor al de las otras figuras masculinas imaginadas por Miguel Angel" (187-188). Simultáneamente, en esta fase Leo pasa de la inicial sensación de mutilación (imagen del dios Hermes) al esbozo de una erección

("[...] el miembro ya tieso, no cubierto sino enmarcado por los pliegues de la toalla {que Leo lleva arrollada a la cintura}." (188)). Observamos que los dos primeros modelos revelan la tendencia homo-erótica de Leo, al originarse en la época artística más gloriosa de unas sociedades (Grecia helénica, Roma imperial, renacimiento italiano) en las que el comportamiento homosexual era una pauta aceptada.

Sin embargo, la virilidad de Leo lleva camino de manifestarse de forma indudable en la asociación con el tercer modelo, Sigfrido, protagonista de *El anillo de los Nibelungos* en la versión operística de Wagner (189-191). Los paralelismos entre personaje y modelo son obvios: ninguno de los dos conoció a sus padres, ambos poseen una fuerza descomunal y una vigorosa masculinidad. Ahora, el agresor es Leo, no con el revólver, que abandona, sino con el órgano con el que va a penetrar a Gladys.

Pero, contrariamente a lo que se prevé en las teorías de Freud, en la ficción de Puig, esta escena aparentemente primaria no aspira a ser una reconstrucción. El lector conoce de antemano el carácter apócrifo que preside la operación; sabe que Leo la ha configurado para engañar a María Esther. La escena primaria queda, por tanto, falsificada radicalmente por el texto que ratifica lo artificioso de su construcción. Con una perfecta lógica paródica, la hazaña sexual con la que Leo pensaba deslumbrar a su espectadora María Esther termina igualmente abortada: la interrumpe la entrada repentina del portero del edificio - repetición de la visita inoportuna del padre en la época de los juegos eróticos infantiles - en el preciso instante en que Leo está a punto de superar sus imaginaciones masoquistas y de conjurar su eterno sentimiento de culpa ("[...] y {Leo} me dijo que si ella {Gladys} no se hubiese soltado cuando les golpeamos la puerta, hubiesen terminado lo que tenían que terminar, pero que ahora todo se había jodido [...]" (197). De nuevo, le es imposible a Leo recuperar la virilidad, con lo cual el goce sexual compartido parece definitivamente fuera de su alcance. De esta escena particularmente importante es, además, lícito concluir que la terapia psicoanalítica a la que Leo se ha sometido voluntariamente no ha llegado más allá de la sublimación. La incapacidad del paciente para el amor no ha desaparecido, y la novela desemboca en el catastrófico accidente de automóvil, que significa la muerte del protagonista.

El hermafroditismo de Leo constituye una desviación significativa con respecto a la norma freudiana que postula la incompatibilidad de los polos masculino (activo) y femenino (pasivo). El afán del personaje por superar la indeterminación sexual, y la crispación que provocan sus fracasos sucesivos deben leerse, en nuestra opinión, como una crítica implícita, por parte del narrador extradiegético, de la teoría fundamentalmente dualista, patriarcal y falocéntrica de Freud.

En este contexto, es importante señalar que Freud no consideraba que los síntomas de sus pacientes (femeninas) fuesen la consecuencia de un descontento respecto a los límites impuestos por la sociedad, sino la manifestación de una tendencia femenina universal e independiente. Esta tendencia es lo que Freud denomina 'envidia del pene', cuyo origen se remonta, según él, a las primeras experiencias infantiles; tal como lo presenta, el miedo a la castración tiene su origen en la comprobación de que la madre carece de pene. En *BAA*, Leo no descubre la falta de pene en la madre muerta, sino al espiar a su hermana Olga ("Olga tiene una plantita" (86)). Se vuelve a encontrar la expresión de la 'envidia del pene' en el capítulo 13, cuando Leo se imagina un bébé bañado (él mismo) por una madre ciega (su madre muerta). Los cuidados higiénicos de la madre provocan la excitación del órgano genital del bebé, que resulta ser un sexo adulto. La reacción de la madre se plasma, significativamente, en "una mueca de asco y espanto" (185-186) que desfigura su rostro. La amenaza de la castración se prolongará en todas las experiencias sexuales del protagonista, cuyos esfuerzos convergen en demostrar que es un hombre 'normal', es decir, heterosexual.

En esta 'envidia del pene' basa Freud su teoría de la psicología femenina, cuyos pilares fundamentales son la pasividad, el masoquismo y el narcisismo. La mujer es, al fin y al cabo, un ser incompleto, un parásito. Las teorías freudianas sobre la mujer suponen también que el descubrimiento de su propio sexo significa para la niña una terrible catástrofe, responsable de la mayoría de sus rasgos temperamentales y cuyo recuerdo no dejará de acosarla el resto de su vida. Esta visión, de la que se derivan esencialmente tanto la psicología como el psicoanálisis modernos, gira, pues, en torno a una trágica experiencia original: el hecho de haber nacido hembra, experiencia que equivale a haber venido al mundo 'castrada'. Según dicha visión, Gladys, adolescente, asocia el sexo con "el terrible dolor que significaría ser poseída por un hombre" (35) y cuando se entera de que su amiga Fanny ha tenido relaciones sexuales con su novio, "imagina la profunda herida de la carne de Fanny, lo único visible era la herida blanca y rosada como el tocino, en ese abismo negro donde se escuchaba correr un río que no se veía, y que podía ser rojo sangre" (36). Después de vencer su pánico, Gladys emprende la búsqueda del falo, el encuentro con una realidad sexual que sospecha le ha sido negada. Mientras Freud conceptúa a la mujer como un ser inferior que prosigue indefinidamente su búsqueda fálica mediante la maternidad, considera la virilidad un fenómeno superior por naturaleza y dota así de fuerza simbólica ciertos factores biológicos.

En *BAA*, Manuel Puig problematiza el psicoanálisis y sus perspectivas emancipatorias. Para él es la trampa discursiva privilegiada de su época - trampa, por lo demás, ingeniosa y atractiva en la que él mismo confiesa haber caído. Su demistificación del 'caso clínico' ha contribuido a socavar los fundamentos de la hipótesis represiva y compensatoria, sobre la que volveremos y contra la que también ha arremetido Michel Foucault. Como veremos en nuestro apartado sobre la concepción del poder, el filósofo francés llega a la conclusión de que la ironía del psicoanálisis radica en que creía inaugurar el paraíso de la libertad sexual, cuando, en realidad, sólo ha conseguido desplazar el epicentro de la represión. Foucault cuestiona la singularidad del pensamiento freudiano y afirma que éste ha terminado por hacerse solidario de los discursos y de las prácticas que combatió en el momento de su nacimiento. Contrariamente a las apariencias, el psicoanálisis sigue siendo fundamentalmente metafísico porque aspira al control, la inteligibilidad, la plenitud y la identidad, o, concretamente, porque pretende que, al forzar el secreto del sexo, se obtendrán la liberación humana y el fin de la represión.

El psicoanálisis pertenece a un dispositivo cuyo surgimiento histórico es contemporáneo a los fenómenos de normativización, internalización y medicalización del poder. La modalidad autoritaria a la que recurre es la del autoexamen, la técnica más eficaz del poder en la sociedad moderna, que implica que el sujeto trabaja activamente para reducir su propia indisciplina. Por iniciativa propia, Leo toma la decisión de entablar, desde el sillón de un analista, el diálogo con su pasado de obseso sexual y de supuesto homicida: "Para asumir plenamente la responsabilidad que ese prestigio implicaba {el de jefe de la redacción}, Leo decidió iniciar tratamiento psicoterapéutico, en nombre de la revista más que para beneficio personal." (102). Como señala Foucault (1976: 83) esta 'escucha clínica' aparece como el último - hasta ahora - avatar de la vieja confesión que ha sido desde la Edad Media la hermana gemela de la tortura.

Tanto la anteriormente comentada asociación entre psiquiatra y detective, como la que Puig establece entre terapeuta y padre confesor ironizan el estatuto epistemológico especial del que goza el psicoanálisis y ponen de manifiesto su complicidad con el poder. La relativización de las pretensiones de la doctrina de Freud no es obstáculo para que la vertiente 'homenaje', siempre incluida en la práctica paródica, esté presente en *BAA*. Semejante actitud de 'doble vínculo' por parte del autor se proyecta, temáticamente, en la relación de transferencia que existe realmente entre Leo y su médico y que entraña simultáneamente sentimientos de afecto, manifestaciones de confianza (confesión del crimen del baldío), y reacciones de hostilidad.

Por ahora, cabe concluir que los trastornos sexuales que acusan los personajes de la novela no se pueden achacar exclusivamente a las características de un determinado régimen social (premisas marxistas que dominan en la obra de autores argentinos como Masotta (1990), Sebreli (1990)...) o moral (privación, abstención, tabuización...). La entrada en el orden simbólico, que coincide con la edad adulta, presupone para cada individuo, hombre o mujer, cierto grado de 'castración'. La realización de la plenitud se identifica con la búsqueda de un goce que está siempre por llegar, de una presencia que está perpetuamente disociada y diferida. En este sentido, no es tan absurdo como lo parece considerar al hombre y a la mujer sendas variantes de la 'archi-mujer', figura ya no marginal, sino central por su experiencia de la carencia irreductible[19].

Es obvio que teorizaciones como la arriba mencionada sólo prosperarán si se asume que ni siquiera en el caso de que se corrijan las injusticias del psicoanálisis, invirtiendo la jerarquía 'falogocentrista', masculinizando a la mujer o feminizando al hombre, se conseguirá eliminar la desigualdad. Aun con las adquisiciones democráticas firmemente establecidas, el poder se seguirá ejerciendo y contraerá alianzas tácticas cuando lo juzgue oportuno y donde menos se lo espere.

2.3.4. Reescritura paródica del discurso hollywoodiano

En las páginas que preceden, hemos dejado constancia de que, hablando estrictamente y en virtud de su doble codificación, *BAA* no es una verdadera novela policiaca y que tampoco reúne las características necesarias para ser llamada 'novela psicoanalítica'. Ahora nos proponemos demostrar que la parodia se aplica asimismo a la psicología sexual romantizada de las películas hollywoodianas citadas en la obra. Esta demostración se efectuará en dos etapas: en 'parodia' (2.3.4.) examinaremos dos aspectos muy concretos del reciclaje de modelos cinematográficos que se lleva a cabo en la novela. Bajo 'poder' (2.5.1.4.) analizaremos las connotaciones ideológicas que las películas seleccionadas vehiculan y la luz que éstas arrojan sobre el proceso mimético, o, dicho de otro modo, la influencia que tienen en la vida y en la producción artística de Gladys.

Cada uno de los dieciséis capítulos de que consta *BAA* va precedido de un epígrafe[20] que orienta la lectura del episodio en una dirección determinada. Estos epígrafes son transcripciones de diálogos y acotaciones escénicas de películas norteamericanas (con la única excepción del capítulo 12, cuyo epígrafe está tomado de *La muerte del cisne*, película fabricada según los patrones de Hollywood, pero protagonizada por la actriz argentina Mecha Ortiz) de los años 30 a 50, que expresan las ambiciones y los deseos de los protagonistas, principalmente de Gladys.

La relación intertextual entre epígrafes cinematográficos e información narrativa no es evidente a primera vista, ya que aquéllos no se superponen automáticamente a ésta, sino que se yuxtaponen de forma oblicua, ofreciéndose como pautas que actúan en el subconsciente colectivo de los personajes, más por contraste que por identificación con los mismos.

El epígrafe que encabeza el ya evocado capítulo 13 establece una relación de identidad con el episodio que sigue. Pertenece a la película *Fatalidad*. Un general austrohúngaro, detenido por Marlene Dietrich, le dice: "Qué noche encantadora habríamos pasado si usted no hubiese sido una espía y yo un traidor" (179), subrayando así el tema de la traición, que en la novela reviste sucesivamente las formas de la delación, la denuncia y la descalificación, y el del voyeurismo. La réplica de Dietrich ("En ese caso jamás nos habríamos conocido") pone de relieve la solidaridad de dos papeles que parecen excluirse mutuamente (en el caso de Leo y de Gladys, la intercambiabilidad de los papeles de víctima y de verdugo).

En otras ocasiones, la relación entre epígrafe y capítulo es de tipo burlón. Así, la escena en la que un hombre (Leo) apenas cubierto de una toalla contempla a una mujer (Gladys) desnuda, atada a la cama, que corresponde al segundo capítulo, viene introducida por una cita extraída de *La princesa de la selva*, "[...] primera película de Dorothy Lamour y la que hizo famoso el sarong con que se envolvía el cuerpo la estrella" (Rodríguez

Monegal 1974: 388). Leo aparece también envuelto en una toalla que hace las veces de sarong. Pero aquí se terminan las analogías, ya que la situación en la que se encuentra la princesa y la canción que canta ("[...] Melodías que abren paso/entre plantas de bambú,/entre luz de luna y sombras/cuando te me acercas tú.// En la noche de la jungla/me asusta la oscuridad,/pero con tu abrazo fuerte/mi temblor aquietarás.//" (17)) presenta una total incongruencia con el estado de impotencia absoluta a la que está condenada Gladys[21].

Enunciaciones irónicas como ésta, en las que el narrador extradiegético tiene la última palabra, contribuyen a sellar un pacto de complicidad entre la instancia narrativa y el lector[22].

La carga paródica de estas citas (ya de por sí cursis) resulta reforzada por el lenguaje ampuloso de su traducción argentina (versiones recogidas en las revistas argentinas de cine-novela) y por las referencias a los personajes de las películas, al ser utilizado el nombre cinematográfico de la diva (según Umberto Eco el modelo propuesto en su estado más puro) en vez del personaje que representa (Rita Hayworth, Marlene Dietrich, Hedy Lamarr), o, en el caso de ser de personajes secundarios, por el arquetipo de la función que desempeñan ('galán', 'joven apuesto', 'fiel acompañante') (Rodríguez Monegal 1974: 390).

2.3.5. Reescritura paródica de la 'midcult'

Este punto será tratado más ampliamente bajo 'modelos miméticos de Gladys' (2.5.1.). Aquí nos limitaremos a señalar el fenómeno.

El registro de la 'midcult', hija bastarda de la 'masscult', se nos aparece "[...] como una corrupción de la alta cultura, que, de hecho, se halla sujeta a los deseos del público, como la 'masscult', pero que aparentemente invita al fruidor a una experiencia privilegiada y difícil." (Eco 1993: 95; énfasis del autor).

En los capítulos 3 y 6, donde se nos exponen, respectivamente, los acontecimientos más importantes de la vida de Gladys y de Leo, las biografías de ambos personajes llevan subtítulos de tipo 'midcult', que parecen salir del *Reader's Digest* ('Vocación', 'Primeros bailes', 'De común acuerdo con sus padres', 'Faz estacionaria'...). Pero sobre todo en el primer capítulo, a través de la figura de Clara Evelia, se copia la cursilería de la clase media porteña, su tendencia a percibir lo real según unos cánones elevados y a disfrazar todas las informaciones de Experiencias Estéticas. En virtud de su profesión de declamadora, Clara tiene especial predilección por las comparaciones líricas (al referirse, por ejemplo, al ojo de Gladys, lo asocia a un colibrí: "[...] el ojo resultó tan hermoso al pintarlo por primera vez [...] parecía un colibrí posado en su cara, [...] el ojo celeste con el párpado verde y las pestañas azabache como las alas y la colita erguida del colibrí."(15)). Esta manía de Clara de citar versos fuera de lugar constituye un importante eslabón en la cadena de mediatizaciones miméticas que determina el comportamiento de su hija Gladys.

2.3.6. Otras reescrituras

Bajo esta rúbrica, agrupamos las reescrituras paródicas de los registros que no sometemos a análisis por juzgar evidentes sus implicaciones interpretativas, y el registro del 'mal gusto' o 'kitsch' que indagaremos en nuestro análisis de la decimotercera entrega de *Boquitas pintadas* y en nuestro capítulo sobre *Cae la noche tropical*. Se trata de:

- el registro oficial de los partes policiacos (capítulos 5 y 10)

- el registro clínico, presente en la 'autopsia médico-legal' de Leo (201-202), documento que ofrece la particularidad de ir acompañado de una versión aumentada y apócrifa, las 'reflexiones omitidas en la autopsia médico-legal' (202-204).

- el registro periodístico con sus estereotipos lingüísticos y sus abundantes implicaciones ideológicas, que se ponen de manifiesto en los titulares sensacionalistas del diario que lee el policía de turno (titulares del tipo "Quemó la casa con la amiga adentro", "Audaz asalto en Rosario: roban cuatro millones", "Cuatro sádicos menores", "Quitóse la vida tras envenenar a sus dos hijos" (156-158)).

- el registro melodramático del 'mal gusto' o 'kitsch' característico del folletín, de la prensa amarilla y femenina, de la radionovela, de la canción popular, de la película de serie B... En *BAA*, sus típicos estilemas (acaramelado sentimentalismo, redundancia, desmedida, imposición del efecto prefabricado), se encuentran diseminados por todo el libro, con una concentración particularmente densa en el capítulo 7, que reproduce la exaltada entrevista de *Harper's Bazaar*.

Con la enumeración que precede, no pretendemos haber agotado las posibilidades paródicas de *BAA*; lo único a lo que aspiramos es a ofrecer ejemplos significativos de técnicas narrativas (narrador omnisciente tradicional, focalización externa), discursos (psicoanálisis), estilemas (kitsch) y matrices genéricas (novela policiaca, cine hollywoodiano) que se dan cita en esta novela. La evidente intencionalidad de la superposición de códigos hace destacar la condición imitativa de los estereotipos insertados, al tiempo que neutraliza el fetichismo de ciertos lenguajes cultos. Conduce, asimismo, al receptor hacia una interpretación que tenga en cuenta estas actitudes.

Reconciliando todo un abanico de cánones establecidos, el autor alude a cómo se entrecruzan unas prácticas artísticas con otras, y a cómo se interpenetran las fronteras entre estilos considerados incompatibles. La negativa de Manuel Puig en *BAA* a conformar un universo autosuficiente contribuye a deconstruir la división en tres pisos (alto - midcult - masscult), "[...] esa concepción hojaldrada del mundo de la cultura" (García Canclini 1992: 15), y hace posible circular por las escaleras que comunican esos pisos, o, mejor, rediseñar los planos que los configuran.

2.4. El poder en la sociedad posmoderna
2.4.1. Manuel Puig y la hipótesis represiva: textos y paratextos

De lo anteriormente expuesto se deduce que en *BAA* Manuel Puig pone en tela de juicio los abusos del poder. Ahora bien, va siendo hora de que sometamos a examen un concepto tan central en la novelística de nuestro autor. Constataremos pronto que la noción de poder, al igual que las de querer y de saber, lleva el sello de la ambivalencia.

A juzgar por sus declaraciones públicas, Manuel Puig, a la hora de precisar su visión del poder y, más específicamente, de la opresión sexual, apoya sin vacilar la hipótesis represiva, la gran alternativa freudo-marxista de las ciencias humanas a la tabuización sexual. Los partidarios de esta hipótesis analizan el sexo según las categorías de prohibición y de transgresión. A las estructuras que lo frenan oponen una naturaleza libre del sexo. El gran modelo de Puig, entre sus principales representantes, ha sido Herbert Marcuse, teorizador por excelencia de la civilización represiva. Ya en *Eros and Civilisation* (1955), Marcuse emprendía la defensa del disidente sexual, promoviéndole a la categoría de un revolucionario que lucha contra las pautas sexuales de una cultura conservadora. En su obra de 1964, *One-dimensional Man. Studies of Advanced Industrial Society*, que ha ejercido una honda influencia en *El beso de la mujer araña* (Amícola 1992: 67 y ss), Marcuse cuestionaba la idea de la unidimensionalidad que la cultura imprime a sus miembros. En su opinión, la era tecnológica, partícipe en una gigantesca confabulación, produce una desublimación controlada y reduce de este modo, deliberadamente, el caudal imaginativo de la población. Por un lado, Marcuse estaba profundamente sumergido en aquel contexto pesimista que equipara irremediablemente sociedad y dominio. Por otro, buscaba sin tregua todo aquello que pudiera conducir a la emancipación.

En Manuel Puig, volvemos a encontrar, hasta cierto punto, esta tensión entre pesimismo social y optimismo o utopismo emancipatorio. Son abundantes las intervenciones del autor que apuntan en la dirección 'represiva' (por ejemplo, Montero 1988 y Bacarisse 1994: 220). Una lectura superficial de *BAA* parece confirmar esta línea de pensamiento: la actitud despótica de Leo, cuyo falo domina la organización de su vida, y el sometimiento de Gladys coinciden con ella. Sin embargo, esta primera impresión queda parcialmente invalidada por el énfasis puesto en la colaboración de la víctima Gladys (que antepone la conquista del amante ideal a su carrera plástica) y en el sufrimiento constante del verdugo Leo. Mediante tales contraindicios, el narrador extradiegético sugiere que pocas prácticas represivas (la discriminación de la mujer, la colonización de un país, la prolongación de una dictadura) lograrían imponerse y, menos aun, mantenerse si no contasen con fieles ayudantes y abnegados cómplices. Dentro de la misma lógica, el recurso del autor al falocentrismo para explicar las tendencias fascistoides argentinas da a entender que Puig no es de los que intentan defender la inocencia global del ser humano. En lugar de achacar sistemáticamente la culpa a los demás, el autor argentino procede siempre por auto-inclusión, implicándose a sí mismo en la poco ortodoxa categoría, mixta y cambiante, de los 'oprimidos opresores' o de los 'opresores oprimidos'.

Volviendo a las entrevistas en las que Puig reivindica abiertamente la emancipación sexual, descubrimos en ellas huellas indiscutibles de escepticismo. En más de una ocasión, la hipótesis represiva aparece rodeada por el 'doble vínculo' y acompañada de una interrogación, de la sospecha de que nadie es inocente. A Puig le intriga la complicidad de personajes como Gladys, Molina o Ana. Esta ambivalencia, ya observable en *BAA*, se refuerza en las novelas posteriores. Existe cada vez menos esa ideología marcuseana de la 'zona franca' donde los sometidos podrían gritar su sumisión, pero crece, en cambio, la conciencia de que el sexo no se sustraerá nunca al ámbito del poder. En *El beso de la mujer araña*, Puig analiza los mecanismos destructivos que se dan en la relación homosexual, en contra de la idealización que circulaba en los ambientes gay y lesbiano. En la misma novela así como en *Pubis angelical*, critica la retórica marxista de respectivamente Valentín y Pozzi. Es como si Puig rechazara continuamente sus fórmulas pasadas, como si en cada libro borrara una utopía y reescribiera a las anteriores. Pero donde el símbolo utópico se desmorona por completo es en *Sangre de amor correspondido*. Sin desolidarizarse de los grupos que siempre han podido contar con su ayuda, Puig se percata con creciente lucidez de que no hay palabra incontaminada, de que, a largo plazo, cualquier maniqueísmo o cualquier transparencia resultan insostenibles.

Esta constante fluctuación entre dominio y complicidad recuerda una de las preocupaciones centrales del posmodernismo. Según Linda Hutcheon, el poder contemporáneo produce, precisamente, "[...] a strange kind of critique, one bound up, too, with its own **complicity** with power and domination, one that acknowledges that it cannot escape implication in that which it nevertheless still wants to analyze and maybe even undermine." (1989: 4; énfasis del autor). Pero se da la paradoja de que esta complicidad no corresponde a una "[...] full affirmation or strict adherence; the awareness of difference and contradiction, of being inside and outside is never lost [...] in the postmodern."(Hutcheon 1989: 14).

2.4.2. Del poder jerárquico al poder mimético

La interpretación posmoderna a la que se presta la obra de Puig acarrea por fuerza un replanteamiento, probablemente intuitivo, del concepto 'poder'. Las interrelaciones cada vez más complejas que se dan en sus novelas indican que el autor, por considerarlo inoperante, ha abandonado el esquema de una gran división binaria entre perseguidores y perseguidos, la idea de un sistema general y lineal de dominación. Tal reconsideración corre parejas con el proceso de transformación del propio poder, transformación que se inicia con la sociedad burguesa (cuya instauración tiene lugar a partir de la Ilustración (Gebauer & Wulf 1995: 172)), se acompaña de un mayor protagonismo de las actitudes simbólicas y culmina en la sociedad posindustrial.

En sociedades modernas y democráticas, donde apenas cuentan la superioridad de sangre ni los títulos de nobleza, el consumo se vuelve un área fundamental para instaurar y comunicar las diferencias, y principalmente el consumo del capital simbólico, separado de las urgencias de la vida práctica.

Si se vuelve a formular esta evolución en los términos de René Girard, cabe esquematizarla diciendo que hemos pasado gradualmente de un universo jerárquico cerrado, de fuerte cohesión interna sancionada por un sistema de rituales (o sea, de una sociedad que funciona por mediatización externa) a una sociedad secularizada tributaria de las ideas modernas de igualdad (sociedad regida por los principios de mediatización interna y recíproca), que ha abierto las perspectivas de una humanidad capaz de operar sobre su propia historia. A partir de esta nueva constelación, la noción de cultura exige una reelaboración y una reformulación[23]. Esta nueva situación histórica y social (participación de las masas en las cuestiones públicas y ensanchamiento del área de consumo de las informaciones) tiene, claro está, hondas repercusiones en el ejercicio del poder. En lugar de haber desaparecido o de haberse neutralizado, éste ha cambiado de índole: se han multiplicado sus focos de irradiación y su influencia se ha infiltrado en la vida cotidiana, dando lugar a un incesante flujo de modelos y a una compenetración creciente entre mundos simbólicos y realidad empírica. Las nuevas modalidades de legitimación, que la descomposición de valores y la sucesión acelerada de mediadores someten a reorganizaciones periódicas, ya no se imponen por la fuerza, sino que son asimiladas e internalizadas de manera voluntaria y comparativa por los ciudadanos en un impulso mimético, globalmente inconsciente y confuso, tal como lo subraya Girard en *Mensonge romantique et vérité romanesque*. Bajo el impulso de instrucciones, modelos y prescripciones, los sujetos contemporáneos se ven llevados a modificar sus preferencias y proyectos con arreglo a las necesidades de la organización social o institución profesional a la que pertenecen. Estos procesos comienzan ya en el seno de la familia, y de una manera u otra ya no se detienen nunca a lo largo de la vida del individuo (Gebauer & Wulf 1995: 172).

Asistimos, en otras palabras, a una continua modelación y remodelación de los gustos colectivos por parte de los grandes aparatos de la persuasión constituidos por los medios de comunicación, la publicidad, los centros comerciales, la industria cultural..., que sugieren al público lo que debe o cree querer o merecer. Los gustos no son dictados por un cálculo político deliberado, tampoco son transmitidos por oscuras entidades de manipulación. Si podemos dar crédito a las investigaciones más recientes, los mecanismos de condicionamiento funcionan de manera mucho menos homogénea y previsible de lo que han pretendido los neomarxistas de la Escuela de Francfort. Son innegables las tentativas de dirigir la opinión, pero es igualmente innegable que tales maniobras, que nos conciernen y contaminan a todos, no se dejan programar al cien por cien, ya que generan efectos no deseados que obedecen a principios intangibles y paradójicos como por ejemplo la actualmente muy debatida contraproductividad.

Sea como sea, el que detiene hoy en día un poder coercitivo es el mismo que logra intervenir activamente en la confección y difusión de modelos de comportamiento; es el que moviliza determinadas fuerzas miméticas (Gebauer & Wulf 1995: 3).

Así y todo, el comportamiento miméticamente determinado del hombre moderno encierra una paradoja irreductible: la contradicción[24] aparente entre el deseo de autonomía, de diferenciación a cualquier precio, y el hecho de que cada uno cree obtener esta autonomía doblegándose a los mismos cánones, pensando y deseando conforme a unos designios prescritos por los mismos proveedores de modelos. En igual medida en que hay persuasión, se suele afirmar enérgicamente que no la hay, que todo es elección propia del individuo. El hombre de la civilización posindustrial de masas es - lo han mostrado sociólogos y semióticos tan diversos como Ivan Illich y Umberto Eco - un hombre mucho más heterodirigido de lo que piensa. El peligro de la homogeneización del gusto nace, por tanto, precisamente en la sociedad en la que cada uno se imagina escoger los modelos de comportamiento según un criterio individual, sin apercibirse de que dicho comportamiento individual se articula según la determinación continua y sucesiva de unas pautas colectivas. Las sociedades (pos)modernas necesitan a la vez la difusión - ampliar el mercado y el consumo de los bienes para acrecentar la tasa de ganancia - y la distinción - que recrea los signos que diferencian a los sectores homogénicos para contrarrestar los efectos masificadores de la divulgación.

En la obra de Manuel Puig subyace una conciencia latente de la paradoja arriba evocada. En todas sus novelas se constata la persistencia de un 'tercer término' (el modelo/rival) que se interpone entre sujeto y objeto, de una instancia inestable que desactiva el paradigma binario.

El actual bombardeo comunicativo puede provocar la habituación o el rechazo. La posición que Puig ocupa frente a la multiplicidad de mensajes es moderada. No estigmatiza la civilización en que le ha tocado vivir, pero tampoco la aplaude. Sus personajes no son ni los hombres unidimensionales de Marcuse (lo son cada vez menos), ni tampoco los habitantes felices de la nueva aldea global de MacLuhan. Mientras la tesis de la represión enfoca los modelos exclusivamente en términos de factores de manipulación y describe al individuo como presa, suponiendo que, si no fuera por estas influencias nefastas, se le podría atribuir una naturaleza auténticamente libre, las hipótesis de trabajo de Manuel Puig nos aparecen como mucho más escépticas. El autor sabe de sobra que un estado de libertad total sería tan inconcebible como indeseable: liberarse por completo del poder es un proyecto que conduce a fantasías de crear un nuevo tipo de ser humano - fantasías como las pudo alimentar un Hitler o un Mao. La suya no es ya una aspiración nostálgica por el regreso de modos de vida no alienados. Pero, por otra parte, se niega a creer que el individuo se halle indefenso ante una situación de dominio insoslayable y considera la conquista de limitadas parcelas de libertad individual al alcance de cada uno. Y es que la nueva gestión del poder trabaja simultáneamente en direcciones diferentes; si bien establece tiranías mediadoras, ofrece asimismo nuevos estímulos e introduce inesperadas modalidades de desarrollo personal. Es su fe en la reversibilidad de los procesos miméticos y en el derecho de cada ciudadano a intervenir en su desarrollo, la que incita al autor argentino a ver en las mediatizaciones dinámicos aparatos de producción y de reproducción de poder, a interrogarlas en su condición de discursos parcialmente arbitrarios, constantemente construidos, y a los que, si se desea reorientarlos, corresponde desconstruir. El método del que se vale Puig para desafiar la hegemonía de la pasividad y de la evasión y para superar, en un movimiento catártico, la fascinación a la que él mismo ha sucumbido más de una vez, consiste en apropiarse de manera muy personal de los estilos más diversos, sin rechazar ni celebrar lo que parodia. Por su parte, los personajes que pueblan este universo novelístico, se distancian, en mayor o menor medida y cada uno según su estilo, del avasallamiento mimético ateniéndose todos ellos básicamente al mismo principio: dan con su propia forma de expresión utilizando a contrapelo las fórmulas y los materiales que hallan a su disposición. Con su creador comparten asimismo una preferencia por la vía indirecta, como si sospecharan que más vale actuar oblicuamente, puesto que pocas veces se consigue lo que se busca con demasiado ahínco. A esta conclusión llega, por ejemplo, Gladys, que "goza de un orgasmo pleno por primera vez en su vida" (47) cuando menos se lo espera, y que logra un estilo plástico propio cuando prácticamente ha renunciado a la escultura (108).

2.4.3. El poder según Michel Foucault: refutación de la hipótesis represiva; hipótesis nominalista

Michel Foucault es sin duda el filósofo posestructuralista que con mayor perspicacia ha teorizado los avatares del poder en la sociedad moderna. Nos ha parecido, por tanto, instructivo someter *BAA* a una lectura foucaultiana[25]. Con este ejercicio transdisciplinario no queremos sugerir que Manuel Puig se haya inspirado directa o indirectamente en las reflexiones de Foucault, y menos aún que las haya aplicado mecánicamente a su novela; ni siquiera disponemos de datos objetivos (declaraciones públicas del autor o estudios genéticos) que confirmen la influencia de Foucault en Puig. Pero las afinidades existentes en materia de poder entre el novelista argentino y el filósofo francés nos parecen lo suficientemente demostrables como para justificar semejante proyección.

El mapa conceptual trazado por Foucault nos ha facilitado la identificación de las percepciones que han modelado el discurso del poder en la novela que nos ocupa en este capítulo: la opacidad del tema del poder en *BAA*, que ha dado lugar a especulaciones y reproches, pierde parte de su carácter refractario cuando se interpreta a la luz de las 'sistematizaciones asistemáticas' de Foucault sobre las disciplinas normativas y su extensión progresiva en el cuerpo social. Nuestra aproximación deja, además, bien a las claras que la actitud ambivalente adoptada por Puig respecto al poder no indica falta de rigor ni descuido de su parte. El hecho de que las intuiciones del autor argentino se alineen con las de los pensadores más destacados de su época es, en cambio, una muestra suplementaria de su capacidad de discernimiento.

Nuestro punto de partida ha sido el primer tomo de la *Histoire de la sexualité*, *La volonté de savoir* (1976), obra fuertemente polémica al tiempo que programática, cuya perspectiva retoma temas ya tocados anteriormente y será en parte corregida por los dos tomos siguientes[26]. El tratamiento de la sexualidad es sintomático de la manera discontinua en la que Foucault trabaja. Si en *L'ordre du discours* (1971) la sexualidad procede todavía de la prohibición y de la exclusión, cinco años después, en *La volonté de savoir* (1976) - a partir de ahora *VS* - esta misma sexualidad se considera más bien el objeto de una enunciación discursiva organizada por el biopoder. Foucault se pregunta por qué buscamos la verdad en la sexualidad y describe un 'dispositivo de poder' que nos lleva a formularnos tales cuestiones. Más tarde, la amenaza de este poder pasa a segundo plano para hacer lugar a una reflexión sobre un estilo de vida 'posconvencional' no reglamentado por normas sociales. En los tomos 2 y 3 de la *Histoire de la sexualité*, Foucault investiga cómo el hombre occidental llegó a reconocerse como sujeto de deseo. No es concluyente ni persuasiva la transición por la que Foucault pasa del dispositivo del sexo a la relación consigo mismo, definida por el estilo estético y la hermenéutica del deseo. En *L'usage des plaisirs* (1984) y *Le souci de soi* (1984), el lastre de la teoría del biopoder que disciplina los cuerpos y regula las poblaciones, y la polémica con los movimientos de liberación surgidos en el mundo occidental a partir de los años sesenta del siglo veinte, parecen bruscamente haberse eclipsado. Han sido sustituidos por el universo lúdico de un placer que se cultiva lejos de toda actividad social o coacción económica.

Como la evolución posterior del pensamiento de Foucault resulta menos compatible con las líneas directrices de *BAA*, hemos decidido hacer abstracción de los tomos 2 y 3 de la trilogía para concentrarnos plenamente en *VS*. La utopía, no tanto de una sexualidad feliz, sino de un cuerpo de placeres plurales en el que las cosas del amor no formarían un conjunto unificado, nos alejan del sueño tal como aparece sugerido en los finales de las novelas de Puig; un sueño que apunta más bien a la aceptación de las carencias sexuales y a la integración de sexo y amor como única forma de superar la ambigüedad del doble vínculo.

- refutación de la hipótesis represiva

VS ejemplariza el método de Foucault, que consiste en aplicar una forma de historiografía descentrada a un conjunto específico de prácticas de la norma. Este conjunto corresponde aquí a la sexualidad, de la que sabemos que es también la preocupación central de *BAA*. En el primer tomo de su historia de la sexualidad, Foucault elabora una crítica de la dominación sexual, negándose abiertamente a aceptar la hipótesis represiva de orientación freudo-marxista, recusando las definiciones esencialistas del sexo y cuestionando la evidencia y la eficacia del utopismo revolucionario.

El propio Foucault nos ha indicado con precisión cuáles son los elementos que entran en la hipótesis que combate:

- la implicación recíproca de la represión del sexo y de la explotación de las fuerzas del trabajo en la sociedad capitalista (*VS*: 12,13,150,151,173), a la que responde una predicación de la liberación sexual como componente de la revolución política y social (*VS*: 25-26,51).

- la complicidad de la censura moral, del control de las enunciaciones y de la reproducción de las relaciones económicas bajo la dominación de un mismo orden político (*VS*: 62-64,111-113,132,143).

- oposición más general entre una energía tendente a buscar el placer y el orden artificial de las instituciones, la prohibición del incesto en la familia monogámica y en el Estado (*VS*: 95,107-108,146,151). De ahí la hipocresía sexual de las clases dominantes (*VS*: 168), que culmina en la ficción de un 'principio de la realidad' y la subversión global de los valores establecidos de la mentira (*VS*: 126).

Foucault opone dos grandes argumentos al freudo-marxismo:
- su falsedad histórica. Es materialmente falso que la sociedad que se desarrolla a partir del siglo XVIII (*VS*: 92) haya opuesto al sexo un repudio fundamental y que lo haya censurado efectivamente. Antes bien, esa sociedad lo presentó como el objeto de sus constantes cuidados (*VS*: 49). Y es asimismo falso que el trabajo de las masas obreras, del proletariado haya tenido como condición previa una vigilancia castradora del cuerpo sexuado de los obreros (*VS*: 151,158 y ss). En cambio, lo históricamente verdadero es que la sexualidad con sus dispositivos de regulación y de coacción (moral familiar, especialmente la prohibición del incesto, la formación educativa, la medicalización y la psiquiatrización) fue trasladada a la esfera del trabajo de conformidad con un modelo burgués a medida que las relaciones económicas evolucionaban hacia una integración social y una normalización de las fuerzas del trabajo. Correlativamente, hay que representarse el ascetismo de la moral

burguesa no como una condición de racionalidad económica o inversamente como una hipocresía, sino ciertamente como una táctica de intensificación del placer corporal.

- el hecho de que el freudo-marxismo dependa de un modelo puramente jurídico del poder, modelo a la vez limitado y arcaizante, concentrado en las representaciones de la soberanía y de la ley. Este es el núcleo común del psicoanálisis y del marxismo que hizo posible, hasta inevitable, la combinación de ambos. Cada cual reconoció en el otro una variante de la idea de sujeción de los individuos a un **poder de dominio**, sujeción que debe tomar la forma de la obediencia (*VS*: 112-113) y a la que Foucault no cesa de oponer la idea de la **positividad** o de la **productividad** del poder, la idea de la disciplina.

Cabe concluir que Foucault se dirige en *VS* contra el psicoanálisis en la medida en que éste postula esencialmente que la sexualidad no tiene historia y opone una naturaleza del sexo a las estructuras que lo oprimen, y contra el marxismo por su inmanencia histórica, la idea de que hay una verdadera 'ley' de la historia. Dicho de otro modo: hay una solidaridad real entre el modelo 'naturalista' que supone una naturaleza esencial y eterna del sexo, y el modelo 'historicista' que trata el discurso como superestructura ideológica.

No es que Foucault no les reconozca méritos a la hipótesis represiva y a las batallas dadas, pero considera esta teoría una inversión de los valores enunciados por los aparatos institucionales, y se pregunta hasta qué punto rompe de verdad con la formulación discursiva que denuncia. En realidad, la hipótesis represiva, en lugar de minar las estructuras de poder establecidas, cumple una función en la economía de los discursos sobre el sexo, ya que exhorta a hablar del sexo, a presentar su 'verdad', exhortación que asegura la proliferación de los discursos en cuestión haciendo probablemente de las sociedades occidentales modernas las más parlanchinas de la historia sobre el sexo, y exhortación reforzada prácticamente por la representación de lo prohibido (*VS*: 208).

- hipótesis nominalista

En *VS*, Foucault articula el poder en torno a una noción a la que sólo ha llegado en una fase tardía de su trayectoria: la del biopoder. Sitúa el nacimiento del biopoder tras las crisis religiosas de los siglos XVI y XVII, y especialmente a finales del siglo XVIII, según una cesura ya señalada en sus obras anteriores, porque en esa época la sexualidad habría empezado a ser expuesta profusamente en el discurso ('mise en discours'), hecho relacionado con un nuevo tipo de poder que se hace cargo de los hombres como cuerpos vivos (*VS*: 117) y que pone las ciencias humanas al servicio de lo social. Lo que se manifiesta en este dispositivo es todo el discurso de la carne cristiana, de manera que hay que hacer retroceder en el tiempo el núcleo de su formación: a la práctica de la penitencia, del examen de conciencia, de la dirección espiritual. Para Foucault, el cristianismo es el principal responsable del nacimiento de ese dispositivo del sexo que constituye la clave del biopoder moderno. Sin más trámites, la Revolución Francesa queda reducida al momento de transición entre dos tipos de poder, de los que, bien mirado, el primero parece menos peligroso: el poder de la sangre aristocrática ('la symbolique du sang'), al que sucede el poder burgués fundado en el sexo ('l'analytique de la sexualité' *VS*: 195).

Los conceptos de 'sexo' y de 'biopoder' brindan a Foucault la oportunidad de llevar a cabo una implacable requisitoria contra la era burguesa. A fuerza de querer desmitificar los ideales burgueses, el autor tiene tendencia a reducir todas las conquistas progresivas del Estado de derecho, y no se percata de la paradoja siguiente: la ambigüedad moderna consiste en el hecho de hacer posibles a la vez las estructuras de poder pertinentemente analizadas por Foucault, y una teoría como la de Foucault mismo y de todos aquellos que desarrollaron ideas críticas de este tipo.

Los objetos de los análisis que Foucault lleva a cabo en *VS* son las instituciones de poder, las resistencias, las exclusiones y el tratamiento social de las desviaciones morales y su importancia en la economía política de las sociedades modernas. Pese a las reservas expresadas con respecto a la tesis represiva, observamos una vecindad entre los objetos del freudo-marxismo y de la indagación foucaultiana, proximidad que se acentúa al surgir finalmente en Foucault el concepto del biopoder y la designación repetida del racismo contemporáneo entendido como fenómeno crucial, como el juego de las tecnologías políticas modernas que se refieren a la vida en el nivel de los cuerpos individuales y en el nivel de las poblaciones o de la especie y de su reproducción.

Volviendo ahora a la experiencia individual del sexo, constatamos que Michel Foucault tiene frente a ella un perfil nominalista. No cree en su autonomía, y la desenmascara en su función de significante único para un significado universal (*VS*: 204). A su modo de ver, el sexo es el elemento más especulativo, más ideal; un elemento imaginario en el que el dispositivo histórico de la sexualidad ordena toda la experiencia individual:

> Il ne faut pas imaginer une instance autonome du sexe qui produirait secondairement les effets multiples de la sexualité tout au long de sa surface de contact avec le pouvoir. Le sexe est au contraire l'élément le plus spéculatif, le plus idéal, le plus intérieur aussi dans un dispositif de sexualité que le pouvoir organise dans ses prises sur les corps, leur matérialité, leurs forces, leurs énergies, leurs sensations, leurs plaisirs (*VS*: 205).

2.4.4. La experiencia sexual en *BAA*

Para Foucault, sólo es real la sexualidad, y es esta 'sexualidad' la que ha suscitado, al ser elemento necesario a su funcionamiento, la instancia autónoma del 'sexo' (*VS*: 207), unidad ficticia a la que se han asignado, erróneamente, un principio causal y una capacidad de identificación (*VS*: 205). Por la fuerza mitológica y el contenido metafísico que vehicula - Gladys y Leo depositan en él sus expectativas de realización individual - este 'sexo' que nos puede dar acceso a las zonas más íntimas de nuestra personalidad, es asimilable al amor-pasión de de Rougemont; es, si se quiere, su versión contemporánea ya que metaforiza una preocupación esencialista similar (*VS*: 207). El manejo constante de la noción del 'sexo' ha operado una inversión fundamental: de instrumento de placer, ésta ha pasado a adquirir valores autentificadores (*VS*: 204-205).

Michel Foucault parte de la hipótesis contraria: lo que verdaderamente hace la historia de la sexualidad es el conjunto de las problematizaciones a través de las cuales el ser se da como algo que puede y debe ser pensado y de las prácticas a partir de las cuales las problematizaciones se forman. El ser accede, pues, a la sexualidad gracias a esas prácticas y a esos discursos en que la sexualidad se convierte en objeto de atención y de cuidado. En realidad, no hay sexo 'en sí'; no hay sexo salvaje cuya naturaleza eterna, al surgir, se manifieste a través de una vivencia originaria fuera de la sociedad y del tiempo, puesto que lo que llamamos 'sexualidad' es un fenómeno histórico social que depende de las condiciones objetivas que lo producen. En una época en que el sujeto llega a ser una multiplicidad de autoconstrucciones, las experiencias sexuales de este sujeto se subordinan a sus estructuras formativas, los significados que deberían asociarse al significante 'sexo' no deberían determinarse en virtud de una relación intrínseca, sino según la interiorización de las normas sociales. El sexo es un producto de códigos, un discurso, un proceso semiótico representativo de la sociedad que lo ve nacer; en la sociedad-espectáculo que es la Argentina contemporánea de Manuel Puig, el sexo se concibe, por tanto, como una ceremonia secularizada de tipo simulacro.

Manuel Puig comparte con Michel Foucault la tendencia a poner la esencia del sexo entre comillas. Este mismo sexo es, eso sí, el objeto privilegiado de la voracidad verbal del autor. Sabemos que nada escapa a su proliferación discursiva, pero el sexo se lleva sin duda la palma. Ya en *La traición de Rita Hayworth*, el enigma del sexo dominaba la infancia de Toto (Pauls 1986: 24 y ss); en *BAA*, narradores y personajes intentan capturarlo de nuevo, y de nuevo se enredan en su discurso. El sexo sigue siendo objeto de exhibición y de sustracción, es lo que la novela muestra y escamotea a la vez, es lo que no llega nunca, lo que no se conoce nunca porque siempre hay un momento de fuga, porque en realidad no hay nada detrás de la cortina.

En *L'usage des plaisirs* et *Le souci de soi*, Foucault se pregunta cómo el hombre occidental llegó a reconocer en sí mismo un sujeto de deseo. Con este propósito, interroga la ética del mundo grecorromano y pone de manifiesto la diferencia entre lo que los griegos llaman 'los placeres' y lo que nosotros llamamos, con un término relativamente reciente, 'la sexualidad'. Si bien esta indagación quiere, implícitamente, ofrecer al hombre contemporáneo un modelo de vida, y si de Marco Aurelio, de Plutarco o de Séneca se pueden extraer elementos de una moral actual, es obvio que media un abismo entre la Antigüedad y el mundo (pos)moderno, y que, por tanto, los estudios de campo de Foucault - sólo ha podido elaborar dos - no pueden dar cuenta de las prácticas sexuales a las que se entregan los personajes de *BAA*. A falta de descripción foucaultiana, interpretaremos los fracasos sexuales de Gladys y de Leo a la luz de la ya presentada teoría de René Girard, cuyo enfoque global difiere sustancialmente del de Foucault; mientras éste hace referir la sexualidad al placer y rechaza la trascendencia del deseo, aquél aboga precisamente por una reconsideración positiva de tal trascendencia. Pero independientemente de la apreciación final de uno y de otro, el diagnóstico de ambos filósofos coincide en varios puntos. Así, Girard tampoco cree en 'instintos' sexuales o en 'impulsos' perversos; opina, por el contrario, que estos comportamientos son generados por la estructura mimética. A su juicio, muchas de las características de lo que él prefiere llamar las 'desviaciones' del erotismo contemporáneo están relacionadas, no con la autonomía de un instinto, sino con la creciente indiferenciación de los individuos entre sí. Términos como 'masoquismo', 'sadismo', 'exhibicionismo' son, por consiguiente, etiquetas a las que Girard renuncia (1983: 457, 564)[27].

En las páginas que siguen, mostraremos que los fracasos sexuales de Gladys y Leo son otras tantas versiones exacerbadas del deseo mimético. Los personajes han entrado en un círculo psicológico que está inscrito en el triángulo del deseo. Su deseo no es un deseo espontáneo, es un deseo copiado sobre otro deseo, el del mediador que desempeña el doble papel de modelo y de obstáculo. Pese a su apariencia patológica, el derrotismo de ambos protagonistas nos parece indicar una evolución verosímil en los estadios agudos de las mediatizaciones interna y doble, caracterizada por una preponderancia cada vez más visible del mediador, y una desaparición gradual del objeto. Cuando se empieza a comparar, se imitan los unos a los otros y la igualdad hace nacer en cada ciudadano esperanzas inalcanzables, convirtiendo a todos ellos en individualmente débiles. Así, la aproximación del mediador es un progreso hacia el masoquismo inconsciente y difuso que invade todas las formas del deseo metafísico. Mucho mejor que las hipótesis de tipo represivo, el modelo de Girard logra explicar por qué los orgasmos de Gladys y de Leo sólo se consiguen a duras penas y en unas escenas de patética teatralidad.

2.4.4.1. Masoquismo y voyeurismo de Gladys

Gladys tiene una marcada inclinación hacia la autodegradación; el masoquismo es en ella un rasgo de carácter. Este masoquismo suele surgir en sociedades mediatizadas internamente. Según Girard, es imposible entender al masoquista hasta que no se percibe la naturaleza triangular de su deseo (1985a: 167). El masoquista se esfuerza por reproducir, en su vida, las condiciones del deseo metafísico más intenso. Quiere una pareja verdugo porque quiere ser un perseguido, quiere desempeñar, junto a esta pareja sexual, el papel que desempeña junto a su mediador en la existencia cotidiana. Las brutalidades que reclama van, en cierto sentido, asociadas a las que un mediador realmente divino le haría probablemente sufrir. Sólo el fracaso puede revelarle a este tipo de sujeto una sensación de autenticidad.

Ya desde muy joven, Gladys experimenta un desprecio invencible hacia sí misma. Cuando su entorno la anima a apuntarse en el Instituto Leonardo da Vinci, confiesa que ella nunca había concebido esa posibilidad, por no sentirse capaz de "llenar esos requisitos personales" (31). En la presentación de los trabajos para el Salón de Otoño, se sitúa voluntariamente en una posición inferior, deseando que el premio recaiga en la obra de su compañero de estudios antes que en ella (34). Hasta el estancamiento de su carrera se debe en parte a esta falta de amor propio. La noche del hallazgo artístico, comprende que la causa de su inactividad como la de su infelicidad afectiva reside en su inferioridad como persona (108). Sólo yendo hasta el término de esta lógica negativa, degradándose a la condición de cosa e identificándose con objetos desechados, logra superar esta crisis y recuperar una porción de auto-estima[28].

En su relación con Leo, Gladys se rebaja constantemente. Reconoce la superioridad total del crítico y asume su propia inferioridad. No protesta ante su descalificación, ni siquiera cuando Leo, invocando la "precaria condición nerviosa" de la escultora (198), la presenta como algo voluntario. Gladys no confía en su propio juicio, basta con que Leo le diga algo negativo para que ponga en duda la calidad de su obra. Se cree en todo infinitamente alejada del Bien Supremo que persigue (206).

Las reacciones de Gladys encajan perfectamente en la lógica masoquista. El masoquista juzga a los demás hombres según la perspicacia que le parecen demostrar respecto a él; se desvía de los seres a los que inspira afecto y ternura; se aproxima ávidamente, por el contrario, a los que le manifiestan repugnancia. En este sentido, Leo es para Gladys un mediador invulnerable; su hostilidad hacia ella parece legítima pues Gladys se considera, por definición, inferior a aquél cuyo deseo ha copiado. Esta actitud explica la complacencia de la artista al sentirse maltratada, y su colaboracionismo activo en el rapto del capítulo 13: cuanto más esclavo es uno, mayor calor pone en defender la servidumbre.

Observamos que, en general, los orgasmos de Gladys son efectos de representaciones o puestas en escena. Llega a ellos visualizando, observando indirectamente y sin ser descubierta (voyeurismo) o sintiéndose observada (exhibicionismo); de ahí la necesidad de la presencia de su rival María Esther para alcanzar el orgasmo en el momento del coito y, también, "[...] para repetirlo convirtiéndose ella {Gladys} en observadora de la relación triple que hace posible su placer." (Borinsky 1975: 43).

La excitación erótica de Gladys pasa forzosamente por la distancia, motivo por el cual se cristaliza en la masturbación física y mental (capítulo 4). Es sabido (Girard 1985a: 146) que la doble mediación excluye cualquier reciprocidad entre el yo y el otro. El interdicto que pesa sobre el deseo y que provoca la parálisis sexual, sólo puede ser levantado si el ser amado es incapaz, por una u otra razón, de ver a su amante y de sentir sus caricias; si este ser amado ya no siente el temor de ofrecer a su amante el espectáculo humillante de su propio deseo. El sujeto masoquista termina atrapado en una espiral que exige, fatalmente, la redefinición de los referentes como elementos de un espectáculo. Gladys tiene que multiplicar incesantemente sus medios de sugestión, tiene que construir artefactos cada vez más sutiles y cae poco a poco en el imaginario puro (69).

2.4.4.2. Sadismo y exhibicionismo de Leo

Girard está convencido de que una relación en la que impera masoquismo conduce automáticamente al sadismo. Sostiene que la visión masoquista nunca es independiente, que siempre está enfrentada a un masoquismo competidor (in casu el de Leo) que organiza los mismos elementos en una estructura simétrica e inversa. El deseo que circula entre Gladys y Leo es idéntico; el secreto desprecio que ambos se profesan a sí mismos es demasiado intenso como para que el deseo del amante consiga servirle de contrapeso. El paralelismo entre los dos personajes es asombroso. Si bien la norma de sometimiento de la mujer al hombre le impone a Leo el papel de mediador o de verdugo y a Gladys el de mártir, la regularidad con que el crítico de arte se avergüenza de sí mismo y se culpabiliza le acerca a su víctima. Cuando la policía peronista le aplica la picana, Leo se pregunta "[...] si con la tortura recién infligida habría ya pagado en parte por el crimen cometido, y se respondió a sí mismo que ahora además de ser asesino era delator, las lágrimas fluyéndole gruesas como gotas de glicerina." (94). En otra ocasión, el hecho de ser visto solo en una sala de cine constituye para Leo una condena y evidencia su insignificancia: "Quien no tenía compañía los domingos había fracasado en la vida."(98).

Masoquismo y sadismo deben ser, por tanto, enfocados como el anverso y el reverso de la misma medalla. Girard postula el carácter irremediablemente imitativo del sadismo: las actuaciones del sádico son imitaciones de segundo grado. El sujeto sádico se identifica con la víctima; no puede disfrutar la ilusión de que él hace de mediador sin convertir a su víctima en un doble de sí mismo. En el preciso momento en que consuma su brutalidad no puede dejar de reconocerse en el otro sufriente. Ahí está el profundo sentido de la extraña comunión tan frecuentemente observada entre víctima y verdugo (Girard 1985a: 168), comunión que explica el tópico del asesino serial: quien mata volverá a matar, quien fue golpeado golpeará o buscará ser golpeado de nuevo.

En *BAA*, presenciamos un importante deslizamiento mimético con respecto a la novela anterior, *Boquitas pintadas*, donde el mediador Juan Carlos perseguía aún el objeto erótico según una estrategia donjuanista. Esta orientación se desvía en *BAA* hacia la fijación patológica en el rival fascinante. Las experiencias sexuales de Leo fracasan una tras otra. En cuanto que advierte en la amante un principio de consentimiento o de goce, experimenta un movimiento de rechazo:

> [...] hasta que un día al entrar en casa de Susana {una compañera de estudios de Leo} y comprobar que estaban los dos solos Leo sintió un raro desagrado. Se sentaron a estudiar y la maniobra de siempre recomenzó. Con sorpresa Leo palpó que Susana no tenía calzones. Inmediatamente su erección amainó. Se sintió mal y fue al baño a vomitar (88).

¿Cómo se justifica esta intolerancia de Leo frente al placer femenino? En primer lugar, hay que relacionarla con el masoquismo del protagonista. Basta con que una mujer deje aparecer que su deseo apunta al cuerpo de Leo para que él copie inmediatamente ese deseo. Pero, siendo víctima del mal ontológico, Leo se desprecia demasiado para no despreciar al ser que lo desee. Como ya hemos advertido, tanto en el campo sexual como en todos los demás campos, la doble mediación excluye cualquier reciprocidad entre el yo y el otro.

En segundo lugar, el espectáculo del goce femenino es particularmente peligroso para Leo porque despierta sus inclinaciones sexuales pasivas parcialmente reprimidas (Echavarren 1977: 161), es decir que lo aproxima demasiado a la mujer. La intolerancia se produce no por la diferencia que pueda haber entre Leo y la amante de turno, sino por el riesgo de la indiferenciación. La actitud adoptada por Leo oculta una profunda fascinación homo-erótica (confirmada en el incidente del baldío), que pone en peligro su condición de macho. De hecho, al menor indicio de placer correspondido, Leo se vuelve impotente. En realidad, la homofobia del personaje se debe al miedo secreto de ser homosexual, de contagiarse del 'estigma'. Se trata de un mecanismo defensivo, un intento de distanciarse de su propia homosexualidad. Por esta razón, a Leo le importa tanto concebir el paralelismo entre hombre y mujer, este 'mismo' que le obsesiona, como el 'otro' absoluto. Desarmado, Leo se refugia en los burdeles, en la práctica de la masturbación (que acaba por producirle jaquecas, insomnios y frustraciones), y en el exhibicionismo. De este último fenómeno nos vamos a ocupar ahora.

Ya hemos mencionado que el despertar sexual de Leo se produce en conexión con una actitud pasiva y femenina (los juegos con su hermana Olga), y que va acompañado de una instancia espectadora (la hermana Amalia que le prohíbe el acceso a Olga). De ahí nace la agresión enfática del personaje, que cede invariablemente a un dejarse excitar que lo feminiza.

Las posteriores operaciones de restitución de la virilidad que Leo emprende sólo tienen éxito cuando se desarrollan en presencia de un tercero, testigo o espectador. Vagamente consciente de esta condición, Leo aspirará a ser visto, y, a partir de entonces, toda su ambición se limitará a ser estimulado por la mirada del mediador. A los diecisiete años, Leo es sorprendido desnudo en las duchas de un gimnasio por una alumna. El incidente impresiona fuertemente al adolescente (87). Poco después, la impotencia de Leo aparece por primera vez frente a Susana, la compañera de estudios. Pero luego, al masturbarse, Leo llega a un simulacro de acto sexual y recupera el placer. En el desfile de imágenes eróticas que le pasan por la mente, la que más le excita es ésta:

> Al alcanzar el orgasmo imaginó que la abuela de Susana abría la puerta cancel del zaguán donde la pareja estaba fornicando y debido a la sorpresa Leo sacaba su miembro de la vagina para espanto de la anciana que miraba dicho objeto como un arma del diablo. Apagado el orgasmo Leo tuvo la impresión de haber gozado plenamente por primera vez en su vida, y decidió que la vagina de Susana había sido la fuente de su satisfacción (89-90).

Aunque a él le gustaría poder creerlo, no es la vagina de Susana la fuente de su satisfacción, sino la mirada de un tercero que consagra su pene en símbolo fálico. La abuela de su compañera ocupa aquí el lugar del espectador. En el capítulo 13, el estímulo al goce de Leo es la mirada de la madura y reaccionaria (152, 190) María Esther Vila. La provocación sostiene la agresividad de Leo; trae a María Esther de testigo tan sólo porque sabe de antemano que la va a escandalizar. Pero los ojos de María Esther, y la envidia que Leo piensa leer en ellos - como cuando Sigfrido quiere ver al enano reflejarse en su espada "con una mueca de odio en el rostro ínfame" (189) - no bastan para que Leo recupere su virilidad. Finalmente, Leo muestra su fuerza y posee a Gladys en medio de la admiración creciente de un público. Con este propósito, transforma su cuarto en sala de ópera y se identifica con el héroe de *El anillo de los Nibelungos*, Sigfrido, un personaje que al realizar hazañas, logra conjurar el sentimiento de culpa inherente a su castración. Leo se ve a sí mismo implicado en este espectáculo (190-191); añade incluso elementos de su cosecha para intensificar el dramatismo de la pieza; se imagina actuar en una carpa gigantesca: "Y los dos protagonistas se columpian desde los trapecios del circo, como si tuvieran alas y miran el punto más alto de la carpa con curiosidad."(191).

En esta representación el sádico Leo quiere disfrutar de la ilusión de que ya ha alcanzado su objetivo; se esfuerza por ocupar el lugar del mediador y ver el mundo con sus ojos, con la esperanza de que, poco a poco, la comedia se convierta en realidad (Girard 1985a: 168). Tanto el masoquismo de Gladys como el sadismo de Leo desembocan, pues, en actos de teatralidad compensatoria.

2.4.4.3. Conclusión

En *BAA*, la manera de llegar al orgasmo no es ni espontánea ni directa sino oblicua y mediatizada. El coito apenas se materializa, pero está constantemente presente como espectáculo que produce vértigo, o como discurso que sucumbe finalmente al lenguaje. A causa de la interiorización del dispositivo de la sexualidad que aparentemente lo ha sexualizado todo, el sexo se ha vuelto abstracto, simbólico y casi superfluo. Cabe establecer una correlación entre experiencia sexual y concepción de la identidad: los sujetos se constituyen de manera diferente si entre ellos y sus objetos de deseo se interpone una diversidad de mediadores y si estos mediadores vehiculan la retórica visual del teatro, del cine y de la televisión. A estas alturas, la identidad deja de aparecer como una esencia intemporal que se expresa, sino como una construcción imaginaria que se relata. Ante semejante situación, ya no tiene sentido trazar líneas de demarcación entre lo que tradicionalmente se ha denominado 'mundo empírico' y 'mundos miméticos'(Gebauer & Wulf 1995: 320). Se afirma que hoy en día, en este mundo de multimedios y multicontextualidades, ha aumentado el nivel de artificialidad de las sensaciones humanas, que las significaciones han empezado a flotar en el espacio social y que se adhieren a los objetos independientemente de la utilidad de éstos o de sus propiedades referenciales.¿Es esto realmente así o es que ahora se problematiza una situación que antes nos parecía evidente? ¿No ha sido siempre la identidad un relato que reconstruimos incesantemente, que reconstruimos con los demás, en una fórmula de co-producción? Considerado así, el simulacro sexual manifestado en *BAA* se atiene a las mismas convenciones y presenta las mismas dificultades que el simulacro al que se atribuye el nombre de 'realidad'. Por su parte, el relato de Manuel Puig debe ser considerado entonces un metasimulacro, como lo es, en el fondo, todo relato literario (Reyes): una reflexión sobre los simulacros lingüísticos que hacen posibles los simulacros de la realidad.

2.5. La vertiente mimética del poder

Pasemos ahora del conjunto de prácticas llamado 'sexualidad' al concepto de poder en general. Foucault ha mostrado la progresiva extensión de las disciplinas en el curso de los siglos XVII y XVIII, su difusión en el cuerpo social, la formación de lo que podríamos llamar en general 'la sociedad disciplinaria'. Esta difusión se llevó a cabo según varias modalidades. La primera, y sin duda la más importante, consiste en lo que Foucault llama la inversión funcional de las disciplinas (1975: 211). En su origen se les pedía que neutralizaran peligros, que asentaran poblaciones inútiles o agitadas, que evitaran los inconvenientes de las agrupaciones demasiado numerosas; luego se les pide (pues son capaces de hacerlo) que desempeñen un papel positivo, que hagan crecer la utilidad positiva de los individuos. Se pasa, pues, de la disciplina bloqueo, volcada por entero a funciones negativas (detener el mal, romper las comunicaciones, suspender el tiempo), a la disciplina mecanismo. Foucault advierte que las disciplinas no son necesariamente normativas. Este paso de la disciplina bloqueo a la disciplina mecanismo asegura la transición de las disciplinas no normativas a las normativas. El advenimiento de la era normativa caracteriza, según Foucault, la modernidad.

Otra de las modalidades de extensión de la sociedad disciplinaria es la tendencia a la desinstitucionalización. Mientras los establecimientos de disciplina se multiplican, sus mecanismos empiezan a salir de las fortalezas cerradas en que funcionaban y a circular en estado libre; las disciplinas masivas y compactas se descomponen en procedimientos flexibles de control que se pueden transferir y adaptar (1975: 213). Las disciplinas no son ya el patrimonio exclusivo de ciertas instituciones, ya no se dirigen solamente a aquel a quien se castiga, al mal que se quiere contener; se ponen de ahí en adelante al servicio del 'bien para todos', de toda producción social útil. Las disciplinas se refieren a todos sin distinción. Lo que hace que la sociedad sea disciplinaria es precisamente el hecho de que las disciplinas no formen compartimientos estancos. Al contrario, su difusión, en lugar de escindir y levantar tabiques, hace homogéneo el espacio social y lo convierte en un gran continuo disciplinario.

La norma es, a la vez, lo que permite la transformación de la disciplina bloqueo en disciplina mecanismo, de lo negativo en positivo como aquello que se instituye a causa de esa tranformación. La norma es precisamente aquello por lo que la sociedad, cuando se hace disciplinaria, se comunica consigo misma. La norma articula las modelizaciones disciplinarias de la producción, del saber, de la riqueza, de las finanzas... y las hace interdisciplinarias. Así, la composición de lo normativo se realiza cada vez más según un principio de producción y no de recepción: produce, mejora, intensifica. Pero este ordenamiento también se lleva a cabo según una lógica de la individualización. Foucault vuelve sin cesar a este punto: la disciplina 'fabrica' individuos; es la técnica específica de un poder que toma a los individuos a la vez como objetos y como instrumentos de su ejercicio (1975: 172).

Entran, pues, en juego dos ejes aparentemente contradictorios: el de la norma productiva y el de la individualización. La contradicción es aparente, ya que la norma es precisamente el vínculo, el principio de comunicación de esas individualidades. La norma es la referencia que se instituye cuando el grupo se encuentra objetivado en la forma del individuo; participa en el principio de una comunicación sin origen y sin sujeto, y es la medida que, a la par que individualiza sin cesar, hace las cosas comparables. Cabe observar, por consiguiente, que vemos esbozarse de nuevo lo que parece ser un dilema entre dos nociones fundamentalmente complementarias, es decir, entre la expansión de lo individual y la constitución de la figura de la normalidad. Identificar la individualización con un proceso que autentifica automáticamente la libertad del ser humano sería ingenuo; correspondería a lo que Girard ha llamado la 'mentira romántica'.

En la conclusión de este capítulo, nos encaminaremos en dirección a una reconciliación de ambos fenómenos. Pero es urgente volver a *BAA* para concretizar el marco teórico en el que nos hemos detenido. En el apartado siguiente, ahondaremos en los modelos normativos y los instrumentos disciplinarios que han desempeñado un papel determinante en la constitución de la identidad de Gladys.

2.5.1. Los modelos miméticos de Gladys

A juzgar por las normas de conducta con las que pacta, Gladys Hebe d'Onofrio es un típico producto de las convenciones sociales al uso en la clase media argentina de los cuarenta. Sus padres pertenecen a una generación de inmigrantes europeos que han crecido desarraigados y carentes de modelos lingüísticos y culturales. Para resolver este problema, han tenido que acogerse a los paradigmas de una sociedad que se debate entre la búsqueda de una identidad individual y la adopción y adaptación de modelos importados, en la mayoría de los casos de segunda categoría[29]. Hasta el nombre que los padres le han puesto a su hija connota semejante actitud. En su afán de deshacerse de los vínculos del pasado (descienden de inmigrantes españoles e italianos) han optado por un nombre que se compone de un elemento de signo anglosajón (Gladys), y se completa con un barniz clásico (Hebe, símbolo de gracia y de juventud), copiando así lo más externo de dos culturas ajenas.

Gladys se cría en el Buenos Aires de aquella época, una ciudad que la inmigración ha agrandado haciéndola impersonal y donde cada uno desarrolla una pluralidad creciente de papeles dentro de la rutina diaria. La historia de la chica se va a ver marcada, desde la infancia, por el rechazo de los modelos recibidos (2.5.1.) y por la búsqueda infructuosa de otros que reemplacen los primeros (2.5.2.).

2.5.1.1. El modelo materno o la impostura de la 'midcult'

Desde pequeña, Gladys se resiste a aceptar el ejemplo materno. La niña Gladys, para quien la literatura es sinónimo de belleza, considera a su madre el antimodelo por antonomasia de la poesía; no puede casar en su mente la idea de la poesía con las manos oscuras, las uñas como garras y el rímel corrido de la declamadora[30]. Esta es la razón por la que rehúye la poesía, a pesar de su demostrada aptitud para retenerla y recitarla.

En el capítulo tercero, se relata el episodio del olvido de los versos en un acto escolar. Durante el recital de fin de año la relación entre madre e hija entra definitivamente en crisis: "Se trataba de una poesía larga escenificada, acerca de una dama patricia que bordaba con su hija la primera bandera argentina."(28). De repente, Gladys se siente invadida por un sentimiento de incongruencia: "¿Podría el personaje representado por su madre bordar bien a pesar de tener las manos oscuras y las uñas como un ave de rapiña?"(28). Aun siendo la mejor alumna de su clase, la chica olvida la letra y la madre se tiene que hacer cargo de todas las réplicas de su hija, mientras que los demás participantes, más mediocres, se desenvuelven impecablemente. Humillada, Clara reacciona de manera significativa. Caído el telón, Gladys

> corrió a la letrina de los camarines y se encerró [...] Llegado su turno, Clara Evelia, sobreexcitada por el incidente, actuó con vehemencia mayor de la acostumbrada y halló tonos nuevos para ciertos pasajes dolorosos de la autora chilena Gabriela Mistral, cuyo poema 'Esterilidad'[31] cerraba el programa (28-29).

La anécdota culmina, pues, con una referencia a Gabriela Mistral (1889-1957), cuya poesía brota en gran parte de la maternidad frustrada, principal tema de su primer libro de poesías *Desolación*. Muchos críticos (entre otros Franco 1987: 228) han insistido en el dolor de la experiencia amorosa de Mistral, en el suicidio del hombre de su vida, en la soledad de una mujer que no tuvo nunca ni esposo ni hijos. La amargura de Clara, en tanto madre ignorada por su propia hija, se traduce, de manera sintomática, en versos surgidos como consecuencia directa de una maternidad biológica negada.

Pero la predilección de Clara por Mistral no sólo se debe a una identificación sentimental; refleja asimismo un programa estético. La poesía de la Premio Nobel se caracteriza por su sencillez, por constituir

> [...] una aproximación [...] al lenguaje llano, incluso coloquial, a una especie de 'transparencia de lenguajes' a través del cual pudieran expresarse experiencias arquetípicas más amplias [...]. {Mistral} utiliza metros y formas tradicionales y su vocabulario es una modalidad ennoblecida del habla corriente, pero ensancha el horizonte de la poesía hispanoamericana [...] (Franco 1987: 227).

La poesía de Mistral, como la de otro ídolo de Clara, el mexicano Amado Nervo (1870-1910), modernista tardío que habla principalmente de sus crisis y experiencias religiosas y poeta preferido de Eva Perón, obedece a los principios estéticos de la declamadora, que ella siente abarcados por dos vocablos: "gracia y exquisitez" (24). Estos principios se evocan explícitamente con motivo de una representación de *El gran Dios Brown* (*The Great God Brown*, 1926) de Eugene O'Neill, a la que Clara asiste acompañada de su marido y que la choca por su "*corte vanguardista*". La obra, sin embargo, la impresiona profundamente y provoca, en el plano afectivo, una reacción de reencuentro entre marido y mujer del que nacerá Gladys, simbólica figura de transición entre dos cánones estéticos.

Tanto en sus preferencias como en sus actividades, Clara se imagina constantemente estar disfrutando de unas experiencias culturales excepcionales y se esfuerza en dar una apariencia artística a cuanto emprende. En realidad, no hace otra cosa que apropiarse, de manera superficial, de modelos ajenos. Realiza operaciones de mediatización, ofreciendo mensajes pseudo-artísticos en los que aparecen engarzados, a modo de referencia excitante, elementos de cierta dignidad, de forma que el mensaje en su conjunto difunda un aura imprecisa de lirismo. Su epigonismo se manifiesta igualmente en su propia producción poética. Sintomáticamente, la única colección de poemas que ha llegado a publicar, bajo seudónimo y pagándola con sus propios ahorros, lleva el mimético título de *Verdor*, por analogía con el famosísimo y aún romántico *Azul* de Rubén Darío. Aunque Clara alude repetidamente a su vocación poética, y la siente renacer en múltiples ocasiones, ésta no aparece firmemente arraigada, ya que cualquier coartada vale para acallarla. Durante los primeros meses de su matrimonio, Clara "[...] se había visto absorbida por las nuevas tareas de ama de casa"(24): cuando está embarazada, pese a encontrarse en excelentes condiciones de salud, renuncia a la escritura y prefiere hacerle caso a su médico que le ha aconsejado escuchar música sedante (26). Acicateada por la pieza de O'Neill, decide por enésima vez retomar sus escritos al día siguiente, pero de nuevo pone condiciones: "[...] si el tiempo era bueno y su marido podía cumplir con el programa de pesca que le propusiera uno de sus colegas de la sucursal cuatro del Banco Industrial Argentino." (24). A los pocos minutos de haber formulado sus intenciones creadoras, oye, por desgracia, el rumor de gotas de lluvia... (25). Fatalmente, acaba alejándose de su ambición poética y concentrando sus esfuerzos en una carrera de profesora de declamación.

Es evidente que Puig ha aprovechado el personaje de Clara para retratar un estilo de vida y una manera de concebir el arte; para parodiar, tanto en cuanto al contenido como en cuanto al estilo, lo que Umberto Eco, siguiendo a Dwight Macdonald, ha bautizado la 'midcult'[32]. A Clara no la anima ni remotamente una necesidad imperativa de expresión. Los verdaderos móviles de esta mujer sedienta de fama son la envidia - una envidia que la distancia de sus mejores amigas y de las escritoras consagradas de su época (que no obstante su condición femenina lograron hacerse respetar por su obra): "[...] se volvió a acostar y no pudo evitar la irrupción de dos nombres consagrados que la humillaban: Juana de Ibarbourou y Alfonsina Storni[33]. Clara Evelia sentía la boca agria, se imaginó a sí misma verde y con ojeras negras, encarnación de la envidia." (25) - y el fetichismo - puesto que no aprecia la poesía por lo que es o puede ser sino por lo que representa en el plano del prestigio.

Clara vive rodeada de 'midcult', es víctima constante de su irradiación, consume poesía porque le parece recomendable y porque su estatuto se lo impone. La 'midcult', de origen pequeñoburgués, debe ser considerada una variante del 'kitsch' que en algunas ocasiones llega a coincidir con él; así ocurre cuando asume funciones de simple consuelo y se convierte en estímulo de evasiones acríticas. Es "[...] un medio de fácil reafirmación cultural para un público que cree gozar de una representación original del mundo, cuando en realidad goza sólo de una imitación secundaria de la fuerza primaria de las imágenes." (Eco 1993: 87). La 'midcult' constituye uno de los blancos predilectos de Manuel Puig. Mientras el autor suele ser relativamente generoso con la verdadera cultura de masas ('masscult') de nivel inferior - que, si bien tiende mayormente a provocar efectos[34], lo hace sin pretender ser un sustituto del arte y sin plantearse el problema de una referencia a la cultura superior - se muestra mucho menos dispuesto a perdonar las imposturas y el falso organicismo contextual de la 'midcult'.

Eco también distingue el funcionamiento de ambas variantes[35]. A su juicio, el empleo de las formas tomadas en préstamo al arte tiene, en la 'masscult', una función puramente instrumental; se utiliza un estilema "[...] porque un determinado mensaje ha rendido buen resultado comunicativo." (1993: 121). Pero en la 'midcult', la situación es diferente; allí "[...] un estilema que anteriormente había pertenecido a un mensaje de prestigio, alcanza el éxito entre un público deseoso de experiencias cualificadas." (1993:121).

Para que una manifestación cultural reciba la etiqueta 'midcult' tiene que reunir, en principio, cinco condiciones (Eco

1993: 98). Las vamos a enumerar, preguntándonos simultáneamente por qué los episodios de *BAA* que conciernen a Clara Evelia tienen todos los papeles en regla para entrar en esa categoría.

- tomar prestados procedimientos de la vanguardia, y adaptarlos para confeccionar un mensaje comprensible y disfrutable por todos.

La poetisa a la que Clara más admira es Gabriela Mistral, que abandonó el verso literario y ornamentado de los modernistas y renunció a la experimentación en beneficio de una poesía más sencilla. A su vez, Clara usurpa el estilo de Mistral y copia, en forma diluida, los procedimientos del modernismo primigenio de Darío (*Azul*) en su colección de poemas *Verdor*.

- emplear tales procedimientos cuando ya son notorios, divulgados, sabidos, consumados.

Tanto Darío como Mistral son escritores consagrados. La producción de Gabriela Mistral se presta particularmente bien a la recuperación porque constituye ya una simplificación con respecto a sus predecesores modernistas. Cabe advertir, sin embargo, que no se trata de poner en duda los méritos poéticos de Mistral. De ninguna manera, la 'midcult' es sinónimo de la divulgación sin más. Lo que, en este contexto, transforma a Mistral en poetisa 'midcult' es la adaptación homologadora y efectista que Clara hace de sus versos. Hasta cierto punto, la 'midcult' es una fortuna histórica, aunque el hecho de convertirse tarde o temprano en 'midcult' viene parcialmente condicionado por las características formales de una obra (contexto y forma son los dos polos entre los cuales oscila una definición del fenómeno).

Lo que estigmatiza a *Verdor* de 'midcult', es la incapacidad de Clara de fundir los estilemas modernistas en el nuevo contexto de su propia colección (Eco, 1993: 123). La 'midcult' comparte este rasgo estructural con el 'kitsch' en general:

> El kitsch es el estilema extraído del propio contexto, insertado en otro contexto cuya estructura general no posee los mismos caracteres de homogeneidad y de necesidad de la estructura original, mientras el

mensaje es propuesto merced a la indebida inserción como obra original y capaz de estimular experiencias inéditas (Eco 1993: 123).

- construir el mensaje para provocar efectos

Los poemas recitados en la fiesta de fin de año fomentan, respectivamente, la glorificación de la patria y de la familia. Uno de los procedimientos estimuladores de efectos lo constituye, tanto en un caso como en otro, el hecho de discurrir por los límites de una falsa universalidad (Eco 1993: 96). Así, se llega a una representación de la condición humana en la que dicha condición "[...] es llevada a unos límites tales de generalidad, que todo cuanto se aprende respecto a ello es aplicable a todo y a nada." (Eco 1993: 97).

- presentarlo como arte

Clara hace pasar su producción por arte gracias a la publicación del libro de poemas y la escenificación en el recital escolar. En realidad, todo el personaje se mantiene envuelto en un aura artística. Considera el arte objeto sagrado que sólo puede ser copiado y logra transmitir su visión a su entorno; cuenta, por ejemplo, con un marido que no protesta nunca ni cuando su esposa tarda horas en apagar la luz de la mesilla de noche, porque no se atreve a llevar la contraria a un ser dotado de ambiciones tan divinas.

En realidad, Clara practica el arte por pura ostentación. Sus excesos llegan a un irónico colmo cuando la rima fúnebre de Bécquer relega a segundo plano la preocupación por la desaparición de su hija.

- tranquilizar al consumidor, convenciéndole de haber realizado un encuentro con la cultura, de forma que no se plantee otras inquietudes

Clara sugiere la idea de que sus escasos lectores (se hace alusión a la reticencia de los críticos al comentar *Verdor*, reticencia que Clara interpreta como señal inequívoca de envidia) y el público en la sala del colegio están perfeccionando experiencias estéticas privilegiadas.

Si volvemos a Gladys, observamos que ha heredado de su madre una carga de cursilería de la que difícilmente conseguirá deshacerse; resulta aún más papista que el papa, o, mejor dicho, supera a su madre en la defensa de la nobleza artística. Rechaza el universo materno, no por descartar el convencionalismo estético que lo sustenta, sino por juzgar a su madre una representante indigna de sus elevados ideales estéticos. Así, a la hermana de su amiga Fanny, que estudia bellas artes, la imagina casi etérea, "[..] sensible, soñadora y siempre en pose armoniosa, descalza y semicubierta por velos."(31). Durante toda su adolescencia, Gladys se verá por tanto atrapada en el fraude mimético. Ni dirigiéndose hacia el modelo paterno y las premisas ideológicas que éste implica, ni desarrollando sus talentos de escultora en la Academia de Bellas Artes (donde le serán inculcados los mismos cánones decorativos de 'gracia' y de 'exquisitez'), será capaz de romper con una estética aspirante en falso al estatuto artístico.

En las páginas que siguen, intentaremos demostrar en qué medida falocentrismo y plagio artístico se respaldan mutuamente y por qué Gladys tardará tanto tiempo en emanciparse en ambos terrenos: en anteponer su carrera a la búsqueda del príncipe azul, y en desplazar su interés artístico de los efectos que sugieren las obras hacia los procedimientos que conducen a ellas.

2.5.1.2. Internalización de la norma paterna

Tras la repulsión del modelo materno, Gladys busca su ideal de belleza en las figuras femeninas que aparecen en la sección 'Chicas' de la revista *Rico Tipo* que su padre le proporciona. Estas - invariablemente "[…] altísimas muchachas bronceadas de breve cintura, talle mínimo, flotante busto esférico y largas piernas carnosas." (29) - expresan el estereotipo de la mujer moldeado por el hombre, con el que Gladys, más tarde, intentará conformarse, ya que desde pequeña teme convertirse en un 'loro'[36], es decir, teme no poder satisfacer el ideal de su padre y, por tanto, no alcanzar la belleza que la haga realizarse ante el hombre.

Su inclinación temprana por el dibujo nace, pues, de un deseo de emulación. La copia como pulsión originaria determina a Gladys (como en *La traición de Rita Hayworth* determinaba a Toto) a partir de su afán infantil de reproducir los 'budines'[37] de *Rico Tipo* ("[...] en un cuaderno Gladys copiaba desde las cuatro y media hasta la hora de cenar los dibujos de la sección 'Chicas' [...]"(29)), y se prolongará en la alienación de su primera producción artística y en su vida personal. Por otra parte, Gladys experimenta, desde el principio, una típica sensación de 'doble vínculo' frente a su forma de trabajar: "Gladys ansiaba que llegara el jueves, así podía hacer nuevas copias de la página dedicada a Chicas, sentía una gran alegría al comenzar cada copia minuciosa si bien hacia la mitad de cada trabajo se sentía algo avergonzada de dibujar siempre lo mismo." (29). Más tarde, entrando en competición con la hermana de Fanny, empieza a dibujar una serie de caras de actrices. Pero la fórmula no le sale bien, y no logra acertar en el parecido. Bajo la influencia de Fanny, Gladys pasa de la dependencia de las radionovelas a la literatura 'seria' (a autores típicamente 'midcult' como Hermann Hesse), con la que se identifica totalmente, evolución que corre parejas con el proceso de cambio de los dibujos de revistas humorísticas por los estudios de arte. Inicialmente, los ideales artísticos de Gladys parecen consolidarse en las aulas. Sus estudios de dibujo y de escultura hacen disminuir su vulnerabilidad. Gladys realiza progresos técnicos, aunque "[...] una pronunciada tendencia a respetar los cánones clásicos, e incluso una complacencia inconsciente en copiar a artistas consagrados, fueron minando su posibilidad de expresión personal."(38). Y, sin embargo, en ese mismo Instituto Leonardo da Vinci se produce un incidente que disturba profundamente a la joven y que pone de manifiesto el conflicto entre sus esquemas artísticos ideales del tipo 'apolíneo' ("Gladys había creído hasta entonces que todos los hombres tenían el pene pequeño como las estatuas griegas" (35)) y la realidad masculina. El descubrimiento de su sexualidad sucede cuando se enfrenta por primera vez con el cuerpo desnudo de un modelo varón, precursor de Leo, "[...] atlético, de fuerte musculatura y un órgano sexual de dimensiones fuera de lo común." (35). La aparición del modelo despierta en la adolescente emociones contradictorias de excitación y de terror.

Casi simultáneamente, la vida le depara otra sorpresa, ésta rotundamente desagradable, que le revela la incompatibilidad entre amor y carrera. Con motivo del Salón de Otoño, los estudiantes del Instituto presentan sus trabajos. Un compañero del que Gladys se ha enamorado concurre con un gigantesco Icaro, y Gladys con una cabeza de niño de tamaño natural. Gladys desea, como es lógico, ganar el premio, pero también desea que lo gane el autor del Icaro. Su habitual masoquismo le hace pensar que su trabajo pasará inadvertido (34). Concentra, por tanto, su expectativa en que premien el Icaro. Le comunica tal pronóstico a su compañero, que la invita sin tardar a tomar refrescos en el bar. Pero, no bien se entera de que el premio le ha sido otorgado a Gladys, el joven, desdeñoso y resentido, deja de saludarla (34). Gladys comprende entonces que su papel social deberá ser secundario, y que, por su condición de mujer, no le será permitido alzarse por encima del hombre. Decepcionada por la reacción de su amigo y desorientada por la pérdida de sus cánones estéticos, decide subordinar, en adelante, la búsqueda de triunfos artísticos a la del hombre que se ajuste a sus ideales amorosos. Cuando, a los veinticuatro años, obtiene una beca para proseguir sus estudios en Estados Unidos, sus motivos principales han dejado de ser de orden artístico. No logra interesarse por las clases teóricas y ni siquiera gasta el dinero necesario para adquirir los instrumentos de trabajo. Sus vagos planes de alquilar un taller y de reanudar sus prácticas plásticas quedan postergados indefinidamente. Tiene los ojos puestos en otra meta: "[...] en EEUU, como extranjera, su personalidad se tornaría misteriosa y actractiva, y en alguna recepción mundana conocería a un impetuoso director de orquesta sinfónica, húngaro o austríaco, y posiblemente a un novelista inglés[38], desencadenándose así un inevitable drama triangular." (38). Nada más afincarse en Estados Unidos, Gladys anda a la caza del hombre. Desde entonces hasta su vuelta a la Argentina cuatro años después tiene relaciones con seis ejemplares (46-47).

Todas estas experiencias, por diversas que sean, decepcionan a Gladys, que nota, además, que su propio goce sexual es muy limitado. Para colmo de desgracias, resulta herida en un intento de violación: la cachiporra con la que es amenazada le destruye el globo ocular izquierdo.

No cabe ninguna duda de que la internalización del modelo paterno ha dejado indefensa a Gladys, y la ha convertido en prisionera de los prejuicios sexuales de su época. En su posterior relación con el crítico de arte Leo vivirá una recaída aún más espectacular. En realidad, opinamos que el modelo falocéntrico paterno sólo ha actuado de catalizador. Dirijámonos, por tanto, hacia dos sistemas modelizantes que, al haber nutrido la imaginación de Gladys, son corresponsables de su pasividad.

2.5.1.3. El adoctrinamiento escolar: del paternalismo al patriotismo patético

Tanto en la entrevista imaginaria de *Harper's Bazaar* (capítulo 7) como en el rapto del capítulo 13, se nos ofrece una serie de declaraciones e imágenes que hacen visibles las dimensiones escondidas de los deseos y de las obsesiones que acosan a Gladys. La tipificación de los principios masculino y femenino (al hombre le corresponde la iniciativa, la mujer respetable no se deja tomar por asalto, sino que cede dignamente, etc.) tan determinante en la visión de la escultora, delata, entre otras cosas, la influencia de recuerdos escolares que establecían un paralelismo automático ente masculinidad y autoridad. Algunas de las citas que Gladys actualiza en la entrevista ficticia - y que Puig se complace en parodiar - pertenecen a libros de texto de la enseñanza primaria argentina, según las ha identificado la crítica Roxana Páez (1995: 61-62). Todas se caracterizan por una acumulación de efectos patéticos que las asocian al más puro 'kitsch' (por ejemplo: "Cuando los nudillos de hierro hicieron oír su golpe temblé de pies a cabeza."(117)). La inminencia del coito reactiva en Gladys el registro alegórico de la glorificación, tan típico de cierta prosa escolar:

> Cuando se pretende asir leños encendidos rojos cuarteados chisporroteantes de oro, cuando se quiere apresar la llamarada más alta y trepidante de la hoguera es tan fuerte el dolor de las heridas que olvidando todo ese esplendor de coloridos con un grito huimos. Pero si se está prisionera, enredada en la zarza, sujeta por esas dos fuertes ramas de roble ¿o brazos? que nos detienen, no resta más que esperar que la piel arda hasta consumirse [...] (117).

En la evocación del segundo encuentro sexual con Leo, las referencias a los libros de texto que corresponden a la época del gobierno militar (Páez 1995: 61) - gobierno militar que pretendía la neutralidad con Alemania - son explícitas. Pero, si en la escena anterior las vibraciones de Gladys se relacionaban directamente con un retórico simbolismo del falo, ante el cual sólo cabía la veneración más absoluta, aquí se recalcan los aspectos de crueldad y de violencia:

> No pude retirar la vista a tiempo y vi su falo tieso, a la luz del día sus dimensiones me asustaron [...], pensé en una lámina de mi libro de lectura de tercer o cuarto grado con dibujos de cepos, mazmorras, los instrumentos de tortura con que los españoles martirizaban a los patriotas criollos de 1810 (118).

La comparación poco favorecedora no impide que Gladys termine por declararse dispuesta a cualquier sacrificio por amor a este futuro compañero. Así, queda claro que las tintas de los emblemas del Gran Sentido, de la Patria y del Paternalismo venían cargadas ya desde la más tierna infancia de la protagonista.

En el capítulo 13 se visualiza la situación de Gladys a través de una larga cadena de figuras metafóricas. Ante la arremetida exhibicionista de Leo, otro recuerdo escolar irrumpe en la memoria de la 'víctima': se trata de la descripción patriótica y lírica de un paisaje yerto, un "[...] campo de lomas leves que configuran un horizonte de líneas onduladas."(193). Hacia el final del fragmento se expresa la aceptación, por parte de Gladys, de su papel pasivo:

> [...] la reja del arado es afilada y tosca, imperfecta, hecha en la fragua a golpes de martillo. El labrador avanza decidido, con fuerza clava el arado. La tierra se abre, el arado avanza ¡oh buen hombre! labras con tu sudor el porvenir de nuestra patria... De la simiente que arrojarás en el surco recién abierto ha de brotar, tras la germinación, la endeble plantita de cereal que luego fructificará en espiga para alimento de la humanidad. Tú jalonas con tu arado la pradera, y le pides desde el fondo de tu alma que se cumpla una quimera. Yo, la tierra, estoy herida, sin quejidos me desangro, y en cebada, centeno, trigo y maíz doy mi vida. Quizá en tu modestia y virtud no alcanzes a comprender de tu labor la magnitud ¡tú siembras la semilla del amor y la amistad! ¡Gloria a ti labrador! ¡tú forjas con tu rudeza de mi país la grandeza!(194)

La ideología 'Blut und Boden' de este canto patriótico recuerda el poema que Gladys no pudo declamar con su madre en el colegio, esa "poesía larga escenificada, acerca de una dama patricia que bordaba con su hija la primera bandera argentina". El hecho de que, años más tarde, todavía salgan a la superficie residuos de este nefasto adoctrinamiento didáctico muestra lo difícil que es sustraerse a su impacto[39].

2.5.1.4. La iconografía cinematográfica[40]

En *BAA* como en *La traición de Rita Hayworth* y en *El beso de la mujer araña*[41], el cine es otro medio proveedor de pautas de comportamiento, que produce una mímesis casi instintiva. El público de la civilización visual no renuncia a crearse puntos de referencia axiológica, pero los selecciona de otra manera. En todo tipo de sociedad existen categorías de personajes, casi siempre detentadores de algún poder, cuyas decisiones influyen en la vida de la comunidad. En un interesante comentario a propósito del 'divismo', Umberto Eco formula la hipótesis de que, en una sociedad de tipo (pos)industrial, junto al poder efectivo de las élites religiosas, políticas, culturales y económicas,

[...] se haya ido perfilando la función de una élite irresponsable, compuesta por personas cuyo poder institucional es nulo, y que por tanto no están llamadas a responder de su conducta ante la comunidad, y cuya postura, sin embargo, se propone como modelo influyendo en el comportamiento (1993: 335).

Se trata evidentemente de la diva o estrella, que aparece dotada de propiedades carismáticas y cuyo comportamiento en la vida, al pasar a ser modelo de acción para las masas "[...] puede modificar profundamente el sentido de los valores y de las visiones éticas de la muchedumbre." (1993: 335)[42].

Como hemos visto, entre los epígrafes y los otros textos de *BAA* tiene lugar un diálogo que comenta la visión de la mujer imperante en Hollywood durante los años cuarenta. Las escenas citadas en los epígrafes, que sirven de contrapeso o de referente fantasmático - o ambas cosas a la vez - de los deseos de Gladys, resultan salir, efectivamente, de las películas favoritas de la protagonista: "Así pasaron tres años, durante los cuales tuvo oportunidad de rever por televisión todas sus películas favoritas - *Argelia, La dama de las camelias, Grand Hotel, Fatalidad, Tierra Camarada, Mujeres*, etc. [...]."(41).

Como es lógico, las películas que modulan las experiencias y expectativas de Gladys se adaptan a su ambiente cultural y a su situación personal. Si se comparan las preferencias de Toto o de Molina a las de Gladys, se percibe un leve cambio en la caracterización del papel femenino. Los modelos en los que se inspira esta última ya no corresponden tanto al estilo Cenicienta o maternal, sino que son, en su mayoría, actrices de personalidad más fuerte que parecen ocupar, dentro del sistema patriarcal, una posición menos desigual frente al hombre (Campos 1985: 41); de ahí que las referencias fílmicas se apliquen sobre todo a mujeres modernas y dignas como Garbo, Dietrich, Davis, Crawford o Harlow, a protagonistas de otro tipo de 'películas de mujer', que surgen en la década del cuarenta a consecuencia de la guerra y que presentan una imagen más realista de la mujer como profesional y sustentadora de la familia (Campos 1985: 126). En el universo fílmico de Gladys, las modas y los perfumes dejan de ser las únicas armas de seducción femenina y el modelo cinematográfico proporciona un mundo en el que la mujer, menos frágil y más segura de sí misma, se realiza cabalmente. En la práctica, sin embargo, las cosas no han mejorado sustancialmente. Este cine menos ferozmente falocéntrico sigue funcionando principalmente como un espacio de ilusión, donde se habla de paraísos inalcanzables y donde se mantienen casi inalterados los códigos corporales de antes. Incluso estas mujeres fuertes de la pantalla terminan generalmente por sacrificar sus sueños de independencia en beneficio del matrimonio, y sus mayores triunfos se sitúan en el plano del romance. La diva sigue siendo una mujer metafórica en comparación con la cual las mujeres de carne y hueso se encuentran fatalmente imperfectas. Por otra parte, la 'cultura' de la que presumen las nuevas divas no suele ir más allá de una mayor sofisticación a la hora de servir el café o de decorar la mesa. Fantaseando alrededor de un posible matrimonio con uno de sus pretendientes, el estudiante Danny, Gladys se propone enriquecer la vida de su futuro marido de la siguiente manera:

> [...] y a su casa los alumnos se pelearán por ir porque no sólo es una lumbrera sino que su mujer - un poco mayor y aparentemente sencilla, y siempre lista para cocinar pavos y perdices - resulta la más culta, más sensible, pintora y escultora, escondida detrás de la sombra del sabio marido (68).

A juzgar por sus gustos cinematográficos, Gladys encarna un paradigma en transición: con sus parientes lejanos, Toto y Molina, comparte la propensión a dejarse arrastrar por grandes pasiones incontroladas (siendo la que vive con Leo la más caricaturesca[43]); pero como su 'hermana' Ana (*Pubis angelical*), ya ha aprendido a abrir sus ojos a la realidad. Gladys está, por tanto, dividida entre un interés romántico-espiritual y asexual, y una urgencia carnal que continúa plasmando, preferentemente eso sí, en fantasías transfiguradoras de cuño hollywoodiano.

2.5.2. De la mentira romántica a la verdad novelesca: hacia un nuevo paradigma

Gracias a su potencial romántico - el mismo que tanto daño le ha causado – Gladys, mujer sola y desfigurada, dispone de una asombrosa capacidad de recuperación, que le permite combatir los fracasos sufridos en ambos aspectos de su vida. Al antiejemplo de la madre, opone el ideal de la mujer felizmente realizada que ella quiere representar, aunque tenga que hacerlo desde las páginas ficticias de una revista. Pero, a la larga, semejantes cortinas de humo no son satisfactorias. Al terminar la novela, constatamos que la artista no ha cumplido las expectativas sociales asociadas a su sexo (matrimonio, maternidad) y que tampoco han prosperado sus aspiraciones de trascender la clásica y masculina distinción entre la mujer esposa, madre, madona y la mujer amante, seductora, vampiresa. Desde los puntos de vista afectivo y sexual, Gladys se queda con las manos vacías. Su fuerza de voluntad no puede evitar que, por la noche, la irrupción de frustraciones emotivas y de recuerdos eróticos le impidan dormirse. Intenta compensar su insatisfacción con la elaboración de fantasmas masturbatorios, en los que pasa revista a los escasos momentos de plenitud con sus amantes sucesivos.

El fracaso artístico de Gladys es menos rotundo. Al fin y al cabo, lo único que le ha sido negado es el reconocimiento oficial. Pero el golpe que le ha asestado Leo al retirarle su apoyo tiene consecuencias. Hace que Gladys se sienta insegura acerca de las propias posibilidades y que su intento de introducir una nueva concepción del arte se quede a mitad de camino. La artista no dispone ni de la suficiente energía ni de la convicción necesaria para ir hasta el final de su propia lógica expresiva. Acepta la humillación que Leo le ha infligido, aunque no sin considerar un momento la posibilidad de defenderse en público (208). Pero, finalmente, no consigue sacar fuerza de su flaqueza y acaba por resignarse.

Con todo, el arte (su trabajo plástico, sus películas y funciones de teatro predilectas) es la única actividad que le agrada de verdad. Los argumentos que la ayudan a salir del trance apurado que vive en el piso de Leo y que la salvan del suicidio son también de orden estético: desde los elogios de unos vecinos que se sienten "honrados de conocer a alguien de su talento" pasando por las propias ganas de asistir al estreno de *Turandot*[44] en el teatro Colón (209-210), hasta la trivial preocupación cosmética (207)[45].

Pese a haber desperdiciado grandes ocasiones como la estancia en Estados Unidos, Gladys nunca ha renunciado por completo a la práctica de su arte. Varios son los factores que la han estimulado a perseverar. Uno de ellos ha sido la envidia, una envidia que la asalta, por ejemplo, cuando, de vuelta en Buenos Aires para asistir al entierro de su padre, se entera de los éxitos profesionales de sus ex-compañeros de estudio (42). Por otra parte, las ambiciones de Gladys responden a una auténtica necesidad interior, a un ansia constante de renovación. El camino que recorre es largo y doloroso; la apartará poco a poco de un respeto excesivo por los cánones clásicos para orientarla hacia una concepción del arte como instrumento de conocimiento de la realidad.

Paradójicamente, observamos que hasta rinden los períodos de estancamiento creativo. En las sesiones masturbatorias, Gladys se excita evocando el cuerpo de una serie de hombres que la han impresionado, mientras recrea a cada uno mediante la elaboración mental de diferentes técnicas plásticas, que resultan casi todas ineficaces. Así, el viril modelo profesional de la escuela de Buenos Aires se expresa con la firmeza de los trazos monocromos del lápiz carbón (58). El arquetipo del ideal norteamericano, su antiguo jefe Bob, es plasmado en el cuadro metafórico con una paleta de colores codificados en que predominan los tonos claros (62) y oscuros contrastados (contraste entre el ideal físico y la incapacidad orgásmica), mientras que Danny, el estudiante de historia y el único hombre con el que Gladys logró un acto físico pleno es dibujado imaginariamente a medio camino entre el modelo clásico griego ("¿líneas de armonía griega?"(66)) y una cabeza que "presenta ángulos muy interesantes para el modelado en arcilla"(66).

De esta manera, la experiencia artística y la erótica se ven interrelacionadas causalmente. Según esta hipótesis, la felicidad en el amor depende del hallazgo de la técnica plástica más adecuada. Visto así, el arte otorga poder y permite una intervención en la construcción de la realidad. Esta impresión de apropiación artística - que luego se revelará ilusoria -, Gladys la tiene por primera vez cuando se acuesta con Leo: "Recordé algo curioso. En brazos de él pensé que si era tan bello era gracias a mí, que había sabido dibujarlo a la perfección en el Instituto Leonardo da Vinci."(117). Y es que su encuentro con Leo tiene lugar después de la inspiración de su vida, que ha transformado a la pasiva romántica que ha sido en una figura tímidamente novelesca, y ha puesto en marcha una relación nueva consigo misma y con los demás. Gladys se está convirtiendo en una artista que empieza a explotar la productividad de la mímesis.

La 'obra total' de Gladys no es el resultado de ningún planteamiento, sino de su intuición asociativa. Incorpora de manera especial unos cuantos objetos diseminados (restos fósiles de la historia de un individuo o de una sociedad). En este pastiche híbrido, la artista tiene un papel preponderante al mantener un diálogo con los objetos que integran su creación ("[...] ella es parte de la obra también, porque habla con sus objetos. Esa es la obra, la relación de ella con sus cachivaches"(127). La ausencia de un plan previo, los materiales heterogéneos ('objets trouvés') que el artista sustrae a un contexto natural (o a otro contexto artificial) y enmarca como obra de arte, y la recomposición de un conjunto a base de elementos limitados, emparentan dicha concepción con la ya comentada práctica del 'bricolaje', que sirvió a Lévi-Strauss para explicar el pensamiento mítico.

Los 'collages' de Gladys comunican con ese otro modo ¿posmoderno? de pensar el arte, que implica una reubicación de las formas clásicas de la cultura. Realizaciones como las suyas desplazan la cuestión de las definiciones artísticas - los críticos nunca se han puesto de acuerdo sobre el repertorio de objetos que merece el nombre de arte - hacia la compleja problemática de

la representación. Esta reorientación se efectúa de la siguiente manera:
- las obras posmodernas revelan hasta qué punto la tradición determina todas las manifestaciones y visiones artísticas, tanto las convencionales como las que se quieren modernas y que se realizan negando tradiciones y territorios
- las obras posmodernas subrayan que la presencia de los paradigmas no obstaculiza la evolución artística, sino que, por el contrario, la hace posible. En este sentido, la disponibilidad de modelos artísticos es una condición imprescindible para que haya cambio (Gebauer & Wulf 1995: 111).
- las obras posmodernas demuestran que rehabilitar los modelos no equivale a copiarlos servilmente. Parten del principio de que las tradiciones deben ser analizadas, ya que en todas ellas se trata de códigos parcialmente arbitrarios y artificiales, que han pasado por un proceso de doxificación; es decir, códigos que han sido cuidadosamente semiotizados a fin de aportar al hombre un orden ilusorio, una manera idiosincrática (según la época, el grupo de referencia, la situación geográfica...) de ordenar el caos (Hutcheon 1989: 8).
- este proceso de deconstrucción es doble. Comporta un momento de **reproducción**, de reproducción de moldes heredados. Al rechazar el impulso innovador y expansivo de la modernidad, el arte posmoderno recicla discursos del pasado, realiza lecturas de la tradición y reutiliza imágenes de otras épocas. Abandona la noción de ruptura - noción-clave en las estéticas modernistas - esperando escapar así al desgaste inevitable de las formas artísticas. Pero, por el solo hecho de llevarse a cabo en otra época, las lecturas del arte posmoderno son transposiciones - relecturas disociadas, fragmentadas o paródicas - que dan lugar a refrescantes 'collages' de citas de obras pasadas. Precisamente aquí es donde reside el potencial creativo de la operación mimética (Gebauer & Wulf 1995: 90). En su momento de **producción**,

el arte posmoderno reanuda, en cierto modo, con el anhelo romántico, con el desafío de lo nuevo y con el tenaz mito de la originalidad. Si bien los procedimientos más actuales permiten otros métodos de renovación que no sean la evolución incesante hacia lo desconocido, si bien se pasa por el reconocimiento voluntario de la deuda mimética, en este punto, sin embargo, se sitúa la continuidad entre vanguardias modernas y el arte posmoderno que las rechaza (García Canclini 1995b: 49).

- las obras posmodernas, al desmontar los procesos de doxificación y al renunciar a las ilusiones del discurso artístico autónomo, conectan el arte con la vida, hacen que se difuminen los límites entre ambos campos (Gebauer & Wulf 1995: 11; 22).

De los rasgos arriba mencionados se desprende que concebimos la posmodernidad no como una etapa o tendencia capaz de reemplazar el mundo moderno, sino "[...] como una manera de problematizar los vínculos equívocos que éste armó con las tradiciones que quiso excluir o superar para constituirse." (García Canclini 1995b: 23).

¿Tocará techo, tarde o temprano, esta modalidad estética, como parece haber tocado techo el modernismo? Probablemente. ¿No debe ser igualmente considerada una forma de mantener el carácter insular y autorreferido del mundo artístico? Insistiremos de nuevo sobre esta 'desacralización sacralizante' y otras paradojas características del arte contemporáneo en nuestras conclusiones generales.

2.6. Manuel Puig y Michel Foucault: cultura híbrida y productividad de la norma, dos casos de 'doble vínculo'

Al final de *BAA*, la muy humana Gladys no está ni atrapada ni liberada. Ocupa una posición intermedia de 'doble vínculo' entre el paradigma de la imitación y el de la originalidad. Sus esfuerzos artísticos no han sido vanos. Le han permitido conquistar una franja de autonomía y han disminuido la dependencia de modelos metafísicos. En este sentido, el arte, al neutralizar el poder hipnótico que la mentira romántica ejercía sobre ella, la ha independizado. Por otra parte, en la práctica, Gladys no ha adelantado gran cosa con emanciparse. La que finalmente va a San Pablo no es ella, sino María Esther.

No es de extrañar que Puig haga causa común con Gladys, cuya adversaria María Esther encarna todo lo que el autor aborrece: los caminos trillados, los planteamientos inamovibles, el arte oficial de un país en plena regresión. El personaje de Leo tampoco convence. Ante el dilema heresía/ortodoxia, este crítico de arte tan susceptible a los cambios de moda y tan indeciso (según confiesa él mismo a su psicólogo (129))[46], se deja llevar por su esnobismo y su desdén por lo popular. Traiciona a Gladys, inclinándose por la reaccionaria María Esther.

Las afinidades entre Gladys y Puig saltan a la vista. Por su reelaboración de los géneros menores, *BAA* debe leerse como una transposición literaria de los experimentos plásticos de la protagonista. La actitud que adoptan personaje principal y autor frente a las sobras es idéntica: ambos se adentran en las convenciones de la subcultura y salen de ellas fortalecidos. A través de un mismo impulso doble de rechazo y de atracción, ambos logran hallar su propia voz. *BAA* forma un nudo en que su juntan todas las tensiones comentadas.

En el universo híbrido construido por Puig todavía perduran muchos reflejos románticos. Estos residuos no parecen molestarle al autor. Opina que sin unas gotas de escapismo o de divismo quizá no pudieran seducir ningún tipo de arte ni ningún ser humano. La falsa representación del mundo que nos ofrecen el 'kitsch' y la 'midcult' no es únicamente una mentira, sino que satisface una insoslayable exigencia de grandeza alimentada por el hombre. Cuanto más observe una obra todas las condiciones del equilibrio, tanto más correrá peligro de parecerse a un ejercicio correcto, a salvo de todo riesgo, y por consiguiente, poco interesante. No hay que olvidar tampoco (Eco 1993: 129) que las grandes obras de arte se han hecho inmortales con frecuencia a despecho - ¿o a causa? - de sus imperfecciones y desequilibrios. Puig no estigmatiza en absoluto la mentira romántica ni la relega entre los aspectos negativos de una sociedad masificadora. Antes bien responde incorporando el componente romántico a su propia obra, pero no sin entregarse, simultáneamente, a la difícil operación de concebir una estructura estética compleja y responsable.

Si se tienen en cuenta estas características, Puig debe ser incluido sin duda alguna entre los autores novelescos (Gebauer y Wulf 1995: 219). La solución que estos autores novelescos proponen radica en una tematización explícita de la mímesis. A esta forma de otorgar protagonismo al proceso mimético, Gebauer y Wulf la llaman 'worldmaking' y consideran este fenómeno un indicio de madurez (ibídem: 219).

Aprovechando la paradoja mimética, Puig intenta transformar los tentáculos del poder simbólico en instrumentos que fomentan el desarrollo de ideas críticas. Siempre y cuando se mantenga dentro de los límites del 'momento de pausa' - la música ligera o la película de serie B pueden constituir sanos ejercicios de normalidad, o canales de desahogo -, la sociedad (pos)industrial no conduce a una degeneración de la sensibilidad o al embotamiento de la inteligencia. Pero, a esta cultura sí hay que ponerla en tela de juicio cuando "[...] el modelo del momento de pausa se transforma en norma, en sustitutivo de toda otra experiencia intelectual, en el amodorramiento de la individualidad." (Eco 1993: 275). Puig pretende que sigue siendo posible hacer obras artísticas válidas dentro de las nuevas conexiones de poder, y que éstas son capaces de estimular la creatividad en otras direcciones; con *BAA* demuestra la viabilidad de su proyecto.

Así como la oposición abrupta entre tradición y vanguardia, entre arte culto y arte popular no funciona, la 'norma' tampoco se encuentra donde solemos situarla; el individuo no es aquel a quien un poder represivo impide desarrollarse como habría podido hacerlo en otras condiciones. Para Michel Foucault, ser sujeto es estar expuesto a la acción de una norma, sólo se puede obrar integrado en un sistema de evaluación global. También desde este punto de vista, ser sujeto es literalmente 'estar sometido', pero no sin embargo en el sentido de la sumisión a un orden exterior que suponga una relación de pura dominación, sino en el sentido de una inserción de los individuos en una red homogénea y continua, en un dispositivo normativo que reproduce y transforma a los sujetos.

En la elaboración del personaje de Gladys, Manuel Puig no sólo ha enfatizado los aspectos negativos, sino también los aspectos positivos de la norma. La singularidad de este individuo sólo se manifiesta o se destaca sobre un fondo de comunidad, que vincula al sujeto con otros sujetos (la sociedad argentina) y con el proceso global que lo constituye al normalizarlo.

Tanto la norma como la tradición son lo que nos permite desplegar al máximo la potencia que llevamos dentro. El replanteamiento de la norma, como el de la tradición artística, significa suprimir la falsa posibilidad de elegir entre autonomía, libertad, unicidad, originalidad y heteronomía, necesidad, determinismo sin remedio. Mediante una reconceptualización de la norma en términos dinámicos y productivos, se le puede abrir el camino a la única libertad que tiene sentido - no el camino de una 'liberación', sino el que conduce a 'pensar lo mismo' pero de otro modo. Este es el sendero por el que Gladys echa a andar al terminar la novela.

2.7. Conclusión

A modo de recapitulación, confrontamos ahora las principales características del 'poder' según Michel Foucault (*VS*:123-128) y las experiencias del 'poder' experimentadas por los protagonistas de *BAA*.

Se produce una **internalización del poder** a partir de la disciplina y de la autodisciplina (psicoanálisis para Leo, asimilación de los modelos simbólicos por parte de Gladys). El poder no nace en algún lugar central desde donde desciende luego por vía jerárquica. Se suprimen los tabiques entre 'poder' y 'falta de poder', todo se contagia de 'poder' (*VS*: 108). Foucault rechaza la idea de que la coacción sea el único modo de expresión del poder y que éste proceda por prohibición antes que por exhortación. Las relaciones de poder no están en posición de exterioridad con respecto a otros tipos de relaciones, sino que son **inmanentes** (*VS*: 121). El poder es inclusivo, todas las relaciones humanas están impregnadas de poder, todo el mundo está involucrado en el poder, no se escapa al poder, el poder es omnipresente.

La ley se convierte en norma (**normativización del poder**). En *BAA*, el criterio del poder funciona por comparación mimética[47]. Esta transformación conlleva una competencia sin precedentes. En muchas ocasiones, tal rivalidad implacable es abstracta y estéril, pero a veces se revela ser productiva. De todas formas, es insoslayable. La vida es un campo de batalla constante, una lucha continua en la que diferenciación y oposición son los aspectos más importantes de un proceso en el curso del cual dichas identidades recibirán una forma reconocible. Sin algo o alguien a que podamos oponernos o con quien podamos identificarnos, no seríamos capaces de trazar las fronteras de nosotros mismos. Leo y Gladys tienen que probar constantemente sus méritos, estar sin tregua en la brecha, establecer en torno suyo una vigilancia incesante; Gladys ya no puede esconderse detrás de la coartada del machismo como pudo hacerlo su madre. La normativización fomenta la sensación subjetiva de la escasez, genera ambiciones sin límites, pero también enormes frustraciones.

El carácter **relacional** y **relativo** del poder contemporáneo hace que no sea una sustancia o unidad, sino una alianza táctica que se corrige, se desplaza y se reorganiza. El poder se ha vuelto **dinámico** y **polimórfico**.

El poder tiene, hoy en día, un carácter **multilineal** y **equívoco**. Las relaciones de poder son simultáneamente intencionales e involuntarias; se es cómplice sin darse cuenta (*VS*:

108). Las relaciones de poder se desarrollan en diferentes planos. Se puede controlar un segmento y ser impotente en otro, ya no hay ni autoridad ni impotencia absoluta: Leo es perseguido por la policía peronista, y persigue a Gladys.

El poder no es de naturaleza puramente negativa. Funciona en cada malla de la red social. El poder es una práctica **productiva**. La idea de la plasticidad de la vida y no la lógica de la contradicción constituye la base de las relaciones de fuerza. Su funcionamiento no es dialéctico sino **paradójico**. En un conflicto, los mismos que se enfrentan se destruyen, se neutralizan, se refuerzan mutuamente (Leo y Gladys) o se modifican, pero no forman una unidad o individualidad superior.

El pensamiento de Foucault no es determinista. El poder es **flexible** y, en algunas ocasiones, hasta **reversible**. Siempre existe la posibilidad de intervención (Gladys), siempre se pueden ganar combates. La verdad del discurso puede aportarnos espacios de libertad. Sin embargo, en virtud de la capacidad de recuperación del poder y de su aptitud camaleónica, toda resistencia forma parte integrante de él, constituye su otro término: allí donde hay poder, hay resistencia. Las revoluciones deben concebirse, por tanto, como codificaciones estratégicas de los puntos de resistencia.

Guiado por su antiplatonismo y bajo la influencia del pensamiento nietzscheano, Foucault rechaza cualquier esencialismo metafísico, cualquier elemento capaz de servir de fundamento y da prioridad al **nominalismo**. El poder es una forma de **representación simbólica**, un proceso de semantización.

NOTAS

[1] Todas las citas de la novela llevan la página entre paréntesis. Remitiremos las indicaciones de página a *The Buenos Affair* (en adelante indicado con las siglas *BAA*), Barcelona, Seix Barral, Biblioteca de bolsillo, 1986 (1973[1]).

[2] En este comentario a la incomprensión de la crítica ante los experimentos artísticos y a los ajustes de cuentas personales y abusos de poder, Puig ha introducido sin duda algunas experiencias autobiográficas.

[3] El padre de Leo, que desea fuertemente el advenimiento de un hijo varón, insiste tanto que la madre siente desmoronarse todas sus resistencias (el terror al debilitamiento y el tedio de reajustar el presupuesto) (81). En el fondo, Leo es el producto de este 'crimen'; su madre muere, extenuada, cuando el hijo tiene apenas tres meses.

[4] Bajo el régimen de Juan Domingo Perón (los años 1943-1955, que corresponden a la infancia de Gladys y de Leo, fueron los años del 'primer peronismo' al que siguió, entre 1973 y 1976, un segundo período peronista), toda oposición era perseguida y reinaban la corrupción y el nepotismo. La 'Revolución Libertadora' de septiembre de 1955 fue llevada a cabo por una coalición de jefes militares compuesta de nacionalistas y de liberales. Después de su caída, Perón fue inmediatamente exiliado. La actitud de la nueva coalición hacia los peronistas depuestos fue feroz e intransigente: el partido peronista fue disuelto y se destruyó la estructura jerárquica autoritaria de sus sindicatos. Hasta fueron prohibidas las insignias y los lemas del movimiento peronista, al igual que la mención del nombre de Perón, al que se aludía en adelante con el apodo de 'Tirano Prófugo' (David Rock, 1988, capítulo 8, 'una nación en punto muerto 1955-1976').

[5] Las alusiones políticas fueron debidamente captadas por el régimen de turno: *BAA* fue la primera novela de Puig que pasó a integrar la lista de libros prohibidos. Recordamos que, en ese mismo año 1973, con la caída de Cámpora y bajo amenazas telefónicas, el escritor dejó la Argentina. 1973 es también el año de publicación de *Libro de Manuel* de Julio Cortázar, que presenta interesantes paralelos con la novela de Puig.

[6] En el capítulo 10, María Esther, convertida en confidente de Leo, comunica a la policía la confesión disfrazada que le acaba de hacer el crítico. Mientras un subalterno redacta una versión taquigráfica de la conversación, el oficial deja caer la vista en unos titulares de periódico que manifiestan el estado de violencia en el que se encuentra sumergida la sociedad argentina de aquel momento.

Véase infra nuestro análisis de la mímesis sociológica realizada a partir de *Boquitas pintadas*.

[8] La frustración sexual es, para Puig, un síntoma de primerísima importancia; un instrumento que le sirve para hacer estallar todos los mitos básicos del Río de la Plata: desde el mito familiar hasta los de sociedad. Rodríguez Monegal observó que, si la mayor parte de los personajes del primer Puig son niños o adolescentes, es "[...] porque, pese a unos principios muy declarados de modernidad y desprejuicio, esa es la edad mental y afectiva que domina en aquella zona. Si el sexo adquiere caracteres violentos y sórdidos, es porque la frustración sexual está en la base de las relaciones entre aquellos hombres y mujeres." (Rodríguez Monegal 1974: 374)

[9] La puesta en abismo más espectacular es la fusión que se da entre narrador-citador (nivel extradiegético) y Gladys (nivel intradiegético) o, en los términos de Gebauer & Wulf, entre la 'mímesis representacional' (extradiegética) y la 'mímesis representada' (intradiegética) (1985:22).
Se observa que el narrador y el personaje se apropian los lenguajes simbólicos, especialmente los de los subgéneros literarios y de las creaciones plásticas. El mismo artificio que origina las esculturas de Gladys - la utilización de desechos de variada procedencia para crear una viabilidad expresiva personal - produce la novela *BAA*, inventario de todo lo que el narrador extradiegético ha encontrado en la 'resaca' discursiva de su país (titulares de periódicos, conversaciones telefónicas, reportajes imaginarios en revistas frívolas, informes de autopsia, artículos de divulgación científica). Ni Gladys ni Puig disponen de un estilo 'propio' pero ambos poseen una extraordinaria capacidad camaleónica frente a los medios de expresión que citan.

[10] El subtítulo que figuraba en las primeras ediciones de la novela – *The Buenos Aires Affair*: **novela policial**, Buenos Aires, Editorial Sudamericana; México, Joaquín Mortiz, 1973 y Barcelona, Seix Barral, 1982 – se ha suprimido en las ediciones de bolsillo más recientes.
Para un estudio más detallado de los elementos policiacos en BAA, consúltese Epple 1976.

[11] La aversión de Gladys por las actividades artísticas de su madre data ya de su tierna infancia. La niña se niega a aprender hasta la más corta de las poesías y pretende que la maestra recita mejor que su madre. El incidente más doloroso entre madre e hija se produce cuando Gladys apenas tiene siete años, con motivo de un recital de fin de curso. Lo comentaremos bajo 'modelos miméticos de Gladys' (2.5.1.) .

[12] Estos versos, como muchas otras referencias a las que Clara alude, revelan asimismo su dependencia de unos estereotipos románticos a través de los cuales expresa su mundo interior (véanse también 2.3.5. y 2.5.1.1.)

[13] Citamos por las *Obras completas* de Bécquer, edición de 1969.

[14] Esta presentación narrativa ya estaba presente en *Boquitas pintadas*, con el mismo matiz irónico. Si bien la referencia intertextual en el plano de la expresión de esta novela remite entonces a "una corriente de la escritura literaria europea – el 'Nouveau Roman' - que pertenece al campo de la cultura 'alta'", los mitos evocados en el plano del contenido "contestan la exclusividad, la poética y la ideología de la corriente escritural europea." (Schlickers 1997: 186-187).

[15] Véase, por ejemplo, Corbatta 1983: 609. Cabe observar también que, a partir de la publicación de *Le miroir qui revient*, el propio Robbe-Grillet ha renegado de sus antiguos principios formalistas.

[16] Esta es la tesis que defiende y comenta Lilian Manzor-Coats (1988).

[17] Este mismo Leo, objeto de una descripción psicoanalítica, se permite un comentario irónico a propósito de un estreno de Fellini. La película le ha irritado "por su simbología freudiana de bolsillo" (139).

[18] El juego se repite en la representación final (capítulo 13) cuando María Esther ('madre sustitutiva' o 'hermana') "le {a Leo} toma bajo la toalla el miembro viril y le dice: ¿qué tenés acá? ¿un pajarito?." (187).

[19] A Puig le intriga particularmente esta insaciabilidad del ser humano en un universo, el nuestro, en el que triunfa la sugestión y en el que el otro se encuentra en la fuente misma de la subjetividad. No nos parece casual que el autor nos ofrezca dos versiones del desenlace: la que le sirve a Gladys para elaborar su fantasía (resentimiento contra la joven pareja perfecta, ocasionado por la disparidad de suertes: la mujer de al lado colmada de placer mientras que Gladys se encuentra soportando una jaqueca y el disgusto por el alejamiento de Leo...) y la de las preocupaciones que tienen los vecinos, pese a su acto amoroso satisfactorio (si a Gladys le frustra no haber logrado lo que pretendía, la vecina tiene miedo de perder lo que ha conseguido - ha perdido a su madre y teme perder a su hijo, pero sobre todo a su marido piloto).

[20] Llama la atención el paralelismo entre este procedimiento y el de *Boquitas pintadas*, en que cada entrega se inicia con un epígrafe tomado generalmente de una canción de Alfredo le Pera.

[21] Para un estudio detallado de la relación entre epígrafes y capítulos, véanse Epple (1976) y Rodríguez Monegal (1974: 386-391).

[22] En *Polifonía textual*, Graciela Reyes ofrece un interesante replanteamiento pragmático del fenómeno irónico (1984: 153-179). Para

entender la enunciación irónica debemos dejar a un lado la definición tradicional de la retórica según la cual la ironía es una figura que consiste en decir lo contrario de lo que realmente se quiere decir. Como el locutor paródico de Linda Hutcheon, el irónico de Reyes cumple dos papeles simultáneos: "Es a la vez un locutor fingido al que atribuye una expresión o proposición, y un enunciador (verdadero agente del acto de habla) que niega o cuestiona esa expresión o proposición." (157). La ironía tiene, por tanto, la estructura de la cita: "No me parece acertado afirmar, según es corriente, que el locutor irónico quiere decir lo que no dice: también quiere decir lo que dice para decir por añadidura lo que no dice." (158).

[23] Teniendo en cuenta que estos fenómenos, cuya descripción sistemática nos alejaría de nuestro objeto de estudio, han sido analizados por investigadores tan competentes como Umberto Eco o Pierre Bourdieu, nos hemos conformado con facilitarle a nuestro lector una rápida visión de conjunto, con el propósito de situar la empresa teórica de Michel Foucault.

[24] Pierre Bourdieu ha intentado explicar la discrepancia entre la multiplicación de productos para el incremento de las ganancias y la promoción de obras únicas en las estéticas modernas mediante su teoría de los 'campos del gusto' - cada campo cultural hallándose regido por leyes propias. Bourdieu observa que la forma de campos específicos del gusto y del saber, donde ciertos bienes son valorados por su escasez y limitados a consumos exclusivos, sirve para construir y renovar la distinción de las élites. Cada campo cultural es esencialmente un espacio de lucha por la apropiación del capital simbólico (Pierre Bourdieu, 1980).

[25] En su interesante estudio de 1987, *El discurso utópico de la sexualidad en Manuel Puig*, Elías Miguel Muñoz también basa parte de su análisis de la obra de Puig en la teoría de Michel Foucault. Nuestro enfoque pretende ser, sin embargo, más amplio y más completo, al no restringirse a la concepción de la sexualidad del filósofo francés, sino que se propone presentar las estructuras de poder, de las que el discurso de la sexualidad no constituye más que una manifestación. Tampoco compartimos algunas de las conclusiones a las que llega Muñoz. Rechazamos particularmente las que pecan de esencialismo y utopismo: el discurso a propósito de la liberación sexual nos parece unilateral, y supone una recaída en la hipótesis represiva (véase infra) refutada por el propio Foucault.

[26] La *Histoire de la sexualité* se compone de tres tomos:
1.*La volonté de savoir* (1976); 2. *L'usage des plaisirs* (1984); 3. *Le souci de soi* (1984).

[27] Nuestras reflexiones están basadas principalmente en *Mensonge romantique et vérité romanesque* (las páginas entre paréntesis corresponden

a la traducción española) y en el tercer capítulo de *Des choses cachées depuis la fondation du monde*, 'Mimésis et sexualité', (1983: 457-487). Seguiremos usando las 'etiquetas' masoquismo, sadismo... a falta de otras mejores.

[28] La catarsis de Gladys se realiza a través del reciclaje de materiales comunes; de la misma manera, la escritura de Puig es una escritura que fracasa, que "se frustra en su gesto de captación de un referente y, al hacerlo, convierte esa frustración en condición de su existencia." (Borinsky 1975: 44).

[29] Véase 'mímesis sociológica en la Argentina'.

[30] Nótese que la profesión de la madre es de índole claramente mimética: consiste en reproducir lo ya escrito anteriormente por otro.

[31] En la edición de las poesías completas que hemos consultado (1970), no figura ningún poema titulado 'Esterilidad', pero sí uno que lleva como título 'La mujer estéril' (*Desolación*).

[32] Dwight Macdonald en Umberto Eco 1993: 93-140.

[33] La obra de Juana de Ibarbourou (Uruguay, 1895-1979) y la de Alfonsina Storni (Argentina, 1892-1938), como la de Gabriela Mistral o de Delmira Agustini, se inscriben dentro del movimiento de recapitulación del modernismo latinoamericano, "[...] que corrige algunos excesos de éste y devuelve a la palabra poética matices de sencillez e intimidad no frecuentes en aquél." (Francisco Lucio 1995: 44).

[34] Como veremos en nuestro comentario sobre *Cae la noche tropical*, las clasificaciones de Eco no son rígidas. El semiótico italiano acentúa la serie de gradaciones que, dentro de un circuito de consumo cultural, se crean entre obras de descubrimiento, obras de productos medios y obras de consumo. El problema que surge a la hora de establecer tales categorías es que intervienen dos tipos de criterios, uno formal e interno al mensaje artístico, y otro externo y contextual, que concierne a la relación comunicativa. El autor aclara asimismo que el problema de una comunicación equilibrada no consiste en la abolición de los mensajes 'kitsch' o 'midcult', sino en su dosificación (1993: 100).

[35] "La 'masscult' tiene, en su trivialidad, una razón histórica profunda [...] y en su dinamismo traspasa las barreras de clase, las tradiciones de cultura, las diferenciaciones del gusto, instaurando una discutible, despreciable, pero homogénea y democrática comunidad cultural." (Eco 1993: 95).

[36] 'loro' (figurado y familiar): mujer fea o vieja (diccionario *VOX*).

[37] 'budín' (Argentina, vulgar): mujer joven y bonita de buen cuerpo (Marcos A. Morínigo, *Diccionario del español de América*).

[38] Significativamente, la imaginación de Gladys privilegia las personalidades europeas ("[...] prófugos de algún conflicto trágico como la segunda guerra mundial." (39)). En cuanto a una interpretación de la euromanía argentina, véase nuestro capítulo sobre la mímesis sociológica.

[39] Por otra parte, Gladys carece por completo de conciencia política. Ignora la historia de su propio país. Se declara antiperonista sin saber por qué; los motivos que justifican su alivio por el derrocamiento de Perón en 1955 son poco convincentes: "[...] porque sin Perón no había riesgo de que otra vez cerraran la importación de revistas de modas y películas, y su madre no tendría más problema con el personal de servicio." (38). Cuando su amiga Alicia desaprueba su proyecto de ir a estudiar en EEUU – "el pulpo que ahogaba a Latinoamérica" - Gladys responde que "ese país era la cuna de la democracia." (39).

[40] La influencia del registro cinematográfico en la obra de Puig, que salta a la vista con tan sólo fijarse en el título de su primera novela, ha sido destacada por cuantos críticos se han ocupado de ella. Especial mención merece el enfoque lacaniano desarrollado por René Alberto Campos en su estudio *Espejos. La textura cinemática en 'La traición de Rita Hayworth'* (1985). El crítico ha investigado cómo opera el poderoso impacto que tiene el cine en las experiencias de los personajes de *La traición*. Campos observa con razón que sus predecesores han tratado las películas sobre todo como un elemento decorativo, sin advertir que se produce aquí un auténtico 'injerto fílmico-narrativo' (Campos 1985: 18-19).

[41] En esta novela, los diálogos entre los dos presos que comparten una celda, Molina y Valentín, se interrumpen repetidamente para abrir paso a seis relatos de películas que corren a cargo de Molina. Las películas no sólo hacen avanzar la acción, sino que provocan una evolución en la actitud de los dos personajes, desempeñando así una clara función performativa (Molina habiendo concebido la idea de contar películas para sonsacarle información a Valentín). En las novelas posteriores de Puig, el tema pierde protagonismo sin desaparecer del todo.

[42] Las múltiples referencias cinematográficas en la novelística de Puig no sólo evidencian hasta qué punto el cine de Hollywood pudo convertirse en sustituto de la realidad. La atracción que el tecnicolor hollywoodiano ha ejercido en nuestro autor se debe en primer lugar a un encuentro estético, a un 'ars narrandi' compartido. Tanto para la gigantesca fábrica de ficciones tipo Metro Goldwyn Mayer como para el autor Manuel Puig, narrar es sinónimo de seducir, de prolongar un suspense. Para ello, el artista se viste del ropaje de Scheherazade y dosifica cuidadosamente sus artificios a fin de cautivar a su público. Esta estética de la seducción ha encontrado su mayor

representante en el personaje de Molina, protagonista de *El beso de la mujer araña*.

Como hemos demostrado en nuestro artículo dedicado a *La traición* (Logie 1996), la actitud que Puig adopta frente al cine hollywoodiano se caracteriza por la ambigüedad, es fruto del 'doble vínculo'. Si bien por una parte, critica ese afán de imitar los modelos cinematográficos, por otro lado le enternecen y le inspiran indulgencia tales pecados psicológicos, ya que el autor sabe que surgen de defensas contra una realidad sofocante y contribuyen a hacer la vida más llevadera. La grotesca cursilería de la clase media argentina nace, según Puig, de un estado de ánimo legítimo, de un deseo de ser mejor, de un intento de superación difícilmente censurable.

[43] Es el hombre que ella había imaginado conforme a los estereotipos de Hollywood: "Pero en el desvelo de más de una noche lo había visto, conduciendo el coche sport descapotado, rumbo a algún club nocturno de la ribera del Plata, la piscina refleja la orquesta, una piscina cristalina gélida color verde mar." (110).

[44] La selección de la ópera de Puccini no se debe al azar, ya que la obra en cuestión contiene un comentario irónico sobre la situación de Gladys/Liu.

[45] Este dilema la acerca a su madre, cuya inspiración poética se veía condicionada por requisitos tan prosaicos como el tiempo.

[46] Leo es un crítico cuyo gusto ha sido formado en las expresiones altas de la cultura, pero que siente una atracción momentánea por la forma de trabajar de Gladys. Admite que le disgusta profundamente la difusión de manifestaciones culturales únicas. Tratando de recordar una canción que le impresionaba mucho de niño, se indigna cuando su psiquiatra le sugiere el título de 'Lili Marlene': "No, qué se le ocurre, 'Lili Marlene' es un lugar común de grueso calibre. Vd me subestima diciéndomes eso [...]." (124). Poco después, confiesa que el médico tenía razón, pero que le irrita que algo que a él le guste mucho se haga popular (125). Añade que el mismo cambio repentino de apreciación se ha repetido varias veces a lo largo de su vida: "Después cuando tenía pantalones largos me molestó que se pusiera de moda Toulouse-Lautrec, porque los americanos hicieron una película sobre la vida de él."(125).

En general, le pone nervioso no saber a qué atenerse: "Y me da miedo que una cosa hermosa pueda un día cansar. Quiere decir que no se puede estar seguro de nada. Ni de la obra maestra guardada en un museo."(125).

[47] Foucault abstrae y dinamiza la 'mediatización' de Girard. Esa relación no es ya una relación de sucesión que ligue términos separados, sino que supone la simultaneidad, la coincidencia, la presencia de todos los elementos que ella reúne. Desde este punto de vista, no es posible concebir la norma

misma antes de las consecuencias de su acción y de alguna manera tras ellas e independientemente de ellas. Comparada a la actitud apocalíptica y algo crispada de Girard, la de Foucault nos parece moderadamente optimista.

3.
Boquitas pintadas: la mímesis sociológica

> History in Argentina is less an attempt to record and understand than a habit of reordening inconvenient facts, it is a process of forgetting.
>
> V.S. Naipaul

> No sé en qué medida las letras del jazz influyen en los poetas norteamericanos, pero sé que a nosotros los tangos nos vuelven en una recurrencia sardónica cada vez que escribimos tristeza, que estamos llovizna, que se nos atasca la bombilla en la mitad del mate.
>
> Julio Cortázar

3.1. Intriga

Boquitas pintadas (1969) es la segunda novela de Manuel Puig[1]. Con ella, el autor se convierte en un éxito de ventas y trasciende las fronteras de la Argentina. A partir de *Boquitas pintadas*, Puig opta definitivamente por la literatura. Mientras que *La traición de Rita Hayworth* fue al principio un proyecto para un guión que se transformó en novela, en *Boquitas pintadas*, el autor experimentó con técnicas que le parecían tan exclusivamente literarias que se mostró escéptico cuando Leopoldo Torre Nilsson le propuso adaptar la obra al cine. La realización fílmica que finalmente se llevó a cabo nunca terminó de gustar al autor (Almada Roche 1992: 90).

En *Boquitas pintadas*, el autor se retira del mundo de la niñez para esbozar un cuadro desilusionante de la vida de jóvenes adultos. La novela está organizada en dos partes, cada una dividida en ocho unidades ('entregas'). El paso de las 'boquitas pintadas de rojo carmesí' (primera parte) a las 'boquitas azules, violáceas, negras' (segunda parte) simboliza la transición de la vida y la juventud a la enfermedad y a la muerte. Pero, ya en la primera parte, varios recursos estilísticos y narrativos anuncian la inminencia de la degradación. Se insiste, por ejemplo, en los procesos de enfermedad y de putrefacción (véanse las descripciones de la fosa común en Coronel Vallejos) y en el irremediable carácter cíclico de la naturaleza (cuyo emblema encontramos en la higuera que más tarde se convierte en la causa de la muerte de un personaje). Esta fuerte presencia de la naturaleza se vincula asimismo con la vida vegetal que llevan los protagonistas.

El título de la novela está tomado de un fox-trot de Alfredo le Pera con música de Carlos Gardel[2]. Se trata de la canción 'Rubias de Nueva York', que fue incluida en la película 'el tango en Broadway' (Guzmán 1984: 186; Steimberg de Kaplan 1989: 32, Bacarisse 1992: 19). La frase completa de la que se ha sacado el título, que coincide con el estribillo de la canción – 'deliciosas criaturas perfumadas/quiero el beso de sus boquitas pintadas' - encabeza la tercera entrega de la novela; las 'deliciosas criaturas' son Mary, Betty y Julie, chicas rubias de Nueva York que finalmente se ven calificadas de 'fáciles muñecas[3] del olvido y del placer', y de 'cabecitas adornadas que mienten amor'. Del mismo fox-trot sale el epígrafe de la quinta entrega ('dan envidia a las estrellas/yo no sé vivir sin ellas'). Es significativo que ya desde el título, el atractivo erótico se relacione con la blancura de la piel y la procedencia extranjera[4].

La cita del título se prolonga por todo el libro en los epígrafes con que se inician las entregas y que son casi siempre canciones de Gardel[5] y tangos de Alfredo le Pera de gran repercusión popular como 'Cuesta abajo' o 'Volver'. Varios de estos epígrafes juzgan a los personajes con humor, ternura o sarcasmo, otros ofician de síntesis del capítulo que introducen o representan la visión que un personaje tiene de su propia realidad. Así el primero ('Era... para mí la vida entera...' (9) - y el tango sigue 'como un sol de primavera') expresa la nostalgia de un lejano tiempo feliz, rememorado en un presente de desilusión, contenido que corresponde cabalmente a los sentimientos de la protagonista Nélida (Nené) atormentada en Buenos Aires por el recuerdo de hace diez años, cuando ella tenía diecinueve en Vallejos. Los epígrafes deben ser considerados indicaciones retóricas, instrucciones de uso que delatan al narrador extradiegético (3.3.2.2.). Su presencia manifiesta igualmente la voluntad de relacionar *Boquitas pintadas* con los mensajes transmitidos por los medios de comunicación de masas, tendencia aún reforzada por las citas de tangos y de boleros que emergen en la diégesis.

Lo primero que llama la atención en *Boquitas pintadas* es su cuidadosa elaboración. La novela ofrece una variedad de puntos de vista, de estilos y de modos de narración. Como en *BAA*, el discurso se presenta mayormente bajo la forma de periódicos, agendas, actas, avisos fúnebres, cartas de amor y radionovelas. Por una parte, desfilan las formas que se asocian tradicionalmente con el narrador personalizado: las correspondencias sostenidas entre personajes clave, las conversaciones telefónicas, los diálogos y los monólogos interiores. Algunos diálogos cobran un relieve especial por el contraste destacado entre lo que un personaje dice en voz alta y sus pensamientos íntimos que aparecen intercalados en letra cursiva. Tal duplicidad indica la hipocresía en la que se mueven los protagonistas. Por otra parte, surgen algunos retratos de personajes hechos en un estilo detectivesco: el álbum de fotografías de Juan Carlos y la descripción detallada del dormitorio de Mabel ofrecen ejemplos de esta técnica. Al igual que los personajes, este narrador aparentemente externo lleva una máscara puesta. En realidad, dispone de todas las posibilidades del narrador omnisciente. Sabe lo que ocurre al mismo tiempo en lugares distintos (Buenos Aires y Coronel Vallejos), sabe lo que piensan sus personajes y conoce su futuro. Tiene la clave del mundo narrado y selecciona hábilmente (mediante una explotación sistemática de la omisión lateral o 'paralipsis') los episodios relevantes para la intriga.

Esta concepción del texto como un mosaico de citas, pero también las múltiples idas y vueltas en la acción y la estructura temporal tipo rompecabezas hacen que *Boquitas pintadas* requiera la participación activa del lector, al que incumbe ordenar las secuencias y reconstruir la trama.

La obra se desarrolla entre dos fechas, entre dos muertes: la de Juan Carlos Etchepare en 1947, que muere de tuberculosis, y la de Nélida Fernández (Nené), que muere de cáncer en 1968. Es posible distinguir dos líneas narrativas: una que sondea el pasado (sobre todo los años 1935-1941), que corresponde a los capitulos III a XIV, y otra que va desde la muerte de Juan Carlos hacia el futuro (entregas I y II; XIV, XV y XVI).

El relato arranca en 1947 con un recorte de prensa que informa sobre la muerte de Juan Carlos, documento al que se añade una serie de cartas escritas por Nené y enviadas a la madre del fallecido, doña Leonor. Retrocede luego a 1937 para elaborar un largo flash-back, que consiste en la evocación de las vidas rutinarias de los cinco personajes principales, a saber: Juan Carlos, Nené, Mabel, la Raba y Pancho. Nos enteramos de su clase social, de sus gustos y pensamientos, y de sus relaciones. Nené es el personaje menos definido, el que mejor simboliza la vulnerabilidad de la clase media. De todas las mujeres de *Boquitas pintadas*, es la que más fácilmente sucumbe a la mentira romántica y que se convierte casi en extensión de los medios de comunicación de masas. Se encuentra a mitad de camino entre las estrecheces de la Raba (una empleada doméstica semi-analfabeta) y las posibilidades de Mabel (hija de un rico martillero de ganado y maestra de escuela). Es empleada de tienda (empaquetadora), hija de inmigrantes relativamente exitosos (su padre es jardinero, su madre plancha fuera). Vive en Coronel Vallejos, pero su casa es casi un rancho y no posee marcas culturales prestigiosas, condición social de que Nené sufre. Nené vive tratando de parecerse a Mabel que la desprecia y que opina que nunca ha sabido juzgar sobre cine y teatro (204). Se casa con Massa, y la pareja se instala en un piso de Buenos Aires. Desde el principio de la novela, se nos ofrecen varios indicios de la situación económica que Nené y su marido han conseguido, una posición muy por debajo de la anhelada por la protagonista. Ella escribe en la cocina, se alumbra con una barra nueva fluorescente, la mesa que le sirve de escritorio está cubierta con un hule (10-141). Al terminar una de las cartas, para encontrar ciertas nociones religiosas que le interesan, tiene que recurrir al libro de comunión de su hijo (12-13), lo cual indica la pobreza cultural que reina en la casa. Después de haber redactado la cuarta carta, quita una pelusa de una "Virgen de Luján tallada en sal que adorna la cómoda" (18), se tira sobre una cama cubierta por una colcha con flecos de seda (18) y una de sus manos queda junta a una "muñeca vestida de odalisca que ocupa el centro de la almohada" (19). Estas descripciones ilustran el gusto kitsch que caracteriza la decoración del piso.

Físicamente, Nené encarna el ideal argentino: es rubia y tiene los ojos claros. Por eso, y a pesar de no haber estudiado, ha podido acceder a un club que en principio le estaba vedado, y puede salir con Juan Carlos. Parece espontánea y natural, pero no lo es tanto: su aspecto físico (ropa, peinado) es el resultado de complejas operaciones de cuidado. Nené es una chica buena pero no es tonta. Su susceptibilidad hace que saque lecciones de sus experiencias anteriores de modo que, al final, se origina una distancia saludable entre ella y sus sueños inalcanzables.

El relato vuelve después a 1947 y a las respuestas a las cartas de Nené. Termina la novela un epílogo situado en 1968. A los personajes los une más el espacio geográfico e ideológico de Coronel Vallejos (escenario que *Boquitas pintadas* comparte con *La traición de Rita Hayworth*) que los acontecimientos. Estas cinco vidas se tocan accidentalmente, al compás de intereses económicos y sexuales o de amistades superficiales y pasajeras. Las une igualmente la forma del libro.

El narrador extradiegético produce cuatro series de fragmentos puramente narrativos. Cada serie está dedicada a los cinco protagonistas tomados separadamente, pero cada fragmento está asociado a los demás por fórmulas lingüísticas que se repiten para cada personaje ('el día 23 de abril de 1937'; 'el ya mencionado día 23 de abril de 1937'). Las series están esparcidas a lo largo del libro. En la primera (53-89), se nos proporciona un minucioso informe de lo que hicieron los personajes en un día seleccionado arbitrariamente (el 23 de abril de 1937). Todos están vivos y todos en Coronel Vallejos. La segunda serie de fragmentos narrativos (136-144) contiene un momento de descanso en la actividad diaria de cada personaje a distintas horas del 27 de enero de 1938. La fecha escogida en este caso es algo más motivada que en el anterior, porque esa noche Raba ingresa en un hospital para parir al hijo de Pancho, el albañil del pueblo, que éste repudiará. En la segunda serie, aún no ha muerto nadie, pero se esboza un principio de alejamiento: en Vallejos permanecen Juan Carlos, Nené y Raba; Mabel está en Buenos Aires y Pancho en La Plata. La tercera serie (220-222), que tiene mayor motivación que la anterior, nos dice qué estaba haciendo cada personaje a las tres de la tarde del 18 de abril de 1947, la hora exacta en la que murió Juan Carlos en Coronel Vallejos. En aquel momento, Pancho ya ha sido asesinado por la Raba[6]; de él sólo queda el esqueleto en la fosa común del cementerio de Coronel Vallejos. Mabel, ya casada y madre, está en Buenos Aires, y Nené también. La cuarta y última serie (250-256) corresponde al momento en que Nené muere de cáncer en Buenos Aires, 21 años después (el 15 de septiembre de 1968). Mabel vive en la misma ciudad (lleva años sin ver a su amiga), Juan Carlos sigue en la tumba y Pancho en la fosa común, mientras que Raba ha fundado una familia relativamente próspera en Coronel Vallejos. El narrador no se molesta en establecer relaciones explícitas entre las cinco series de fragmentos.

La novela gira en torno a Juan Carlos Etchepare, personaje omnipresente que constituye el nexo entre Nené y Mabel y que despierta sentimientos de afecto, compasión o fascinación en los personajes secundarios: afecto en su hermana Celina y en su madre, compasión en la viuda Elsa di Carlo, fascinación en su amigo Pancho. Juan Carlos, donjuan tuberculoso e irresponsable, es un fiel reflejo de Héctor (*La traición de Rita Hayworth*) y una prefiguración de Josemar (*Sangre de amor correspondido*). Negocia socialmente su atractivo y sus dones de amante: se viste con campera de estanciero aunque es empleado público. Trata de evadir su realidad de funcionario derrochándose en el juego y en amoríos para luego terminar solo, con las manos vacías y la salud arruinada. Opta por casarse con Nené, la rubia buena, guapa y platónica, no tanto por amor sino porque ella, al haber sido desvirgada por su antiguo patrón Aschero, no tiene más remedio que aceptar su situación económica y su enfermedad. Sin embargo, no logra olvidar a Mabel, la 'chica con plata', la mujer fatal, seductora y refinada que sabe servir el té de manera impecable - contrariamente a Nené cuyo gesto torpe de traer licor casero en una copa rebosante repugna profundamente a Juan Carlos - pero que le ha rechazado nada más enterarse de su enfermedad contagiosa.

Las actitudes de Juan Carlos lo configuran como el prototipo del clásico 'compadrito'. En este sentido, es el perfecto complemento de Nené, y la relación de ambos obedece a formas rituales desgastadas. Como Nené, y pese a su habilidad para manipular a su entorno, Juan Carlos muere sin haberse enterado de elementos que han afectado a su propia vida (véase infra).

Como queda dicho, *Boquitas pintadas* se abre con un verso de le Pera, con la nota necrológica que alude al fallecimiento de Juan Carlos en 1947, y con una serie de cartas. La intriga se plantea, por tanto, de entrada. No habrá transcurso propiamente dicho porque ya ha ocurrido todo antes del comienzo de la novela: los desenlaces están presentes en el aviso fúnebre (el lector sabe cuál ha sido el destino del hombre al que varias mujeres han querido) y en la situación de Nené, que firma las cartas. La ausencia del donjuan le confiere un suplemento de 'aura', lo cual explica que, a continuación, el texto se articula en torno a la tensión de recordar, de apropiarse de un pasado. La verdadera sorpresa de *Boquitas pintadas* no se sitúa, pues, en el nivel de la trama, sino en el protagonismo de las cartas, que se revelan ser poderosos catalizadores y que complejizan una intriga aparentemente banal. El procedimiento de las cartas, que sólo constituye uno entre varios, le permite al narrador extradiegético atenerse a la percepción de los corresponsales y dosificar la información. Contrastando los elementos diegéticos así obtenidos, el lector se percata de lo mucho que ignoran los personajes. Nené (pero tampoco Celina) no llega a saber nunca que Juan Carlos y Mabel han tenido una relación y Juan Carlos ignora los encuentros nocturnos de Mabel y Pancho. Contrariamente a lo que Nené termina por creer, la maledicencia de Celina ('una víbora' (28)) no influyó mayormente en la separación de Juan Carlos de ninguna de las dos amigas: Raba es la que traicionó a Nené al no cumplir su promesa de callar el incidente con Aschero; Mabel fue la que escribió el anónimo que hizo pública la gravedad de su amante; fue el padre de Nené el que prohibió la continuación de las relaciones entre Juan Carlos y su hija, y ella ya empezó a fijarse en Massa, su futuro marido, en Navidad del 37. En general, los chismes y las mentiras deforman una verdad que nadie conoce por completo y que cada uno interpreta a su antojo.

Se distinguen en la novela dos conjuntos de cartas. En primer lugar, las seis cartas redactadas por Nené en 1947, inmediatamente después de aprender la muerte de Juan Carlos y enviadas con la intención de dar el pésame a la madre de su ex-amante, doña Leonor, y de recuperar las cartas amorosas que ella misma había devuelto a Juan Carlos cuando rompieron. Son cartas de un único emisor, que el lector supone recibidas y contestadas por la destinataria legítima. Hacen mención de una sola respuesta que el lector no conocerá nunca, pero de la que descubrirá mucho más tarde que no fue escrita por Doña Leonor sino por una falsa sustituta: Celina, la hermana de Juan Carlos, que odia a Nené - mayormente por envidia al haberse quedado ella misma soltera - y que siempre le ha achacado la culpa de la enfermedad de su hermano[7]. Las maniobras de Celina terminan por provocar la confesión de Nené de que su vida no la satisface. Con un pretexto, Celina consigue la dirección de la oficina donde trabaja Massa, el marido de Nené, a quien manda un anónimo con el propósito de destruir el matrimonio. Con este fin, ha procedido a una selección de fragmentos de cartas que cogen in fraganti a Nené (235-238). Cuando los envía subrayados[8] a Massa (tercer destinatario), Celina se convierte en la segunda emisora de las cartas.

La segunda serie de cartas son las redactadas por Juan Carlos y dirigidas a varias mujeres (entre otras a Nené) desde un sanatorio en Cosquín. Corresponden al año 1937 y aluden a respuestas de Nené que el lector no conoce; éstas son las cartas que Nené desea recuperar a través del - cronológicamente - segundo intercambio epistolar.

La novela se abre y se cierra con cartas. En la última entrega, se reúnen las dos correspondencias. Mientras tanto, se ha cumplido el objetivo de Nené de recuperar las cartas de su antiguo amante. En su lecho de muerte, solicita a Massa que queme esas cartas, petición que Massa ejecuta. El viudo de Nené las tira por el hueco del incinerador del piso. A través de las llamas del fuego, las cartas de Juan Carlos se despliegan y dejan ver algunos destellos de frases que hacen presente el pasado antes de consumirlo (257-258). La última frase citada es irónica ya que habla de la confianza en los intercambios epistolares: "[...] pero cada vez que leo tu carta me vuelve la confianza." (258).

Así, la escena final lleva a cabo una reunificación simbólica entre Nené y Juan Carlos y reconcilia, parodiándolos, los dos enlaces del mito de Don Juan: el de la destrucción (versión de Tirso de Molina, *El burlador de Sevilla* (1630)) con el de la catarsis (versión de José Zorrilla, *Don Juan Tenorio* (1844)) (Kerr 1987: 99,101).

Es lógico que Nené sea la que toma la iniciativa de ambas series de cartas. Su afición por el correo exterioriza su fiebre comunicativa que se manifiesta en varias ocasiones. Pese al convencionalismo de su discurso y a la prolijidad escolar con la que se expresa, Nené invariablemente quiere 'platicar': "Pero no sé cómo explicarle, con nadie puedo hablar de Juan Carlos [...]" (11); "Pero a usted {doña Leonor} sí que tengo ganas de verla y hablar de todo lo que tengo ganas de saber de estos años que no vi a Juan Carlos." (21). Pero nunca se cumple ese propósito de conversar. Fracasa el diálogo con Juan Carlos, que prefiere pasar a los actos - "cuando estás con una piba en donde nadie te ve, no te gastés en hablar, ¿eso para qué sirve? para que metas la pata" (101) - salvo cuando está en el sanatorio de Cosquín, donde el olvido de Mabel y la soledad le ablandan y le acercan a Nené (117). Tampoco es locuaz el marido de Nené, Massa: nada más entrar en casa, almuerza y se echa una siesta interminable.

Cuando Nené y Mabel vuelven a encontrarse después de tantos años y con tantas cosas que contarse, apenas intercambiadas algunas fórmulas de cortesía, se quedan calladas como si, a la hora de enfrentarse con sentimientos verdaderos, estuvieran paralizadas y no les salieran las palabras. Las esperanzas de Nené – "Nené deseaba hablar largamente con Mabel, rememorar ¿se animaría a sacar nuevamente el tema de Juan Carlos?" (199-200) – se frustran de nuevo, ya que la intimidad entre las dos amigas no llega a más que a escuchar juntas el folletín 'divino' de las cinco, una radionovela ('el capitán herido') que presenta una historia de amor muy comparable a la que estamos leyendo los lectores de este otro folletín, *Boquitas pintadas*, y que funciona como un espejo dentro de la novela. Cuando, finalmente, Nené decide visitar a la viuda di Carlo, tampoco prospera su objetivo de sacar algo en claro: la viuda la manda a paseo. Constatamos, pues, que la comunicación oral y directa se perturba sistemáticamente.

A primera vista, la comunicación indirecta del carteo, motivada por el mismo deseo comunicativo, no da mejores resultados. Nené es engañada con respecto a la identidad de su destinatario. Sin embargo, el hecho de escribir cartas no es inútil. Aparte de desempeñar una función fática, surte un doble efecto performativo. La mezquindad de Celina desencadena en la protagonista un proceso catártico involuntario: al recibir, subrayados, algunos de los reproches que Nené le dirige, Massa se entera de lo que su mujer quisiera que supiese pero nunca se ha atrevido a echarle en cara. Por otra parte, la redacción de las cartas pone en marcha una toma de conciencia de Nené. Paradójicamente, semejante operación la ayuda a sobrellevar la pérdida de Juan Carlos y debilita los estragos causados por la pasión romántica.

Mediante la correspondencia, Nené intenta entrar en contacto con la madre de Juan Carlos para elaborar un discurso nostálgico. Su primera preocupación consiste sin duda en hacer revivir el amor perdido, compensando de este modo su insatisfacción sentimental actual. El desamparo de Nené resulta del desajuste sistemático entre sus sueños - como la mayoría de los personajes femeninos[9] de Puig, Nené se hace del amor una idea hipertrofiada ("Mabel, no me digas que hay algo más hermoso que estar enamorada" (203)) - y la realidad sórdida que le ha tocado vivir. Se da en la novela una constante confrontación de estas dos dimensiones: por un lado, el verismo microscópico (los platos sucios, los pañales, la uña esmaltada de Nené que rasca el cuero cabelludo...), por otro la tendencia del personaje a dignificar y embellecer la propia existencia. Desde el principio, la mentira romántica funciona como una tendencia compensatoria que impulsa a Nené a privilegiar lo que la vida no le ha otorgado todavía o ha dejado de otorgarle y que se concretiza en la ilusión de un tiempo diferente que no estropee las cosas[10].

A esa propensión de Nené se añade un trauma reprimido que la mentira romántica contribuye a sublimar. Cuando todavía vive en casa de sus padres, la chica está torturada por el pensamiento de que la violó un hombre casado (el doctor Aschero). Para solucionar el problema sexual, se refugia en estrategias de ficcionalización: elabora fantasías con material cinematográfico argentino. Se convierte en 'rubia de Nueva York' representándose a sí misma con ropa negra y cabello platinado - imágenes totalmente ajenas a sus experiencias reales que pertenecen al repertorio habitual del cine nacional de la época (Guzmán 1984: 85; por ejemplo 58-59 de *Boquitas pintadas*) - y seduciendo a su verdadero amor, Juan Carlos. Pero Nené no soluciona su problema, sólo logra desplazarlo: se cree, erróneamente, la única importante para su novio por el mero hecho de vedarle su cuerpo. Esta idealización a la que Nené se entrega se alimenta de los melodramas (radionovelas, revistas, películas, canciones) puestos a su alcance por la masificación del arte, que consume en grandes cantidades[11]. Las heroínas de estos melodramas esperan que un acontecimiento induzca un cambio fulgurante en su destino y viven asaltadas por la certeza de que todo lo interesante que puede suceder en una vida sucede fuera, en otra parte o en otro horizonte diferente al suyo. Nené cree moverse por una de estas novelas sentimentales que Beatriz Sarlo ha analizado en *El imperio de los sentimientos* (1985).

Estos textos, carentes de humor y salpicados de diálogos que aspiran al 'buen tono' del 'midcult', son profundamente conformistas: pese a que presentan las pasiones arrolladoras como más seductoras que la realidad, parten del principio de que el mundo no necesariamente debe ser cambiado para que los hombres y las mujeres sean felices (Sarlo 1985: 11-12). Estas narraciones cultivan el erotismo del vestido que se entreabre, del lenguaje de las miradas, de los roces, de las caricias furtivas, de los besos robados que anticipan y potencian el placer de la entrega. Según Sarlo, la oposición exacerbada entre pulsión y deber, tan característica de este tipo de prosa, expresa "un ideal de plenitud física que se contrapone al orden moral y un estado de beatitud moral fundado en la represión de la plenitud física" (Sarlo 1985:109). En Argentina, la difusión de este ideal es atribuible en parte a la influencia del pensador y médico José Ingenieros que en su *Tratado de amor* (1920) ha teorizado largamente el flechazo como origen del amor absoluto. Esta modalidad de la mentira romántica se prolonga y se democratiza definitivamente en el mito argentino de la actriz Eva Duarte, heroína de melodramas radiofónicos que llegó a ser Eva Perón, esposa del presidente populista y autora de un patético libro titulado *La razón de mi vida* (véase infra, 3.2.2., 'el sueño de Evita').

Contrariamente a Mabel[12] y a la Raba, que ejecutan lo prohibido en la oscuridad, Nené evita todo contacto físico y mantiene su relación en el nivel de la ensoñación. Nunca se entrega a Juan Carlos y precisamente por eso llega a venerarlo tanto. Se imagina que lo ha perdido por haberse negado a acostarse con él; no se da cuenta de que lo habría perdido de todas formas[13]. Más tarde, se casa con Massa, un hombre mediocre pero con dinero. Es un matrimonio arreglado por sus padres en el que la pasión no entra nunca para nada[14]. La noticia de la muerte de Juan Carlos desata en el corazón de Nené una especie de delirio. Comprende repentinamente hasta qué punto el tedio se ha instalado en su vida matrimonial. En un intento de salir del atolladero proyecta, retrospectivamente, todos sus deseos sobre la figura de Juan Carlos a la que nunca ha conocido de verdad y que por tanto se ha conservado como un ser perfecto, 'virgen'.

Ahora bien: ha quedado claro que las cartas que Nené dirige a doña Leonor pueden ser consideradas un intento de revivir su romance con Juan Carlos y de eliminar así la distancia que separa al sujeto del objeto. Nené crea una ilusión de profundidad, de plenitud. Esta intención de hacer presente a Juan Carlos se traduce en el anhelo de recuperar la correspondencia. El aspecto tangible y palpable de las cartas despierta en la protagonista una sensación fetichista. Tira los sobres y acaricia el papel, a fin de rescatar el contacto íntimo entre ella y su amante. El mismo razonamiento la conduce a tomar el recorte de la revista 'Nuestra Vecindad' que comenta la Fiesta de la Primavera donde conoció a Juan Carlos, y a besarlo varias veces (23). Así, la carta se convierte en una metonimia de la presencia física. Sin embargo, esta presencia física es forzosamente derivativa ya que la metonimia implica, por definición, un elemento de distancia y de ausencia[15]: las cartas ocupan el lugar de los cuerpos. Al hacer presente la pasión romántica, constituyen a la vez un instrumento de alejamiento. Según Janet Altman, que ha consagrado un estudio riguroso al fenómeno de la epistolaridad, "the epistolary present is caught up in the impossibility of seizing itself." (1982: 127); "[...] epistolary language is preoccupied with immediacy, with presence, because it is a product of absence." (1982: 135).

El 'como si' domina efectivamente el intercambio epistolar entre Nené y doña Leonor. El tiempo ha modificado tanto el objeto como el sujeto de la relación: Juan Carlos, el referente de la correspondencia, ha dejado de existir, y el sujeto Nené es ahora distinta de la jovencita que vivió un idilio narrado nostálgicamente en *Boquitas pintadas*. Además, la hipotética destinataria ni siquiera coincide con la verdadera.

Pero Manuel Puig ha llevado aún más lejos la paradoja inherente al género epistolar. Nos da a entender que la entrega de los dos amantes (véase Sarduy, 1971 para el juego de palabras 'entrega' de folletín/ 'entrega' erótica), que nunca se ha producido en la vida real, sólo ha tenido lugar sobre el papel. Juan Carlos es un ente textual: "He is never really anything but a collection of texts, a set of fictions, that are read and reread by us all." (Kerr 1987: 103).

Las cartas son vicarias, hacen lo que los cuerpos no han hecho nunca: entran en contacto íntimo y queman juntas. La explotación de la característica cara de Jano epistolar permite al autor reconciliar dos estéticas diferentes: una romántica, absoluta, incondicional (tanto en cuanto a las presencias como en cuanto a las ausencias) y profundamente contradictoria (basada en el sistema bipolar que reina, por ejemplo, en los boleros, cuyas letras "[...] parecen escritas para todas las mujeres y a la vez para cada una de ellas en particular" (221)[16]); y otra relativa, diferencial y, hasta cierto punto, novelesca que desconstruye la romántica citándola e incorporándola.

Desde el primer capítulo, abundan los indicios de que el presente puro es una quimera y de que también el glamour se compone de elementos de segunda mano. Descubrimos que el ejemplar de la biblia de Nené tiene "tapas que **imitan** el nácar" (13, énfasis añadido) y que su peinado reconstituye un modelo "en boga algunos años atrás" (16). Hasta las cartas que le manda Juan Carlos desde el sanatorio están contaminadas por la mediatización e invadidas por el plagio: todas han sido redactadas en un tipo de papel "blanco con arruguitas que **casi parece** una seda cruda"(18, énfasis añadido). Estas mismas cartas de Juan Carlos sólo son suyas a medias: el joven tiene a alguien que se las corrige (108-109,113). Las dudas de Nené (ahora ya mayor y más desconfiada) acerca de la autenticidad de las cartas de doña Leonor – "No es que usted se las hace escribir por otra persona ¿verdad que no?" (14) - resultan totalmente justificadas.

Nada está a salvo, hay supercherías por todas partes. Estos mismos personajes (Nené incluida) que pretenden haber creído tanto en la perdurabilidad del gran amor, no han actuado de acuerdo a esta retórica. El desarrollo diegético muestra la debilidad de la pasión. El entusiasmo de Mabel por Juan Carlos ("[...] en las sierras estaba quien la amó una vez, haciéndola vibrar cual ninguno" (212)) no resiste a su temor por la enfermedad. Nené no se echa atrás con la enfermedad, pero cuando Juan Carlos es despedido del trabajo, ella acepta la prescripción familiar de casarse con un martillero público, porque el matrimonio la llevará a un lugar superior en la escala social, cercano al que ocupa Mabel.

Puig se niega a oponer a la 'mentira romántica' una 'verdad novelesca' unívoca. Servirse de la categoría de la autenticidad implica dar demasiadas cosas por contadas. En realidad, las oposiciones entre esencia y apariencia, dentro y fuera, verdadero y falso, se revelan ser tenues y tramposas. El autor prefiere, por tanto, crear enigmas, concentrarse en ellos pero dejarlos sin resolver, 'suspendidos' (Kerr). En *Boquitas pintadas*, la ausencia y el desplazamiento son entendidos a la vez como nociones psicológicas y estructurales. Las cartas no coinciden nunca consigo mismas. Las escritas por Nené son terapéuticas porque provocan la anagnórisis y la ayudan a aceptar el 'doble vínculo': a tender puentes comunicativos y, simultáneamente, a tomar sus distancias con respecto al pasado, a renunciar al bovarismo exaltado y a la inocencia. Aunque tarde, Nené deja de creer ciegamente en el cuento de hadas del amor romántico. Su monólogo interior que se articula en la decimoquinta entrega (245-249) y que coincide con una aguda crisis en su matrimonio provocada por el anónimo de Celina, contiene ya el germen de la escena de redención[17] con la que se termina la novela. Después de que Massa se ha separado de ella, Nené sale en una peregrinación sentimental hacia los lugares donde Juan Carlos pasó sus últimos días. En este soliloquio, urde su propio folletín con el material disperso de boleros, tangos, eslóganes publicitarios y rezos aprendidos en la escuela. Todos los discursos se entrelazan y desembocan en un fundido muy particular[18]: de víctima pasiva de modelos ajenos, la protagonista empieza a transformarse en dueña de los contenidos de su propia vida.

La novela termina con un rayo de esperanza novelesco. La Nené serena ha ido superando lentamente a la Nené transfigurada por el deseo mimético. Ante la inminencia de la muerte, advierte que lo importante de su vida no ha sido, en definitiva, la pasión que la absorbió por tanto tiempo. A los 52 años logra un acercamiento a su esposo[19] y desiste de las cartas amorosas y del fantasma de Juan Carlos a los que tanto se había aferrado. Modifica su deseo anterior (la exigencia de que en el ataúd "se colocara el fajo de cartas ya nombrado" (252)) y pide ahora que depositen otros objetos: "un mechón de pelo de su única nieta, el pequeño reloj pulsera infantil que su segundo hijo había recibido como regalo de ella al tomar la primera comunión, y el anillo de compromiso de su esposo." (252).

Esta revalorización de la vida concreta no equivale a una resignación. Puig no recomienda que nos desapasionemos. Parece sugerir por el contrario que la capacidad de apasionarse, el sentimiento nostálgico de una felicidad perdida pero vivida o al menos imaginada en algún momento del pasado, constituye, paradójicamente, una condición previa a la reconciliación con la mediocridad. Vista así, la ilusión es un arma de doble filo: un antídoto necesario al tedio diario, pero peligroso cuando es consumido en cantidades excesivas. La liberación como la entiende Puig presupone el análisis de las raíces y manifestaciones de las ilusiones mal orientadas para purgar el sueño romántico de todo lo que contiene de escapismo y de represión. Puig reconoce la imperiosa necesidad de darle a la propia vida un modelo que la haga disponible a la conciencia y le asigne algún sentido. Asume la permeabilidad entre vida y ficción. Pero Nené se ha extralimitado. Lo que ella descubre en los días anteriores a su muerte prematura es que su vida real fue precisamente lo que apenas vio; sólo entonces se da cuenta del engaño contenido en la mentira romántica. Esta ambigüedad (crítica de la teatralización permanente de la experiencia por un lado, pero alegato al poder de la ilusión, a la concepción del amor como espacio imaginario en el que proyectar los deseos, por otro) se refleja en la orden que Nené da a su marido de quemar las cartas. La incineración significa tanto destrucción como purificación. Así, *Boquitas pintadas* ofrece un final parecido a los que ocurren en nuestras vidas reales, en las que las ganancias suelen acompañarse de pérdidas, mientras que las pérdidas pueden llegar a ser formas de enriquecimiento espiritual.

Por todas las razones arriba invocadas, nos parece legítimo afirmar que la carta cobra en esta novela un adicional sentido autorreferencial. Al tematizar los procesos de la escritura y de la recepción, habla de sí misma. Designa metafóricamente a la literatura como el lugar por excelencia donde se representa lo irrepresentable y donde se compatibiliza lo incompatible. Enfocada así, ninguna identidad (ni la individual, ni la colectiva) ha de concebirse como punto de partida, sino como la siempre renovada capacidad de referir a sí misma y al propio actuar. En el análisis de la novela que nos proponemos llevar a cabo en las páginas que siguen, investigaremos la mímesis en su vertiente sociológica y haremos entrar a los protagonistas de *Boquitas pintadas* en el marco de la sociedad argentina. Veremos que la 'identidad' contemporánea de este país yace en sus procesos de significación más que en su significado, y que se vertebra en torno a la desactivización y resemantización de los modelos típicamente románticos de 'civilización' frente a 'barbarie'.

En realidad, la falta de identidad es la condición de posibilidad misma de la identidad argentina; vale decir que el 'ser argentino' emana del proceso de reciclaje de los estereotipos del pasado.

Siguiendo la denominación folletinesca, Puig ha denominado 'entregas' a los capítulos de su novela. *Boquitas pintadas* tiene las características de la novela periódica sentimental. Está dividida en 18 secuencias que narran principalmente la relación entre Juan Carlos y Nené. En este nivel, *Boquitas pintadas* se ajusta por tanto al perfil del folletín[20], apartándose de él en otros aspectos. Así, el principio 'in medias res' que atenúa la tensión no es de uso común en el folletín clásico - aunque cabe mencionar la presencia en la novela de Puig de procedimientos para crear tensión (el enigma del envío de las cartas anónimas, el emerger tardío de la verdad al ser desenmascarada doña Leonor como falsa destinataria de las cartas escritas por Nené). Las múltiples irrupciones de la cotidianidad en *Boquitas pintadas* suscitan igualmente el desconcierto del lector, ya que contrastan con el ambiente de riqueza y elegancia en el que suele bañar el modelo de Puig. De la misma manera, el efecto deteriorante del tiempo se opone a la visión del tiempo que impera generalmente en las novelas sentimentales. Puig se separa asimismo del ingenuo escritor de folletines por su manejo divergente de la instancia narrativa y de la focalización (en este caso un montaje sincopado de diversos estilos y discursos). Finalmente, a diferencia de lo que ocurre en el folletín, *Boquitas pintadas* se esfuerza por evitar polarizaciones axiológicas:

> Ninguno de los personajes femeninos principales de *Boquitas pintadas* preserva su honra [...]; el folletín diseñaba un mundo bien ordenado, en el que premios y castigos son justamente distribuidos. Mabel puede aparecer ante los ojos del lector como un actor negativo: es la culpable del empeoramiento de la salud de Juan Carlos, engaña con éste a su novio, crea una falsa versión respecto de la muerte de Pancho; ya casada tiende a flirtear con un joven vendedor. Para contrarrestar dicho efecto y mostrar el actor polifacético, el texto configura también a una Mabel dispuesta al sacrificio, por lo que respeta a su relación con su nieto. Celina, encarnación de la negatividad desde la perspectiva de Nené, muestra sus facetas positivas a través del afecto que siente por su hermano. Juan Carlos aparece caracterizado desde la perspectiva de su madre, con la que podemos concordar en cierto grado, como un chiquilín que sólo desea divertirse e 'ir con las chicas', quienes son las verdaderas culpables, poniendo de manifiesto una mayor complejidad psicológica. Juan Carlos siente satisfacción por el fallecimiento de su amigo Pancho [...]. La Raba podría ser estimada como un personaje bueno e inocente, pero es capaz de un acto de delación que perjudica a Nené (Solotorevsky 1988: 54-55).

En *Boquitas pintadas*, las infracciones morales no son castigadas: la justicia es engañada acerca de las verdaderas circunstancias del crimen de la Raba, quien resulta finalmente absuelta. Mabel confiesa sus pecados a un sacerdote en una escena que minimiza la gravedad de lo referido.

En su análisis estructural de *Boquitas pintadas*, Myrna Solotorevsky (1988) formula afirmaciones que sólo son válidas dentro de una estética que se caracteriza por el culto a la originalidad. La crítica jerarquiza los niveles culturales en juego apoyándose en el modelo de Jakobson, según el cual un texto 'literario' privilegia la función poética, mientras que en la 'paraliteratura' predomina una variante de la función conativa (el efecto persuasivo sobre el lector). Pero ¿cómo llevar a buen término esta empresa que consiste en deslindar teóricamente literatura y paraliteratura a la hora de examinar una obra concebida precisamente para disipar las fronteras entre arte culto y arte popular? Solotorevsky acierta cuando sostiene que la paraliteratura suele ser previsible y redundante, que anula la distancia crítica y utiliza los textos como medios de autosatisfacción. Ahora bien, Puig nos muestra que el tópico de la lectura mal asimilada no sólo se aplica a la paraliteratura, que hay utilizaciones artísticas de la 'barbarie' como hay utilizaciones bárbaras de la 'civilización' (véase en 3.3.2.2. nuestro comentario sobre la carta del profesor de latín), y que la paraliteratura puede muy bien metamorfosearse en literatura cuando se la integra en una estructura literaria. Al implicarse como narrador-citador y como ciudadano argentino, Puig nos convence de que el valor del kitsch no puede ser fijado apriorísticamente, sino que depende de su función en un contexto determinado y logra remodelar los clichés de modo que adquieren una función poética. Solotorevsky admite que *Boquitas pintadas* posee un fuerte efecto de desautomatización, pero no va más allá. En nuestra opinión, la crítica se equivoca cuando pretende que "[...] esta obra de Puig pone en práctica la inversión de los mismos {los elementos paratextuales}, siendo éste último lo que permite la captación de la novela como una totalidad paródica [...]" (1988: 58). Si bien la emancipación de la que se trata es mínima, creemos que los protagonistas manifiestan cierta autonomía y que la visión de Nené sí evoluciona. El propio autor de *Boquitas pintadas* se hace eco de las ideas petrificadas que se arrastran en el discurso de sus personajes, se comporta como un 'resonador doxológico'. Su reproducción del tópico provoca una transgresión genérica y recupera algunos aspectos de la paraliteratura (suscitar el placer y la seducción, intensificar la función conativa), al tiempo que pone a distancia los estereotipos que determinan esta estética. La poética 'de relleno' que Manuel

Puig practica no desenajena la vida mediante la innovación, sino más bien a través de la rearticulación de tradiciones tanto convencionales como alternativas[21]. Constituye una forma posmoderna de desautomatizar sin destruir[22]. La paraliteratura propiamente dicha permite que se salven las fisuras que ponen en peligro el final feliz; en Puig éste no se logra, aunque, por otra parte, se subraya la imposibilidad y hasta la indeseabilidad de eliminar radicalmente el impulso romántico. Puig reelabora la tradición de los subgéneros y basa sobre ella la construcción de su novela, llevando a cabo un mestizaje irreductible de varias tendencias. Como ha observado Guzmán,

> la representación semántica que obtenemos en *Boquitas pintadas* es tan sor-prendente y tan incómoda estéticamente, en buena parte porque no podemos ordenar los personajes y los acontecimientos ni siguiendo los supuestos de la novela moderna ni siguiendo las líneas del folletín, pese a que en esas direcciones parecen em-pujarnos muchos de los indicios del libro (Guzmán 1984: 160).

De esta cita se desprende que es preferible caracterizar la relación entre literatura y paraliteratura como simultáneamente conflictiva y dialógica. El material paraliterario, al ser subordinado a una dominante poética, la incorpora, y al incorporarla, la transforma y la refuncionaliza, o sea que se da entre ambos campos un trasvase de recursos mutuamente fructífero y reversible.

3.2. La vertiente sociológica del deseo mimético

En este segundo subcapítulo, nos proponemos investigar la vertiente sociológica del deseo mimético que cobra especial relieve en *Boquitas pintadas*. Lo haremos basándonos en una versión actualizada de la tesis de René Girard. La dimensión sociológica de la novela se desprende principalmente de la forma característica en que los personajes, tomados ahora en su estatuto de 'representantes de la sociedad argentina' proyectan su anhelo de ascenso social en manifestaciones culturales prefabricadas. Se plantea, por consiguiente, una desproporción - colectiva esta vez - entre lo que estos personajes imaginan o quieren ser y lo que efectivamente son. El final de *Boquitas pintadas* indica que Manuel Puig no condena la tendencia imitativa de Nené, Mabel o Raba. Sugiere que es imposible detenerla, y que más vale hacerla productiva.

La particularidad argentina sólo puede conceptualizarse a partir de su tradición mimética y no en contra de ella. En el apartado 3.2.2. procederemos a un esbozo de la historia argentina reinterpretada en términos miméticos. A lo largo de los siglos XIX y XX, el desfase entre las formulaciones idealizadas de la identidad argentina y la realidad cotidiana del país se cristalizó en dos proyectos políticos globales que parecían excluirse mutuamente, pero cuya equivalencia fundamental intentaremos demostrar.

Por un lado, hay que destacar el ideal fundacional, promovido por los partidarios de un profundo proceso de modernización, de una vinculación de la Argentina a las grandes corrientes culturales y comerciales de Europa (Moreno, Rivadavia, Sarmiento). Siguiendo a Guzmán (1984), llamaremos 'sueño helénico' a este proyecto liberal cuya realización impulsó una 'racionalización' étnica y llevó consigo la apertura del país a sucesivas olas inmigratorias. Estas cambiaron la especificidad argentina en un sentido no previsto y no deseado, ya que provocaron la acelerada aparición en el escenario político del proletariado, que más tarde fomentó el movimiento peronista, percibido como una peligrosa expresión de las clases más bajas. La emergente dinámica popular dio lugar a la modificación del paradigma fundacional.

A partir de la década de 1880, emergió la discusión acerca de la necesidad de construir una tradición patriótica que llegaría a su punto culminante veinte años después. Al intentar conservar sus identidades de origen, los inmigrantes no estaban cumpliendo el papel que se les había asignado. Importantes representantes de la oligarquía y de la élite intelectual no pudieron digerir la cohabitación con los nuevos sectores medios y bajos. Nacía así el primer nacionalismo argentino que buscaría reinventar una tradición en la que los hijos de los inmigrantes pudieran reconocerse. Aun si los elementos que debían entrar en semejante tradición no eran coincidentes, sí lo era el consenso en torno a la exclusión de la cultura de los recién llegados. Algunos, como el ensayista Ricardo Rojas, situaban las raíces argentinas en la cultura indio-americana originaria (Devoto 1996: 64), que debía imponerse a través de una sobredosis de enseñanza de la historia. Para otros, como el novelista Manuel Gálvez, de lo que se trataba era de recuperar la tradición hispano-católica (Devoto 1996: 65). Pero no todos los intelectuales entroncaron con la línea indigenista o la hispano-católica. Uno de los escritores más influyentes, el poeta Leopoldo Lugones, emprendió la búsqueda de la 'esencia nacional' oculta tras la artificialidad del proyecto sarmientino. En sus célebres conferencias de 1913 (Amícola 1992; Terán 1993), propuso la supremacía del gaucho sobre inmigrantes e indios. El gaucho encarnaba al hombre libre a caballo. La eficacia de esta inversión fue también la de aspirar a construir desde ella una mitología nacional que se centrara en un poema épico súbitamente revalorizado: el *Martín Fierro* de José Hernández, mitología que influyó poderosamente sobre las generaciones posteriores (Devoto 1996: 65). Esta mistificación de la 'Argentina profunda' se prolongó en el populismo. Juan Domingo Perón se apropió de ella, la adoptó a las necesidades de su movimiento y forjó la imagen del 'crisol de razas', menos una fusión de distintos elementos para generar una nueva identidad que una integración de los inmigrantes a una cultura y una sociedad preexistentes (Devoto 1996: 68). Este segundo sueño argentino ha sido bautizado 'el sueño de Evita' (Rodríguez Monegal 1974).

Nuestro recorrido por la historia argentina nos ha permitido establecer una analogía fundamental entre las dos retóricas dominantes y juzgadas contradictorias, la sarmientina y la peronista. Enfocados desde una perspectiva mimética, los dos proyectos son estructuralmente asimilables en la medida en que identifican lo 'argentino' con lo ajeno: Europa, o lo argentino que ha dejado de existir (el gaucho antes perseguido elevado al rango de símbolo nacional). Ambos sueños toman arraigo en la mentira romántica. A fuerza de anhelar lo universal, el 'sueño helénico', aún muy próximo a la mediatización externa, ha vaciado al país de lo que podría haberle dotado de una identidad propia. El 'sueño de Evita', que se desarrolla en una sociedad internamente mediatizada, presenta una variante de la paradoja levantada por el 'sueño helénico': cuando finalmente el pueblo argentino se da cuenta de su 'autenticidad' (sea india, hispánica o gaucha), se encuentra aspirando a coincidir con un estilo de vida en vías de extinción.

En nuestro tercer punto (3.3.), vamos a relacionar el 'error' argentino con la fortuna de un intertexto de *Boquitas pintadas*: el *Facundo* de Sarmiento. Terminaremos con un análisis de la instancia narrativa de *Boquitas pintadas* (3.3.2.2.): sorprende la falta de transparencia del narrador extradiegético aparentemente neutro. Estableceremos, por tanto, un paralelo programático entre el 'parasitismo' del narrador y el de los personajes, desposeídos voluntariamente de identidad propia (negación de su lado 'negro', 3.3.2.1.), pero armados con ese poder de alimentarse de los otros (cultivo del ideal de blancura) que ya hemos detectado en *Maldición* y en *BAA*.

En nuestra interpretación global de la novela haremos hincapié en la importancia del impulso mimético. También en lo que atañe al tejido social, el concepto de copia, tal como lo maneja Puig, conjuga dos actitudes aparentemente contradictorias: una actitud de normativización y una alternativa de transgresión. La posición intermedia que ocupan los protagonistas de *Boquitas pintadas* no debe ser asociada, por tanto, a ningún escenario bipolar de mutua exclusión. Nos parece mucho más acertado, en cambio, acercarla a la irresolución posmoderna que 'cita' la actividad psicológica, poética o social ajena al tiempo que la transforma mediante procedimientos que permiten eludir la reproducción invertida del binarismo.

3.2.1. Transposición sociológica del deseo mimético

En capítulos anteriores, hemos trabajado con la tesis de Girard. Quisiéramos ahora reanudar con esta lógica mimética, y pasar del análisis individual al colectivo. Observamos que los mecanismos que funcionan en el nivel psicológico se prolongan en la configuración social. El decorado es distinto, la escala diferente, pero la estructura idéntica: el deseo metafísico tiene más fuerza movilizadora que la búsqueda de ventajas materiales. No sería lógico, por tanto, reducir el comportamiento colectivo a una mera defensa de intereses[23].

Penetrar en la dimensión sociológica de las relaciones intersubjetivas no va a contrapelo de los planteamientos de Girard. El mismo advierte que los fenómenos asociados al deseo mimético tienden a tomar un carácter colectivo conforme disminuye la distancia social entre mediador y sujeto deseante. El comportamiento colectivo intensifica su protagonismo y llega incluso a predominar sobre las manifestaciones individuales a partir de la época en que la mediación interna se sustituye a la externa. Girard ilustra las transformaciones miméticas situándolas en el marco de una historia concreta[24]. Indica, por ejemplo, que en la sociedad francesa coincide el paso de la mediación externa a la interna con el surgimiento de un criterio generalizado de comparación. Para que se conciba la noción de superioridad, es preciso que se compare. Quien dice comparación dice aproximación, implantación en el mismo plano y, hasta cierto punto, identidad de tratamiento entre las cosas comparadas: no es posible negar la identidad entre los hombres sin haber comenzado por plantearla, aunque sea fugazmente (Girard 1985a: 108). Girard concluye diciendo que en el siglo XVIII francés se ha iniciado, sin saberlo, un trabajo de reflexión que separa poco a poco al noble de su propia nobleza, y la convierte en una simple posesión, mediatizada por la mirada no noble. La aportación de Tocqueville ilumina vivamente dicho tránsito de la mediación externa a la interna que afecta al conjunto de la colectividad francesa. Tocqueville comenta que los ciudadanos franceses del siglo XVIII, al poner todo su empeño en destruir los molestos privilegios de algunos de sus semejantes, tropiezan, una vez que han alcanzado el objetivo deseado, con la generalización del deseo mimético que se empieza a convertir en una auténtica fuerza coercitiva. Se ven condenados ahora a enfrentar, no ya la idolatría de unos pocos, sino la competencia de cien mil rivales. En el nuevo sistema igualitario que se instala en Francia, los ciudadanos siempre encontrarán cerca de sí varios puntos que los dominen. Tocqueville da en el blanco cuando pronostica que dirigirán sus miradas hacia ese único lado.

Girard interpreta esa indeterminación de las clases sociales como la prueba de que han aparecido la mediación interna y, en su estela, su modalidad gemela, la mediación recíproca. Mediatizadas una por otra, la aristocracia y la burguesía desean, en adelante, las mismas cosas de la misma manera y todo el mundo acaba haciendo lo que ve hacer a su alrededor. La doble mediación funciona como un crisol en el que se funden lentamente las diferencias entre las clases y los individuos (Girard 1985a: 113). Mediatizada por la mirada burguesa, se aburguesa la nobleza. Puesto que la mediación va en las dos direcciones, hay que prever que los burgueses, a su vez, jugarán al gran señor para deslumbrar a los aristócratas (Girard 1985a: 114). Se da, pues, la paradoja de una aristocracia que se aburguesa en contra de la burguesía y que adopta todas las virtudes de las que la clase media está a punto de librarse, o, si se quiere, la paradoja de una aristocracia que se democratiza por el odio a la democracia. El tamaño de la ilusión se incrementa a medida que el contagio se extiende y que el número de víctimas aumenta. La locura inicial crece, madura, se refleja en todas las miradas y todos los valores son arrastrados por ese torbellino (Girard 1985a: 97).

Simultáneamente con la colectivización de la atracción mimética, se produce la aceleración de la misma. Todo deseo que se ve compartido se reduplica y circula cada vez más rápidamente entre los dos rivales (Girard 1985a: 92-93). Modelos y copias se renuevan cada vez más deprisa alrededor del burgués, y más tarde ocurrirá lo mismo alrededor del obrero. Todos viven extasiados ante la última moda, el último eslogan, el último ídolo. Las ideas y los hombres se suceden en una ronda cada vez más estéril (Girard 1985a: 97). De este ritmo vertiginoso se podría deducir erróneamente que el deseo se va diversificando. En realidad, la aparente polimorfía del deseo esconde una creciente uniformidad que nos ha conducido, en la época contemporánea, a la grotesca apoteosis de la diferencia nula que engendra una afectación máxima. Si todo el mundo se afana por diferenciarse a toda costa, ya no se puede decir de uno nada que no sea igualmente cierto del otro.

La reducción de la distancia espiritual entre sujeto y mediador implica que se hace más insalvable el obstáculo que se alza entre ambas instancias, que crece el papel del mediador y que disminuye la importancia del objeto. Cuando la estructura triangular ha llegado a empapar los menores detalles de la existencia cotidiana, el objeto poseído pierde, además, todo su prestigio y es relegado al rango de lo banal, de los objetos que se 'dejan poseer'. Por otra parte, ocurre que lo que en un principio puede haber sido una apariencia subjetiva, acabe por convertirse en una realidad y expanda su mimetismo por todas partes. Sin hacer nada por ello, actúa eficazmente por su popia difusión. Esa dinámica propia del deseo mimético llegado a su paroxismo es la que explica el establecimiento en nuestras sociedades de unas divisiones cada vez más abstractas y arbitrarias entre individuos que se parecen en todo, pertenecen a la misma clase social y a la misma tradición. Unas diferencias insignificantes llegan así a parecer monstruosas y producen efectos incalculables. La sociedad se divide en compartimientos estancos y multiplica los tabúes y las excomuniones entre unidades absolutamente semejantes (Girard 1985a: 201). El opresor de clase es ahora el vecino de al lado o el rival profesional. Cualquier individuo puede convertirse en mediador de su prójimo sin entender el papel que está desempeñando.

Finalmente, cabe poner de relieve que, cuando la imitación se refiere a un modelo cercano, el sujeto automáticamente la disimula, pero que no por ello esa imitación es menos estrecha, al contrario. No disimular tiene un precio en el universo de la mediación; el que no participa en la carrera mimética o el que no disimula, se ve condenado al ostracismo o es perseguido por los seres que le rodean. En los estadios más feroces de mediación, ni siquiera conviene hablar de tentativas disimulatorias: a estas alturas, el deseo posee hasta tal punto a los sujetos deseantes que escapa por completo a su visión y hace experimentar a la realidad una deformación sistemática.

Ahora bien, por coherente que parezca la teoría de Girard, hemos de confesar que no nos da plena satisfacción porque no explica la extraordinaria resistencia que las sociedades contemporáneas logran oponer a sus visiones apocalípticas. En su teoría de la escasez, dos discípulos de Girard, los 'economistas del deseo' Jean-Pierre Dupuy y Paul Dumouchel, (1979) sostienen que el filósofo francés subestima sistemáticamente el factor económico. Según ellos, la economía de mercado, que transforma precisamente la rivalidad mimética en su motor, es la modalidad que actualmente ha adoptado el mecanismo victimario.

El curso de los acontecimientos en Argentina nos ha puesto en el camino de la teoría de Girard modificada por Dupuy y Dumouchel. Basta con echar un vistazo a la historia tanto literaria como política del país para constatar que las evoluciones y reacciones que se suelen producir allí se inscriben fundamentalmente en el eje que va de lo propio a lo ajeno, eje que, salvando lo que hay que salvar, reproduce la oposición novelesco/romántico anteriormente comentada.

3.2.2. La paradoja argentina: una cronología (del 'sueño helénico' al 'sueño de Evita' y de la 'latinoamericanización' al paradigma posmoderno)

Nadie entiende a la Argentina. Parece imposible conciliar su pasado esplendoroso y su enorme potencial que le valió el título de granero del mundo con la decadencia de los años setenta y ochenta. La realidad de este país desconcierta y se aleja de los esquemas previsibles. ¿Cómo se llegó al Proceso? ¿Cuándo se torcieron las cosas? Alain Rouquié observa, perplejo, que todo en la Argentina siempre ha ocurrido "como si la victoria del grupo fuese vital para su supervivencia o, en todo caso, mereciese que se le sacrificara el edificio constitucional" (1982: 29). La victoria sobre el adversario parece valer más que la salvaguardia de las instituciones. ¿Cómo explicar el clima de revanchismo, los estallidos periódicos de comportamiento tribal que han sacudido a este país? ¿Cómo entender que un discurso helénico autocomplaciente haya podido dar lugar a un golpismo intermitente, a una latinoamericanización, y haya culminado en el espantoso episodio de la Junta militar? ¿Cómo no quedar impresionado por esta paradoja?

Hay al menos un punto sobre el que coinciden los argentinólogos. A la hora de destacar el rasgo más típico de su objeto de estudio, todos mencionan la tendencia a deformar la realidad y a despreciar los hechos cuando éstos perturban la propia percepción[25]. Descartada la hipótesis económica – Argentina siempre ha sido un país de opulencia -, no nos queda más remedio que invocar los tópicos de la inmensidad del territorio argentino, de la ausencia de paisaje, del aislamiento geográfico, del vacío paradójicamente asfixiante, del desarraigo de los inmigrantes... para justificar la distorsión de la realidad que parece caracterizar a este pueblo. Pero las explicaciones tradicionales sólo nos convencen a medias. Hemos preferido privilegiar otro diagnóstico del error argentino: el mimético. Situaremos la raíz del mal en la mentira romántica porque opinamos que el fenómeno recurrente de la violencia colectiva y aparentemente arbitraria debe interpretarse a la luz de la vehemencia del deseo metafísico. En las líneas que siguen, ofreceremos una presentación 'girardiana' de los principales paradigmas ideológicos argentinos[26].

Cuando se iniciaba la segunda mitad del siglo pasado, la Argentina era aún un inmenso territorio despoblado. Su clase dirigente estaba enzarzada en una guerra civil entre un sector liberal, unitario y europeísta y otro nacionalista, ultracatólico, heredero cultural del absolutismo español. La incipiente nación se consolidaría a través de la adaptación de modelos ajenos. Pero

¿qué modelos? Inspirados en parte por los Hombres de Mayo (1810), los escritores liberales agrupados en la 'generación de 1837', también llamada 'generación de los desterrados' o 'primera generación romántica' (Domingo Faustino Sarmiento, Esteban Echeverría, José Mármol, Juan Bautista Alberdi), optaron por el modelo europeo. El ideario liberal se oponía diametralmente a los métodos de Juan Manuel de Rosas, el caudillo que hasta su caída en 1852 impuso un régimen de terror y empujó al exilio a la oposición. En opinión de los intelectuales ilustrados, el gran delito de Rosas fue mantener al país en un estado bárbaro y pastoril en vez de contribuir a su incorporación a la era de la industria y el progreso. La permanente oscilación entre carencia y regreso en la que vivían los desterrados instaló desde el principio el tema de la argentinidad en un ambiente crispado y esquizoide. En un primer momento, la generación de 1837, que representaba las dificultades con que se enfrentó el intelectual de la época inmediatamente posterior a la Independencia, todavía postuló una síntesis entre la 'espiritual' Europa y la 'bárbara' materia de América Latina. Es la etapa que corresponde a los 'romances' (Sommer 1991), a los textos literarios en los que nacionalismo y erotismo se compenetran mutuamente[27]. Pero los proyectos de reconciliación no tuvieron larga vida. Pronto fueron sustituidos por la intransigencia, por la ausencia de término medio que desde entonces ha caracterizado a la Argentina, para desembocar en el 'darwinismo social' (Viñas 1974: 13) predicado por la figura más emblemática de los desterrados y futuro presidente de su país: Domingo Faustino Sarmiento. Los miembros de la generación de 1837 (excepción hecha de Alberdi) manifestaron su odio visceral hacia los vestigios del colonialismo español (caudillismo y latifundismo) y hacia el pueblo criollo cuya herencia biológica lo colocaba, al entender de Sarmiento, en la segunda fila de la humanidad, en textos de denuncia contra Rosas, uno de los primeros dictadores de la extensa galería hispanoamericana (por ejemplo: *El matadero* de Echeverría). Si en la colonia la civilización era lo hispano frente a la barbarie indígena, a partir de la Independencia correspondió a lo norte-europeo, que se oponía ahora al atraso español y a la barbarie americana. En cualquier caso, Sarmiento abominó vehementemente al elemento popular. Apenas mencionó al indio, que en su opinión quedaba fuera de la Argentina. Elaboró una estructura bipolar ('civilización' frente a 'barbarie') en la que la pampa y sus habitantes, los gauchos, que habían apoyado al dictador Rosas, ocupaban el extremo negativo, mientras que las ciudades, Buenos Aires en cabeza, se consideraban focos de cultura.

Semejante esquema estaba en flagrante oposición con el carácter real, básicamente rural, de la sociedad argentina de entonces, que prácticamente no había sido tocada por la revolución industrial, motivo por el que los seguidores de Rosas rechazaban el modelo europeizante de Buenos Aires y exaltaban los valores criollos tradicionales. Resistían la dominación de los porteños que, en su opinión, explotaban las riquezas de la pampa para comprar artículos europeos que no beneficiaron al resto del país, de manera que las necesidades legítimas del habitante del interior quedaban insatisfechas.

Cuando, finalmente, triunfaron los liberales, reorganizaron de inmediato el ejército para 'liberar' del indígena las tierras fértiles de la pampa. Al cabo de varias campañas militares que llegaron a su triste colmo con la 'Campaña del Desierto' de 1879, casi todas las tribus indias del país habían sido exterminadas, y el reparto de las enormes extensiones de tierras entre unos pocos jefes militares y políticos completó la formación de una clase que desde entonces no abandonaría el poder, la llamada 'oligarquía'. También fue trágico el destino del gaucho. Como el indio, representaba una fase de la sociedad que los 'europeizadores' de la Argentina creían haber superado. Su vida nómada no podía sobrevivir a la creación de grandes estancias y al establecimiento de una industria de conserva y de exportación de carne. Como el indio, el gaucho estaba condenado a desaparecer.

La orientación 'ilustrada' del proyecto liberal de reconstrucción nacional que se llevó a la práctica después de la derrota de Rosas hace menos evidente el vínculo entre la arriba mencionada 'retórica helénica' y los fenómenos que René Girard ha agrupado bajo el rótulo de la 'mentira romántica'.

Disponemos, sin embargo, de indicios patentes de que el 'sueño de Europa' actualiza la contradicción subyacente en el mecanismo mimético: la de derivar lo propio de lo ajeno. La generación de 1837 insiste en absorber la diferencia argentina en la universalidad occidental. Propone una colonización intelectual, un imperialismo libresco que consiste en ingresar a los 'retrasados' en la órbita de la 'civilización'. Pretender cultivar al gaucho bárbaro significa, concretamente, purgarlo de una parte de su ser para rellenarlo de una identidad prestada y ficticia. El representante de las clases dirigentes parte en busca de singularidad (para sí mismo, para su país, para su obra), y termina por coincidir con un deseo febrilmente mediatizado, por encontrar su originalidad en la imitación de fuentes no argentinas (francesas e inglesas en su mayor parte).

Como veremos en 3.3.1., el proyecto de Sarmiento se inscribió de lleno en la dinámica romántica. El autor se vio condenado a incurrir en contradicciones: procurar indagar la identidad profunda de la Argentina anhelando, simultáneamente, su recuperación progresista; afirmar, por motivos políticos, la necesidad de la civilización, cuando la inspiración romántica y el dogma decimonónico de la originalidad le inducían más bien a simpatizar con el hombre primitivo de América y cuando su desdén por la decadente cultura española le empujaba a apoyar los valores autóctonos: un verdadero atolladero, del que Sarmiento buscó salir incansablemente.

En el *Facundo*, el deseo triangular se mediatiza según criterios externos. El sujeto (Sarmiento) se proclama abiertamente discípulo de la cultura europea (objeto). Modelo (Europa) y obstáculo (el gaucho degenerado en caudillo) están separados; el mediador permanece fuera del universo del sujeto. Europa es literalmente inalcanzable: entre sujeto y objeto se interpone la inmensidad del Océano Atlántico. Pero el apogeo del discurso helénico coincide, paradójicamente, con la transformación del paradigma mimético. Con Sarmiento, asistimos a la aparición de la figura del 'doble vínculo', al surgimiento de los primeros anticuerpos que atacan el sistema de mediatización externa y tienden a convertir la veneración ejercida por el modelo en fascinación y rivalidad.

Dos nos parecen ser los factores que han contribuido a la transición de la estructura mediadora (de la mediatización externa a la interna): el orgullo literario de Sarmiento, y su contacto físico con el adorado modelo. Sobre la primera problemática volveremos en 3.3.1.. Por ahora, diremos que, para que el *Facundo* sea inteligible en Europa, Sarmiento tiene que pasar por las categorías y clasificaciones de la ciencia moderna. Para ser original, tiene que hacer, en cambio, todo lo contrario: tiene que escaparse de ellas y ser diferente. Sarmiento reconcilia los dos extremos mediante una práctica calculadora y subversiva del plagio (véase infra). En lo que atañe al segundo punto, el contacto físico, cabe especificar que tiene lugar a través de dos canales: el de los viajes a Europa emprendidos por los intelectuales argentinos, y la aplicación de la 'biopolítica' preconizada por la generación de 1837 - según la expresión acuñada por Alberdi de que gobernar es poblar y poblar civilizar - o sea, el fomento de la inmigración europea. Sarmiento ha dejado constancia de sus viajes (*Viajes*, 1849). De este testimonio se deduce que la confrontación con la realidad europea ha turbado considerablemente el idilio entre el autor y su modelo. La culta y civilizada Europa le decepciona por no serlo tanto, y porque no encuentra allí los resultados democráticos que imaginaba por sus lecturas. La cultura francesa tal vez no sea tan civilizada y su liberalismo no se ha demostrado tan eficaz. En cambio, Estados Unidos se propone ahora como nuevo Edén, por sus logros en materia educativa y su práctica política. El impacto de la tesis salvadora de la inmigración europea ha sido aún más determinante que el de los viajes a Europa. Los grandes intelectuales del diecinueve atribuyeron un papel civilizador a la inmigración europea. Creían que el único modo de modificar radicalmente una sociedad era transformar la composición de su población y orientarla hacia el blanqueo para poder educarla según los más altos principios morales de su tiempo. Pero, al asignarle tan gigantesco papel a la inmigración, era inevitable que posteriormente, cuando muchos comenzaron a pensar que algo no había funcionado en el proyecto argentino, otras voces se volvieran hacia dicha inmigración como principal chivo expiatorio de los males de la civilización argentina. En ese sentido, sería el propio Sarmiento, presidente de la República de 1868 a 1874 y por tanto capaz de llevar a cabo muchos de los sueños de su juventud, uno de los primeros en dar la voz de alarma (en *Conflicto y armonías de las razas en América*, 1883) veinte años después de su profecía de la década de 1850 acerca de que los inmigrantes no estaban cumpliendo el papel que él les había atribuido (Devoto 1996: 58-60).

A partir de la segunda mitad del siglo diecinueve, la Argentina había abierto efectivamente sus puertas a los inmigrantes europeos. Pero este fenómeno masivo tuvo muchos efectos 'no deseados' y se reveló ser un bumerang, un caballo de Troya que dio al traste con el ideal liberal-burgués. Alberdi había considerado que la inmigración debía provenir del noreste europeo, es decir, de países desarrollados en vías de industrialización, idea que fue sistematizada por Avellaneda. Pero la élite argentina había contado sin la ironía de la historia. Los planes originales se vieron alterados por la llegada masiva de inmigrantes de características heterogéneas. Los inmigrantes eran originarios, en su gran mayoría, del suroeste de Europa, es decir, de países de estructura agraria. Para ellos, la Argentina era una tierra prometida en la que sus esfuerzos se verían recompensados con mejoras sociales y económicas (Steimberg de Kaplan 1989: 19). La inmigración masiva modificó la estructura social y cultural del país. Dio lugar a la emergencia de la clase media baja y al crecimiento de la clase obrera. A la larga, condujo a la expansión democrática hacia los sectores populares. Las clases dominantes empezaron a sentirse arrinconadas. Presenciaron, no sin preocupación, la amenaza de la participación de las masas en la escena pública. El optimismo republicano cedió el paso a un malestar cultural. Las causas de ese malestar obedecieron a una auténtica crisis de valores generada por el proceso de modernización. Los intelectuales, en virtud de la antinomía que existía entonces entre los valores 'altos' asignados a la oligarquía y los 'bajos' del mal gusto pequeñoburgués y, a fortiori, obrero, se opusieron a la vulgaridad de las clases urbanas (Terán 1993: 42-43). Las imágenes, con todo matizadas, de Sarmiento, adquirieron ecos más sombríos en los años 80 y 90 del siglo XIX en la novela naturalista (de, por ejemplo, Eugenio Cambaceres), que sostenía la inferioridad racial de los inmigrantes europeos. Sus argumentos no dejaban de parecer un mero instrumento defensivo, una forma de exorcismo de una élite social que veía tambalear su predominio (Devoto 1996: 60-61). En realidad, ese razonamiento carecía de fundamento: era imposible diferenciar o jerarquizar étnicamente a personas que procedían todas de "ámbitos que en el pensamiento europeo de referencia compartían el mismo fenotipo" (Devoto 1996: 61). Pero, a esas alturas, la razón ya no venía al caso. Los intelectuales irritados se lanzaron en busca de una fuente de legitimidad y procedieron a la reformulación de una identidad nacional como respuesta al formidable aluvión inmigratorio. Terán describe cómo el paradigma liberal (nuestro 'sueño helénico') fue eclipsado por una definición idiosincrática de lo nacional de cuño esencialista: (1993: 48). El espíritu restaurador implica la vuelta al telurismo, la emoción del paisaje, el amor al pueblo natal y al hogar; por otra parte la relativización del culto liberal miméticamente modernizador y la crítica del materialismo de Buenos Aires.

Sobre el año 1900 se produce, pues, un paradójico nacimiento y desarrollo de un antiliberalismo de raíces liberales. Comenta Viñas: "La idea del progreso se revisa, el concepto de la barbarie se desplaza" (1974: 220). Los intelectuales vinculados a la oligarquía "inauguraron la exaltación del gaucho - eliminado por la clase de la que dependen - cuando esa misma clase muestra sus iniciales síntomas de inquietud frente a los descendientes de los grupos que ha importado" (Viñas 1974: 220). Esta es la mentira romántica en su estado puro: eliminado el gaucho, su mitificación se inaugura; convocado el inmigrante, amontonado en la ciudad, su persecución comienza.

De entre la heterogeneidad de voces que se dejaron oír, destacan la de Ricardo Rojas con *La restauración nacionalista* (1909), Manuel Gálvez con *El diario de Gabriel Quiroga* (1910) y la de Leopoldo Lugones con las conferencias de 1913 luego recopiladas en *El payador*. Más allá de las diferencias ideológicas que los separan, los exponentes de este nacionalismo culturalista construyen la nueva mitología: la de la tradición criolla y de la herencia gaucha (Terán 1993: 46), que anteriormente habían sido sublimadas por el poema épico *Martín Fierro* de José Hernández (dos tomos, 1872 y 1879).

Ya en la obra de Hernández, se constata que la figura del gaucho resurgía en el momento mismo en que se había vuelto inofensivo, en que se esfumaba de la pampa. Más tarde, Lugones prolonga la tradición gauchesca y la convierte en un tópico, en una esencia, en el núcleo de la argentinidad.

Pese a las apariencias, las posiciones miméticas no han sufrido cambios profundos: el sujeto sigue siendo el representante de las clases dirigentes, el objeto la civilización (entendida ahora de otra manera) y el modelo todavía no coincide con el obstáculo. El modelo de antes (Europa) ocupa ahora el lugar del obstáculo y vice versa. La mediatización no ha dejado de ser externa: Lugones coloca la originalidad argentina en un fenómeno inalcanzable, que ya no pertenece a la sociedad que supuestamente representa. A la distancia geográfica (Europa) le ha sucedido otra distancia insalvable: la del paraíso perdido.

Recapitulemos. En un país donde la modernización es un artículo importado nace, tarde o temprano, el deseo de un desarrollo que sea lo contrario de aquella modernización dependiente y que presente - o incluso restablezca - los aspectos fundamentales de la identidad nacional. Es cierto que Rojas, Gálvez, Lugones y otros habían elaborado, en las primeras décadas del siglo veinte, una nueva simbología patriótica. Pero su 'nacionalismo aristocrático', de escasa representatividad y concebido para frenar el acceso del pueblo a la espiral mimética no tardó en despertar una reacción sin precedentes: la del populismo en su versión 'radical' primero y como peronismo (1946-1955[28]) después, que condujo a otro tipo de dictadura (antimodernista) y a un paradigma mimético metamorfoseado (el 'sueño de Evita'). Contra la prioridad concedida a las inversiones aparece la insistencia en la participación social. Según Touraine (1989: 167 y ss), el sistema nacional-popular funda las relaciones interhumanas en el modelo místico de la fusión y no en el jurídico del contrato. Concibe la libertad como un atributo colectivo que pertenece al 'pueblo'. El populismo opone a la filosofía de las luces y al carácter 'científico' del proceso de modernización la apelación a un actor colectivo definido en su particularidad y, en primer lugar, en su historia. Lo que caracteriza al líder populista, in casu Perón a cuyo régimen dio un giro reivindicativo su mujer Evita, es su referencia constante a lo étnico, el hecho de identificar al propio pueblo con el bien y de diabolizar al enemigo (Touraine 1989: 202) aprovechando el rencor atávico al extranjero. Esta apelación directa al pueblo elimina (Touraine 1989: 167 y ss) las formas de representación política habituales de Occidente y conduce a dar un papel central al Estado, que recibe su legitimidad menos de mecanismos electorales que de su correspondencia, proclamada por él mismo y ratificada por manifestaciones de masas, con los intereses fundamentales de la nación. La afirmación apasionada de objetivos prioritarios diversos y hasta contradictorios se combina fácilmente con una extrema flexibilidad (por no decir oportunismo) en la búsqueda de alianzas y de compromisos. El peronismo siempre supo mudar la piel a tiempo e hizo suyo el lema 'somos lo que los tiempos exijan que seamos'.

Con el peronismo, el engaño del 'sueño helénico' se subvierte de golpe. Todo un pasado sale de la sombra. Se muestra libremente a la luz una cultura oprimida, encubierta bajo la máscara europeísta oficial. Se pone en marcha una reinterpretación de la cultura nacional. Se edifica una galería de modelos artísticos y literarios correspondientes a la cultura dominada (Discépolo, Arlt, Scalabrini Ortiz), con lo cual se alcanza "esa situación pintoresca de los santorales paralelos: el oficial y el opositor" (Rama 1984: 257), esa brusca emergencia que pone de manifiesto una disociación dentro del cuerpo aparentemente homogéneo de la literatura argentina.

Ahora bien: ¿dónde colocamos el peronismo en el mapa mimético que nos hemos propuesto trazar? Amén de que la doctrina justicialista de Perón no alteró fundamentalmente la concentración de la propiedad privada - parte de una Argentina rica en que una distribución justa (de allí 'justicialismo') bastaba por sí sola para crear bienestar general - un examen de su funcionamiento ideológico deja bien a las claras que tampoco revolucionó el panorama espiritual argentino. La revisión superficial del canon existente no fue más que una trampa. En vez de eliminar la mentira romántica, el peronismo la ancló más sólidamente y consiguió que se infiltrara firmemente en todo el tejido social. Perón copió y fue muy hábil copiando. Echó mano de todo cuanto le podía servir. No vaciló en recuperar la inversión de la clásica dicotomía de Sarmiento que se había efectuado en el discurso patriótico de Rojas, Gálvez, Lugones y otros como síntoma de la crisis de la conciencia liberal. Se colocó a la cabeza de una corriente que ya estaba en marcha; la radicalizó y le echó una salsa mesiánica.

El peronismo es un simulacro destinado a enceguecer a las masas en base a estrategias discursivas demagógicas que explotaron el desconcierto creado en el pueblo por el deterioro económico que sobrevino después de la gran recesión mundial de la década del treinta. En el fondo, obedece a la misma lógica romántica que reprocha tan amargamente a sus predecesores. Lo único que ha variado de una época a otra, es la modalidad de la transmisión mimética: con Perón, la Argentina pasa definitivamente de la mediatización externa a la interna. Rouquié (1982: 37) es uno de los pocos analistas que ha subrayado los paralelismos entre justicialismo y liberalismo. Advierte que, a despecho de su fraseología anti-oligárquica y a veces anticapitalista, el peronismo no representa sino la coronación del sistema (mimético). A lo que Perón aspira realmente es a la integración de la clase media baja y de la clase popular a la prosperidad del país. En este contexto, participar significa rivalizar; rivalizar equivale a imitar; se imita un modelo europeo que anteriormente ha sido imitado por esas mismas clases superiores a las que la retórica peronista oficial no cesa de poner en la picota. Ahora los culpables ya no son tanto los inmigrantes, sino precisamente aquella élite liberal que, al proponer la inmigración como panacea de todos los males argentinos, había perseguido tenazmente la ruptura con el pasado hispano y que, al hacerlo, había contribuido a debilitar la nación (Devoto 1996: 67). Investigaciones recientes han revelado la insuficiencia de esa polaridad. En la práctica, Perón y sus colaboradores se lanzaron de nuevo a una ambiciosa política favorable a la inmigración norte-europea. El ideal del 'crisol de razas', del 'pluralismo cultural' no era más que una cortina de humo que ocultaba el esencialismo étnico. Como se desprende del estudio de Schneider (1996), no se levantó el tabú racial bajo Perón. Para comprender cabalmente las paradojas evocadas en las páginas que preceden, hace falta recordar la tesis central de Girard. ¿Qué es lo que sucedió – hablando miméticamente - en la Argentina de Perón? Bajo el impulso de la democratización, el primer triángulo mimético (el de Sarmiento o la variante de Lugones), de índole externa, generó un segundo triángulo mimético en el que el sujeto del primero (Sarmiento, Lugones o, más en general, la élite liberal) ocupa con respecto al segundo, de tipo interno, la posición de cúspide, o sea de mediador. Nos encontramos, pues, ante dos figuras geométricas estructuralmente gemelas. La mayor diferencia entre ambos triángulos estriba en que el segundo, al ser regido por la modalidad interna, es mucho más refractario al análisis que el primero, ya que en el segundo modelo y rival coinciden. Repitamos la ley de la mediatización interna: cuanto más se acerca el modelo o el mediador (las clases dirigentes) al sujeto deseante (la clase media argentina y, posteriormente los mestizos - aquellos cabecitas negras que cobran poder en la década del 40) - y las clases populares 'descamisadas'[29]), más tienden a confundirse las posiciones de los dos rivales y más insalvable se hace el obstáculo que se alza entre ellos. El modelo se ha convertido ahora en obstáculo sin dejar por ello de ser modelo. Mejor dicho: cuanto más se convierte el modelo en obstáculo, tanto más se convierte el obstáculo en modelo. El mediador interpreta, en otras palabras, el doble papel característico de la mediación interna: el de instigador del deseo, y el de centinela.

Otro fenómeno inherente a la mediación interna es que ya no se venera abiertamente al modelo/rival, sino que se pretende odiarlo. El sujeto (pequeñoburgués o, por extensión, 'descamisado') experimenta por el modelo (adinerado) un sentimiento desgarrador formado por la unión de dos contrarios ('doble vínculo'): la adoración más sumisa coexiste con el rencor más intenso. Sólo el ser que nos impide satisfacer un deseo que él mismo nos ha sugerido, puede ser objeto de odio. De ahí que precisamente el oligarca o 'vendepatria' sea el blanco predilecto en las campañas difamatorias de Juan Domingo Perón y de su portavoz Evita: en la rivalidad que le opone a su modelo, el sujeto invierte el orden lógico o cronológico de los deseos a fin de disimular su imitación. Afirma que su propio deseo es anterior al de su rival, de modo que, de hacerle caso, el responsable de la rivalidad nunca es él, sino el mediador. Para Girard, la envidia no es más que este préstamo recíproco de deseos, en condiciones suficientes de igualdad que aseguren el desarrollo de los combates miméticos.

El mayor símbolo de la interiorización mimética y la fuente de buena parte de la mística que rodeaba a Perón fue sin duda su mujer Eva Duarte, la famosísima Evita, la joven actriz (mala actriz de teatro y de cine, pero fogosa y convincente intérprete de seriales radiados) cuyos sueños se realizaron más allá de lo que una muchacha de procedencia modesta podría haber imaginado nunca. Como los personajes de *Boquitas pintadas* (Juan Carlos, Nené, Mabel), Eva se inventaba constantemente a sí misma. Cuando llegó a Buenos Aires en enero de 1935, aún no tenía dieciséis años. En 1944 conoció al coronel Perón. A partir de ese encuentro, su carrera fue fulgurante. En un arrebato de venganza contra su condición bastarda, Eva decidió dedicarse exclusivamente a la clase obrera; le entregó su pasión transformándola en el instrumento de odio hacia la oligarquía y en el objeto privilegiado de su amor. Con sólo veintisiete años, Eva consiguió el voto de la mujer en su país misógino. Murió de cáncer a la edad de treinta y tres tras sacar adelante una impresionante pero muy controvertida labor social y educacional. Hizo todo lo que hizo entre 1944 y 1952. Tanto la detestaron que, mientras agonizaba, alguien pintó la leyenda 'viva el cáncer' en las paredes de su residencia, y los pobres la quisieron tanto como para rezar incansablemente por ella, para que no muriera la 'dama de la esperanza, mártir de los descamisados'. Perón explotó la muerte de su mujer para montar un espectáculo artificial de unidad y respaldo a su gobierno. Hizo embalsamar el cuerpo de Eva en forma permanente. Estuvo expuesto durante dos semanas, y miles de personas desfilaron para rendirle homenaje y el país se detuvo.

Pero los sueños de Evita no eran sólo políticos. Ella alimentó toda clase de aspiraciones de ascenso, era

> [...] la materialización bajo la forma de una voz que gemía y gozaba desde un aparato de radio - de los sueños de todos esos cabecitas negras, de todas esas mujeres de provincia que vivían en un desierto sólo aliviado por la voz de la radio, la voz de los tangos y boleros, la voz de esas estrellas de cine, mágicos prototipos a los que (como Evita) ellas también soñaban encarnar un día (Rodríguez Monegal 1974: 383).

La novela *Boquitas pintadas* se sitúa en el período de gestación del peronismo y gira en torno a ese sueño del estrellato, esa pasión del divismo de la clase media (Mabel), de la clase media baja (Nené) y de los 'cabecitas negras' (Raba).

Concluyamos. Desde un punto de vista político, el 'sueño de Evita' se opone al sueño de Sarmiento, que terminó por ser derrotado aunque se prolongó en los castillos de naipes de quienes, como Eduardo Mallea (*Historia de una pasión argentina*, 1937) o Mujica Laínez, buscaban reconstruir "una severa, elegante réplica de Europa en las vastas llanuras del Plata" (Rodríguez Monegal 1974: 382). En términos de 'mentira romántica', sin embargo, es imposible indicar la frontera que separe los dos paradigmas ideológicos comentados. Su contenido es diferente, pero el mecanismo de funcionamiento y las estrategias de defensa y de exclusión que los caracteriza son completamente análogos. Del sueño helénico - o primer sueño romantico - frustrado, se han creído emancipar importantes categorías de la población argentina refugiándose en el segundo sueño romántico, el de Evita, inversión de los clásicos conceptos de civilización y barbarie que, en el fondo, descansa en los mismos presupuestos que pretende combatir.

Esa "tenaz pasión por expulsar a los que se ama" (Martínez 1990: 35) nos parece ser la causa profunda del 'error argentino' y una constante estructural de la historia del país, que se ha vertebrado en torno a un sostenido sistema de oposiciones. Las carencias y limitaciones del maniqueísmo han generado una serie de dicotomías psicológicas, filosóficas y sociológicas cuya falsedad es fácil de demostrar, pero, como ha observado Devoto: "[...] Si diferencias presuntas son percibidas como reales, son reales en sus consecuencias" (1996: 68-69). El caso argentino no es un caso aislado. La mentira romántica y el dogma de la metafísica de la presencia que la sustenta entra en diversas configuraciones nacionalistas. Sabemos desde el siglo XVIII, gracias a la Ilustración y al empeño posterior de los historiadores, que todas las epopeyas nacionales y credos patrióticos se fundan en mitos. No hay nada contra los mitos y su fecundo rendimiento artístico, a condición de que no se olvide su carácter ficticio y parcialmente arbitrario, su elaboración gradual y su índole proteica. En la Argentina, ni el proyecto de europeización, ni el regeneracionista han recibido el trato que les correspondía; no han sido reconocidos como lo que eran: andamiajes ideológicos, mitos fundacionales acerca de 'comunidades imaginadas' (Anderson 1983), 'guiding fictions' (Shumway 1991). Siempre han sido tomados al pie de la letra, razón por la que han resultado monolíticos y totalitarios.

Desafortunadamente, el peronismo no marcó el último avatar de la peligrosa aventura mimética en la que la Argentina se embarcó desde su Independencia. Tornándose recíproca, la mentira romántica produjo un número creciente de desencuentros y rupturas entre compatriotas (pensemos en la matanza de Ezeiza que, en 1973, fracturó la comunidad peronista) hasta desembocar en las luchas abiertamente fratricidas del Proceso.

En *La novela de Perón* (1985), el escritor Tomás Eloy Martínez presenta la imagen de un país profundamente pauperizado, que ha dejado atrás las ilusiones de grandeza con que se había vestido durante el centenario de su emancipación en 1910, y que ha renunciado al mito de su excepcionalidad en el contexto latinoamericano. El retorno de la Argentina a la democracia (1983), si bien ha vuelto a proponer una forma más modesta de 'sueño europeo' ha creado una disposición general a repensar los orígenes y a tomar en consideración la pluralidad de raíces culturales del país. Este examen de conciencia (llevado a cabo, por ejemplo, en Balderston 1986) es, en parte, atribuible a que el problema de la identidad ha adquirido mientras tanto otra dimensión: el concepto se ha resquebrajado y por esa brecha se ha instalado la certeza de que la identidad nacional, como toda identidad, es una construcción inacabada e inacabable. Predomina ahora un consenso en torno a advertir los peligros de las interpretaciones esencialistas de la nación, y se da la prioridad a los enfoques que destacan la invención renovable de toda identidad colectiva. Por otra parte, la nueva 'higiene mental' se debe también a que los argentinos de hoy no quieren volver - *Nunca más* - a las andadas. Saben cómo se les fue cuando abandonaron el principio de la relatividad democrática, y no parecen dispuestos a repetir la experiencia.

Todavía no se ha parado la sudamericanización económica y política de la 'Grecia del Plata'. Así, al cumplir cuatro meses de gobierno, Menem indultó a los responsables de los crímenes aberrantes de la dictadura y de los golpes militares de la democracia. No obstante, esta latinoamericanización también tiene ventajas. La Argentina real se está, por fin, imponiendo a la ideal. El sueño de ser Europa sigue en pie, pero cada vez se parece más a un espejismo. El restablecimiento de la democracia parece haber traído al país una bocanada de aire fresco tras los episodios megalómanos que tanto le han perjudicado. El delirio de grandeza se ha disgregado en una pluralidad de movimientos sociales y movilizados tan sólo por reivindicaciones particulares. Se llega así a un concepto de identidad nacional que, en lugar de ser incompatible con lo que no es, lo supone necesariamente y alberga en su seno la diferencia. La esencia de la Argentina bien podría consistir en el hecho de no tener esencia. Sin embargo, la preocupación por la identidad colectiva constituye una dificultad necesaria que debe ser desmontada sin que por eso se suprima. ¿Cómo combinar la conciencia de estas pérdidas y la necesidad de la reapropiación? ¿Sobre qué bases levantar las nuevas relaciones sociales? En nuestro punto 3.3.1., intentaremos contestar a esta pregunta. Lo haremos esbozando los contornos de una identidad nacional posmoderna que implique la disolución de varios ejes cognoscitivos característicos de la modernidad y que presuponga los procesos transculturales ocurridos en el pasado. En el mismo apartado, transformaremos el sistema triangular y excesivamente estático de Girard en una palanca dinámica, y postularemos la circularidad productiva de la energía mimética - productiva en el sentido de que permite revalorizar los componentes ajenos dentro de los propios. Opinamos que los argentinos se emanciparán el día en que asuman el trabajo de la mediación y que sepan manejar su inclinación al préstamo. En 3.5. veremos igualmente que la literatura oficia de sismógrafo de este proceso en curso: la frágil e inestable identidad posmoderna ya se está plasmando en las letras argentinas contemporáneas. Manuel Puig es un evidente punto de referencia para estas prácticas literarias actuales.

3.3. La 'enciclopedia ideológica' argentina o la arqueología de un 'error'

El repertorio de los contenidos expresables está en relación con los tiempos y las regiones en los que han sido concebidos. Prueba de ello son las construcciones ideológicas a las que han dado lugar los avatares del binomio 'civilización'/'barbarie', defendido por Sarmiento en su *Facundo*, el intertexto que en ningún momento ha dejado de nutrir el inconsciente colectivo argentino y que recorre en filigrana las páginas de *Boquitas pintadas*. A fin de evitar las conclusiones excesivamente generales hemos intentado, basándonos en fuentes argentinas o procedentes del

Cono Sur[30], reconstituir parte de la 'enciclopedia ideológica' en la que están enraizados los 'connotadores' de la novela en cuestión.

En *Mythologies* (1957) y en *Le bruissement de la langue* (1984), Roland Barthes ha demostrado que resulta insostenible la jerarquía 'denotación'/'connotación' y que los intentos de separar ambas nociones suelen tener motivación ideológica[31]. Por imperfectos que sean[32], mantendremos esta pareja de términos a la hora de relevar los indicios que estampan ideológicamente *Boquitas pintadas*, de identificar los estereotipos que reinan en esta novela y de determinar el uso desestabilizador que Manuel Puig ha hecho de este corpus de prescripciones que actúa como memoria de una colectividad.

Merece ser destacada asimismo que la duplicidad de la cita[33], enunciación que copia al tiempo que distorsiona, también desempeña un papel decisivo en cuanto al alcance ideológico de *Boquitas pintadas* y de la obra de Puig en general.

3.3.1. Los avatares del binomio 'civilización/barbarie'

Las realizaciones de Sarmiento (1811-1888) se sitúan sobre todo en el campo cultural. Se sigue rindiendo homenaje al Sarmiento escritor y educador (merecen ser destacadas su preocupación por alfabetizar al pueblo argentino y la implantación, bajo su impulso, de la escuela pública). Fue elegido presidente en 1868, cuando ya padecía una desvinculación de la Argentina contemporánea[34]. Fracasó, por tanto, el proyecto ilustrado del estadista Sarmiento. A partir de 1880, se convirtió en un opositor encarnizado de los presidentes que protagonizaron el ciclo de la modernización con el que él mismo había soñado (Nelle 1993: 67).

El detonante inmediato del *Facundo* es la llegada a Chile de un embajador del caudillo Juan Manuel de Rosas para desacreditar a Sarmiento y pedir su extradición. Apremiado por las circunstancias, Sarmiento comienza a publicar, como folletín por entregas, un texto que venía madurando desde la militante oposición al dictador y que publica en 1845, casi sin pulir, a lo largo de un mes, en el periódico chileno 'El progreso'. En este clásico de la literatura argentina, la 'civilización' es promovida y la 'barbarie' expulsada. En la obra se describe la historia heroica de un caudillo de la Rioja, Facundo Quiroga. Este antecedente del dictador Rosas anticipa al monstruoso Calibán, que no sólo será uno de los polos de la antinomia que el pensador uruguayo José Enrique Rodó planteará más tarde en *Ariel* (1900), sino también un "modelo que encontramos en la historia y cultura americanas bajo ropajes del cacique, del caudillo, del dictador. Así, Sarmiento define muchos de los grandes términos alrededor de los cuales se entablará el debate intelectual americano"(Oviedo 1990: 30).

Sarmiento escribió cuando comenzaban a forjarse los primeros mitos de emancipación nacional. Conforme a las teorías más recientes (Anderson (1983), Hobsbawm (1990)), la aleatoria política internacional del siglo XIX hizo preciso organizar un Estado donde poder inscribir una nación. En su historia de la formación de los sujetos naciones, Anderson enfatiza la importancia de la escritura para la regulación y delimitación del espacio nacional. Para América Latina, Anderson subraya particularmente el papel del periodismo, que confirma la idea de pertenecer a una comunidad lingüística - un fenómeno que contribuyó a organizar la transición entre la mediatización externa y la interna (Anderson 1983: 42). El autor explica con gran número de argumentos por qué las comunidades criollas han sido las primeras en desarrollar el nacionalismo (íbidem: 52 y ss)[35]. Básica y paradójicamente, ha sido por falta de identidad: "Born in the Americas, the creole could not be a true Spaniard, ergo, born in Spain, the peninsular could not be a true American" (íbidem: 59). También Ramos (1989) hace hincapié en el lugar que las letras ocupan en América Latina en la época de los 'escritores patricios' (Sarmiento, Bello...):

> La escritura proveía un modelo, un depósito de formas, para la organización de las nuevas acciones; su relativa formalidad era uno de los paradigmas privilegiados del sueño modernizador que proyectaba el sometimiento de la 'barbarie' al orden de los discursos,

de la ciudadanía, del mercado, del Estado moderno (Ramos 1989: 13).

La nación que se exige es una realidad 'letrada'[36]. Del otro lado de la escritura se levanta una dimensión amenazante de lo otro, la suciedad, que representa una de las metáforas que complementan el gran axioma de la 'barbarie': "[...] la modernidad se ve intrínsecamente ligada a políticas de higienización de sujetos, lenguas y territorios" (íbidem: 38). Como parte de una nueva sensibilidad, se desarrolla una fobia por el complejo cultural de la 'barbarie' y una compulsión por la corrección y la limpieza (del cuerpo, de la lengua, de la sangre - véanse al respecto nuestros apartados 3.3.2.1. y 3.3.2.2.). Este exclusivismo literario ha persistido con particular firmeza en la Argentina. Viñas sostiene que la Argentina se ha hecho país mediante la difusión de lo escrito y arremete contra "el estatus incuestionado de la literatura que dejará de verse como producción para sanctificarse como esencia" (1974: 20). Volvemos a encontrar este fetichismo del libro en Borges, quien, a pesar de su mirada irónica sobre el saber europeo, y a pesar de haber mostrado en sus cuentos una fascinación por la 'barbarie' (por el cuchillero, el compadrito, el ambiente de los prostíbulos porteños) ha prolongado, por otra parte, la abominación de lo propio, "al diseñar su idea de la realidad según el modelo del libro, es decir, de la técnica que más estrechamente se vincula con la cultura blanca: la de la impresión" (Guzmán 1984: 186).

Para Sarmiento, la articulación de lo culto concebido a partir de semejanzas con lo ajeno, pasa forzosamente por la asimilación del código libresco. Niño precoz, de memoria excepcional, autodidacta deseoso de afirmarse, lector indiscriminado, el autor del *Facundo* pretende conjurar el exterior con sus escritos. El mismo advierte haber dibujado el paisaje y los tipos de personajes a partir de reminiscencias literarias, sin haber visitado los lugares de la pampa que sólo conocía de oídas: las descripciones detalladas del *Facundo* han sido construidas a partir de referencias librescas, y provienen, en su mayor parte, del informe de Sir Francis Bond Head (*Rough Notes Taken*

During Some Journeys Across the Pampa and Among the Andes, 1826) que cita en francés (Sarlo y Altamirano 1994b). El carácter libresco de las fuentes se revela igualmente en las numerosas comparaciones que Sarmiento establece entre la sociedad gaucha y diversas sociedades orientales, tal como la describen los orientalistas europeos de esa época. Edward Said (1978) ha demostrado hasta qué punto este 'archivo orientalista' (Ramos 1988: 554; Sarlo y Altamirano 1997: 83-102) comprueba ser un discurso históricamente ligado al expansionismo decimonónico y a la propia constitución de la identidad europea.

El manejo sistemático de discursos europeos en la representación del 'bárbaro' americano hace que, en un primer análisis, la autoridad en Sarmiento parezca radicar afuera. Sarmiento habla sobre la barbarie "como si la observara a la distancia, desde un lugar de enunciación centrado en Europa" (Ramos 1988: 554). Esta primera impresión se ve reforzada por el hecho de que la mayor parte de las reflexiones de Sarmiento estén inspiradas en sus lecturas de los pensadores franceses del siglo XVIII y comienzos del XIX (Montesquieu, Michelet, Tocqueville). Como ellos, Sarmiento creía en el influjo decisivo del ambiente geográfico sobre la formación de los pueblos y el temperamento de sus habitantes (César 1992). Plantea el problema de entrada, en las primeras líneas del *Facundo*:

> El mal que aqueja a la República Argentina es la extensión: el desierto la rodea por todas partes y se le insinúa en las entrañas; la soledad, el despoblado sin una habitación humana, son, por lo general, los límites incuestionables entre unas y otras provincias. Allí la inmensidad por todas partes: inmensa la llanura, inmensos los bosques, inmensos los ríos, el horizonte siempre incierto, siempre confundiéndose con la tierra entre celajes y vapores tenues que no dejan en la lejana perspectiva señalar el punto a que el mundo acaba y principia el cielo. Al Sur y al Norte acéchanla los salvajes[37], que aguardan las noches de luna para caer, cual enjambres de hienas, sobre los ganados que pacen en los campos y sobre las indefensas poblaciones (edición a cargo de Roberto Yahni 1993: 31-32).

Cubrir el vacío, poblar el desierto con las estructuras de la modernidad: éste es el propósito que se fija Sarmiento. pero las cosas no son tan simples como aparentan. Bajo la pluma del autor del *Facundo*, la realidad argentina se transforma y obedece a criterios europeos. Pero Sarmiento se equivoca; ya que la Argentina no es rodeada por el 'desierto' - **es** el 'desierto', como lo ha puntualizado Martínez (1990: 36-37). Se nota hasta en el léxico que la visión sarmientina de lo propio está teñida de imágenes prestadas 'transportadas' desde Europa o de imágenes exóticas europeas proyectadas sobre Asia: la pampa es 'el desierto', el criollo 'el bárbaro', el jaguar 'el tigre'[38]. A Sarmiento le cuesta reconocer que su Argentina es también el resultado del estilo de vida de los gauchos, de los que Facundo es un típico ejemplar; de esta pampa, en la que la civilización apenas ha penetrado y donde la vida tiene el aspecto del nomadismo de los 'desiertos orientales'. Sarmiento comete inexactitudes fácticas. Prefiere hacer como si sus enemigos ya no estuvieran; desplaza la presencia de las 'hordas rurales' a una era primitiva. Y no es el único en tomar sus deseos por realidad. La confederación argentina, el gobierno, los sabios, los aventureros, la ciencia y la ley - todos se empeñan en llamar 'desierto' a esa tierra de nadie que se extiende hacia el sur, el norte y el oeste del centro Buenos Aires, porque les hace falta un país vacío sobre el cual proyectar la utopía de la modernización. Sin embargo, este supuesto desierto no es tal: está lleno de gente, es el territorio que pertenece a los nómadas, por ella deambula una curiosa variedad:

> [...] allí vemos irlandeses, mulatos, italianos, gallegos, nativos, galeses, indios de diversas tribus enemigas entre sí, que hacen sobre su territorio cantidades de transacciones, intercambios comerciales, lingüísticos, culturales y llama la atención la frecuencia y fluidez de estos tratos, descriptos por casi todos los extranjeros que en el siglo XIX escribieron sobre la pampa (Montaldo 1995: 12-13).

La 'nueva América' se levantó, pues, sobre esa opinión generalizada y fuertemente ideologizada de la pampa desertificada. Sedentarizar, medir y contabilizar son las actividades 'productivas' de la avanzada liberal. El campo se somete a las reglas de la ciudad, las estancias son alambradas, el orden y la ley superan al caudillo que Sarmiento desprecia. Pero atribuir todos los males de la Argentina a sus formas primitivas de vida significa, asimismo, alentar un etnocidio y, a la larga, destruir las raíces mismas del país. Se produce así un desencuentro paradójico entre Sarmiento y su público, ya que los posibles destinatarios del proyecto ideológico llegan a ser descalificados por su barbarie.

Posteriormente, el *Facundo* fue sometido a numerosas interpretaciones, que llegaron a estereotipar la pareja civilización/ barbarie, citada muchas veces de forma incompleta e incorrecta (Piglia 1994: 134). Con el andar del tiempo, el texto de Sarmiento adquirió un estatuto fundacional, una función performativa (Katra 1986 :36) y fue considerado un ejemplo de cómo escribir literatura. En el fondo, Sarmiento estuvo entre los primeros en concebir el pasado latinoamericano como narración, como instrumento de legitimación discursiva de una identidad etnocentrista y postiza.

A partir de los comienzos del siglo XX, se pasó al otro extremo y Sarmiento se convirtió en chivo expiatorio con el que era preciso ajustar cuentas. No convencen, sin embargo, ni la actitud idólatra, ni la que consiste en pasarle sistemáticamente factura al autor del *Facundo*. La imagen convencional de Sarmiento, la del intelectual estrictamente importador de europeísmo, no hace justicia a la complejidad de su obra. Si es verdad que Sarmiento intenta controlar lo irracional y la contingencia de la barbarie para reorganizar el Estado nacional, lo es también que, muchas veces a su pesar, escucha la voz del otro. El sistema maniqueísta de oposiciones no es tan rígido como parece ser. Presenta algunas fisuras que han sido descubiertas y comentadas en algunos artículos recientes[39].

Para empezar, el *Facundo* no explica el caos de la sociedad recién emancipada de la Argentina Independiente únicamente en términos de 'carencia del discurso europeo'. En cambio (Ramos

1989: 25), en el relato de la historia que elabora Sarmiento, los 'bárbaros' llegan al poder por el error de la 'civilización' de la ciudad que había pretendido importar los modelos europeos sin tomar en cuenta la realidad particular - la 'barbarie' - del mundo donde esos discursos debían operar. En segundo lugar, varios críticos (por ejemplo Guzmán 1984) han detectado un importante 'no dicho', una contradicción interna en el *Facundo* que constituye precisamente el atractivo literario del ensayo. La inestabilidad semántica estriba en una relación de 'doble vínculo': la veneración por la blancura europea y norteamericana que profesa Sarmiento subsiste con su opuesto. Estos críticos llaman la atención sobre el entusiasmo afectivo continuo de Sarmiento por esos mismos gauchos que condena por bárbaros y que pueblan la pampa. Bajo la absorción deslumbrada en lo ajeno y lo lejano, lo propio despreciado sigue presente y vivo (Oviedo 1990: 30). Junto a las voces civilizadas, otras resonancias cruzan la literatura de Sarmiento: el uso de cantares populares, de la literatura anónima que confunde la presencia del 'otro bárbaro' con la del narrador. El *Facundo* contiene una retórica oral que se instala en los márgenes de su escritura: contiene residuos de aquello mismo que la escritura racionalizadora pretende dominar. De ahí que el proyecto sarmientino de construir un archivo de la tradición popular suponga, para la escritura, el regreso de la propia barbarización. La obra de Sarmiento no atrae a la crítica porque sea dogmática; antes bien, por ser ambigua e informal. Cuestiona los pactos de género (es una novela basada en la figura de Facundo, es un ensayo, un estudio sociológico de la cultura argentina, una investigación filosófica de los orígenes de la literatura americana, un libro de historia, un panfleto político contra la dictadura de Rosas, una biografía del caudillo Facundo Quiroga, una autobiografía del propio Sarmiento, un cuaderno de viaje, la nostálgica evocación de la patria por un desterrado...) y se extiende hasta incluir la traducción, la cita, y - como veremos - el saqueo de otros textos.

Aunque pretende lo contrario, Sarmiento sabe que Facundo Quiroga está en el contradictorio origen de la Argentina, y se sabe también parte de esa cultura. Aparecen, por tanto, en la escritura de Sarmiento, los dos polos constitutivos de la argentinidad: "[...] apasionado deseo de lo blanco que no se tiene del todo, entrañable amor por lo no blanco que no se quiere" (Guzmán 1984: 196)[40].

En este aspecto, el narrador de Sarmiento y el narrador de Puig en *Boquitas pintadas* (3.3.2.2.) se parecen. En ambos casos, el límite que separa el lugar del transcriptor de la voz del otro es impreciso. Como queda dicho, la primera impresión despertada por el *Facundo* es que su autor ocupa un lugar subalterno frente a la biblioteca europea. Si se mira de más cerca la relación entre Sarmiento y su modelo se descubre, sin embargo, que no se trata aquí de una relación unívoca de súbdito/corte; que la sacralidad de Europa no es el dogma en que se ha convertido. En realidad, Sarmiento corroe desde dentro la posición inferior que pretende asumir. Transcribiendo voces autorizadas - y así llegamos a la tercera 'fisura' - el autor realiza un trabajo personal sobre materiales ajenos y defiende una estética de la reproducción contra una estética del origen. Al citar, cambia sus fuentes y, en algunas ocasiones, parece darse cuenta de que la esterilidad nace precisamente del excesivo apego al 'original real'. Sarmiento no reduce el modelo a una fuente de estatismo nostálgico del paraíso perdido; lo actualiza, y al actualizarlo, se percata de que las mediaciones producen el alejamiento del original[41].

Lo que sorprende en Sarmiento, según Sylvia Molloy, es "su predilección por el recuerdo que ya es relato, que ya ha sido enunciado, cuando no escrito" (1988: 410). El hecho de presentar como suyos textos que provienen de fuentes ajenas, de apropiarse de ellas constituye un artificio deliberado de Sarmiento. El autor vampiriza las citas, las canibaliza. Necesita inscribir su escritura en una tradición libresca que lo precede, a la vez que divergir de ella. Como ha observado Molloy, el leer de Sarmiento no es un 'leer bien', es un 'traducir': "Sarmiento hace decir a los textos lo que él quiere que digan' (1988: 410). Todo lo vuelve suyo, vive obsesionado por la necesidad de mediar y de comunicar.

Y hay más. Ricardo Piglia pretende que la frase "On ne tue point les idées", que según Sarmiento habría desencadenado la escritura del *Facundo* (edición de Yahni 1970: 16), es prácticamente apócrifa:

> La cita más famosa del libro, que Sarmiento atribuye a Fortoul, es según Groussac de Volney. Pero otro francés, Paul Verdevoye, ha venido a decir que tampoco Groussac tiene razón; después de señalar que la cita no aparece en la obra de Fortoul pero tampoco en Volney, la encuentra en Diderot (Piglia 1994: 132).

Ramos (1989: 17) sugiere que la derivación en esa cadena borgiana de atribuciones falsas tal vez podría ir más allá de Verdevoye y que tal vez el mecanismo de la cita, con sus permanentes desplazamientos, deba considerarse el núcleo productor del *Facundo*. El trabajo de la cita comprueba cómo Sarmiento socava la autoridad de los modelos citados: somete la palabra del 'otro' europeo a una descontextualización y a una recontextualización inevitable - después de todo, la Argentina de Sarmiento no es y nunca ha sido una página en blanco ni un vacío primigenio - que a veces resulta en parodias involuntarias. Piglia tiene tendencia a condenar esas atribuciones erróneas de Sarmiento, mientras que Ramos (1989: 22) se limita, sabiamente, a dejar constancia de ellas. Pero Sarmiento va aún más lejos. Transforma "On ne tue point les idées" en "A los hombres se degüella, a las ideas no" (edición de Yahni 1993: 35). Esta adaptación indica que ya en 1845, Sarmiento lee la literatura europea a partir de la situación política americana. En *Recuerdos de Provincia* (1850), redactado después de su viaje a Europa, el autor comenta el complejo proceso de relaciones recíprocas que se tejen entre una lectura de la literatura europea guiada por referencias regionales americanas, y la interpretación de esta realidad a partir de los libros leídos; describe este manejo de los materiales europeos como un proceso de traducción (Nelle 1993: 69-70). A través del uso pragmático y fragmentario de referencias dentro de su propia escritura, Sarmiento instaura una tímida reciprocidad entre Europa y América Latina -

contribuyendo así a realizar el paso de la mediatización externa a la interna al que aludimos en 3.2.2., factor 'orgullo literario' - que difícilmente puede pasar desapercibida, ya que el autor muestra sus préstamos y las modalidades según las cuales ha trabajado los textos tomados de otros. Si el asombroso antiplatonismo de Sarmiento no sale explícitamente a la superficie, ello se debe al dogmatismo de su época. No olvidemos que el *Facundo* se escribió en un período en que se consideraban imperativas las categorías de originalidad e individualidad, banderas del movimiento romántico con el que Sarmiento no ha roto nunca.

Cabe mencionar, en este mismo marco, las reflexiones de Doris Sommer sobre ese 'parasitario' modo de leer que Sarmiento privilegia en el *Facundo*. En su evocación de la pampa, que abarca la primera parte del texto, Sarmiento remite a *El último de los Mohicanos* de Fenimore Cooper. Sommer plantea que Sarmiento cuestiona la originalidad de Cooper al denunciar que las descripciones que éste hace en su texto parecen haber sido plagiadas de la pampa. Sarmiento invierte, pues, la relación entre Cooper y él mismo. Diciendo 'plagio', agrega Sommer, el escritor se otorga un estatuto de precursor, dado que reduce la importancia del modelo (in casu norteamericano) aunque sin intenciones de impugnarlo[42]. Al hacerse preguntas sobre la originalidad de éste, Sarmiento habría pretendido obtener una irrefutable originalidad ubicada precisamente en el campo de los precursores. El 'engaño' es claro. Auténtico omnívoro, Sarmiento se somete simultáneamente a normas diversas. Se nutre de los viajeros europeos, de los escritores estadounidenses y de su propio personaje. Sabe que pertenece a esa cultura gaucha en vías de extinción. El *Facundo* se propone como verdadero pero falsifica constantemente y, al falsificar, se vuelve literatura. En este sentido, el *Facundo* puede muy bien leerse como una reflexión crítica en torno a la intertextualidad y al proceso mimético de segundo grado que esta práctica supone.

Nuestra interpretación del *Facundo*, considerado ahora un texto que lleva relativamente lejos la pluralidad y la mezcla y que no respeta los principios de pureza que predica, acerca el libro clave de Sarmiento a *Boquitas pintadas*. Se trata de dos obras que enfrentan la 'bárbara' realidad latinoamericana y el deseo civilizado de seducir a Europa. En ambas, se apela a la originalidad de un paisaje mental configurado a través de modelos importados. La mayor diferencia consiste en que *Boquitas pintadas* invierte la lógica del *Facundo*. Para exorcizar el mimetismo europeo de la sociedad argentina, Puig necesita evocar una y otra vez el fenómeno, necesita dedicarle capítulos completos. Más de un siglo antes, el gaucho había ocupado un protagonismo, casi un lugar de honor, en una empresa literaria (el *Facundo*) que pretendía acabar con él. Con esfuerzo racional, Sarmiento postuló que conocer el significado de la civilización arrastraría la eliminación de la barbarie, aunque siempre conservara una fascinación por la alteridad. Con esfuerzo irracional, y salvando lo que hay que salvar[43], Puig nos describe la reprimida cara mestiza de la Argentina sin por ello dejar de ver la impronta imborrable que la civilización europea ha dejado en su cultura. En ambos proyectos artísticos es evidente la pugna que existe entre fuerzas incompatibles: la forma - flexible e informal en Sarmiento, libresca en Puig - contradice el contenido – 'civilizado' en Sarmiento, 'popular' en Puig. Lo que se condena en el plano político (Sarmiento) o sociológico (Puig) modula el plano estético. Sarmiento y Puig se nos aparecen en más de un aspecto como los "gemelos dióscuros, unidos por sus diferencias correlativas" de González Echevarría. Una vez admitida la comparación, se multiplican los paralelismos. Los dos textos se caracterizan por una modalidad teatral, ambos han sido concebidos como folletines[44], y ambos ostentan una ambivalencia similar ante los excesos del melodrama. Además, la poética de los dos autores es claramente citativa: tanto el narrador del *Facundo* como el de *Boquitas pintadas* hace de mediador en un proceso de transferencia cultural, traduce y adapta las fuentes a su propio discurso. Tanto Sarmiento como Puig han contribuido a liquidar la concepción 'aúrica' del arte (Benjamin) que se configura en el aquí y ahora del original - Sarmiento al rellenar las formas clásicas europeas con contenidos latinoamericanos del siglo XIX; Puig al explotar, sin discriminar, todos los registros del patrimonio estilístico argentino. Tanto Sarmiento como Puig consideran la originalidad una percepción retroactiva. Cabe afirmar, por tanto, que Sarmiento anuncia a Puig, a condición de que ese 'anunciar' se entienda como lo ha entendido Borges en 'Kafka y sus precursores' (*Otras inquisiciones*): "En el vocabulario crítico, la palabra **precursor** es indispensable, pero habría que tratar de purificarla de toda connotación de polémica o de rivalidad. El hecho es que cada escritor **crea** a sus precursores. Su labor modifica nuestra concepción del pasado, como ha de modificar el futuro. En esta correlación nada importa la identidad o la pluralidad de los hombres" (Borges 1989, *Obras Completas*, tomo II, *Otras Inquisiciones*, 89-90, énfasis del autor)[45].

Nuestra 'relectura' del *Facundo* también ha puesto de manifiesto la inviabilidad de las posturas esencialistas sobre la identidad argentina. Una desconstrucción de la obra de Sarmiento, generalmente asociada con un binarismo reductor, revela que, enfocada de otra manera, ésta puede ser considerada el semillero del paradigma 'transcultural' que se ha abierto camino en las últimas décadas. El interés de Sarmiento rebasa la crítica de una aplicación de modelos demasiado liberales para el continente americano y reside en la comparación que el autor lleva a cabo implícitamente entre dos modos distintos de procesar informaciones: entre el 'estado espejo' que desemboca en el fracaso, y el 'estado maduro', o sea, la etapa constructiva de la imitación en la que las informaciones se alteran al ser transpuestas o transcritas. Sarmiento abre la pregunta de si esta corrosión es una deformación de la plenitud del modelo o si más bien permite una refuncionalización del mismo. Manuel Puig ha rescatado esta herencia 'oblicua' del *Facundo*. No se le ocurre sustituir el modelo europeo por otro más auténtico. Sabe que no tiene sentido postular que hay en su país una cultura indígena preferible a las importadas. El caso es que ya no hay ningún 'dentro' o 'fuera'. Cabe, por este motivo, criticar igualmente a los que, en su cuestionamiento de tales esencialismos, han terminado por plantear una tramposa relación unidireccional entre la cultura metropolitana y la periférica, puesto que de esta forma sólo se perpetúa la dialéctica de la identidad. Las relaciones entre Europa y Latinoamérica son mucho más complejas, ya que nunca se trata de una mera recepción pasiva, sino más bien de un entramado de reelaboraciones y, a su vez, de devoluciones con influencias en el mismo centro que generaría una especie de relación de interdependencia mutua y circular en los procesos de producción cultural. América Latina no es un simple receptáculo de la cultura europea o estadounidense. Ya en la época de Sarmiento, el subcontinente abandona su papel de 'reflejo especular' de la cultura dominante para producir sus propios espejos deformantes. Los modelos que llegan de la 'metrópoli' se procesan, se asimilan y a veces se subvierten en la mal llamada 'periferia'.

A continuación, comentaremos la dimensión sociológica de *Boquitas pintadas* concentrándonos en el eje civilización/barbarie y en la obsesión del blanqueo (3.3.2.1.). Pasaremos después a investigar el estatuto del narrador-citador (3.3.2.2.) que, al devorar ávidamente todas las formas de expresión disponibles, genera algo distinto. El narrador de Puig retrabaja al de Sarmiento, lo parodia en el sentido que Hutcheon (1985) asigna a esta práctica tan típicamente posmoderna de reflexión metaliteraria que implica, simultáneamente, repensar los procedimientos de representación y recordar ciertos intertextos culturales. Por un lado, este narrador critica la proliferación de modelos y comportamientos prestados en la sociedad argentina; por otra, admite que toda identidad se recorta sobre la de otros, que sin transferencias la cultura argentina actual sería inconcebible, que él también ha participado en la operación de plagio y que la única forma de conjurar la fascinación por el viejo continente consiste en reproducir sobre el papel los mecanismos que la infunden.

3.3.2. *Boquitas pintadas*: de la exclusión mutua a la mímesis reversible
3.3.2.1. El motivo del blanqueo en *Boquitas pintadas*

Con la excepción de Uruguay, no hay otro país en América Latina con un porcentaje mayor de blancos (por encima del 90% de la población) que la Argentina. El país siguió un proceso de blanqueo que necesitó dos siglos para llegar a tal resultado y que comenzó con el colonizador español que se radicó en lo que hoy es suelo argentino y se mezcló con la mujer nativa. Por otra parte, la necesidad de mano de obra en el campo trajo como consecuencia el transporte de esclavos desde Africa. Buenos Aires se convirtió en el centro de la trata ilegal pero lucrativa de esclavos. Al terminar el período colonial, la población del país era 60% española o mestiza, 30% india y 10% negra o mulata. Durante el siglo XIX, se desarrollaron cuatro fenómenos demográficos: (a) los negros y mulatos fueron absorbidos por el resto de la población y en pocas generaciones desaparecieron; (b) las campañas militares contra las tribus indias que vivían en la pampa liquidaron a casi toda la población nativa, tanto que, en el censo de 1947, el porcentaje de indios era menos del 5% con tendencia a seguir disminuyendo (datos y cifras de Page, I, 1984: 23-24); (c) también desaparecieron los gauchos nómadas, que cedieron su lugar a los labradores y a los vaqueros. El ferrocarril y las cercas de alambre transformaron la vida de la pampa. Las costumbres de los gauchos quedaban sólo como un recuerdo folklórico (Franco 1987: 73); (d) finalmente, en la segunda mitad del siglo XIX, la Argentina abrió sus puertas a la inmigración. Pero ya desde las primeras décadas del siglo XX, los hijos de inmigrantes de clase media empezaron a desolidarizarse de sus padres (como éstos habían rechazado anteriormente a los 'bárbaros del interior') y a renegar de su reciente pasado inmigratorio.

En *Boquitas pintadas*, Nené siente vergüenza de sus padres que sintonizan sin complejos programas de canciones españolas y audiciones de 'recitados camperos' (59). Por su parte, Pancho, un personaje atravesado por el deseo mimético, el típico criollo que acaricia la ambición de blanquearse, desprecia a su padre de origen 'moro' (valenciano) (77), pero sobre todo a su madre india de "piel oscura [...], pelo color tierra, lacio, rebelde" (77) y se niega a participar en el ritual familiar de reunirse por la noche para escuchar emisiones de tango (83). La generalización o (mal llamada) democratización del mito blanco, que más tarde da lugar al engañoso 'sueño de Evita', se manifiesta, por ejemplo, en la aspiración de los personajes a limpiar su idioma de influencias 'bárbaras' (Nené intenta "hablar como una artista de la radio"; al final de las palabras "no olvidaba de pronunciar las eses" (79)) y en la paulatina desregionalización del tango (Sarlo 1985: 151; Páez 1995: 33). El tango criollo y truculento se transforma en el tango estilo Broadway. Las canciones de le Pera son elegantes y líricas y tienen un marcado objetivo internacionalista. Los tangos que Nené absorbe son tangos lavados del lunfardo. Este proceso corre paralelo a la incursión del bolero que repite muchos rasgos temáticos del tango, pero con ritmo y letra que proviene en parte de un gastado modernismo ('midcult'). Significativamente, Mabel y Nené prefieren el bolero al tango, al considerar que el primero tiene más prestigio. La diferencia entre ambos tipos de canciones aparece tematizada en la novela[46] cuando Nené escucha alternados un tango y un bolero:

> El tango narra la desventura de un hombre que bajo la lluvia invernal recuerda la noche calurosa de luna en que conoció a su amada y la subsiguiente noche de lluvia en que la perdió, expresando su miedo de que al día siguiente salga el sol y ni siquiera así vuelva ella a su lado, posible indicio de su muerte [...]. A continuación, el bolero describe la separación de una pareja a pesar de lo mucho que se aman, separación determinada por razones secretas de él: no puede confesarle a ella el motivo y pide que le crea que volverá si las circunstancias se lo permiten, como el barco pesquero vuelve a su rada si las tormentas del mar Caribe no lo aniquilan (15-16).

La aplastante mayoría blanca siempre ha llevado a los argentinos a creerse europeos y a comportarse como si lo fueran. Esta 'helenización' de la geografía argentina, promovida por Rivadavia, Sarmiento y tantos otros, orienta los deseos de los protagonistas de *Boquitas pintadas*. En los años treinta y cuarenta, la cultura argentina basa su sistema de preferencias en la distinción blanco/negro, y refiere a ella todos sus juicios de valor, desde el ansia sexual hasta los proyectos políticos y literarios. Esta asociación del tema del color con el estatuto socio-económico permite entender por qué todos los personajes de la novela desean ascender en la jerarquía social:

> En suma, es común a todos los personajes principales que los anime el deseo de **blanquearse**, mediante las relaciones raciales, la adquisición de bienes o de fortuna, el éxodo a la capital, el uso de cosméticos, la ropa cara, la capacidad para juzgar calidades, el matrimonio con alguien importante. Si estas cosas **blanquean**, obviamente perderlas **ennegrece**. Es curioso que ni las virtudes ni los talentos entren en la cuenta de medios de blanqueo, incluso a menudo, los proyectos de 'mejora' de los personajes incluyen gravísimas transgresiones morales (Guzmán 1984: 169, énfasis del autor).

Los protagonistas de *Boquitas pintadas* clasifican a sus compatriotas en dos categorías: los 'blancos' por una parte, y los 'no blancos' (negros, criollos, indios) por otra. Lo 'no blanco' coincide sistemáticamente con lo primitivo y lo salvaje (Juan Carlos a propósito de Pancho: "Fuimos muy amigos aunque en un tiempo no era más que un **negro rotoso**" (179, énfasis añadido), o Pancho sobre la Raba: "No sabe ni dar un beso, tiene un poco de bigote, **patas negras, cara negra**" (101, énfasis añadido)). La jerarquización que da sentido a la posición de los personajes de *Boquitas pintadas* puede visualizarse geográficamente. El extremo inferior de la realidad argentina está en los ranchos[47] donde viven los 'negros' (representados por Pancho y Raba). El polo 'negro' se encuentra repetidamente animalizado: Pancho es comparado a un "cachorro del oso de un circo" (78), y la Raba a una gallina, la llaman 'Rabadilla' porque "cuando chica tenía el trasero prominente y en punta como la rabadilla de una gallina"(66).

Contrariamente a Pancho, Raba no parece muy afectada por el anhelo de ser blanca, aunque su color le haga sentirse inferior frente a sus antiguas compañeras de colegio (Mabel, Nené y Celina). En realidad, no está en condiciones de despreciar a nadie, excepto a su propio lado negro. En la undécima entrega, sin embargo, juzga que por fin ha llegado el momento de reconquistar a Pancho. Con este fin, estrena un vestido nuevo que le ha costado mucho trabajo. Pero cuando el encuentro se produce, Pancho se mete en una confitería para evitarla. El gesto humilla a Raba y le surgen dudas acerca del vestido. A partir de entonces, el recurso a las canciones populares[48] expresa sus sentimientos de venganza reactivados. El tango 'La cieguita' (173 y ss) le sirve ahora para elaborar una nueva situación. Raba ensueña que se ciega a sí misma y que Pancho, por piedad, se casa con ella, hipótesis que le hace temer que, aprovechando su ceguera, Pancho instale en la casa a la sirvienta blanca del Intendente Municipal ("que Pancho se aproveche de que soy ciega y trae a la otra más blanca" (175)). Esta visión, que revela el odio de Raba a sí misma en su mitad negra, desencadena un ataque de furia celosa, lleno de representaciones sangrientas, y termina por hacer brotar el plan de matar a Pancho (asociación con el cuchillazo con que cortó el ala a un pollo pelado). Cuando, en el apartado siguiente, Raba descubre que Pancho es amante de la mucho más blanca Mabel, ya no vacila en perpetrar el asesinato.

El extremo superior corresponde a París (a Mabel y a los deseos que aprende a tener leyendo 'París elegante') y a Nueva York (a las 'rubias de Nueva York' a las que alude el título y a las películas de Hollywood). Mabel sólo ve cine nacional cuando no hay otra cosa que ver (Mecha Ortiz es la única actriz argentina que 'traga' (151)). Sus actores favoritos son Robert Taylor y Tyrone Power; su mayor deseo cuando está en Buenos Aires consiste en "ver entrar sigilosamente por la puerta de su cuarto a Robert Taylor o en su defecto a Tyrone Power, con un ramo de rosas rojas en la mano y en los ojos un designio voluptuoso" (141). El mundo mítico a que Mabel 'verdaderamente' pertenece se sitúa fuera de América Latina; los escenarios de París y de Nueva York orientan sus fantasías eróticas y alimentan sus relaciones con Cecil. El caso Mabel muestra a qué grado de alienación puede conducir el sometimiento servil a una cultura importada.

La capital argentina ocupa un lugar intermedio: interesante comparada al resto del país, mediocre en relación con los auténticos centros extranjeros. Mabel y Nené se establecen en Buenos Aires. este movimiento 'natural' desde los ranchos al pueblo primero (el recorrido de Raba) y hacia la capital después refleja la jerarquización de la realidad vigente desde Sarmiento: la oposición entre pampa/barbarie y ciudad/civilización. No obstante, el destino de Nené contradice el mito de la trayectoria 'exitosa'. En su caso, el traslado a Buenos Aires no modifica sustancialmente sus paradigmas de modernidad. Contrariamente a Raba, que se conforma con el cine nacional, Nené ha renunciado en teoría a los modelos de su entorno inmediato y se ha dejado impresionar por el sistema de preferencias pro-europeas y pro-estadounidenses de Mabel. Al principio, Buenos Aires la deslumbra: el cine Ópera[49] le parece el colmo de la elegancia (150), pero el entusiasmo se le va enfriando. A los diez años de afincarse en la capital, Nené todavía no ha asumido el cambio de cultura y no ha dado el paso del cine regional al extranjero. El bolero sigue siendo su fuente preferida de modelos. No se atreve a admitir que no conoce ningún club nocturno, que nunca ha subido a un avión (198); le duelen su ignorancia en materia de películas, actores, radionovelas, moda y el hecho de ir siempre a la zaga de Mabel. Al final de la novela, todas las fuentes que Nené cita en el monólogo interior de la decimoquinta entrega (canciones populares, catecismo, publicidad) tienen un fuerte componente regional y sirven para entender la propia vida, para solucionar imaginariamente los problemas afectivos insolubles por otras vías.

Las categorías raciales en las que se sustenta *Boquitas pintadas* resultan ser móviles y difusas. Manuel Puig insinúa que se trata de prejuicios connotativos y arbitrarios que han sido disfrazados de 'necesarios' y elevados al rango de realidades denotativas. El caso es que ni siquiera hay 'negros' en la Argentina de aquellos años y que, por tanto, la diferencia entre lo 'negro', lo 'criollo' y lo 'indio' sólo puede ser de tipo subjetivo. Lo mismo vale para los grados de blancura que se distinguen en la novela: un anglosajón como Cecil es considerado más blanco que un español. Si la blancura de los personajes fuera un asunto meramente físico, se dejaría determinar con facilidad. En la práctica, observamos que no se aplica mecánicamente y que funciona también (y sobre todo) como señal de riqueza y de cultura. El criterio que rige la escala étnica es un criterio relativo y comparativo; de ahí que ponga en marcha tantas maniobras miméticas y que, al interior de la categoría 'blanca' se produzcan oposiciones incompatibles: Mabel es guapa (tiene el rostro de "óvalo perfecto", el pelo corto y ondulado) y rica pero "morocha" (77); Nené rubia (tiene el pelo suave y de "sorprendentes bucles naturales", las piernas blancas, la piel lustrosa, los ojos celestes, la boca rosada) pero poco educada. Ante este dilema, los personajes masculinos reaccionan de manera diferente. Pancho, obsesionado por el ideal de blancura - no para de pensar en "las piernas blancas de Nené, los muslos oscuros de las muchachas de La Criolla, en el pubis negro de Mabel, en el trasero oscuro de Rabadilla, en el pubis sin vello y blanco de Nené" (79) - prefiere a la angelical Nené, aunque termina acostándose con Mabel, mientras que a Juan Carlos, más inclinado a blanquearse a través del dinero - espera obtener la administración de las estancias del futuro marido de Mabel - se siente más atraído por Mabel.

    La situación de Pancho es la más representativa del racismo imperante en la Argentina de entonces. En este personaje, la división blanco/negro provoca un estado de esquizofrenia, una fascinación girardiana hacia lo que no es, un deseo vehemente del color blanco y de los atributos blancos que no posee y un colaboracionismo que le lleva a despreciar a su propia madre india, a repudiar a la Raba y a seducir a Mabel. Cuando finalmente logra acostarse con ella, Pancho es muy consciente de la transgresión que comete y del contraste racial que hay entre ellos, como lo prueba el monólogo interior que acompaña la escena: "Mi cabeza **negra** en la almohada **blanca**" (177, énfasis añadido); "¿La carne **negra** de criollo le **tiznó** las sábanas bordadas? Le **tizna** la boca y las orejas y todo el cuerpo desde las doce de la noche hasta las tres, las cuatro de la mañana" (178, énfasis añadido). El comportamiento de Pancho es claramente masoquista. El chico tiene la impresión de que Mabel se desvaloriza moralmente al entregarse a un negro como él. Para Mabel, Juan Carlos, un hijo de inmigrantes venidos a menos, y Pancho no son más que instrumentos con los que sacia sus exigentes necesidades sexuales. La actitud de Mabel es sumamente ambigua. Por una parte, pretende que Juan Carlos y Pancho son 'hombres de verdad' y sexualmente los prefiere a su letárgico novio Cecil, que sólo se apasiona por el ganado y por la historia de Inglaterra. Simultáneamente, condena a Pancho por ser un "negro barato" al que le "brillan los ojos, el cuello y las orejas, que se lava para blanquearse" (163) y se deja prometer al inglés porque encaja en su proyecto de mejora social. Cabe concluir que esta oposición étnica en torno a lo blanco y negro escinde a los argentinos en dos mitades que se aman y se odian, se aprecian y desprecian al mismo tiempo.

La desconstrucción de mayor alcance de la 'mitología blanca' se efectúa en dos episodios que conciernen a Juan Carlos. El primero se encuentra en la tercera entrega y consiste en la descripción del álbum de fotografías del donjuan (37-41):

> Las tapas están tapizadas con cuero de vaca color negro y blanco. Las páginas son de papel de pergamino. La primera carilla tiene una inscripción hecha en tinta: JUAN CARLOS ETCHEPARE, 1934; la segunda carilla está en blanco y la tercera está ocupada por letras rústicas impresas entrelazadas con lanzas, boleadoras, espuelas y cinturones gauchos, formando las palabras MI PATRIA Y YO (37).

Guzmán comenta que precisamente en la década del treinta, la fotografía era un medio de comunicación que blanqueaba y que, por tanto, gozaba del prestigio que en Argentina siempre ha caracterizado a los objetos importados. Según Guzmán, irrumpió con fuerza mágica en dos de las áreas más activas de la vida en la región: la erótica (conseguir una foto de la amante) y la vida familiar (bautismo, comunión, cumpleaños, bodas) (Guzmán 1984: 151-156)[50].

Las fotos pertenecen a diferentes momentos de las décadas del veinte y del treinta. Representan a los abuelos de Juan Carlos, a sus padres, a su hermana, a su amigo Pancho y a las protagonistas de *Boquitas pintadas* que tuvieron relaciones eróticas con él antes de casarse. Llama la atención el convencionalismo de los rótulos y de la periodificación del álbum, que trae impresas las leyendas populares que se suponen aplicables a la vida de los propietarios y que clasifican la colección en las secciones siguientes: "Aquí nací, pampa linda..."; "Mis venerados tatas"; "Crece la yerba mala"; "A la escuela, como Sarmieno"; "Cristianos sí, bárbaros no"; "Mi primera rastra de hombre"; "Noviando con las chinitas"; "No hay primera sin segunda"; "Sirviendo a mi bandera"; "Compromiso del gaucho a su china"; "Los confites del casorio"; "Mis cachorros" (37). Esta lista refleja una concepción muy determinada de la vida argentina de clase media. Es significativo que no haya, por ejemplo, entrada para las fotografías de la educación superior. Como advierte Guzmán, el álbum de Juan Carlos "contiene los períodos que se entendían esenciales en la existencia de un hombre de clase media baja o popular en la década del treinta" (1984: 153). Al coordinar la historia personal de Juan Carlos con la ideología argentina, la escena propone una interpretación ocultante de esta vida. Por su colocación en la novela (tercer capítulo), la descripción del álbum, si bien despierta sospechas en el lector, no parece totalmente contraria a la verdad. A estas alturas, sabemos poco de Juan Carlos, sólo que ha muerto y que una mujer declara seguir enamorada de él. Pero paulatinamente, el lector se va dando cuenta de que los períodos del álbum no coinciden en absoluto con la vida real del personaje, que carece de vínculos con el elemento nacional e histórico del que pretende ser portador, y ni siquiera con la imagen que el personaje ha forjado de sí mismo. De alguna manera, Juan Carlos nota la incongruencia entre el álbum y su propio caso, ya que ha cubierto deliberadamente las tres últimas inscripciones ("compromiso del gaucho a su chinita"; "los confites del casorio" y "mis cachorros") con fotografías grandes que tapan por completo las leyendas, seguramente porque intuye que morirá sin compromiso y sin descendencia.

El álbum de Juan Carlos debe interpretarse como un artificio retórico, un cóctel de mitemas nacionales, un cruce entre los ideales sarmientinos ("A la escuela, como Sarmiento", "Cristianos sí, bárbaros no") y la recuperación del tópico gaucho por el peronismo: el sueño helénico y el sueño de Evita acaban por tenderse la mano y reconocerse como figuras especulares. Las periodificaciones y valorizaciones que el álbum impone no se ajustan con ninguno de los dos protagonistas varones de la novela, que sólo se interesan por el dinero y las mujeres. El único factor que vincula a Pancho con las estructuras de su país es el deseo de ser policía y de darse una vuelta por las calles principales de Vallejos con su flamante uniforme de suboficial (141-142). En cuanto a Juan Carlos, de sus relaciones con las ideas de escolaridad de Sarmiento, dan noticia los múltiples errores de ortografía que comete y la pobreza intelectual, moral y política del personaje.

El caso de Juan Carlos pone en tela de juicio ambos 'sueños argentinos'. En la octava entrega - segundo episodio crucial, que se desarrolla en el sanatorio de Cosquín (120-122) - se nos muestra que el registro 'alto' también tiene sus consignas estériles y enajenantes si se limita a aplicar literalmente los modelos transmitidos, en este caso clásicos. Cuando Juan Carlos solicita que el profesor tuberculoso, antiguo profesor de griego y latín que le suele corregir los errores de ortografía, le ayude a redactar una carta de amor, éste propone enseguida

> [...] componer una carta parangonando la muchacha al Leteo, y le explica detalladamente que se trata de un río mitológico situado a la salida del Purgatorio donde las almas purificadas se bañan para borrar los malos recuerdos antes de emprender el vuelo al Paraíso (120).

Según los criterios del profesor, una carta 'bien escrita' equivale a una carta florida, llena de referencias literarias anacrónicas fuera del alcance de Juan Carlos (que la rechaza) y de la chica a la que va destinada. Aunque es obvio que la alusión del profesor refiere a un ámbito mucho más refinado que el de los visones y las joyas de Mabel - la imagen del Leteo es una cita de la *Divina Commedia*, canto XXXI del Purgatorio (Guzmán 1984: 198) - cabe sostener que, en el sistema de *Boquitas pintadas*, la erudición fuera de lugar del profesor tiene un funcionamiento estructuralmente equivalente a la mentira romántica de Mabel y de Nené.

Mediante el personaje del profesor, Puig no sólo parodia la prosa ampulosa que caracteriza a ciertos escritores argentinos[51], sino que se dirige una autocrítica. Indica que el procedimiento del que se vale el profesor para mostrar su mundo no difiere sustancialmente de los procedimientos utilizados por sus personajes. Tanto ellos como el profesor y el autor de la novela que leemos recurren a modelos: los del autor son librescos, mientras que los personajes privilegian los medios de masas para sus empresas de comprensión de la realidad.

3.3.2.2. El estatuto del narrador en *Boquitas pintadas*

En *Boquitas pintadas*, Manuel Puig reduce la narración al mínimo para poner en evidencia el modo de hablar de los personajes. Su narrador extradiegético no se ocupa de colocar los datos en el orden que habitualmente encontramos en las novelas. Delega en el lector la tarea de interpretar ciertos indicios y de ir atando cabos: la 'letra clara' a la que Nené reacciona sorprendida porque recuerda que la madre de Juan Carlos tenía mal pulso; la hora en que Nené se despide de Juan Carlos y aquella a la que éste regresa a su casa; los preparativos de Mabel, que arregla su cuarto a medianoche para recibir a su amante de turno...

Aparentemente, pues, el narrador nos proporciona elementos yuxtapuestos sin que los elabore. Se atiene a una focalización externa, ceñida a los objetos. Conocemos las huellas que han dejado las vidas de los personajes antes de conocerlos a ellos mismos. Las piezas clave de la historia se presentan, por ejemplo, mediante las imágenes de un álbum de fotografías, verdadera colección de huellas vitales.

Un examen más detenido revela, sin embargo, una inesperada analogía entre la estructura de la narración y la del mundo narrado, que choca con la primera impresión de desajuste e incongruencia. Puig destruye la supuesta neutralidad al tiempo que la construye; se sirve de ella para ahuecarla mejor. Cita a sus personajes, y al citarlos, nos muestra su convicción de encarnar el orden espontáneo de la sociedad argentina (denotación). Esta forma de exhibir un sistema de representación considerado 'evidente' hace resaltar, automáticamente, las connotaciones ideológicas inherente a ese 'orden' y las formas en que este privilegio referencial resulta usurpado. Así, Puig da cuenta de una de las funciones de la cultura popular - aunque no exclusiva de ella - que es la de naturalizar las ideas dominantes, de deshistorificar sus condicionantes y de eliminar los elementos conflictivos al reducirlos a diferencias personales.

Las dudas se instalan desde el principio, mayormente a partir de la tercera entrega. El procedimiento del álbum le permite a Puig imitar paródicamente la 'mímesis fotográfica[52]', esa mímesis que, al ofrecer una descripción minuciosa, debería, en principio, anular el tiempo y la distancia. En la práctica, se observa que el proyecto realista aparece pervertido y que no tenemos acceso al álbum: lo vemos a través de un narrador que lo hojea y que nos lo presenta, o mejor dicho, que nos lo lee, ya que las fotografías están descritas en palabras. Más adelante, nos enteramos de que los personajes retratados profanan constantemente códigos que fingen haber adoptado, que no corresponden a los clichés del álbum y menos a los lugares comunes de la historia argentina: el desvío de Juan Carlos marca un desvío considerable con respecto a las pautas del grandilocuente 'kitsch patriótico' contenido en las fórmulas impresas del álbum.

Hay, esparcidos por la novela, numerosos detalles que indican la participación del narrador extradiegético en el mundo narrado.

La idea errónea del 'vacío autorial' se desecha en varios capítulos. Podríamos multiplicar los ejemplos, pero sólo nos detendremos en dos: en las romerías populares celebradas en el Prado Gallego donde Pancho seduce a la Raba (sexta entrega, 98-103), y las transgresiones presentes en la decimotercera entrega en la que Mabel y Nené escuchan juntas la radionovela 'El capitán herido' (195-213).

En la sexta entrega, la crispación de la tercera persona es tal que constituye una infracción al código objetivo. Se manifiesta en el grado en que el narrador extradiegético ostenta su presencia, principalmente a través del uso de ciertos títulos anunciadores ("Hora de apertura", "Dama más admirada en el curso de la velada", etc.) y mediante las comparaciones personales del narrador entre el destino de las flores y de los insectos (103) con la desfloración de la Raba. Al exasperar la intermediación, el narrador abre una brecha en la ilusión de impasibilidad anteriormente creada.

En la decimotercera entrega, va todavía más lejos y lleva a cabo una curiosa contaminación discursiva entre dos tipos de narradores: el narrador extradiegético (que en principio se limita en esta novela a citar en un registro telegráfico) y el (o mejor dicho: uno de los) narrador(es) intradiegético(s): el locutor de la radionovela 'El capitán herido' (un narrador sentimental). Este episodio, considerado generalmente el punto culminante de la enajenación de los personajes, demuestra que, en el fondo, *Boquitas pintadas* dispone de una sola modalidad narrativa, la folletinesca, que suspende la omnisciencia enfática cuando el autor lo juzga oportuno (Guzmán 1984: 147-148). Este segundo estilo narrativo, propio del relator de la radionovela en el que se metamorfosea el primero, afecta también a los personajes Nené y Mabel. Ya al evocar la llegada de Mabel al edificio de pisos donde vive Nené, el narrador recurre a unos giros ampulosos que hacen pensar en el melodramatismo y en la simbología del radioteatro:

> Era una tarde de otoño. En esa calle de Buenos Aires, los árboles crecían inclinados. ¿Por qué? Altas casas de departamentos de ambos

lados de la acera ocultaban los rayos del sol, y las ramas se tendían oblicuas, como suplicando, hacia el centro de la calzada... buscando la luz. Mabel iba a tomar el té a casa de una amiga, elevó su mirada a las copas añosas, vio que los troncos fuertes se inclinaban, se humillaban. Tal vez un vago presagio asió su garganta con guante de seda (195).

Por su forma de contar, este narrador pone de manifiesto las obsesiones de las dos chicas de Vallejos: el sexo para Mabel (los árboles inclinados) y, más adelante, la virginidad perdida de Nené (metaforizada en el mantel agujereado, 212). Insiste sobre todo en la obsesión de Mabel, a quien los árboles dan a entender lo que ella misma teme. Cuando se termina la visita, el narrador acompaña a Mabel hasta la calle y observa que ella recuerda a Juan Carlos mientras camina, y que resiste a la tentación de coger un tren rumbo a Córdoba donde reside su antiguo amante. Los árboles inclinados tanto por el día como por la noche molestan a Mabel ("¡Qué inútil humillación, era de noche, no había sol ¿por qué inclinarse? ¿habían olvidado esos árboles toda dignidad y amor propio?" (212)) porque remiten a su insaciable apetito sexual, que la hizo entregarse a Juan Carlos y a Pancho. Ahora aparece claramente que el narrador extradiegético nos ha engañado y que, bajo sus ropajes de narrador denotativo, se esconde un narrador connotativo. En el capítulo trece, todos (narrador extradiegético, Mabel, Nené, locutor de radio) hablan de una manera que creen refinada, todos comparten el mismo sistema axiológico de preferencias y de aversiones. Para Mabel y Nené, el amor ha sido o debería ser el centro de la vida humana (197-198). Marie, la protagonista de 'El capitán herido', una mujer casada que, en la primera guerra, cuida clandestinamente las heridas de un soldado francés (Pierre) del que finalmente se enamora, piensa del mismo modo (203-204). La homogeneidad de los discursos sugiere que la vida de las dos mujeres de Vallejos es entendida - por ellas mismas y por el narrador extradiegético - como una radionovela. Por si no bastara el paralelismo, la entrega termina con un extraño discurso personal del narrador supuestamente impersonal. En realidad, cuesta saber desde qué punto de vista está hecho, ya que fusiona a las tres instancias implicadas y consiste en una reflexión que engloba en un sólo párrafo a las tres mujeres: Marie, Mabel y Nené: "Arboles que se inclinan por el día y por la noche, preciosos lienzos bordados que una pequeña chispa de cigarrillo logra destruir, campesinos que se enamoran un día en bosques de Francia y se enamoran de quien no deben. Destinos..." (213). El que Marie se asocie al mismo conjunto es la señal más obvia de que, en realidad, el narrador folletinesco

> [...] se ocultó continuamente tras la transparencia de su propio discurso, que pretendía negar su origen junto con la responsabilidad por su sentido, y que querría hacer entender el ordenamiento del mundo que nos contaba como si perteneciera a la espontaneidad de las cosas [...] (Guzmán 1984: 151).

Pero lo que Guzmán no menciona es que la triple igualación se produce cuando Mabel ya se ha despedido de la retórica folletinesca - lo prueba su contestación desmitificada a una observación de Nené ("Mirá, Nené, yo creo que todo está escrito, soy fatalista, te podés romper la cabeza pensando y planeando cosas y después todo te sale al revés" (207)), contestación que contrasta con las frases exaltadas pronunciadas a propósito de Marie ("Así como en los campos de Francia se libraba una batalla, también en el corazón de Marie pugnaban dos fuerzas contrarias [...]"(203)) - y cuando Nené está a punto de perder sus últimas ilusiones (ocurre en la decimoquinta entrega). Dicho de otro modo: la triple igualación se produce cuando los personajes femeninos de *Boquitas pintadas* se han transformado o llevan camino de transformarse de objetos pasivos de lugares comunes estereotipados en sujetos activos que participan en la construcción de sus propias vidas a partir de las ficciones que las rodean. La colocación estratégica de la decimotercera entrega es un acierto de Puig, ya que impide que la identificación de los dos tipos de narrador sea completa: ya han dejado de coincidir cuando, de hecho, coinciden en el espacio de la novela.

El narrador de *Boquitas pintadas* es, como el propio Puig, un mestizo cultural. Más sutil que algunos de sus críticos (Safir 1975, Solotorevsky 1988), no se conforma con invertir las jerarquías establecidas. La entrega decimotercera de la novela observa los estereotipos en su dimensión ideológica como generadores de una economía de la repetición orientada hacia la producción. Puig postula la inseparabilidad de denotación y connotación. Sabe que no hay grado cero ni lenguaje hipoconnotado. Por eso, renuncia a la mitoclasia y explota la ambigüedad de su propia posición en el panorama argentino. Su práctica de la apropiación cultural se contrapone a una visión dual y opta por un modelo según el cual la formación de una identidad nacional no es asunto de autenticidad sino de articulación, modelo que

> [...] niega la existencia de un núcleo cultural endógeno incontaminado, rechaza el mito del purismo cultural y los esencialismos de cualquier tipo, puesto que lo latinoamericano no sería algo hecho o acabado, sino algo que estaría constantemente haciéndose, y que por lo tanto no podría ser comprendido a partir de aproximaciones conceptuales o precategoriales [...]. Tras el enfoque de la apropiación subyace la visión de una cultura ecuménica, abierta y no endogámica... (Subercasseaux en Yúdice 1991: 74).

3.4. Conclusión

No les falta razón a quienes, como Yúdice o García Canclini, afirman que los países latinoamericanos son actualmente el resultado del entrecruzamiento de tradiciones indígenas (sobre todo en las áreas mesoamericana y andina), del hispanismo colonial católico y de las acciones políticas, educativas y comunicacionales modernas. Sin embargo, la hibridez tal como García Canclini la define es un concepto tan amplio que puede ser aplicado al conjunto de las culturas posmodernas sin que por eso se llegue a entender qué lógica las sustenta realmente. Según Castillo Durante, la caracterización de García Canclini se puede extender a todas las sociedades de consumo en Occidente:

> En Canadá, por ejemplo, una de las sociedades occidentales con más alto nivel de vida, se puede constatar que mucha gente tanto de cultura anglófona como francófona pasa sus veranos en exclusivas playas del Caribe, posee artesanías indígenas en sus casas, escucha música andina, come comidas libanesas, tiene bibliotecas con libros en varias lenguas, añade a las antenas parabólicas la computadora doméstica y el teléfono celular [...] (1995: 84).

Para ser comprendido en su especificidad latinoamericana, lo híbrido exige al menos revelar la lógica interna que la articula. Castillo Durante postula que la condición de posibilidad de las culturas latinoamericanas reside en el hecho de constituirse en lo que llama 'vertederos reciclantes' de los mercados hegemónicos.

'Hibridez', 'mestizaje', 'reciclaje', 'transculturación' (entendida no en el sentido original que le dio Fernando Ortiz, quien acuñó el término desde un explícito nacionalismo cultural, ni tampoco según la elaboración posterior más bien dialéctica de Angel Rama, sino en la definición de Abril Trigo (1995: 184-185): "la transculturación regula procesos en los que grupos sociales antagónicos entran en nuevos fenómenos hegemónicos intrínsecamente inestables y relacionales, preservando sus matrices culturales") - son todas metáforas que rechazan las taxonomías tradicional/moderno, rural/urbano, popular/culto, periférico/céntrico ... y las sustituyen por desplazamientos continuos, suplementos y resistencias en ese tercer espacio que es "less than one and double" (Abril Trigo 1995: 184-185).

Aun reorientadas, todas las globalizaciones son abusivas. Existe el peligro de que, también en América Latina, la posmodernidad termine por constituir la implosión de la dimensión sociopolítica y sufra las repercusiones que semejante fenómeno tendría para el arte, ya que hoy en día se ha vuelto imposible aceptar una premisa según la cual el ámbito de lo estético sea considerado intrínsecamente libre y desinteresado. La función del arte como entidad mediatizada y mediatizadora del poder (véase nuestro análisis de *BAA*) es reconocida abiertamente por grupos que atraviesan todo el espectro político.

A algunos, los planteamientos posmodernos parecen hasta perversos. García Canclini se pregunta cómo se puede salir de la modernidad sin haber entrado en ella. Por otra parte, Julio Ramos (1989: 81) ha avanzado la hipótesis de que precisamente ese 'desencuentro con la modernidad', o sea, el carácter poco sistemático y desigual de esa modernidad tal como se ha desarrollado en el Cono Sur haya garantizado una transición relativamente fluida entre lo premoderno y lo posmoderno, transición llevada a cabo mediante la introducción de materiales desublimados en el espacio moderno y dirigida a disolver la oposición a la vida en que se fundaba dicha modernidad.

En los años sesenta, los escritores del mal llamado 'boom' pensaron que podían lograr no sólo culturas nacionales, sino, aún más importante, una cultura continental global a la par con la europea o la estadounidense. Sin embargo, en vez de tolerar las tradiciones indígenas y populares como sus fundamentos, buscaron crear un nuevo lenguaje estético y, en consonancia, una nueva hegemonía (Yúdice 1991: 77). En un perspicaz artículo, Idelber Avelar (1993) ha desconstruido los textos autolegitimadores del 'boom'. Por nuestra parte, creemos haber demostrado que Fuentes se equivoca cuando, en *La nueva novela hispanoamericana* habla del pasaje de Sarmiento a Gallegos como de un "tránsito del simplismo épico a la complejidad dialéctica, de la seguridad de las respuestas a la impugnación de las preguntas" (1969: 13), afirmando así que la narrativa a la que él mismo pertenece es la narrativa del progreso, del desarrollo y del crecimiento histórico. Si bien los argumentos de Fuentes sugieren la superación de la antigua polaridad civilización/barbarie, si el impulso del argumento es demostrar que se trata de una falsa oposición, es curioso "el hecho de que la 'superación' de la dicotomía se plantee como eliminación de uno de los términos." (Avelar 1993: 195-196).

En realidad, esa estrategia discursiva de algunos portavoces del 'boom' que consiste en equiparar lo rural con lo primitivo no impide que varias de las novelas elogiadas por los críticos de ese mismo 'boom' como paradigmas de la 'nueva narrativa' sean, precisamente, novelas rurales. A pesar de las múltiples coincidencias de fondo y de forma entre 'boom' y 'posboom', consideramos esa forma que tiene la nueva narrativa de autoproclamarse el gran salto cualitativo de la literatura latinoamericana un reflejo típicamente modernista, como si en lo imaginario de los nuevos novelistas se hubieran borrado unas cuantas etapas: "Lo urbano deviene signo de lo universal, asociar la narrativa rural con el pasado nos hace creer que este pasado se ha muerto, que ahora pertenecemos todos a la aldea global de las metrópolis y que ya no hay distinción entre europeos y latinoamericanos" (Avelar 1995: 196). 'Universalidad' equivale aquí a 'integración en la tradición literaria occidental', a pretender haber rebasado el subdesarrollo. Sobre los autores del 'boom' pesa la presión del doble vínculo: la independencia de su literatura genera el imperativo de la originalidad (diferenciarse de Europa) que, según Rama (1980: 11-20), no existe, a su vez, sin una representatividad, es decir, la constitución de una hegemonía a través de la cual la literatura de un grupo social y racial adquiere la condición de canon literario. Siempre se es original para alguien, e invariablemente ese 'alguien' es el sujeto europeo. Doris Sommer ha estudiado la forma en que la mayoría de los escritores pertenecientes al 'boom' ha resuelto esa tensión con respecto a la historia literaria de su subcontinente:

> My readerly paradox, taking denial as a symptom of unresolved dependence, would not only send me back to the foundational fictions that the Boom was resisting, but also to an entire tradition of resistances. The paradox borders on a typical irony of writing (in) America, where successive generations may deny literary resemblances to the point that denial itself constitutes a resemblance. If the new novelists imagened themselves suddenly born into full maturity, other American writers had imagined the same [...]. Borges, the American writer, is evidently amused but also fascinated by a tradition written in erasure of the past (1991: 3-4).

Manuel Puig ha sido uno de los primeros en enfocar todas las facetas del espectro mimético y en llevar a su lector a emprender una suerte de viaje circular, a transitar de lo argentino a lo europeo[53] y viceversa, reconociendo que ambas culturas son diferentes y que deben seguir siéndolo, y admitiendo, al mismo tiempo, que los límites entre ellas son imposibles de determinar. Nos ha entregado una microcultura argentina inédita dentro de la narrativa de su país. Sus personajes no son los gauchos de Ricardo Güiraldes ni los atormentados ciudadanos de Roberto Arlt - autores que establecieron en 1926 los dos tipos de novela que han seguido prevaleciendo - la rural y la urbana - de los que *Don Segundo Sombra* y *El juguete rabioso* son los respectivos ejemplos prototípicos. En capítulos anteriores, hemos indicado brevemente lo que diferencia a Puig de Borges y de Cortázar y lo que, por otra parte, le mantiene unido a estos dos gigantes de la literatura argentina contemporánea.

Por fin, se empiezan a cuestionar los mecanismos de autocolonización que han surgido de la problemática relación de doble vínculo que el sujeto colonizado mantiene, por un lado, con el Primer Mundo y las posibilidades de realización personal que éste ofrece, y por otro, con las tradiciones e intereses locales. Este sujeto poscolonial es ahora capaz de ver en su propia ceguera el principal auxiliar de los dispositivos de dependencia. En el ámbito literario, Manuel Puig ha abierto una característica 'tercera vía' que ha contribuido poderosamente a diseñar una dinámica mimética de contrapunto que está lejos de haber dado sus últimos frutos.

NOTAS

[1] Las citas de este capítulo remiten a *Boquitas pintadas*, Barcelona, Seix Barral (Manuel Puig 1986). Todas las citas se indicarán con un número de página entre paréntesis.
La primera edición, ligeramente diferente en cuanto a los epígrafes, se publicó en Buenos Aires (Editorial Sudamericana). Iba a salir a la calle como folletín en una revista pero la intención de Puig no prosperó (Páez 1995: 18). Con todo, esto no justifica que se haya suprimido el subtítulo original de 'folletín' en ediciones posteriores. Como veremos más adelante, *Boquitas pintadas* es un intento de rescatar algunas características del folletín: la novela ha sido construida expresamente como parodia de este subgénero literario.

[2] Los argentinos asocian las letras de Alfredo le Pera con la voz del legendario Carlos Gardel. Versos aislados tomados de los tangos más populares han adquirido un valor connotativo comparable al de los refranes, porque se sobreentiende que el interlocutor conoce el resto del tema. La especificidad del perfume que desprenden es tal que en la mayoría de las traducciones de *Boquitas pintadas*, el título y los epígrafes han sido modificados (*Heartbreak Tango, Le plus beau tango du monde, De laatste tango*; véase Levine (1998 § XIII)). Alicia Borinsky explica por qué es tan sui géneris el tándem le Pera/Gardel: "Y ese tango es opuesto al realismo y al 'sentimiento'. Sus juegos verbales, su cursilería marcan la conciencia de su propia exageración. La voz irónica de Gardel con su relación siempre oblicua con respecto a lo contado agrega un nivel en el cual el tango se contempla a sí mismo, contemplando, así, la artificiosidad de las letras de le Pera." (1975: 41).

[3] En la novela, el personaje de Mabel es asociado a una muñeca de tamaño natural, comparable a las muñecas que ocupan la repisa de su dormitorio (177-178) y que connotan blancura, riqueza y mimo.

[4] En 3.3.2.1. nos detendremos largamente en la importancia del eje blanco/negro para una buena comprensión de la novela.

[5] Salvo un epígrafe (en nuestra edición) de Luis Rubinstein, uno de Homero Manzi y un bolero de Agustín Lara. La mayoría de los epígrafes son citas de tangos que pertenecen a la película 'El día que me quieras' en la que Gardel interpreta el papel de un tanguero cuya joven esposa muere de tuberculosis (enfermedad romántica por excelencia y tema que ofrece una analogía llamativa con el de *Boquitas pintadas*).

[6] Una noche de invierno de 1939, la Raba, criada de la familia Sáenz, descubre la presencia de Pancho en el dormitorio de Mabel, la hija de los Sáenz, y lo mata a cuchillazos. Mabel presiona a que la Raba mienta, dándole a entender que,

encarcelada, no podría ver a su hijo. Raba le hace caso. Ante el tribunal, declara que Pancho quiso violarla y que ella actuó en legítima defensa. Nadie en Coronel Vallejos se entera de la verdad salvo el cura al que Mabel se confiesa.

[7] Celina pretende que Nené habría retenido a Juan Carlos en el umbral de su casa hasta altas horas, pero en realidad, Nené fue un mero pasatiempo que entretenía al chico hasta la hora de la cita con Mabel.

[8] El subrayado es una operación idéntica al de las cartas de *Les liaisons dangereuses* en *Maldición* (Páez 1995: 45).

[9] Contrariamente a los personajes masculinos que consideran el amor una mera etapa de transición rápidamente abandonada en beneficio del acto sexual y que aspiran a multiplicar sus experiencias eróticas, cayendo fácilmente en el donjuanismo del que *Boquitas pintadas* ofrece una radiografía.

[10] Cuando Nené está en Coronel Vallejos, quiere trasladarse a Buenos Aires ("Pero Mabel ¿qué me dio Vallejos? nada más que desilusiones" (150)); una vez allí, evoca con nostalgia el pueblo donde ha pasado su juventud: "¡Qué distinto era Vallejos! A la tarde venía alguna amiga, charlábamos, escuchábamos la novela, [...] pero acá ¿qué gané con venirme a Buenos Aires?" (30).

[11] Nené asocia a su novio con el mundo de los boleros. Juan Carlos despierta en ella las siguientes comparaciones: sus ojos le hacen pensar en "lujosos jarros de miel" sus pestañas espesas y arqueadas en "alas de cóndor desplegadas", los dientes en "casas de la antigüedad vistas en libros de texto, con balaustradas blancas y columnatas sombreadas altas y elegantes" etc. (60-61).

[12] En Mabel, la mentira romántica funciona de otra manera: sirve para tranquilizarla y la ayuda a vencer los pocos escrúpulos que le quedan. Como su novio oficial Cecil la aburre, Mabel lee un artículo sobre el lenguaje del perfume (75), colecciones de pieles y atavíos de gala (76), la armonización de pieles y joyas (76)... y devora películas norteamericanas que vehiculan contenidos de dudosa moralidad (73). Al identificarse con las escenas cinematográficas, Mabel se limpia la conciencia: a la luz de los argumentos de las comedias lujosas, su relación clandestina con Juan Carlos primero y con Pancho después - cuando está públicamente de novia con Cecil - pierde su carácter vergonzoso.

[13] De ahí que Nené se escandalice tanto cuando Mabel deja entender que su antiguo amante se pasa la vida buscando mujeres. Nené siente "[...] que un abismo pronto se abriría a pocos pasos de allí, el vértigo la hizo tambalear."(207).

[14] Uno de los microrrelatos que reflejan especularmente el funcionamiento de la mentira romántica es la carta (¡otra carta!) que Nené envía a Mabel desde Buenos Aires y en la que reduce su luna de miel a una cuestión práctica (frigoríficos, ventiladores y tocadiscos (147)). De su marido sólo dice que es 'bueno'; en cambio comenta largamente los encantos del cine Ópera (150).

[15] "Por otro lado, la correspondencia es un género perverso: necesita de la distancia y de la ausencia para prosperar." (Ricardo Piglia 1980: 33).

[16] Como veremos en 3.4.2., los subgéneros populares no son los únicos canales de difusión de la mentira romántica. La prosa pedante de un profesor de latín da lugar a una estafa comparable. Puig rechaza la tan manida tesis de la manipulación. No denuncia tanto la influencia nociva de los productos de la cultura de masas, no los acusa de haber causado la insatisfacción de sus personajes; ésta radica en otras esferas de sus vidas. Las letras de las canciones o los folletines ofrecen un campo de evasión y alimentan un autoengaño que es quizás la única protección contra la desesperación o el cinismo, y que puede, en algunos casos, ser el comienzo de una solución.

[17] El caso de Nené es el más espectacular pero no es un caso aislado. Las trayectorias de las tres protagonistas femeninas terminan, en mayor o menor medida, por invertirse. Mabel, la 'niña bien' prisionera de un apetito sexual fuera de lo común que la ha mantenido por años en el mundo imaginario del cine y de las revistas, fracasa finalmente en su posición matrimonial que la hubiera convertido en estanciera. El final la muestra atendiendo a alumnos particulares, para poder costear los gastos médicos de su nieto paralítico.
La Raba ha seguido igual camino. De los tangos del cine nacional, cuyas imágenes la incitaron al asesinato de Pancho, ha pasado a privilegiar su vida de familia. En el último episodio aparece, ya viuda y abuela, cuando visita a su hijo Panchito, instalado en un chalet de construcción reciente.

[18] Para una identificación de los materiales que aparecen en la corriente de conciencia de Nené y las irregularidades que introduce en ellos, véase Guzmán 1984: 181 y ss.
La Raba hace lo mismo en el monólogo interior de la undécima entrega. La forma en la que la sirvienta pone a trabajar el cancionero popular también ha sido analizada en detalle por Guzmán (1984: 176 y ss). Cabe decir que, en algunas ocasiones, el fervor de la Raba por el cine nacional y por los tangos le juegan malas pasadas. Ella misma achaca la pérdida de la virginidad al tango cuando dice que se dejó seducir por un 'maldito tango': "La culpa fue de aquel maldito tango que mi galán enseñóme a bailar, y que después hundiéndome en el fango, me dio a entender que me iba a abandonar" (171-172). Pero si, por una parte, las canciones populares le perjudican en determinados momentos, esta misma fantasía gauchesca y tanguera logra sacarla de algunos apuros. En el monólogo interior de la undécima entrega, la Raba se sirve de los tangos para hacer más llevadero su injusto destino de madre soltera: "Abrumada por la tensión afectiva que le produce la imposibilidad de llegar hasta Pancho, {Raba} interrumpe el movimiento álgido y circular en que está atrapada y deja fluir la letra del tango

que le permite resolver su situación en un ensueño manejable." (Guzmán 1984: 177).

[19] Curiosamente, las convivencias duraderas apenas son enfocadas en la novela. Los maridos de Raba y de Mabel no son más que nombres propios. Durante todo el libro el marido de Nené, Massa, permanece lejos de la atención de su mujer y del lector. Sólo nos enteramos de que es aburrido. En la última entrega, cuando pasa a ocupar el primer plano, descubrimos sin embargo, que, aparte de ser mediocre, es fundamentalmente bueno ya que, después del penoso incidente del anónimo de Celina que le impresionó muchísimo, superó todo orgullo y fue a buscar a Nené en Córdoba para reunirse con ella y con sus dos hijos.

[20] Para una comparación sistemática entre *Boquitas pintadas* y el folletín, consúltense Triviños (1975), Andreu (1983) y Steimberg de Kaplan (1989).

[21] No se debe subestimar la influencia del tango en la estética de Puig: el tango "[...] betrays nostalgia for an original, uncomplicated relationship to reality [...]" pero admite "[...] that the distance between hope and fulfillment is unbridgeable"(Borinsky 1996: 423; 425-426).

[22] Puig recicla lo ya reciclado. En el fondo, las diversas modalidades de la paraliteratura se basan en unas disposiciones estéticas que se han vuelto aproblemáticas: mimetizan formas extraídas de la literatura modernista o tardorromántica (Sarlo 1985: 17). Algunas construcciones en abismo del código subrayan la elección estética de Puig, por ejemplo la siguiente: "Pancho le mostraba una pila de ladrillos rotos inservibles que se devuelven al horno para ser triturados y vueltos a cocer, Pancho le explicaba que en una construcción no se desperdiciaba nada" (62). De la misma manera, Puig pone a funcionar el mal gusto en su literatura, demuestra que se puede crear con los residuos de la cultura posindustrial.

[23] Partiendo de premisas diferentes de las de Girard, Silvert (1977) y Touraine (1989) llegan a conclusiones similares.

[24] Señala asimismo que cada sociedad desarrolla formas de mediación propias y combina las modalidades miméticas a su manera. Rusia habría pasado sin transición de las estructuras tradicionales y feudales a la sociedad más moderna sin haber conocido el interregno burgués (Girard 1985a: 45). En nuestro punto 3.2.2. retrazaremos la evolución del proceso mediador en la Argentina.

[25] Véase al respecto el demoledor ensayo de V.S. Naipaul (1980).

[26] Nuestra aproximación al problema argentino se apoya globalmente en las siguientes fuentes históricas:
Bethell (1992, 1993); Devoto (1996); Gabetta (1990); Guzmán (1984); Martínez (1990); Page (1984); Rock (1988): Rouquié (1982); Schneider (1996); Shumway (1991); Terán (1993); Silvert (1977); Tortella (1990); Touraine (1989).

[27] Un ejemplo contemporáneo del texto más famoso de la generación, el *Facundo* de Sarmiento, es *Amalia*, la épica romántica de José Mármol.

[28] El segundo período peronista de 1973 a 1976 con Cámpora primero, luego con el propio Perón, y después de su muerte en 1974, con su tercera mujer Isabel 'Isabelita' manipulada por López Rega, no fue más que una larga crisis: el peronismo estalló entre sindicalismos moderados y jóvenes montoneros partidarios de la lucha revolucionaria; se desencadenó la inflación; el gobierno partió a la deriva y fue eliminado en 1976 por el golpe de Estado que inició el Proceso. Pero de 1943 a 1976, durante más de treinta años, el peronismo - como fuerza política y sindical y a menudo puesto fuera de la ley - dominó la política nacional-popular en la Argentina.

[29] Este tipo de fascinación (mediatización interna) sólo puede florecer entre personas socialmente afines (por ejemplo clase alta/clase media). Al descender en la sociedad (hacia los 'descamisados', es decir los obreros adeptos de Perón), se encuentran grupos de ciudadanos que no pueden rivalizar directamente con la oligarquía pero que están lo bastante humillados para adoptar ciegamente a los chivos expiatorios que sus líderes ponen a su disposición. Así pueden satisfacer su rencor sobre las víctimas más deseables y más prestigiosas.

[30] Para este aspecto de nuestro estudio ha sido fundamental la aportación de Jorge Guzmán (1984: 131-207).

[31] Nos ha servido de ejemplo Philippe Hamon (1984), que ha actuado de correa de transmisión entre el inmanentismo estructural y planteamientos más recientes. Hamon reconoce que el lenguaje no sólo consiste en un léxico y una sintaxis, sino también en un conjunto de formas más complejas, tácitamente asumidas por la sociedad. Hamon ha dinamizado el concepto de 'ideología' y lo presenta como un fenómeno relacional: "[...] une idéologie peut alors être considérée comme une hiérarchie de niveaux de médiations [...] définissant des actants-sujets [...] dotés d'une compétence évaluative variable" (1984: 219); "[...] il n'y a évaluation et norme que là où il y a un sujet en relation médiatisée avec un actant" (1984: 24). Hamon prefiere hablar de 'efecto ideológico' y formula la hipótesis de que este 'efecto', en un texto concreto, "[...] passe par la construction et mise en scène stylistique d'appareils normatifs textuels incorporés à l'énoncé. Leurs modes de construction, leur fréquence d'apparition, leur densité variant certainement dans les énoncés selon des contraintes sociolinguistiques diverses, mais observables"(1984: 20).

Los casos que vamos a investigar en 3.3.2. ('nudos evaluativos' o 'encrucijadas normativas' o 'soportes ideológicos', o sea, las marcas textuales - el álbum de fotografías, la decimotercera entrega - que revelan los principales presupuestos programáticos de *Boquitas pintadas*), se sitúan en la prolongación de dos estructuras mencionadas por Hamon: las que existen entre los sujetos y los objetos (las herramientas), pero, principalmente, las que se establecen entre sujeto(s) y sujeto(s) a través de los signos (la lengua, las leyes y las normas).

[32] Los términos han sido criticados por Jouve 1986: se sabe ahora que la denotación siempre implica una clausura arbitraria de posibilidades.

[33] Duplicidad ya señalada por Barthes en *Mythologies*: "C'est que le mythe est une parole volée et rendue. Seulement la parole que l'on rapporte n'est plus tout à fait celle que l'on a dérobée: en la rapportant, on ne l'a pas exactement remise à sa place. C'est ce bref larcin, ce moment furtif d'un truquage, qui constitue l'aspect transi de la parole mythique"(1957: 233).
Barthes no ha previsto que los robos de lenguaje no son forzosamente censurables y que, en circunstancias determinadas (como los procesos de transculturación), pueden llegar a ser emancipadores y saludables.

[34] Léase, a este respecto, la interpretación metafórica de la 'sordera' de Sarmiento en Nelle 1993.

[35] Es interesante observar que Anderson maneja una terminología próxima - aunque menos cargada y más flexible - a la de René Girard. Habla de 'piracy', y describe el carácter crecientemente recíproco del movimiento mimético: no sólo desde Europa hacia América, pero igualmente al revés. Así, el concepto nacionalista surgido en América Latina se exportó más tarde a Europa: "Indeed [...] the 'nation' proved an invention on which it was impossible to secure a patent. It became available for pirating by widely different, and sometimes unexpecting hands" (1983: 66); "[...] the independence movements in the Americas became as soon as they were printed about, 'concepts', 'models', and indeed blueprints [...]. By the second decade of the nineteenth century if not earlier, a 'model' of 'the' independent national state was available for pirating" (íbidem: 78).

[36] Este culto a la escritura ha sido comentado en *La ciudad letrada* de Angel Rama (1984), estudio que motivó otras importantes investigaciones; para nuestro caso las de Julio Ramos, *Desencuentros de la modernidad en América Latina. Literatura y política en el siglo XIX* (1989) y de Santiago Colás, *Postmodernity in Latin America. The Argentine Paradigm* (1994).

[37] Cabe señalar que la actitud de los románticos rioplatenses hacia los indios se halla en los antípodas del concepto rousseauniano del 'buen salvaje'; a causa del permanente estado de guerra entre ambas comunidades, los indios constituían el real peligro presente y la imaginaria amenaza futura. Sarmiento los cosifica y animaliza: son 'bultos siniestros', 'enjambres de hienas'...
En cuanto a las representaciones occidentales de lo 'salvaje' resulta valioso el ensayo de Hayden White, 'The Forms of Wildness: Archeology of an Idea' (1978).

[38] presente en la deslumbrante anécdota del encuentro de Facundo Quiroga con el jaguar ('tigre') que Sarmiento relata en el umbral de la biografía propiamente dicha. Para un análisis de la escena, véase González Echevarría 1988.

[39] Se ha publicado una amplia bibliografía sobre Sarmiento con motivo del centenario de su muerte (1988). Las referencias a los estudios que nos han servido aparecerán en nuestro texto.

[40] Compárese con González Echevarría (1988: 385): "Es con fascinación y asco que Sarmiento se aproxima a Facundo Quiroga como alguien que sondea en los más oscuros rincones de su subconsciente. La grandeza del libro se basa en su origen antitético, en el cual autor y protagonista se abrazan como gemelos dióscuros unidos por sus diferencias correlativas."

[41] "En vano buscaremos en la producción sarmientina algún intento de restituir el original; esta problemática se descarta a favor del uso de las copias, gesto que deriva hacia el olvido lo irrepetible de la tradición en beneficio de la reproducción de formas a las que se les asigna determinados contenidos y aplicaciones" (Rodríguez Pérsico 1992: 293).

[42] "Sarmiento's doubletake here is to reduce the stature of his model and to keep him as a model at the same time. It responds to a characteristic double-bind for some national authors in Latin-America - that is, a certain reticence to sharing authority, even with the models who bestow it on their disciples and who, therefore, must be respected as legitimate" (Sommer 1991: 71).

[43] Puig reconoce ambos polos y se niega a adherir exclusivamente a uno de ellos. Rehabilita la barbarie, pero en ningún momento cae en la tentación de desolidarizarse por completo de la civilización a la que, lo desee o no, pertenecen él y su obra.

[44] Hecho que tanto en Sarmiento como en Puig determina ciertos rasgos estilísticos: las entregas se cortan para crear efectos, intentan agradar y persuadir al lector. En 3.1. hemos comentado el registro folletinesco en *Boquitas pintadas*; véase Garrels (1988) para su estudio en el *Facundo*.

[45] Compárese con el siguiente comentario de Sommer: "Happily for authorized imitators like Sarmiento, and for their Menardian readers, imitation often surpasses the model, even as it constitutes the model as such. It is, to sum up, doubly foundational: first by establishing the origin, and second by improving on it. And if this displacement tends to cast doubt on all pretension of originality, the liberating side of doubt for latecomers to writing and to history is that it leaves unresolved the question of priority between master and pupil. Sarmiento turns out to be a proto-Borgesian priest who unites the two with a Möbius ring for which inside and outside, origin and trajectory, are only illusions of perspective."(1991: 82).

[46] Según Guzmán, tango y bolero se distribuyen de la siguiente manera: "El que se modela sobre el tango se siente personaje del mundo gaucho (ya muerto, sin embargo, cuando el tango lo hizo contenido suyo), de un mundo urbano marginal donde se manifiesta la subcultura del coraje cuchillero, la violencia, la fidelidad femenina en medio de circunstancias prostibularias, la inocencia y la bondad traicionadas por el engaño. El que se modela sobre el bolero se siente habitante cosmopolita de un vago tópico romántico donde imperan la mujer y el amor"(1984: 203-204).

[47] A juzgar por la cita siguiente, ser considerado 'ranchero' es, para la clase media, uno de los peores insultos imaginables: "Nélida preguntó malhumorada si había limpiado bien la bañadera. Su madre le preguntó a su vez si la creía **una vieja sucia de rancho** [...]" (57, énfasis añadido).

[48] Las preferencias de Raba - el cine nacional y las canciones de Libertad Lamarque - confirman la observación de Guzmán según la cual "Los medios que en Latinoamérica llenan y conforman los años treinta y cuarenta son la radio y el cine. En un comienzo, sin embargo, la radio, a causa del precio de los receptores, estaba más alejado del alcance popular que el cine, que era el medio de masas más asequible al público pobre de la región" (Guzmán 1984: 174) En cuanto al cine, había una sección especial 'cine latinoamericano' (sobre todo mexicano y argentino), "películas con mucha música, diseñadas para un público de alfabetización baja o nula [...] {un cine} identificado por europeos y norteamericanos como el lugar de la cursilería, el mal gusto, la lacrimosidad vacía" (Guzmán 1984: 174).

[49] Guzmán confirma que en la época del treinta, un cine latinoamericano elegante era una institución social muy cotizada: "Eran lugares que para [...] cualquier latinoamericano tenían un especial significado. Por su decorado, su elegancia, su limpieza, se entraba en ellos como en un recinto con aura. Eran, además, particularmente importantes en la vida erótica, no sólo porque las relaciones de las parejas jóvenes solían empezar por una sacramental invitación a la función del domingo, sino porque en las salas se accedía a un nivel diferente del cotidiano. Allí, todo era silencio, alfombras, [...], aire acondicionado, juegos de luces" (Guzmán 1984:187).

[50] "Lo que hizo el fenómeno {de la fotografía} diferente entre nosotros {los latinoamericanos} fue que la disponibilidad haya provenido de una técnica importada. Esta suerte de enajenación de las imágenes más propias era parte de la fascinación de la fotografía. Incluso cuando aparecieron las películas cromáticas, era necesario enviar las imágenes, larvadas en sus rollos, a Estados Unidos, de donde regresaban, visibles por fin y metropolizadas, por el technicolor, que era la marca prodigiosa de las imágenes de Hollywood." (Guzmán 1984: 196).

[51] Se trata del fenómeno argentino del escritor como custodio del 'buen uso' de la literatura que "se calza el cuello duro" a la hora de ponerse a escribir (Cortázar), al que Borinsky (1978: 42) ha llamado "el imperialismo cultural de los intelectuales filtrado por la escuela secundaria, productor de buena y de mala literatura, de lo que se debe y no se debe leer, la mediocridad de aquellos que creen estar en contacto con la cultura y dan cátedra de estilo".

Véase también la declaración de Renzi, personaje de *Respiración artificial* de Ricardo Piglia (1980: 131), a propósito del español 'defectuoso' de Roberto Arlt: "Cualquier maestra de escuela primaria puede corregir una página de Arlt, pero nadie puede escribirla".

[52] "El rostro como último refugio hacia los seres queridos puede ser visto en la fotografía; Benjamin considera al retrato como el lugar en que el 'aura' muestra sus destellos postreros" (Castillo Durante 1995: 94).

Esta asociación lleva al crítico a pensar que el culto que algunos de los personajes de Puig experimentan por los rostros proyectados en el cine o en las publicaciones de cultura popular "nos representan a la narración como una forma de resistencia frente a la instrumentalización por parte de la técnica del arte" (1995: 94). Discrepamos de Castillo Durante cuando pretende que Puig cede a la melancolía descrita por Benjamin en su análisis del relato. El uso que Puig hace del rostro puede ser compensatorio – "El retrato en la novela revela así una dimensión epistemológica: lo que el texto sabe de lo social queda encapsulado en la lenta y pormenorizada descripción de una galería de rostros detrás de los cuales se descubriese los rostros en que lucha el 'aura' - quiero decir lo 'auténtico' de los personajes en un contexto socio-técnico-económico que los degrada" (Castillo Durante 1995: 95) - pero no lo es forzosamente. Opinamos que en *Boquitas pintadas*, y más precisamente en la descripción del álbum, los rostros resultan problematizados y se deslizan hacia una extinción de lo auténtico.

[53] En las páginas que preceden, hemos privilegiado deliberdamente Europa como fuente de impulsos culturales para América Latina por encima de EEUU - otro centro de producción cultural admirado por los protagonistas *de Boquitas pintadas* - de acuerdo con la visión presentada en el intertexto que nos ha servido de hilo conductor en este capítulo, el *Facundo*. La suplantación del modelo europeo por el norteamericano para los proyectos de Sarmiento sobre América Latina fue posterior: tuvo lugar a partir de sus *Viajes por Europa, África y América* (1849), cuando, decepcionado por una 'civilizada' Europa que no lo era tanto, el autor apostó definitivamente por EEUU como paradigma, imprimiendo un racionalismo utilitario a su concepto de civilización.

4.
Cae la noche tropical: Manuel Puig y el saber

> Déjeme que le cuente una historia, le digo. Una vez estuve internado en un hospital en Varsovia. Inmóvil, sin poder valerme de mi cuerpo, acompañado por otra melancólica serie de inválidos. Tedio, monotonía, introspección. Una larga sala blanca, una hilera de camas, era como estar en la cárcel. Había una sola ventana, al fondo. Uno de los enfermos, un tipo huesudo, afiebrado, consumido por el cáncer, un hijo de franceses llamado Guy, había tenido la suerte de caer cerca de ese agujero. Desde allí, incorporándose apenas, podía mirar hacia afuera, ver la calle. ¡Qué espectáculo! Una plaza, agua, palomas, gente que pasa. Otro mundo. Se aferraba con desesperación a ese lugar y nos contaba lo que veía. Era un privilegiado. Lo detestábamos. Esperábamos, voy a ser franco, que se muriera para poder sustituirlo. Hacíamos cálculos. Por fin murió. Después de complicadas maniobras y sobornos conseguí que me trasladaran a esa cama al final de la sala y pude ocupar su sitio [...]. Bien. Desde la ventana sólo se alcanzaba a ver un muro gris y un fragmento de cielo sucio. Yo también, por supuesto, empecé a contarles a los demás sobre la plaza y sobre las palomas y sobre el movimiento de la calle.
>
> Ricardo Piglia

4.1. Intriga

En su última narración *Cae la noche tropical* (1988)[1], Manuel Puig consigue dar aún más cuerpo a los temas ya bien arraigados en su obra novelística. Gracias al modo sorprendente en que los anuda, el autor consigue una densa síntesis de sus preocupaciones más características: investiga las mitologías cotidianas tanto sentimentales (la omnipresencia de la traición en las relaciones humanas) como sexuales (la crueldad enquistada en el sistema de papeles), privilegia el registro femenino, instala a sus personajes en un espacio reducido que provoca ahogo y nostalgia, da protagonismo a la palabra, imita varias clases de habla y de escritura, metaforiza la enfermedad y el exilio, experimenta con la construcción en abismo y flirtea con la mímesis, sin por ello caer en tentaciones excesivamente conceptuales.

Cae la noche tropical marca un retorno a la amalgama de apego a los géneros triviales y de combate contra su peligrosidad y constituye por tanto una vuelta a los orígenes[2], a la tierna sensualidad de *La traición de Rita Hayworth*. Significa el regreso de Puig como novelista tras seis largos años de silencio que, según el autor afirmaba en una entrevista[3], mucho tenía que ver con la mala acogida de su novela anterior *Sangre de amor correspondido*. En *Cae la noche tropical* reaparecen asimismo los recursos formales predilectos de Manuel Puig. Llaman la atención la ausencia de narrador omnisciente y su sustitución por un narrador-citador, el uso abundante y eficaz de voces contrapuestas, la sabia composición de distintos códigos discursivos: en la construcción de la trama - una construcción que recuerda particularmente la de *Boquitas pintadas* - los extensos diálogos de las protagonistas Luci y Nidia dejan paso a capítulos en distribución epistolar, a interminables conversaciones telefónicas y a capítulos constituidos por actas de denuncia policiales y por frías declaraciones de testigos.

La novela se pone en marcha con la aparición en escena de las dos hermanas octogenarias Luci y Nidia, que proceden de la clase media argentina en la que Puig preferentemente busca su inspiración. Se abre con una larguísima conversación que, en varios tiempos, mantienen las hermanas y que cubre tres capítulos. El texto se limita aparentemente a copiar los diálogos transcurridos en una sabrosa habla coloquial. 'Aparentemente', pues queda de manifiesto que el narrador-citador o 'maestro de ceremonias', sin mezclarse prácticamente en el discurso[4], encarna la imprescindible instancia estructuradora que cohesiona las distintas voces que pueblan el relato. Al rehuir toda intervención acotadora, Puig no desaprovecha ningún momento de la psicología de sus personajes. El recurso del estilo directo tiene como consecuencia más inmediata que los personajes se nos entregan a medida que van confesándose entre ellos. Son, en primer lugar, las dos hermanas las que arrastran el resto de las conciencias (Silvia, Ferreira, Ronaldo...) a manifestarse. Este medio permite que algunos hechos sean presentados de un modo diferente según sean vistos por uno u otro. Tal disposición exige una colaboración activa de parte del lector, ya que a él le toca atar los cabos sueltos de la obra. También implica que el narrador-citador reconstruye la vida de sus personajes practicando el más puro espionaje, y que, en igual medida, el lector se ve colocado en la posición del mirón.

Las dos hermanas evocan sus respectivos recuerdos a partir de un presente contagiado y acosado por la inminencia de la muerte. La menor, Luci, nos es presentada como particularmente romántica y 'novelera', mientras que Nidia tiene los pies en el suelo. Ambas son frágiles y han sufrido pérdidas irreparables (de los padres, de los maridos respectivos y, en el caso de Nidia, de su hija Emilsen que murió de un cáncer a los 48 años). Arruinada por la situación política en la Argentina, Luci se ha establecido mientras tanto en Río de Janeiro, donde su hermana está pasando unas largas vacaciones para reponer fuerzas. La ciudad de Río, por la proximidad del mar, la suavidad de su clima y su vegetación exuberante, representa para las dos hermanas cierta alegría de vivir y contrasta con la fría y poco acogedora Lucerna, donde Luci pasará las últimas semanas de su vida.

Para matar el tiempo, Luci y Nidia montan historias, procediendo de este modo a un desdoblamiento del espionaje llevado a cabo por el narrador-citador. Comentan con gran lujo de detalles y variedad de interpretaciones la vida amorosa de 'la de al lado', Silvia, la vecina de Luci, una psicóloga argentina de 45 años de edad que emigró primero a México - donde se ha afincado su hijo - pero que más tarde se trasladó a Brasil por problemas de altura. Silvia, mujer divorciada y poco mimada por la vida, recuerda en varios aspectos a Ana, la protagonista cancerosa de *Pubis angelical*. A estas alturas, cabe mencionar un segundo desdoblamiento, un segundo filtro por el que ha de pasar la información, que consiste en que los comentarios de las hermanas están formulados a raíz de las múltiples y muy confidenciales conversaciones que ha tenido y sigue teniendo Silvia con Luci, con quien suele desahogarse. Algunas de estas confesiones sirven de acicate a las dos hermanas, que recomponen escrupulosamente los amoríos de Silvia, sus crisis nerviosas, su vida profesional y que terminan por dibujarnos un personaje cuya vida alivia sus propias rutinas. Por lo tanto, el chisme se puede considerar el eje fundamental y la materia prima de la novela. Si bien el carácter del libro nos puede parecer algo deshilvanado al principio, al cabo de unas cien páginas nos damos cuenta de que la ausencia de repeticiones y duplicaciones hubiera imposibilitado el ambiente típico de chismorreo. Sabido es que el chisme consiste precisamente en volver a comentar sumando o restando detalles para así arreglar la verdad, en función de un punto de vista o del humor del locutor. Pero Puig, al descartar implícitamente la posibilidad de concebir alguna verdad 'desnuda', algún núcleo del chisme (el chisme brota, siempre está ahí), da un paso más y pone en duda la existencia de cualquier verdad no retórica. Cabe, por tanto, observar que el autor ha logrado una ósmosis perfecta entre los ingredientes formales de su novela y el tema del funcionamiento mayormente persuasivo de la lengua que pretendía poner de relieve.

Al principio del libro, Silvia acaba de desengañarse de José Ferreira del que se había enamorado locamente. Los elementos que merecen ser destacados en la descripción de este personaje son la mirada y la voz. Ferreira representa el paradigma del hombre que encaja mal en la sociedad latinoamericana, paradigma recurrente en la novelística de Puig - pensemos en Leo (*BAA*) y en Josemar (*Sangre de amor correspondido*). Con Josemar Ferreira, José Ferreira comparte otras coordenadas más que el apellido. Tanto Josemar como José Ferreira tropiezan con dificultades de adaptación a la hora de tener que desempeñar el papel machista que la sociedad que los acoge ha trazado para su sexo. En contestación a semejante complejo de inferioridad, que se traduce en una mirada característica, la mirada "de una persona que necesita amparo", José Ferreira ha desarrollado una agresividad compensatoria que raya en el sadismo. Pero la mirada huidiza y hasta miedosa que connota aspectos tradicionalmente femeninos, despierta en Silvia el instinto maternal y parece constituir un primer impulso hacia una relación hombre/mujer más equilibrada. Sin embargo constatamos que, en última instancia, Ferreira carece de la madurez necesaria para vencer su papel tradicional. A partir del momento en que vuelven a triunfar los arquetipos ancestrales y que Ferreira, cansado de jugar el papel de mártir, decide hacerse verdugo, su mirada toma un sentido contrario: el que 'mira por los lados' también puede ser tachado de cobarde o de traidor[5]. Desde el punto de vista de la sexualidad, *Cae la noche tropical* termina en una situación indeterminada: Silvia y Ferreira siguen saliendo juntos sin saber muy bien a qué atenerse.

El vuelco en la interpretación de la mirada pone de manifiesto el principio eminentemente puigiano de la ambivalencia, de la 'coincidentia oppositorum': la mirada, como la palabra o la mentira romántica son presentadas sistemáticamente con dos caras opuestas entre las que el autor organiza un vaivén constante sin determinarse a apostar por una o por otra.

A partir del cuarto capítulo, empiezan las sorpresas de la novela con la inesperada introducción metatextual por parte del autor-citador de fragmentos periodísticos que Luci lee en semisueño. Los recortes de prensa tratan temas predilectos del autor: el de la conservación del pasado (en el texto sobre la decadencia de la Finca Imperial), la aversión por la mitificación tanto de la derecha como de la izquierda (el artículo sobre Sciascia y el carrerismo en el combate a la Mafia), el tema del estancamiento de la modernidad y del principio del progreso (los textos que versan sobre lo último, tanto en el pensar - alusión a la posmodernidad - como en el vestir - avance sobre la moda de verano en trajes de baño), la frivolidad (la enumeración de las preferencias personales de una actriz en materia de vestuario y de cosméticos), y, por último, la advertencia proléptica sobre la trucada autenticidad de las atracciones turísticas (el artículo sobre 'la bahía de las 365 islas' que prefigura la luna de miel de Silvia).

La trama arranca de nuevo en el capítulo octavo. Da un giro de noventa grados cuando Luci, presionada por su hijo a pasar una temporada en Lucerna adonde él ha aceptado un traslado, abandona su casa y viaja rumbo a Suiza. Se inicia entonces una correspondencia entre las dos hermanas en la que Silvia sigue siendo objeto predilecto de conjeturas. Su presencia se transforma en hilo conductor y pretexto del contacto.

Con Nidia y Luci mandándose cartas, la fase oral del diálogo cede el paso a la escrita. Entran en juego nuevas reglas de las que destacamos la que más repercusiones tiene en esta obra: la ausencia física del otro, rasgo definitorio de la carta, que puede provocar el engaño y cobrar una dimensión fantasmal si se infringe el código. Se da el caso cuando muere Luci y cuando su hijo oculta a su tía Nidia la muerte de aquélla acaecida en Suiza. A partir de entonces, los lectores asistimos al diálogo sin destinatario o monólogo patético de Nidia, que sigue dirigiéndose a su hermana como si estuviera viva. El lector está al tanto por una carta que el hijo de Luci le ha enviado a Silvia, pidiéndole consejo a propósito de la actitud que tiene que adoptar respecto a su tía. Así se invierten las perspectivas: el lector sabe más de lo que sabe Nidia y ya no está pendiente de la información que le proporcionaban las hermanas, como lo estaba antes.

Las últimas peripecias giran en torno a Nidia. Esta mujer que nos ha sido descrita como pragmática y que solía ironizar los arrebatos de Silvia y de Luci, cae ahora en la misma trampa. Después de quedar sola en Río, Nidia se encariña con el guardián Ronaldo, un chico guapo, amable y pobre que la acompaña cada día en sus paseos y que despierta en ella compasión y generosidad. Pero él la traicionará estafándola y robándola, cosa que el lector ya intuía en las páginas precedentes, al volver a presentarse en Ronaldo la mirada ambivalente comentada más arriba. Amargada por el rumbo que han tomado los acontecimientos, Nidia vuelve a Buenos Aires donde es informada de la muerte de su hermana.

La amistad de Nidia con Ronaldo recuerda a la sostenida entre Ramírez y Larry por la diferencia generacional (a la que se añade aquí una diferencia de clase social). Como en *Maldición*, la afectividad en ascenso entre la anciana y el mozo acompañante desemboca en la decepción.

Al final de la novela, Puig nos deja a las puertas de un impreciso reencuentro entre Nidia y Silvia en Río de Janeiro. Este desenlace imprevisto se ofrece al lector como símbolo de la búsqueda vital del ser humano, de su lucha y perseverancia para hacer un mundo mejor.

4.2. La mímesis psicológica en *Cae la noche tropical*

A continuación, ilustraremos el funcionamiento de la pulsión mimética en tres relaciones interpersonales que orientan la novela: 4.2.1. el amor-pasión nunca enteramente correspondido que Silvia concibe hacia José Ferreira, 4.2.2. la mutua incomprensión entre Nidia y Silvia y 4.2.3. la curiosa atracción que Ronaldo ejerce sobre Nidia. Del análisis se desprenderá que el complejo y dinámico juego de simpatías y antipatías entre personajes, el delicado ecosistema de las relaciones humanas, se interpreta más coherentemente cuando se confronta con el principio de la rivalidad como ha sido formulado por René Girard.

4.2.1. Silvia y José Ferreira

El deseo que el viudo José Ferreira despierta en Silvia presenta todas las características del flechazo. Nace súbitamente y produce un hechizo inexplicabe e incurable en la 'víctima' que se confiesa magnetizada por el objeto de su deseo. La comedida Silvia pierde de repente el control de sus gestos ("se le soltaron las palabras solas de la boca a ella, le dijo que fueran a tomar un café abajo" (15)). Parecen haberse adueñado de ella un sentimiento liviano, una impresión de tener alas y de estar rebosante de energías para todo: "Cambió de lugar unos muebles y otras cosas que hacía tiempo que quería hacer pero que nunca encontraba el momento, o las fuerzas. Como tirar unas macetas de plantas ya viejas medio marchitas" (39-40). De un día para otro, este hombre se convierte para Silvia en el centro de su universo, en su principal tema de conversación. En ningún momento se le ocurre retirarle a Ferreira su confianza, tampoco cuando él la trata con desconsideración y crueldad. Viniendo del hombre de sus sueños, cualquier comportamiento recibe el beneplácito o encuentra justificación. La psicóloga no se desespera ni siquiera cuando, hacia el final de la novela, Ferreira le comunica su lacónica decisión de volver a casarse con una amiga de antes, relegando a Silvia al estatuto de tercera. Contrariamente a lo que se esperaría - pero en plena lógica girardiana - el papel de amante parece encantarla. Y es que Silvia ha comprendido que todo lo que se opone a la pasión la preserva y la consagra: "¿Pero por qué tu vecina está tan contenta entonces? Según ella porque ahora le tocó el papel de la [...] tercera en cuestión, que es el más lindo, de menos compromiso, y que desde su puesto lo va a seguir ayudando a resolverle los problemas de él" (179). El episodio es aprovechado por Puig para llevar a cabo un suave pastiche de la jerga psicoanalítica: "¡Ah, ahora me acordé de la palabra que ella {Silvia} usa! Según ella la otra 'no lo cuestiona' a él, mientras que ella sí. ¿Entendés lo que te quiero decir?" (179). Como veremos más adelante, el comentario escéptico de Nidia - que todos son pretextos para no tener que aceptar la amarga verdad - es pertinente por más de un concepto. Puig nos enseña que estos seres aman el hecho mismo de experimentar la pasión. Silvia y Ferreira no se reconocen uno a otro el derecho a ser quienes son. El tópico del amor transfigurador enmascara aquí una falsa reciprocidad y un doble narcisismo. Silvia confiesa que lo que la atrae en Ferreira no es tanto su personalidad, sino más bien su contagiosa "ilusión por las cosas" (220). Admite asimismo que aprecia su compañía cuando le hace falta a ella, principalmente cuando está sola en Río, pero que no se le ocurriría llevarle a México, donde piensa pasar las vacaciones en casa de su hijo. En los momentos que le conviene compartir con Ferreira, Silvia ejerce un verdadero terrorismo de enamorada. Se empeña en moldearle y en cambiarle, como lo intentó hacer con su novio anterior, el mexicano Avilés: "le critiqué los excesos alcohólicos, lo quise hacer más feliz, lo quise cambiar" (122). No se da cuenta de que su afán de saberlo todo de él - un afán que ella misma atribuye a una deformación profesional, ya que a sus pacientes les saca hasta el último secreto - espanta a Ferreira, y será responsable de su paulatino alejamiento: "Estaba sedienta de saber todo, hasta el último recuerdo que él cargaba en la memoria. Todo del pasado y todo del presente. Para así poderle regalar un futuro perfecto, con todas sus posibles necesidades bien atendidas" (101). Huelga decir que semejante ambición es a un tiempo perniciosa e irrealizable. Si la táctica que Silvia practica se basa en la sublimación y en la 'ascesis para el deseo' que comentaremos más abajo, el objetivo principal de Ferreira es sexual antes que espiritual y se identifica con "esa descarga de electricidad que tiene en el cuerpo". Pero antes de proponer conclusiones, nos parece oportuno ahondar en los orígenes manifiestamente imitativos de este deseo.

La propia Silvia, una mujer lúcida y autocontrolada en el contacto con pacientes y amigos, se pregunta con insistencia cómo ha podido perder la cabeza por Ferreira. No entiende por qué siente "esa gana bárbara" de volver a verle (39), ya que él no es particularmente atractivo ("no es un galán de cine; es pelado, con un poco de barriga, [...] no es un hombre que nadie se dé vuelta a mirar dos veces" (17) y tampoco "había dicho nada especialmente fino o inteligente, nada" (39).

El primer encuentro con él tiene lugar en el sanatorio donde está internada la mujer de Ferreira (que morirá poco después de un derrame cerebral) y donde Silvia pasa un reconocimiento médico que para su gran alivio dará negativo. Desde entonces, Silvia tiene la vaga impresión de "estar viendo a otro" (9), y asocia a Ferreira con Avilés, el amante mexicano que rompió con ella. El deseo que Ferreira suscita en ella no es, pues, espontáneo, y tampoco está arraigado en el 'objeto' de su pasión, en Ferreira. El retrato lisonjero que Silvia, nada más conocerle, esboza de este desconocido – "una persona buenísima, que no piensa más que en su hogar" (8) - es absolutamente desproporcionado con el escaso trato que ha tenido con él y será desmentido por los hechos. Descubrimos que la idealización que Silvia hace de Ferreira encuentra su origen en una especie de fijación amorosa, en la persistencia del vínculo anterior: Ferreira parece corresponder "a su tipo de hombre" (13), razón por la que son proyectadas en él todas las cualidades habidas y por haber. Los elementos que permiten la identificación entre Ferreira y Avilés son la mirada y la voz. En primera instancia, Silvia se deja seducir por los ojos de Ferreira (y aquí Puig recurre al estilo florido y cargado de las telenovelas): Ferreira tiene unos ojos negros "un poco de chico, un poco huidizo"; su mirada es la que caracteriza a "una persona que necesita un amparo, como de un chico que perdió la madre" (14), a "una persona vulnerable, una criatura tierna" (18). Pero también la impresiona particularmente su forma de hablar un poco ronca, esta "voz grave, con una linda sonoridad, como cuando se habla en una iglesia y eso no es todo, porque allá en el fondo se le nota como un temblor" (49), una voz que despierta en Silvia la siguiente asociación: "adentro del corazón le quedó un muchacho en penitencia, que no se anima a abrir la boca" (49).

Ferreira la conquista, por decirlo así, por persona interpuesta. Una vez enamorada, Silvia, que en otros contextos se había declarado partidaria de la sinceridad, arroja por la borda este noble principio desarrollando una 'hipocresía' o 'ascesis' para el deseo (Girard 1985a: 140 y ss) con tal de ganarse los favores de Ferreira. Girard explica que la exhibición de un deseo puede suscitar o reduplicar el deseo de un rival. Así, pues, los dos miembros de una pareja en situación de mediación copian un mismo deseo; este deseo, por consiguiente, no puede sugerir nada a uno sin sugerírselo igualmente al otro. La hipocresía para el deseo no exige menos voluntad que el ascetismo religioso; en ambos casos se trata de contrarrestar las mismas fuerzas. Para apoderarse del objeto, hay que disimular el deseo, ya que, en materia de amor-pasión, la sinceridad equivale a debilidad y constituye una poco rentable infracción al código del deseo romántico.

Puig ha percibido ese movimiento de 'renuncia para el deseo', esa trascendencia desviada, en toda su amplitud. Así, las primeras veces que Ferreira se le cruza en el camino, Silvia reprime su pasión y adopta una actitud de confidente más que de amante. Cuando se entera, por ejemplo, de que el vestido más bonito de la mujer de Ferreira fue uno floreado verde y blanco, decide "cuidarse muy bien de ponerse nunca algo verde y blanco delante de él" (27), no vaya a ser que él le atribuya unas ambiciones usurpadoras. Puig es un maestro a la hora de observar las menudas astucias de que se valen los personajes que están bajo el efecto narcótico del amor-pasión. Las describe con delicadeza, como si fueran los epifenómenos inevitables de un estado patológico, y subraya la falta absoluta de naturalidad en un sentimiento que se proclama espontáneo al cien por cien. Todo lo que emprende Silvia está impregnado de engaño y de autoengaño y dirigido a provocar los celos de Ferreira. La indiferencia que finge es una indiferencia dictada por segundas intenciones. Cuando suena el teléfono, deja que suene una vez más para demostrar que no estaba al lado pendiente de la llamada; cuando Ferreira le pregunta por su vida sentimental, no quiere dar la impresión de ser "un trasto arrumbado"(82) y prefiere hacerse la interesante inventándose dos historias de amor; después de haber hecho una frustrada tentativa de suicidio, da órdenes de no contarle nada a Ferreira. En otras ocasiones, procede al autoengaño: cuando Ferreira falta a la cita, supone que el teléfono está estropeado o atribuye a su amante todos los mensajes en blanco dejados en el contestador automático; otro día, mientras espera su visita, se pone a escribir a una amiga en Buenos Aires con la que hace siglos que no se cartea "para no quedarse mirando las agujas del reloj"(55). Sin embargo, no siempre consigue vigilarse tanto, y un solo arranque de sinceridad echa a perder los efectos de su escrupulosa disimulación. En una escena de despedida, le resulta intolerable continuar el juego y manifiesta sus verdaderos sentimientos de vulnerabilidad y desesperación frente a Ferreira:

> Ahí en el ómnibus [...] le dijo que la verdad era al revés, era ella que le debía todo a él, y que de ahí en adelante no tenía más control de sus actos, que necesitaba de él, del apoyo de él. Que ya era tarde para ella echarse atrás, y para avanzar... sin él ya no podía dar un paso (115).

Después Silvia se arrepiente de este error que marca efectivamente el principio de un cambio de actitud de parte de Ferreira.

El deseo de plenitud de Silvia llega a su apogeo en la escena de la 'isla' a la que la pareja hace una retirada estratégica con motivo de un congreso sobre psicología de masas (y Puig se burla de paso de la urgencia de celebrar congresos académicos en remotos lugares exóticos). La isla constituye el 'locus amoenus' central de la novela. Representa el lugar feliz, el edén, la edad de oro, la situación despreocupada del hombre alejado de los contrastes de la civilización y reconciliado con la naturaleza paradisíaca. La isla reúne todas las condiciones objetivas para que el sueño de Silvia se haga por fin realidad. Todo en ese lugar respira pureza: el agua transparente del mar, los pájaros multicolores, el marisco fresco, las palmeras de un verde muy claro, la arena dorada, el cielo celeste puro, los hoteles blancos pintados a la cal, la luz limpia, las cascadas impresionantes... Pero ya sabemos que Puig no cree demasiado en los cuentos de hadas y que suele sabotearlos desde dentro. Pese a contar con un marco espléndido, la 'luna de miel' con la que Silvia se había ilusionado tanto, defraudará sus expectativas.

La aventura ya arranca con una mentira de Silvia. Ella pagará todos los gastos de estancia de Ferreira haciéndole creer que cada invitado tiene derecho a llevar a un acompañante y que todo va incluido en el precio. Pero ella también le pesca en una contradicción: resulta que Ferreira, que nunca le ha dicho una palabra que no fuera en portugués, se defiende muy bien en español. Y los indicios de que la transparencia lleva camino de convertirse en opacidad se multiplican. Antes de recibir a su amante, Silvia se olvida de su culto a la naturalidad, y prefiere encerrarse en su habitación para una sesión de maquillaje. Ferreira se muestra poco comunicativo y versátil, de manera que Silvia se queda con la curiosidad insatisfecha. Al contrario, descubre que él es un desconocido insondable que se le escapa como agua entre los dedos. Si bien en materia de sexualidad, Ferreira va al grano, decepciona a Silvia en muchos otros aspectos. Casi no le hace caso y no cumple en absoluto sus promesas. Le atraen infinitamente más las lanchas camaroneras amarradas cerca del hotel, que la intimidad coloquial con su amante. Sale todas las noches con los pescadores, haciendo añicos las ilusiones de Silvia, que tanto había soñado con los paseos a la luz de la luna por la playa desierta y con charlas interminables. Para colmo de desgracia, los pocos interludios francamente románticos que tienen lugar, se verán frustrados por diversos factores: por una brisa que se levanta de repente, o por la inoportuna compañía de una psicóloga portuguesa soltera.

Como era de esperar, esta misma portuguesa actuará de catalizador en la pasión de Silvia. Según Girard, semejante configuración triangular conduce al estado paroxístico de la mediación interna y al voyeurismo. En la escena voyeurística de *Cae la noche tropical*, volvemos a encontrar los componentes que entraban en la sesión de espionaje protagonizada por Larry en *Maldición*. En la última novela de Puig, la portuguesa se convierte rápidamente en instancia mediadora. Fascinada y paralizada, Silvia quiere sustraerse a la mirada de ella ("Y mientras él {Ferreira} hablaba la portuguesa escuchaba muy impresionada, y ésta de al lado {Silvia} la empezó a observar, para ver si la otra miraba donde no debía") (111). De repente, toda la ambición de Silvia se limita a ver sin ser vista, ambición que la lleva fatalmente a interpretar el papel de mirona. Bajo pretexto de compadecerse de esa mujer soltera, Silvia "tuvo un arranque muy raro. Les dijo {a Ferreira y a la portuguesa} que la disculpasen, que quería estar sola un rato, quería caminar y pensar sola, y los otros dos se quedaron bastante cortados" y, desarrollando un comportamiento masoquista, se hace cómplice de la portuguesa, le deja a Ferreira en préstamo, empuja a esa pareja improvisada a acostarse ("y la Silvia le guiñó el ojo a él, y se largó a caminar"(111)).

Cuando, más tarde, decide volver sin hacer ruido ("le había venido una tentación irresistible de espiar" (112)), ha ocurrido lo inevitable y Silvia los sorprende in fraganti. Curiosamente, la infidelidad de Ferreira le inspira un comentario más bien clínico: "Era una cosa rara, era el hombre que ella tanto quería, pero también un animal que no le merecía la menor confianza" (113). El espectáculo no ha indignado a Silvia; antes bien la excita y aumenta su deseo. El objeto de su pasión, al ser deseado por una tercera persona que ella estima, resulta realzado. No olvidemos que es preciso toparse con obstáculos para que el deseo cobre las dimensiones de una pasión consciente e intensa. Comprobamos que también en este caso, la pasión se alimenta del obstáculo: "A partir del momento que lo vió encima de la otra supo que él era lo único que le podía pasar ese oxígeno que le estaba faltando, a ella misma" (114).

Para el lector, la desilusión que la excursión acarreará a Silvia ya venía anunciada por un presagio metatextual: la evocación por medio del recorte de prensa 'la bahía de Angra dos Reis' (cuarto capítulo, 63-64-65), que desconstruye las pretensiones de autenticidad del paraíso insular[6]. El narrador-citador ha presentado su crítica bajo la forma de un pastiche del estilo tópico propio de las agencias de viaje: "el paraíso que invita a soñar con aventuras de piratas, tesoros hundidos y picnics románticos" (64)[7]. Bajo la pluma de los explotadores del turismo, la orgánica unidad de la naturaleza y la arquetípica 'invitación al viaje' se descomponen en sólidos argumentos de venta: sun, sea, sand, sex.

Pero el narrador-citador cala más hondo. No se limita a poner en duda la autenticidad de esta isla particular, con su simplicidad trucada, su hospitalidad calculadora y sus palmeras de cartón-piedra. Todo el mundo sabe que tamaña 'ruta programada' no lleva a ninguna parte. El problema es que ya nadie escapa a lo prefabricado. Las contradicciones internas subyacen en cualquier modalidad del turismo (por la incompatibilidad entre tranquilidad y masificación: "se desplazan actualmente paulistas, cariocas y turistas del mundo entero"; "las lanchas de mucha velocidad traen a los turistas apresurados" (64)), y, a la postre, en cualquier anhelo de autenticidad o de transparencia. A través de la selección supuestamente arbitraria de unos recortes de prensa, el autor pone de relieve el fenómeno del desgaste[8] al que nos condena la metafísica de la presencia, o cualquier pensamiento que sitúe la verdadera existencia más allá del hic et nunc. Estas observaciones nos enseñan implícitamente que Puig no cree en el progreso y que ha tomado conciencia de la crisis del humanismo que nos toca vivir. A su manera, el autor se burla del programa modernista (último avatar de la metafísica de la presencia), de los periódicos cambios de estilo y de moda determinados por la ya antigua consigna del cambio y de la innovación estética; se burla de la frenética urgencia económica de producirse constantemente nuevas oleadas de productos de apariencia cada vez más novedosa[9].

Por otra parte, Puig está demasiado inmerso en el espacio posmoderno[10], y tan intrínsecamente afectado por sus nuevas categorías culturales que ya no puede permitirse el lujo de la crítica ideológica a la antigua, la indignada denuncia moral. Sabe de sobra que cualquier forma de oposición explícita se encuentra tarde o temprano y secretamente desarmada y reabsorbida por un sistema del que ella misma puede considerarse parte[11]. El colapso de la ideología modernista del estilo ha provocado que los productores de cultura no tengan ya otro lugar al que volverse que no sea el pasado, de ahí la imitación de estilos caducos, el discurso de todas las máscaras y voces almacenadas en el museo imaginario de una cultura hoy global, la escritura entendida como plagio: "Nadie copia a nadie, pero todo el mundo copia a todo el mundo" (64).

Esa mirada dirigida hacia la tradición no coincide, empero, con una reapropiación regresiva[12]. Lo cual no significa tampoco que Puig desacredite el intento incesante del ser humano de reunir lo separado, de recuperar esa relación ancestral pero fantasmática con el paisaje primitivo de la organización precapitalista. Si el autor deshace este sueño compasiva pero enérgicamente, lo hace desde la convicción de que la metafísica que lo ha producido es la primera responsable de los abusos que lo han eliminado[13], si es que alguna vez ha existido ese edén, si no es la reproducción atractiva de una situación original que nunca se ha presentado. Para Puig, esa nostalgia tan persistente en sus personajes es tan perfectamente vana como perfectamente legítima. Se le aparece como el residuo de un tipo de pensamiento que sólo se abandona a duras penas. Como tiene poca confianza en la dialéctica, ha decidido incorporar a su estética, bajo la forma de un 'regressus ad infinitum' aporético, lo que considera el mayor síntoma de la enfermedad metafísica. Patentiza que con cada borrón y cuenta nueva, el símbolo utópico se evapora, como si el ser humano rechazara una tras otra sus fórmulas pasadas. Pero el concepto utópico nunca se descarta del todo, siempre sigue planeando sobre el presente como una remota e indeterminada posibilidad. En las páginas que siguen, intentaremos comprobar que esta táctica de Manuel Puig redunda en logros: los personajes de *Cae la noche tropical* salen fortalecidos y agilizados de la prueba y consiguen sacar un triunfo de la derrota.

Por su forma de reabsorber la nostalgia, por su confianza en la capacidad de recuperación del ser humano y por su tendencia a adivinar en cada gesto el gesto contrario, Puig encarna la técnica de la 'Verwindung' tal como ha sido descrita por Vattimo (1987: 169;177). 'Verwindung' equivale a 'perlaboración' (De Toro 1997: 17), que significa "desprenderse de la idea de dejar algo atrás, de eliminarlo y de pasar de un estado al otro en cuyo transcurso el pasado, un estado determinado, se diluye, reintegrativamente"; "no apoderarse de algo sino perlaborarlo para elaborarlo y transformarlo" (De Toro 1997: 16). El movimiento circular y la dinámica repetición/distorsión inherentes a la 'Verwindung' nos recuerdan el paradójico funcionamiento de la mímesis en su sentido lato. En realidad, tanto la 'Verwindung' como la mímesis no son más que imperfectas metáforas que indican una evolución saludable de unos imaginarios estados de equilibrio a una comprensión del desequilibrio, en la que Manuel Puig participa con entusiasmo. En *Cae la noche tropical*, se verifica que la escisión esquizofrénica, cuando se generaliza, deja de tener una relación necesaria con el contenido patológico que asociamos a palabras como 'esquizofrenia' y queda disponible para intercambios positivos. Y la herramienta más potente de la que dispone el escritor a la hora de desbaratar las jerarquías existentes es la palabra, o más específicamente, la capacidad de fabular.

Si analizamos de manera más general (sin limitarnos a los ya comentados ensueños insulares) el vocabulario con el que Silvia describe sus pasiones, observamos que recurre a tópicos tomados prestados del arte romántico. El discurso amoroso de Silvia se refiere explícitamente a una expresión estética escapista articulada en torno a los mecanismos de identificación y de sustitución. Este aspecto de su personalidad está en flagrante contradicción con el autorretrato que la psicóloga esboza hacia el final de la novela, cuando escribe, en reacción a la muerte de Luci, las líneas siguientes: "Dicen que los extremos se atraen, y el romanticismo de ella {Luci} me sabía a gloria, yo soy todo lo contrario y necesitaba de esa otra visión de las cosas" (169). Contrasta asimismo con la actitud equilibrada que adopta frente a sus pacientes y sus amigos.

Una vez bajo los efectos de un amor-pasión que ha conseguido romper su dique de contención intelectual, Silvia pierde su habitual lucidez para sucumbir de lleno a la tentación de forjarse una identidad ficticia y de preferir el simulacro a la experiencia vivida. El cine de Hollywood y, particularmente, las películas protagonizadas por la actriz inglesa Vivien Leigh, constituyen su principal fuente de inspiración. En la novela se hacen abundantes referencias a estas películas que, de acuerdo con los tiempos, son recuperadas mediante el sistema de alquiler de vídeo. La identificación de Silvia con su actriz predilecta (famosa sobre todo por su papel en *Lo que el viento se llevó (Gone with the Wind)*) se produce con especial intensidad en las épocas de crisis. En esos momentos es cuando a la psicóloga le entran ganas insaciables de consumir películas tristes, que parecen satisfacer su sed de lo heroico, el ansia de ver cumplidos vicariamente los sueños que abriga. Los filmes, por los que tanto Silvia como Luci (a la que la primera ha contagiado) sienten una marcada preferencia, obedecen a los rasgos canónicos del estilo hollywoodiano de los años cuarenta. Dos de estas películas - no las más taquilleras - se comentan ampliamente en la novela: se trata de *El puente de Waterloo (Waterloo Bridge)* (1940) y *La divina dama (That Hamilton Woman o Lady Hamilton)* (1941). La escena en la que son evocadas (45) constituye una evidente construcción en abismo que pone de manifiesto el sistema de creencias en que se basaba la producción cinematográfica estadounidense de esa década[14]: transparencia, patetismo y previsibilidad de los personajes[15], falsa universalidad de tono; ideología paternalista; alegorismo vacío de la trama; concordancia maniquea entre belleza física y bondad[16] en el plano temático; combinatoria de lugares comunes y técnica de redundancias calculadas en cuanto a los recursos formales y, finalmente, en lo referente a la acogida del público, adhesión inmediata al efecto primario de consuelo que las películas pretenden suscitar.

El resumen que Silvia nos ofrece de *El puente de Waterloo* deja bien a las claras que la fábula que ella misma ha elaborado en torno a su amor-pasión por Ferreira, corresponde a una franca disponibilidad romántica de su parte:

> Estar sola frente a una nube negra, y no saber si internarse en esa nube para tratar de encontrar la casa de nuevo, con todas tus cosas que has perdido, y encontrar a los chicos que ya son grandes y no te

necesitan más, y al marido, que antes sostenía a esa casa bien firme en su lugar, como si a la casa él consiguiese tenerla bien elevada al terreno. Pero ese hombre, que era tan fuerte ya no está más, y si se da un paso adentro de esa oscuridad tal vez la suerte ayude a encontrar tantas cosas perdidas, vaya a saber. Porque a lo mejor ese temporal que pasó no se llevó la casa como todos creían (46).

Pese a su inteligencia, Silvia nunca da en el blanco cuando se trata de explicar o de prever el comportamiento de Ferreira. Todos los problemas que surgen en su relación son achacados a obstáculos externos, y no a la inaccesibilidad intrínseca del objeto de su deseo. Sus comentarios exaltados sobre la película sugieren que ella también daría el salto, que se metería en 'esa nube negra'. No es que le falte clarividencia. En sus periódicos destellos de lucidez, admite el autoengaño[17]:

> He trabajo tanto, he estudiado tanto, me he esforzado tanto para que las cosas marchen (?). He viajado, he tratado de adaptarme a diferentes países, los he estudiado, los he aprendido a querer tanto como a mi propia Argentina y no he conseguido más que esto, depender de un llamado telefónico, para poder seguir respirando (119-120).

En última instancia, el fantasear "con unos techos muy seguros" (121) al que se entrega Silvia, sólo se comprende a partir de su abrumadora soledad:

> Estoy sola esperando que alguien toque el timbre de calle, esperando que mi hijo me escriba diciendo que ya México no le gusta más y que se quiere volver a Río, esperando que usted {Luci} no salga de casa para poder responder el teléfono, y en el peor de los casos, esperando que su hermana {Nidia} conteste el teléfono y entienda un recado complicadísimo en portugués (120).

Silvia se deja embriagar por una quimérica perspectiva de realización personal, porque está aquejada de la enfermedad metafísica, porque no puede aceptar que esa pálida rutina diaria sea la única verdad de la vida, porque, como Ana en *Pubis angelical*, está convencida de que "tiene que haber algo más".

Salta a la vista que los protagonistas de *Cae la noche tropical* no son individuos de una pieza. Tanto Silvia, como Nidia, Luci y Ferreira son múltiples. Su autenticidad consiste en el reconocimiento de su pluralidad, de su falta de coherencia. La descripción de los personajes no está entorpecida por ningún prejuicio de tipo moral o estético. Nos enseña que los tradicionales niveles que se distinguen en la cultura (alto-medio-bajo) son mucho más fluidos y versátiles de lo que se suele creer: una mujer tan culta como Silvia se complace sin escrúpulos en ver los espéctaculos hollywoodianos. Y, de una manera menos abierta, las dos hermanas octogenarias de clase media acomodada tampoco se atienen rigurosamente a la teórica 'jerarquía del gusto' que formulan más de una vez a lo largo de su diálogo, por ejemplo cuando Luci le dice a Nidia, previniéndola de los efectos perniciosos de la tentación escapista: "No hay que abandonarse así. Si una se abandona está perdida. Nidia, vos nunca dejés de leer el diario y eschuchar el noticioso" (25). Ambas hermanas rechazan abiertamente las telenovelas de la tarde con la que la sirvienta María José se atiborra la imaginación ("una porquería" (25)). En muchas ocasiones concretas ellas mismas aceptan, sin embargo, descender de nivel y hacerse iguales a la 'masa' que en su interior desprecian, pero cuya fascinación y cuya solicitación primordial experimentan. Sobre todo Luci, la hermana 'novelera', tiene, sin que ella misma lo admita demasiado, un gusto por lo prefabricado. Cuando lee el periódico, se detiene largamente en los artículos frívolos (capítulo 4). Se familiariza rápidamente con los arquetipos cinematográficos que le son inculcados por Silvia, hasta el punto de pedirle prestada a su vecina la biografía de Vivien Leigh. Pero la prueba mayor de su fascinación por el registro romántico reside en su propio estilo narrativo. A la hora de contarle a su hermana la vida de Silvia, Luci aparece como una auténtica artífice de la palabra. Saltan a la vista la destreza con la que construye su historia y la importancia que atribuye al detalle ornamental[18] (por ejemplo, al vestido "floreado verde y blanco" de la primera mujer de Ferreira). Además, sabe de sobra que para despertar la curiosidad del interlocutor y para generar tensión, tiene que cortar su relato en los momentos estratégicos:

"Déjame que te siga con esto otro, después te cuento del paseo ese [...]" (31-32); "Ya me están doliendo los pies. Volvamos a casa que me saco los zapatos y te cuento todo" (86).

Cabe observar que, paradójicamente, al poner de relieve la imposibilidad de captar la plenitud, el narrador-citador incorpora en su propio relato, desbordándolos, los recursos más atractivos de los géneros cuyos códigos pretende subvertir. Si cede un espacio tan amplio a las conversaciones entre las hermanas, lo hace para mayor enganche de sus propios lectores. Puig reconoce que los folletines son a veces productos de alta artesanía. Hace falta tener un corazón de piedra para no conmoverse ante sus intrigas bien urdidas. La relación entre narrador-citador y narratario extradiegético se prefigura en la oposición Luci/Nidia, en la que Luci recuerda a Molina y Nidia se parece al Valentín que paulatinamente se deja atrapar en la tela de araña tejida por su compañero. En *Cae la noche tropical*, Nidia representa al lector escéptico que poco a poco se deja ganar por las señales de seducción emitidas por el autor. Inicialmente reacia al chisme, escucha cada vez con mayor agrado los relatos que le son contados. Su participación en la historia va en aumento: primero insiste en que su hermana siga, para después intervenir activamente (completando el cuadro, por ejemplo cuando observa: "Me imagino que el pyjama {de Ferreira} no estaba planchado" (28)) y finalmente imitar el estilo de Luci (cuando describe el vestido que llevaba cuando conoció a su marido Tito, se produce un eco del "vestido floreado verde y blanco": "el {vestido} rosado, con la pechera cremita, sin mangas" (186)). Como veremos a continuación, el contagio romántico de Nidia le reservará más tarde una mala sorpresa.

Contrariamente a lo que pasa con la comparsa María José, una chica que ignora toda moderación en su entusiasmo por las telenovelas y que termina por entregarse voluntariamente al poco escrupuloso Ronaldo, las dos hermanas nunca se hacen grotescas. Lo que, en su caso, restablece el equilibrio y proporciona el contrapeso al veneno romántico, lo que las salva de la caricatura, es su constante preocupación por las cosas y los utensilios (la idea heideggeriana del 'mundo como taller'). Nidia y Luci nos son descritas como fundamentalmente históricas y mundanas, no trascendentes, insertas en una economía doméstica de tipo circular (la insistencia puesta en el riego de las plantas, la importancia que cobra la 'mantita' para Nidia, la obsesión legítima por 'estar ocupado', 'preparar la comida', por el ritual del mate). Después de la muerte de su hija Emilsen, Nidia, "para no reventar de la pena", se cobija en la modestia de lo cotidiano, sobrevive gracias a "aquel café con leche con pan y manteca, y aquel chalequito que compramos juntas en Roma"(30). Como todo en Manuel Puig, el convencionalismo está cargado de ambivalencia. Por un lado, el autor nos enseña que acobarda a la gente, pero por otra parte, reconoce el derecho periódico de sus personajes a refugiarse en la banalidad, en el saber gratuito que contienen los refranes ("Dios castiga sin palo y sin rebenque" (36); "¿Quién te quita lo bailado?" (42)).

Pero volvamos a la 'jerarquía del gusto' teórica de la que se apartan las hermanas sin darse cuenta. El narrador-citador de *Cae la noche tropical* la desbarata aún más al detectar un subsuelo romántico común a las telenovelas populares que las hermanas aborrecen y a las dos obras de arte que consideran intocables paradigmas de la cultura oficial: la novela *Cumbres borrascosas (Wuthering Heights)* (1847) de Emily Brontë[19] y el poema 'Sonatina'[20] de Rubén Darío. La terminología de la que se vale Luci para comentar la novela *Cumbres borrascosas* (31-34), recuerda sorprendentemente la patética evocación por parte de Silvia de las películas hollywoodianas. El libro de Emily Brontë no nos es presentado como una obra autónoma, sino como un auténtico objeto de culto, como una coartada para dar rienda suelta a la imaginación. La veneración de Luci por su autora favorita (en cuya vida sentimental reaparecen los tópicos de la mujer abnegada y de la interposición sistemática del obstáculo que preserva el deseo) se desprende claramente del viaje-peregrinación que ha realizado, desde la Argentina, al museo Brontë en Haworth (Yorkshire), visita que le inspira los siguientes comentarios:

> Aunque para mí, Nidia, cuando digo páramo me vienen a la mente las Brontë, para mí un páramo es un lugar muy gris, pero interesante, con un misterio, una niebla blanca, y de a ratos otra cosa más. [...], unas ráfagas de garúa con reflejos de sol que no se sabe cómo llegan hasta ahí. Y en el cielo muy bajas unas nubes terribles casi negras (31).
>
> Dicen que Emily Brontë se quedaba horas y horas con la mirada perdida en ese páramo, pensando por qué un hombre se había hecho la casa tan lejos, entre tanta espina, y pensando cómo sería él. Y a ella le parecía que habría sido un hombre que había sufrido mucho, que de la gente no había recibido más que desengaños, y por eso se quería aislar. Y ella habría querido acercarse a él, pero para entonces de la casa no quedaban más que ruinas. Acercarse para ayudarlo (33-34).

Luci nos asegura haber divisado esa inexistente casa de Heathcliff:

> No, se veía el espejismo, pero era muy lejos para caminar adentro del páramo y llegar a eso que parecía una casa en ruinas. Yo creo que sí, que existe esa casa. A propósito dicen que es un espejismo, para que la gente no se meta y se pierda en ese páramo sin fin (33).

Silvia, a su vez fuertemente influida por la novela predilecta de su amiga y probablemente también por la película *Wuthering Heights* (1939) (protagonizada por Laurence Olivier), proyecta en Ferreira el encanto enigmático que emanaba del desafortunado Heathcliff: "Pero ella {Silvia} dijo que sabía que a él {Ferreira} le estaban pasando cosas por dentro, que no eran rutinarias" (32).

Suponemos que, a estas alturas, el lector del presente trabajo ya se habrá dado cuenta de que la comunicación interpersonal en *Cae la noche tropical* se concibe como un incesante vaivén de préstamos, una inextricable maraña mimética. Los trasvases se efectúan de manera incontrolable y en varias direcciones: desde la vida hacia el arte y vice versa, y entre los diversos registros del arte, sobre los cuales Manuel Puig se niega a zanjar. Según el autor argentino, la diferencia entre las modalidades de la mímesis no es una diferencia de índole, sino más bien de grado. Por otra parte, Puig tampoco sostiene que una telenovela equivalga a *Cumbres borrascosas*. Se declara 'agnóstico': no pertenece ni al bando de lo que se ha venido a llamar los 'apocalípticos', ni al de los 'integrados'. Recordamos que, según Eco (*Apocalípticos e integrados* 1993), "el error de los apologistas (integrados) de la cultura de masas estriba en creer que la multiplicación de los productos industriales es de por sí buena, según una bondad tomada del mercado libre, y no que debe ser sometida a crítica y a nuevas orientaciones" mientras que "el error de los apocalíptico-aristocráticos consiste en pensar que la cultura de masas es radicalmente mala precisamente porque es un hecho industrial, y que hoy es posible proporcionar cultura que se sustraiga al condicionamiento industrial" (1993: 66). Como Puig no considera la obra de arte un conjunto exclusivo de relaciones internas autosuficientes, y que es consciente de que los parámetros que hacen aceptable o no una intriga, no sólo radican en la propia intriga, sino también en el sistema de opiniones que regulan la vida social, cada separación tajante entre estos 'juegos de lenguaje' diferentes le parece perfectamente arbitraria. Sabido es - nos lo ha enseñado la estética de la recepción - que el descodificador se encuentra, ante el mensaje artístico, en una situación de tensión interpretativa entre el código habitual (el sistema de presunciones sobre el que se basan su sensibilidad y su inteligencia) y los elementos que, al realizarse como ofensas al código, generan sorpresas. La comprensión y la clasificación de la obra nacen de esta interacción. De ahí que, una vez comprendida, la obra - que ha entrado en un circuito ilimitado de recepciones - corre el riesgo de chocar contra una especie de hábito que el receptor ha ido elaborando durante sus confrontaciones estéticas. Así, ocurre a menudo que una obra inicialmente renovadora o problemática, cuando el mensaje de la obra en cuestión se ha consumido, aparezca como erosionada, agotada. Al acrecentarse las experiencias artísticas, cambian los 'topoi' y lo que los cánones tradicionales nos han acostumbrado a desear como solución reconfortante, de suerte que, en la actualidad, consideraremos novela 'casi popular' incluso aquellos casos en los que trama y estilo resultan, ya no meramente previsibles, sino previsiblemente problemáticos. Se constata en general que más tarde una obra - tomemos por caso la novela de Emily Brontë - puede ser afrontada de un modo totalmente nuevo, según un código que no era el previsto por el autor. Eco ha estudiado este trasvase continuo de 'estilemas' entre los niveles superior, medio y bajo (1993, capítulo 'alto, medio, bajo'). Da dos ejemplos concretos - la *Quinta* de Beethoven y la *Gioconda* - para ilustrar lo que puede suceder con un producto indiscutiblemente válido una vez que se encuentra inmerso en un circuito de consumo de masas: estas dos obras se utilizan, ya no como signos, sino como significantes convencionales cuyo significado es una fórmula desgastada, difundida por la publicidad. Este empleo fetichista del arte corresponde exactamente al trato superficial que Luci y Nidia reservan en su vida para la novelística previctoriana y para la poesía modernista.

Por los motivos que acabamos de enumerar, Manuel Puig ha renunciado a la compartimentación estanca entre arte culto y arte popular, y ha fundado una estética de la contaminación en la que se difuminan las diferencias entre los materiales de primera y de segunda mano, lo que es 'de primera' pudiendo, con un siglo de distancia, convertirse en su contrario. Los personajes de Puig, como él mismo, se mueven por un universo ya semiotizado pero susceptible, en cada momento, de ser resemiotizado: la estridencia cromática de la superproducción cinematográfica *Wuthering Heights* destiñe, retrospectivamente, en la novela en la que está basada, y *Cae la noche tropical* puede despertar en el lector contemporáneo la visión rosa de una noche en el trópico que le ha sido sugerida por la publicidad o por su propia experiencia. En el panorama vitalísimo de la cultura no se puede afirmar que la secuencia de las mediaciones y de los préstamos sea de sentido único. No solamente el llamado 'kitsch' toma prestados estilemas del arte culto para incluirlos en sus propios contextos, sino que también, hoy en día, la cultura de 'vanguardia', ante una situación masiva y agobiante de la cultura de masas, toma prestados del kitsch sus propios estilemas en medio de la rápida sucesión de los estándares, en la que cualquier innovación corre el peligro de convertirse en producción de una costumbre y de un vicio futuros. Una de las mejores estrategias de defensa contra la autoanulación de lo 'original' es sin duda la que ha elaborado Puig. Sus esfuerzos para reconocer y poner en evidencia este movimiento rotativo, esta 'transpropiación'[21] de los procedimientos estéticos, le confieren el estatuto de 'escritor de vanguardia', de acuerdo con la definición de 'vanguardia' propuesta por Eco (1993: 90): mientras que el kitsch imita "el efecto de la imitación", la vanguardia "imita el acto de imitar".

4.2.2. Nidia y Silvia

La relación entre Nidia y Silvia está fuertemente determinada por la envidia, por el 'doble vínculo' de la atracción y del rechazo. Si bien la animadversión es mutua, cabe observar que emana principalmente de Nidia. Por otra parte, llama la atención que la hostilidad no aparezca como algo irremediable: a medida que avanza la novela, asistimos a un deshielo entre las dos mujeres. En general, los escenarios de Puig indican que la interacción mimética no es forzosamente un esquema estático. Se da en estos personajes una capacidad de aprendizaje y de emancipación de sí, del que se era, para ser el que se quiere llegar a ser.

En un principio, Nidia es suspicaz. Desconfía de Silvia ("¿Nunca la pescaste en alguna mentira? ¿No se contradice?"), y pone reparos a todo lo que emprende. La manía que le tiene parece arbitraria, a menos que se la integre en el triángulo mimético sujeto/modelo/objeto. Nos vamos percatando de que la antipatía de Nidia le viene dictada por una fuerte envidia. Silvia tiene aproximadamente la misma edad que tenía Emilsen cuando murió, y, contrariamente a la hija de Nidia, Silvia ha sobrevivido por milagro a su enfermedad. Por consiguiente, Nidia actúa como si Silvia se hubiera salvado en detrimento de Emilsen, y el mismo motivo irracional la conduce a desacreditar a la 'rival de su hija' (en su manera de hablar, de trabajar, de organizar su vida: "Cada cosa la mastica mucho, dice las palabras justas y nada más" (32)), a llevarle sistemáticamente la contraria y hasta a boicotearla (no coge el teléfono aunque Silvia se lo pida expresamente).

Con la aparición de Ferreira en la vida de Silvia, la ojeriza de Nidia se agudiza aún más. Nos damos cuenta de que el esquema triangular que Nidia ha construido se está confirmando, y de que Silvia se afinca más sólidamente en su posición de rival. De hecho, en la mente de Nidia, Ferreira aparece enseguida asociado con su yerno Ignacio, y la ofensiva de Silvia se interpreta como una amenaza, como una tentativa de usurpar el lugar que antes ocupaba Emilsen. En el siguiente comentario, Nidia se traiciona y deja ver que éste es el verdadero motivo de su alergia por Silvia: "Mi temor es Ignacio, que haga eso, irse con la primera desvergonzada que se le cruza en el camino" (32). Nidia no deja de poner en paralelo la situación de su hija fallecida y de su yerno Ignacio con la que se produce entre Silvia y Ferreira: "Lo que sí me tiene curiosa es saber en qué momento él {Ferreira} aceptó la idea. De empezar a salir con alguien. Porque yo comprendo más que un hombre al atacarse esa fiebre vaya a una casa pública, y tenga que ver con una mujer a la que ni conoce ni va a volver a ver. Porque esa pobre diabla no va a ocupar el lugar de la esposa" (37). Nidia se vuelve particularmente vigilante cuando se entera por Luci de que Ferreira se ha atrevido a criticar a su primera mujer en presencia de Silvia. Quiere saber exactamente cuándo ha 'aflojado' Ferreira: "[...] decíme cuándo fue que él sacó el tema del vestido ese floreado. Porque fue ahí que empezó a criticar a la pobre señora que se acababa de morir" (37). A raíz de escenas como ésta, Nidia considera a Silvia una intrigante abusona y perversa y se opone obstinadamente a todas sus ambiciones: "Ella fue una atrevida y una irresponsable. ¡Que se aguante ahora si le salió mal la jugada!" (34). No acepta la versión del amor-pasión tal como la presenta Silvia y se regodea con su fracaso sentimental poniéndose invariablemente del lado de Ferreira: "[...] ella (Silvia) no quiso ayudar, le {a Ferreira} quería complicar la vida. Lo que quería era divertirse ella, y no le importó meterse en la vida de alguien que estaba con las heridas tan abiertas y tan difíciles de cicatrizar" (34); "[...] pero se lo quería agarrar para ella, ponerle las zarpas encima cuando todavía ese hombre no tenía sus lastimaduras curadas" (76).

Más adelante en el libro, se perfila una inesperada evolución en la actitud de Nidia, que se debe atribuir a una reconsideración de la estructura triangular. De rival, Silvia pasa a ser ahora objeto del deseo y, poco a poco, Nidia le va cogiendo cariño. El cambio de perspectiva se produce cuando Luci evoca la soledad de Silvia:

> Antes ella, cuando recién llegaron de México, a la noche siempre se quedaba con el chico, cenaban juntos y el chico después quería mirar un poco de tele y ella no podía salir nunca. Pero ahora el chico no está, ni de noche ni de día. Y lo peor no te lo dije, y es que no quiere venir ni para las vacaciones, allí tiene todos los amigos y vos me entendés (78).

Nidia de repente se identifica con esta mujer que, al fin y al cabo, en un sentido figurado, también ha perdido a su hijo. Su reacción es significativa: "Yo creo que tendríamos que haberla llamado, para dar la vuelta con ella" (78).

El sentimiento ambivalente que Nidia alberga para con Silvia, esa pugna entre la Silvia 'rival' y la Silvia 'objeto de amistad' sale a la superficie después de la frustrada tentativa de suicidio de la psicóloga. Nidia se descompone a pesar suyo y pasa toda la noche en vela. Admite que la desesperación de la vecina de Luci la afecta profundamente, pero simúltaneamente se indigna y acerca el capricho egoísta de Silvia a la injusticia que le fue infligida a su propia hija Emilsen: "¿A mí qué me importa de ella? Otras quieren vivir y se mueren y ella que tiene la suerte de curarse anda dando escándalo con las pastillas" (124). Pero la balanza se inclina cada vez más por el lado del aprecio. Nidia empieza a hacerle favores a Silvia, ganándose así la gratitud de quien antes era su enemiga. La ausencia, y, posteriormente, la muerte de Luci provocan una notable mejoría en las relaciones entre Nidia y la psicóloga. Y si, en la última página de la novela, se nos sugiere que Nidia ha vuelto a Río después de una breve visita a sus familiares en Buenos Aires, es indudable que esa decisión ha sido tomada a instancias de Silvia, y a fin de reanudar los contactos con esta 'hija adoptiva'.

El complejo juego de identificaciones y sustituciones del que Puig sigue el rastro en *Cae la noche tropical*, desemboca para Nidia en una catarsis personal, que ella misma formula, en una carta a su hijo, de la siguiente manera: "Antes la idea de que {Ignacio, el yerno de Nidia} volviese a formar un hogar me parecía un sacrilegio, una ofensa imperdonable a la memoria de Emilsen, pero ahora, estoy pensando que es lo mejor que podría hacer, pobre muchacho" (167). Esta carta es la prueba última de que Silvia ha sido plenamente aceptada. En otra carta, Nidia nos informa casi con alivio de la decisión efectiva de su yerno de casarse en segundas nupcias:

> La verdad es que esa casa necesita de alguien que limpie un poco a fondo, si viera Emilsen la roña que le deja esa sirvienta se haría cruces. Y los chicos están en una edad difícil. Mi temor era que él cayese con una jovencita que no supiese ni fregar bien una olla. Esta parece que va a ser una ama de casa competente (211).

El paralelo con Silvia no podría ser más claro. Vemos, pues, que una rivalidad mezquina y tiránica se ha ido metamorfoseando desde dentro de manera positiva. Para Manuel Puig, el ineluctable mecanismo mimético debe ser considerado un proceso abierto, dinámico e interactivo que no determina por completo a las personas concernidas. Al fin y al cabo, uno es libre de seleccionar la mímesis que más le convenga y puede optar por una estructura que le deje un relativo margen de maniobra.

4.2.3. Nidia y Ronaldo

En una conversación con su hermana, Nidia revela que desde su llegada a Río, se ha fijado en el muchacho que trabaja de sereno en el edificio de Silvia. El chico en cuestión se llama Ronaldo, es un inmigrante del Nordeste, la zona seca del Brasil, que, por su físico enternecedor y su irresistible vitalidad, ha conseguido tocar la fibra materna de Nidia. En sus intentos de explicar el encanto de Ronaldo, Nidia repite textualmente el argumento con el que Silvia, a la que tanto ha criticado, motiva siempre su flechazo por Ferreira: Ronaldo "tiene una mirada muy triste" en la que Nidia adivina "alguna pena muy grande" (73). El comentario de la romántica Luci es sorprendentemente lacónico: "Puede no ser tristeza, a veces las pestañas largas y arqueadas dan esa impresión"(72). En la evocación de la 'Sonatina', nos enteramos de que este parecido entre Nidia y Silvia no es el único, ya que Nidia reconoce que no sólo ha sucumbido ante la mirada de Ronaldo, sino que, como antes en sus amores juveniles, se ha mostrado particularmente sensible al efecto de su voz: "Ay, Luci, ni que hubieras sido bruja. Eso mismo me recitaba alguien, pero no me acuerdo más la cara, pero sí patente la voz. [...] Era una voz de muchacho joven, muy soñador" (85).

La historia del sereno arranca de lleno cuando Luci se traslada a Lucerna y Nidia se encuentra sola. Es entonces cuando le empiezan a fallar sus tan elogiadas facultades críticas. Se ilusiona con Ronaldo hasta el punto de negarse categóricamente a volver a Buenos Aires, invocando toda clase de pretextos (el clima tan bueno para la tensión, las plantas de su hermana que necesitan ser regadas). La realidad es que se toma muy a pecho las condiciones de vida de Ronaldo. La miseria que descubre cuando le acompaña a la obra de construcción donde suele pasar la noche le "parte el corazón":

> Yo lo que quería ver era dónde estaban las camas, en qué sucucho dormían, y casi me muero, porque en un rincón, donde va a ser el garaje, en el sótano, hay unos papeles tirados en el suelo, y unos trapos. Y algunos tienen colchón y otros ni eso, es algo que ni siquiera los ratones aceptarían como cueva (163).

Nidia empieza a creerse la heroína carismática de un drama entre opresores y oprimidos. Hasta se le ocurre reconstruir el hogar de Ronaldo y, con este propósito, invita a su mujer Wilma, "un alma de Dios" (159), a instalarse en Río, ofreciéndole alojamiento gratuito en la casa de su hermana. La presencia de Ronaldo compensa en parte la ausencia de Luci, y los contactos superficiales que Nidia mantiene con su familia en Buenos Aires ("Pero todos tienen tanto que estudiar que ya hace años que conmigo más que un beso muy cariñoso no me pueden dar" (172)). El afecto que le inspira Ronaldo no está arraigado, por tanto, en el objeto mismo de su deseo; viene condicionado por un instinto materno desviado, cuyo verdadero 'modelo' es el propio hijo. De la misma manera, Wilma, a la que Nidia sólo conoce por correspondencia, desempeña el papel de la 'hija sustitutiva'. El empeño que Nidia pone en reunir a los dos jóvenes casados corresponde a un profundo deseo de inventarse una vida de familia, de sentirse de nuevo útil ("Para distraerme compré tela y le estoy cosiendo algunas cosas para la mujer de Ronaldo" (153)). La perspectiva de verse rodeada de gente joven hace incluso que se anime a aprender el portugués (156-157).

Pero todo se queda finalmente en un castillo de naipes. Poco a poco, Nidia va perdiendo el sentido de la realidad. En una primera fase, el contacto con Ronaldo le proporciona bienestar. El chico es competente en su trabajo, particularmente conversador (mientras tanto, Nidia le ha contratado como mozo acompañante y se imagina que él le cuenta todo "como a un cura confesor" (180)), y, a pesar de las desgracias que le ha tocado vivir, un verdadero cascabel. Pero, en sus cartas a Luci, Nidia empieza a sacar todos los superlativos que tiene a su alcance. Su tono razonable se hace francamente lírico: Ronaldo es ahora "un ángel del cielo", "un ser de otro mundo" (162), y ver que ese chico se transforma cuando habla es ahora "lo más sagrado" en su vida.

La descripción de Nidia contrasta nítidamente con el comentario de Silvia que considera a Ronaldo "un muchacho algo infantil", dotado de "una mentalidad detenida en los doce años" y con caídas repentinas en la realidad ("[...] y en esos momentos se pone muy violento, como una criatura, violento de modo irracional, y altamente autodestructivo" (173)).

La verdad es que Nidia se ha dejado entrampar por la mentira romántica y que moviliza todos los estereotipos hollywoodianos que siempre ha ridiculizado, desde la coincidencia del ser y del parecer ("La cara no engaña, parece bueno y es bueno") hasta el tópico machismo (cuando descubre que Ronaldo "va noviando", atribuye este defecto "pícaro" al "aire de mar que hace que le hierva la sangre"(163)). En su impulso generoso pero torpe de xenofilia, Nidia proyecta sobre Ronaldo, sobre su exótica sirvienta María José, la chica a la que Ronaldo dejará embarazada, y sobre la ciudad de Río en general, su versión de la metáfora isleña: el mito del buen salvaje. De María José dice, por ejemplo: "[...] preciosa la chica, bastante oscurita, de ojos verdes muy claros, [...] no es ese color mate lindo de las morochas argentinas, no, es más tirando a bronce, como cuando una chica argentina toma mucho sol en Mar del Plata" (165-166), y, extasiándose ante el mercado carioca: "[...] ¡qué colorido de frutas y verduras! ¡sin contar los puestos de flores, que son dignos de una postal!"(166). Cabe decir en general que las mujeres argentinas (pensamos también en Silvia) aparecen apresadas en las redes de la seducción brasileña por ser demasiado confiadas y no entender la psicología del pueblo de adopción.

Cuando Nidia descubre que Ronaldo se ha aprovechado de su confianza y de su credulidad, el enfrentamiento con la verdad la saca completamente de quicio y se hacen añicos la autenticidad recuperada y la caridad paternalista. Sin embargo, tampoco esta tercera relación de tipo mimético debe ser evaluada en términos enteramente negativos. El proceso ha sido instructivo para Nidia, porque le ha abierto los ojos y le ha permitido descubrir el vínculo entre miseria económica, injusticia y violencia. Su ingenua voluntad de expiación que tan duro castigo le acarrea le ha enseñado, por otra parte, que la virtud nunca es un atributo colectivo, sino una propiedad individual y que el fetichismo de la diferencia conduce fatalmente a la mismidad. Como de costumbre, Manuel Puig llega hasta los confines de su propia lógica.

A pesar de todo lo que ha ocurrido, el desenlace constituye una victoria de la ilusión sobre la razón. Cuando Nidia se entera de que Wilma ha aparecido por su barrio en Río, su primera reacción es negativa: "Cometí un error una vez, y no lo voy a repetir. No puedo confiar en ese tipo de gente" (216). Sin embargo, como se desprende del informe de vuelo de Aerolíneas Argentinas que cierra la novela, no ha sido la reacción definitiva. Nidia vuelve a Río para darle a "ese tipo de gente" una segunda oportunidad. No se resigna al dolor ya que aceptarlo "equivale a aceptar la muerte en vida" (123)[22].

4.3. De la mímesis psicológica a la epistemológica pasando por la poética

En las páginas que preceden, hemos avanzado una hipótesis de tipo 'débil' acerca de la poco estudiada última novela de Manuel Puig. Al privilegiar el principio mimético, hemos intentado construir una matriz interpretativa que no descarta la complejidad del universo del autor argentino. Detengámonos ahora, para mayor claridad y comodidad de nuestro lector, en los nudos estratégicos de nuestro modelo interpretativo.

La importancia que Puig concede a la mímesis psicológica presenta una afinidad marcada con la teoría de René Girard. Tanto en la obra del novelista argentino como en la tesis antropológica del filósofo francés, la pulsión mimética hunde sus raíces en una desesperación de índole metafísica. En nuestra introducción hemos resumido los planteamientos de René Girard. Aquí nos ocuparemos principalmente de las premisas miméticas subyacentes en *Cae la noche tropical*, y del grado de aplicabilidad del diagnóstico girardiano a esta novela concreta.

Sobre los protagonistas de *Cae la noche tropical* pesa una especie de maldición: Silvia, Luci, Nidia y Ferreira experimentan una carencia profunda y se sienten irremediablemente solos. En el origen de su desdicha hay una promesa incumplida de autonomía, de transparencia, de una existencia sin fisuras ("Tanto Avilés como Ferreira me hacían fantasear con techos muy seguros, que no dejaban pasar ni una gota de ese diluvio que se desataba por fuera" (120)) a la que su vida diaria inflige un mentís brutal. Esta discrepancia hace que el sueño de plenitud esté situado allende el presente, en un esplendor pasado (la juventud para Nidia y Luci), en un futuro radiante (la convivencia con Ferreira para Silvia, el lazo materno con Wilma para Nidia) o en un espacio exótico que connote esa densa capa arcaica (la perspectiva de la isla que planea sobre el libro). No obstante, cada uno de estos personajes tiende a creerse el único excluido y se esfuerza por ocultar sus sentimientos de malestar y de decepción. Así, todos estos seres tienen la impresión de que los otros están inmunizados contra la maldición, mientras que su propia subjetividad es incapaz de satisfacer la promesa. Deseosos de dar con el paraíso, los personajes de *Cae la noche tropical* se vuelven apasionadamente hacia ese otro que parece disfrutar de la 'presencia absoluta'. Tanto Silvia como Nidia se creen a punto de hurtar al mediador el anhelado 'sésamo ábrete'. En realidad, el deseo mimético aspira, pues, al ser de este mediador, es un atroz deseo de ser el otro a fin de encontrar la puerta de acceso al paraíso perdido. Esta situación se presenta de manera particularmente llamativa cuando Silvia se obsesiona con resolver el enigma de Ferreira. Esa urgencia de "conocer lo más hondo" corresponde a la concepción del inconsciente que tiene la psicóloga. Según ella, no sería más que una franja reprimida de la conciencia que puede ser recuperada y canalizada con sólo aplicar algunas técnicas de base. Pero, en el nivel extradiegético, el narratario no asiste nunca a la desocultación de un ser. Imposible descifrar lo que el texto encierra en sus pliegues. El narrador-citador no comparte la fe ingenua en la transparencia de las personas y opina que el secreto, si se revela, no hace sino desplazarse. No hace de los secretos y los ocultamientos los eslabones de una intriga, los disemina

> [...] en una suerte de banda sonora susurrada que respira en todo el relato. Cada página plantea un secreto, ofrece una información que debe ser conservada, en todas partes una culpa que debe silenciarse, un pecado que hay que ocultar, la pequeña traición innombrable (Pauls 1986: 44-45).

Los personajes de Puig no son idénticos a sí mismos, ni por la imagen que dan, ni por la intrínseca versatilidad que supone la adecuación a la realidad cambiante. No es que procedan por fingimiento o por mala fe o que oculten maliciosamente sus pensamientos. La búsqueda de la identidad es sencillamente un cuento de nunca acabar casi siempre autocomplaciente que sólo se acaba con la muerte. La identidad es algo intangible que el relato acosa a menudo sin esclarecerlo. Y constatamos que, paradójicamente, los personajes que más se empeñan en encontrar un cambio radical son los que menos cuenta se dan del reciclaje de modelos al que se entregan.

Los protagonistas de *Cae la noche tropical* esperan de la imitación unos prodigiosos beneficios. Huelga decir que todos terminan defraudados. La novela evoca una y otra vez las peligrosas estrategias de autosugestión que los protagonistas despliegan, y el desengaño casi seguro que sufren cuando descubren que la realidad no se ajusta al paradigma romántico. Sin embargo, Puig no coincide con Girard a la hora de proponer remedios. Contrariamente al filósofo francés, el autor argentino no lanza un anatema contra la práctica mimética que describe. Rechaza rotundamente la solución girardiana que consiste en cambiar el modelo horizontal interhumano por una alternativa divina. Para Puig, el problema no se resuelve por la vía dialéctica. Elegir significa automáticamente elegirse un modelo que, en nuestra sociedad secularizada, raramente corresponde a un ser sobrenatural. En *Cae la noche tropical*, el autor nos enseña concretamente hasta qué punto la 'enfermedad metafísica' debe ser considerada una constante indestructible que, metamorfoseándose, renace continuamente de sus cenizas cual el ave Fénix: por convencidas que estén de que hay que conformarse con los buenos momentos vividos (41,132), ni Nidia ni Luci consiguen llevar a la práctica esta regla resignada; a sus 83 años de edad y a pesar de su problema de tensión, Nidia se plantea un viaje a Río de Janeiro con tal de realizar sus ambiciones y a la misma Nidia se le aflojan las piernas y le brillan los ojos con sólo pensar en las caricias de sus 'pretendientes' de antaño. Para Puig, más vale asumir que reprimir la realidad mimética, ya que tarde o temprano ésta reaparece bajo la forma sublimada del rigor dogmático: Larry, Pozzi o Valentín son seres crispados y asépticos que, contrariamente a las apariencias, tampoco han logrado sustraerse a la fascinación mimética.

Pero Manuel Puig va más allá todavía. Como ya hemos dicho y repetido, todo en este autor es Jano y cuando aparece una cara, la otra también asoma. El funcionamiento del deseo mimético tal como lo enfoca Puig es comparable al del 'pharmakon', al de una droga cuyos efectos pueden ser tanto benéficos como maléficos[23]. De ahí que Puig no vacile en rehabilitar la imitación y que dentro de ciertos límites hasta le parezca un principio saludable. Para Luci por ejemplo, la mentira romántica desempeña una función consolatoria desde el momento en que su marido pierde las facultades mentales. Leer y ver películas constituyen en adelante su principal instrumento de lucha contra la locura (212). En otras ocasiones, las decepciones engendradas por la ilusión romántica purifican o redundan en beneficio: Nidia y Silvia, inicialmente enemigas, se revelan capaces de aliviar sus sufrimientos compartiéndolos; Silvia renueva el contacto con su hijo a raíz del desengaño causado por Ferreira. A veces los personajes hacen de la necesidad virtud y salen fortalecidos de la prueba, o la superan con la capacidad empática afinada[24]. Puig sugiere que el proceso mimético, ese nutrirse de lo que dicen o hacen los demás, lleva simultáneamente a un movimiento de desubjetivización y a un proceso de resubjetivización, funciona a la vez como una actividad de normativización y ofrece una alternativa de transgresión. Las relaciones de semejanza en las que el individuo está cautivo implican forzosamente perversiones productivas que fomentan la traición contra las obligaciones de la fidelidad. El principio mimético es un principio disparador de versiones, de variación infinita. Cada acto de poner en relación dos sistemas origina diferencias. Entre lo que se imita y la reapropiación media una distancia. Es precisamente en este intersticio, en esta tensión donde Puig sitúa el verdadero terreno de la libertad, es allí donde reside la plusvalía que infiltra a la copia.

La pulsión mimética aparece en Puig como una fuerza ambivalente que no se puede eliminar y que apenas se deja domesticar. El efecto de este fármaco depende de su modo de administración: dosificado con moderación, produce alivio; pero ingerido en cantidades excesivas o demasiado a menudo (el caso de la sirvienta María José), perjudica gravemente a la salud y crea adicción.

4.4. Conclusión

La omnipresencia del principio mimético repercute asimismo en la visión del mundo de Manuel Puig. El autor, que siempre se ha mostrado alérgico a la unidimensionalidad, cuestiona seriamente la independencia de las tradicionales categorías, la 'libido sciendi', 'libido sentiendi' y 'libido dominandi'. Pretende que siempre se presentan imbricadas e impregnadas de 'libido imitandi'[25]. Si se analiza bien, el 'saber' no es ninguna instancia autónoma. Nada más ponerse en marcha el mecanismo mimético de entrada dividido y repetido, el 'saber' opera de manera selectiva, arbitraria e interesada. De ahí la paradoja de estas identidades vacilantes que parecen adoptar unas actitudes cruzadas, esa continua negociación entre los diferentes y a menudo antinómicos niveles del ser: la lúcida Silvia pierde la cabeza por un galán brasileño; Nidia, que la encuentra romántica y que en tantos aspectos es independiente, se deja engañar por un sereno tarado de 18 años; Luci, con su fama de 'novelera', hace observaciones juiciosas cuando menos se lo espera. Cada uno de ellos tiene su tendón de Aquiles, nadie está al abrigo de la fascinación romántica. La interpretación del personaje es siempre incompleta, la transparencia se nubla a cada instante.

En este sentido, Puig es un autor anti-epistemológico, a menos que la afectividad y la intuición sean consideradas parte integrante del saber. Postula que las emociones aportan algo a nuestro saber y que no debemos ni podemos eliminarlas para obtener una visión clara y justa.

El paradigma que mejor ejemplifica el funcionamiento de la mímesis epistemológica tal como la entiende Puig, es la palabra. La palabra, que implica transparencia y opacidad, repetición y diferencia, ofrece un condensado de la ambivalencia mimética; es el eje que vertebra *Cae la noche tropical*. Todo lo que dice esta novela reconoce su condición lingüística. Si la obra sugiere una cronología lineal y posee - debido a la mimetización de códigos narrativos - una función referencial de apariencia ortodoxa, está contrariada desde dentro por la impureza, la desmesura y la demora. Pero si en *Cae la noche tropical*, 'ser' significa pasar necesariamente por la articulación del lenguaje, la palabra no se comporta aquí como un mero vehículo. Asistimos a un auténtico proceso de transposición que toma partido por lo verbal. El texto descansa enteramente sobre la ansiedad comunicativa, con lo cual volvemos a encontrar en esta novela abundantes ilustraciones de la función fática. Para Silvia, Luci es la vecina 'paño de lágrimas' ("No, me ha contado todo desde el principio hasta el final no sé cuántas veces. Es lo único que la alivia" (28)). Lo que Nidia más echa de menos desde que ha perdido a su hija Emilsen es "poder comentarle cosas" (10). Es también en la función fática donde reside el verdadero interés del psicoanálisis. Sea cual sea el método seguido, importa sobre todo el carácter comunicativo de la terapia: "Es que me lo contó de muchas otras formas. Parece que con los pacientes hacen mucho eso, de explicar de distintas maneras las cosas, los sentimientos. Tiene un nombre eso que hacen" (49-50). Como lo demuestra la insistencia con la que Silvia intenta captar la mirada de su antiguo amante mexicano Avilés, los pensamientos y los acontecimientos se comprenden mejor cuando son formulados. Consigue finalmente lo que se proponía en su larga carta a Luci (117-123) y en la llamada telefónica con Nidia ("-No crea, ya me está ayudando, hablar con usted. Es bueno hablar, se me aclaran las cosas. Pero no con cualquiera se puede hablar" (219)). Igualmente redentora le resulta su iniciativa de empezar una correspondencia con su hijo:

> Todas las noches además le escribo a mi chico. Aunque sea una hojita. Es mi nueva disciplina y me está dando resultado. De ese modo pretendo mantener una comunicación con él. No importa que él no me conteste, lo mismo cuando me llama por teléfono se acuerda de todo lo que yo le comento por carta y así siento que no lo pierdo del todo (214).

La palabra cobra un estatuto aún más vital en el intercambio dialogado de las dos hermanas. Para conjurar la muerte, pasan el tiempo evocando recuerdos y contando historias, narrando. Es probable que la muerte de Luci se produzca por falta de conversación y que Nidia vuelva a Río para reanudar sus charlas con Silvia. Desde este punto de vista, la última novela de Puig, al erigir una charla banal en acto de habla funcional y conmovedor, continúa la milenaria tradición de las *Mil y una noches*. Bajo cualquiera de sus formas, y específicamente en la ficción, la comunicación reúne todas las características de un acto. Narrar es lo único que puede rivalizar con la experiencia. Como ya subrayamos en apartados anteriores, la ficción no constituye ningún 'ersatz' de la experiencia real, antes bien la mimetiza. Como la mímesis psicológica, la mímesis verbal actúa a la manera de un fármaco, surte efectos benéficos (entretiene, suaviza, exorciza: "Para mí esto ya se volvió como una droga, si no le escribo esa paginita a mi hijo no me puedo dormir" (214-215)) y maléficos (mediante la palabra se traicionan secretos ("Yo {Silvia} creo que nada mejor que transcribirle ese texto para que usted comprenda qué es lo que actualmente siente la señora Nidia. No creo de este modo estar haciendo algo incorrecto, revelando algo íntimo, que no me han autorizado a mostrar a terceros" (170)), se rompen pactos, se transmiten malas noticias y chismes).

La pragmática lingüística se equivoca por tanto cuando se niega a conceder el epíteto 'performativo' a la ficción. Puig pone de manifiesto que las categorías de verdad y de ficción deben ser manejadas con cautela ya que se trata de categorías graduales y que la frontera que las separa es permeable. Es cierto que la palabra encierra un componente de fabulación, una retoricidad persuasiva. Pero este rasgo no es más que la exteriorización lingüística de un impulso congénito en el hombre que sin cesar se forja personajes, pasados, futuros. La mímesis verbal reproduce modelos al tiempo que les aplica una auténtica labor personal. Al constituir la palabra el modelo simbólico por excelencia, restituye lo perdido y permite apoderarse de lo inalcanzable. El protagonismo del tema de la memoria en *Cae la noche tropical* ilustra, sin embargo, el carácter sui géneris de semejante recuperación. Los recuerdos son, sin duda alguna, cruciales para la prolongación de la identidad (uno sigue siendo el mismo gracias a la memoria), pero deben ser considerados en parte artificios en la medida en que arrancan forzosamente de una selección. Algunos recuerdos evocados por Nidia o por Luci serán, hasta cierto punto, reproducciones sin original. De la misma forma, Silvia enriquece el material depositado en su memoria con aportes propios. Así, observamos que de la mímesis del deseo a la mímesis verbal no hay más que un paso. Ambas se desarrollan en la frontera entre lo mismo y lo otro, entre lo inmodificado y lo modificado. Entre las versiones reproducidas y el resultado de la elaboración individual Puig detecta, tanto en la vida como en la literatura, un porcentaje incalculable de distorsión. Y por su obra sabemos que es a esta facultad de traslado - más que a la 'originalidad' - a la que llama creatividad.

NOTAS

[1] *Cae la noche tropical* (Barcelona, Seix Barral 1988; en adelante, todas las citas llevarán entre paréntesis la página que corresponde a esta edición) es, con *Maldición eterna a quien lea estas páginas* y *Sangre de amor correspondido*, la novela de Puig que menos atención crítica ha recibido. El estudio de Marco Kunz, *Trópicos y tópicos. La novelística de Manuel Puig* (1994), crea expectativas que no consigue colmar. Kunz ha desarrollado el significado del 'trópico' desde la ilusión y el posterior desencanto de los personajes: el título de la novela metaforiza el paso repentino de claro a oscuro, la melancolía del crepúsculo, la falta de futuro de las dos protagonistas octogenarias.

El único artículo que nos ha proporcionado cauces interpretativos (nos ha puesto en la pista de Vattimo) es 'Manuel Puig and Gianni Vattimo: Art, History, Ethnicity' de Paul Julian Smith (1992: 163-220). El análisis de Smith investiga otra acepción de la noción del trópico: "In a Nietzschean mode, the nightfall of the title may mirror both the decline of 'high' art and the nihilist rejection of truth as the bringing into light of that which is hidden" (1992: 178).

[2] La tímida vertiente utópica que se dibuja en *Cae la noche tropical* coincide con una tendencia internacional de la segunda mitad de la década de los ochenta, que es destacada por Ihab Hassan en términos de resubjetivización y rehumanización: "A reflux of language to human relations [...]; a time for provisional reconstructions, pragmatic remythifications" (1987: 91).

[3] Véase Montero 1988.

[4] Más adelante señalaremos una infracción significativa.

[5] Recordamos que la envidia o 'invidia' deriva de 'invidere', mirar oblicuamente.

[6] El indicio proléptico temático - la prefiguración exacta del viaje que llevarán a cabo Silvia y Ferreira - se ve reforzado por la disolución momentánea del pacto narrativo. El texto citado empieza por *"la bahía de ANGRA DOS REIS, o sea, Ancla de los Reyes"* (63). Teniendo en cuenta que Luci lee un periódico brasileño, la traducción al español sólo puede provenir de la instancia narradora, que infringe aquí el código de la estricta neutralidad.

Cabe observar que la problemática de la traducción se enfoca más de una vez en *Cae la noche tropical*: cuando Nidia, en varios episodios cruciales para la trama, no coge el teléfono por miedo a no saber contestar en portugués; o cuando Silvia, que se ha forjado un idioma híbrido entre el español y el portugués, se enreda en la terminología pesquera (219), dándose cuenta de que se está olvidando de su castellano materno. Tanto por motivos autobiográficos como poéticos, Puig gusta de instalar sus novelas en una especie de intersticio lingüístico. Véase a este respecto nuestro análisis del bilingüismo en *Maldición*.

[7] El relato (relato del relato de Silvia, ya que la novela presenta la estructura de una estafeta narrativa) que hace Luci del episodio de la isla está impregnado de estos tópicos: "Hay que salir de Río a la tarde, y después de dos horas de carretera se llega a ese puerto chiquito, de libro de aventuras. Porque hay marineros viejos con cicatrices, alguno que le falta un brazo, o una pierna. Y chicos descalzos, con un loro paradito en el hombro del chico, pero todo pacífico" (89). A Luci siempre le da por recargar las tintas. Su empeño por situar a los pescadores de la isla en 'alta mar' le vale la siguiente rectificación de Nidia: "Eso no se dice nunca, en alta mar andan los barcos grandes, los transatlánticos. Apréndelo de una vez". Por su contestación ("Mar abierto entonces. Yo para darte una idea" (94)), Luci indica que le importa más el efecto persuasivo de la historia que la precisión terminológica.

[8] Este fenómeno se produce en muchos terrenos. En la novela se da por ejemplo el caso de que los detalles eróticos 'picantes' ya no escandalizan a nadie, ni siquiera a las dos respetables ancianitas. Es más, no sólo se reciben con la mayor complacencia, sino que los excesos se han institucionalizado e incorporado a la cultura oficial.

[9] Véase el segundo fragmento metatextual, "Ondas de verano - la temporada comienza con novedades en rock, cine e historietas" (58-59) que deja ver que las innovaciones e renovaciones artísticas se están auto-anulando: "[...] una sucesión de explosiones pasajeras como en el esquizo-frénico año que acaba de fenecer".
En su obra *La fin de la modernité. Nihilisme et herméneutique dans la culture post-moderne*, el filósofo turinés Gianni Vattimo, basándose en las ideas de Nietzsche y de Heidegger, explica que el paradigma modernista asigna una función estructural a la innovación y a la experimentación y que, habiendo renunciado consciente o inconscientemente a semejante paradigma, nos situamos actualmente en una 'tierra de nadie' poshistórica o transhistórica (1987: 13).

[10] Intentamos captar el posmodernismo, no como un estilo, sino más bien como una pauta cultural, una concepción que permite la presencia y coexistencia de una gama de rasgos muy diferentes e incluso subordinados entre sí. Puig se inscribe en la corriente 'débil' por la que aboga Vattimo (1987: 17-18; 165): el pensamiento débil "es razonable porque no aspira a la globalidad y es débil como débil es el luchador oriental que hace suyo el

ímpetu del adversario y cede para después encontrar en la situación que el otro ha creado los modos (conjeturales) de responder victoriosamente." (Eco 1988b: 386).

[11] En el tercer fragmento metatextual (60-62), el narrador-citador, identificándose con Sciascia, lleva a cabo una desconstrucción del maniqueísmo en política y postula que la anti-mafia italiana también contiene gérmenes de carrerismo. Si bien Sciascia "fue el primer autor italiano en usar la literatura con fuerza y maestría como arma eficaz contra sistema y métodos mafiosos", ahora ha cambiado de actitud "en nombre de la incontrolable aversión que siempre sintió por todos los mitos. O inspirado por el profundo desamor que manifiesta por los símbolos y expresiones del poder".

[12] "This is the difficult and continuing challenge of representing the other: to refuse both homogenization and fetishization, to resist both the reassuring comforts of the Same and the vicarious pleasures of the exotic" (Smith 1992: 220).

[13] Según Vattimo (1987: 45), la metafísica es corresponsable de los abusos de la tecnología. A partir de este razonamiento, Vattimo identifica utopías progresivas y regresivas (íbidem). Sin embargo, comprender la tecnología no significa suscribirse a ella sin reserva (1987: 51).

[14] Véanse a este respecto: Friedrich 1991; Haskell 1987; Wood 1989.

[15] Premisas básicas: la realidad está hecha a la medida de los sueños, la vida es susceptible de ser comprendida y controlada en toda su extensión y profundidad metafísicas.

[16] Cabe observar que los personajes de *Cae la noche tropical* van todavía más allá, al suponer una especie de ósmosis entre los papeles interpretados por los actores y la vida que han llevado. En el capítulo 6 de la novela, Luci lee una biografía de Vivien Leigh que le ha sido recomendada por Silvia y que, según lo prescribe el código, se sitúa en la prolongación de sus principales roles.

[17] En el texto la confusión sistemática de Nidia entre la actriz Barbara Stanwyck y Stavisky – "por aquel famoso estafador que se llamó Stavisky" (33) - constituye otro indicio de que los modelos hollywoodianos connotan engaño.

[18] Se trata aquí de la función paradójica del famoso 'effet de réel' tan brillantemente analizado por Barthes (1982: 81-90). Mediante el recurso al detalle ornamental aparentemente superfluo, se realza la ilusión referencial y se connota el carácter representativo y transparente del lenguaje ('mimético', dice Barthes, tomando la mímesis en su sentido más restringido), cuya inherente opacidad resulta así deliberadamente ocultada.

[19] La famosísima novela de Emily Brontë se menciona asimismo en *Maldición eterna* (48) donde Larry admite no haberla leído por juzgarla demasiado sentimental, y en *La traición* (94) donde aparece aludida bajo forma de película.

[20] El poema que las dos hermanas van rememorando de manera incompleta, lentamente y con fruición (83-85), es la temprana 'poesía de la princesita' o 'Sonatina' (*Prosas profanas y otros poemas*, Buenos Aires 1896-París 1901). Los versos constituyen mayormente un pretexto, ya que aparecen asociados a la evocación de un amor juvenil de Nidia. Por parte del autor, la selección de la 'Sonatina' no se debe al azar: el poema contiene referencias a una situación triangular (la princesa-el feliz caballero-el hada madrina), poniendo así en abismo el triángulo Silvia-Ferreira-Luci.

[21] 'Transpropiación' que nos reconduce al pensamiento débil característico de la posmodernidad en la que se celebra "cet événement de l'être où toute propriation - tout don du quelque chose en tant que quelque chose - ne s'actualise que comme transpropriation dans une circularité vertigineuse où l'homme et l'être perdent tout caractère métaphysique" (Vattimo 1987: 31).

[22] En su artículo 'La manta robada: nostalgia, experiencia y representación', Masiello interpreta este final como una apuesta por la experiencia indirecta, por la apropiación de lo ajeno: "Cuando Nidia rechaza a la familia de Buenos Aires para volver a Río de Janeiro, pone en juego una memoria contra otra, una imagen de la familia 'real' contra la familia inventada, y elige el nuevo orden creado por encima de la estructura original. La simulación parece ofrecerle más placer que el modelo." (1997: 343)

[23] En esta aproximación a *Cae la noche tropical* nos hemos centrado en la mímesis, pero cabría dar otros muchos ejemplos de la 'coincidentia oppositorum': en un momento dado (113), el amor es comparado tanto a la vida ('oxígeno') como a la muerte ('ahogo', estado colindante con la agonía).

[24] "Mimesis, accordingly, is a precondition of fellow feeling, compassion, sympathy, and love toward other people. It is imitation, assimilation, surrender; it leads one to copy in experiencie the feelings of others without objectifying or becoming hardened toward them" (Gebauer & Wulf 1995: 286-287).

[25] Creamos este neologismo por analogía con las categorías modales 'libido sciendi', 'libido sentiendi' y 'libido dominandi' descritas en Jouve 1992: 156-158.

Conclusiones generales

> Mimesis is like a 'mimosa', which withdraws from contact; it has nothing of its own; the more similarity there is, the more the similarity renders itself distinct.
>
> Jacques Derrida

> Imagine sailors who, far out at sea, transform the shape of their vessel from a more circular to a more fishlike one. They make use of some drifting timber, besides the timber of the old structure, to modify the skeleton and the hull of their vessel. But they cannot put the ship in dock in order to start from scratch.
> During their work they stay on the old structure and deal with heavy gales and thundering waves. In transforming their ship they take care that dangerous leakages do not occur. A new ship grows out of the old one, step by step – and why they are still building, the sailors may already be thinking of a new structure, and they will not always agree with one another. The whole business will go on in a way we cannot anticipate today. That is our fate.
>
> Otto Neurath

Todos los elementos aducidos en nuestro análisis de cuatro novelas de Manuel Puig indican que el espíritu de imitación constituye el motor del comportamiento de los personajes. Pero la pulsión mimética no sólo determina la convivencia entre los personajes: se repite en cada estrato de nuestro objeto de análisis. Interviene en los intercambios sociales y en el funcionamiento contemporáneo del poder, incide en los recursos narrativos, rige la poética del autor y su concepción del saber. Cabe, por tanto, postular en la novelística de Puig la omnipresencia del principio mimético. Ahora bien ¿cómo definir esta mímesis, columna vertebral de nuestro trabajo? Gebauer & Wulf (1995: 311) reconocen que se trata de un proceso de interacción inasible y casi indescriptible, de un elemento indómito, incontrolable, imprevisible. A partir de estas características nos parece legítimo considerar la mímesis una 'libido', más precisamente, la 'libido imitandi', categoría que subsume y reordena las tres 'libidos' modales que desde Greimas se distinguen: la 'libido imitandi' guía la emotividad, se infiltra en el saber y penetra en las estructuras del poder. Manuel Puig, que siempre se ha mostrado alérgico a la unidimensionalidad, cuestiona la independencia de las tres categorías modales y da a entender que se suelen presentar imbricadas e impregnadas de 'libido imitandi'.

El 'doble vínculo' pesa sobre la 'libido imitandi' como sobre todas las pulsiones: en sí misma no es ni positiva ni negativa. Sin ella, no se emprende nada, pero llevada más allá de cierto umbral, conduce a la violencia y se convierte en su contrario destructivo. La 'libido imitandi' es comparable al sistema curativo homeopático, sistema que administra dosis mínimas de substancias que, en mayor cantidad, determinarían una afección análoga a la que se combate.

Este funcionamiento determina la constante paradoja que emerge de la escritura de Manuel Puig. Un intenso deseo de transparencia, de exhibicionismo mimético (por ejemplo la estructura citativa de *Maldición*) genera una mayor opacidad; por otra parte, llevar lejos la distancia produce el acercamiento (*Boquitas pintadas*). En cada análisis nos hemos topado con esta colisión de lógicas que da lugar a la contraproductividad (cuando se dan efectos no deseados) o a su contrario, la colateralidad (cuando ocurre algo a lo que se ha dejado de aspirar) que relativiza el teleologismo. Los disfuncionamientos de los principios unívocos o bipolares en la novelística de Puig tienen que ver con la incompatibilidad entre dos maneras de enfocar la literatura y la vida: entre reproducción y representación vistas como mero 'calco' (principio referencial de la transparencia) y reproducción, representación entendidas exclusivamente como producción, presentación (principio autorreferencial de la opacidad).

La obra de Puig oscila constantemente entre estos dos polos que constituyen el núcleo de la mímesis. Globalmente, cabe afirmar que el autor ha pasado de las estructuras laberínticas de sus primeras novelas (rasgo típico de la literatura del 'boom') a una narrativa menos estridente y llamativa pero no por eso menos compleja. Toto, protagonista de *La traición de Rita Hayworth*, resulta ser el antecedente indiscutible de Molina (*El beso*), y de Larry (personaje principal de *Maldición*) cuando confiesa que no sabe dibujar sin modelo. Estas palabras se comprenden mejor cuando se relacionan con los procedimientos formales de *La traición*, que ha sido elaborada a base de 'modelos' que sirvieron de pautas temáticas, pero al mismo tiempo determinaron la estructura de la novela. En el primer período de Puig - *El beso* hace oficio de bisagra - el afán copiador se justifica por la necesidad que resienten los personajes de autodefinirse tanto personal como socialmente, por su profundo anhelo de promoción. De nuestro análisis se ha desprendido que la conquista de signos ideológicos por los personajes - signos portadores de valores que les confieren una ubicación en la medida en que se aproximan o se alejan del modelo querido - se inicia a través de los mediadores inasequibles (estrellas de cine y el oropel hollywoodiano en general), y que sólo en una segunda etapa de la obra de Puig se produce el acercamiento progresivo a los mediadores familiares y por tanto rivales. Paralelamente, constatamos que en el 'segundo Puig', las manifestaciones patentes de la imitación de terceros retroceden poquito a poco y que los productos o mercancías que funcionaban como un jeroglífico social de fácil desciframiento, se ven relegados a un segundo plano. Simultáneamente, se efectúa una internalización del deseo mimético: a partir de *El beso*, entramos paulatinamente en la más oscura intimidad de los protagonistas. Este asedio a la intimidad va acompañado de un cambio de discurso y afecta profundamente a la lengua de los personajes que se duplican al asumir ahora el doble papel de actor y de autor. En el preciso instante en que el núcleo inalienable de cada uno de los personajes parece más cercano que nunca, es cuando ha desaparecido todo punto de referencia estable y cuando mayor se ha hecho la escurridiza opacidad psicológica y lingüística. Detrás de la risa anida la crítica de la propia vida del lector/crítico; en sus últimas novelas, Puig nos interroga constantemente a propósito de la medida en que nosotros mismos somos capaces de sustraernos a la ilusoria visión del deseo mimético. La mediación se hace englobante cuando se pone al servicio de la alienación intelectual de la que resultan víctimas Valentín (*El beso*), Pozzi (*Pubis angelical*) y Larry (*Maldición*), que se parecen preocupantemente al lector culto. *Maldición* es sin duda la novela más esquizoide de Puig, mientras que en *Cae la noche tropical* el autor ha conseguido reconciliar las dos caras del 'doble vínculo'. En su última novela es donde mejor funciona la filosofía de la vía media: ni transparencia ni opacidad, sino re-presentación o re-producción en el sentido de nueva producción, presentación de otra manera.

La paradoja mimética afecta a todos los niveles del universo creado por Puig. Hace que el autor proceda implícitamente a la disipación de las fronteras, que ponga en duda las jerarquías establecidas: la distinción entre lo privado y lo público, entre dentro y fuera, lengua hablada y lengua escrita, denotación y connotación, realidad y ficción, original y copia... Derrida tiene razón cuando pone en tela de juicio estas parejas y cuando considera el segundo término, tomado generalmente en un sentido negativo, marginal o suplementario, la condición de posibilidad del primero. No se puede afirmar que la secuencia de las mediaciones y de los préstamos vaya en sentido único.

Paralelamente, la poética de Puig es una poética que desbarata la diferencia entre el ser y el parecer, entre lo romántico y lo novelesco. Además, la paradoja mimética incita a Puig a reestructurar y a contaminar las herencias 'agotadas' y 'desgastadas' de la cultura occidental, y a poner de manifiesto los múltiples procesos de mediatización que hemos inventariado en nuestro trabajo. No cabe duda de que para el autor argentino el instrumento de mediación más poderoso es la palabra en todas sus dimensiones: la escrita y la hablada, la fática, la dolorosa y la terapéutica. Al fin y al cabo, el propio Puig, a pesar de su fascinación por el cine y por las imágenes, ha vehiculado lo que tenía que decir en palabras. Puig replantea y rehabilita la pulsión mimética y, al rehabilitarla, la amplía a todas las experiencias humanas.

La **mímesis psicológica** se caracteriza por el mismo funcionamiento paradójico: "Mimesis is a movement of approximation between things and people which allows people to retain their uniqueness" (Gebauer & Wulf 1995: 319). La importancia que Puig concede al deseo mimético presenta una afinidad marcada con la teoría de René Girard. Para hacer resaltar este parentesco, hemos analizado *The Buenos Aires Affair*, *Cae la noche tropical* (brevemente) y *Maldición* (en profundidad) desde este punto de vista.

La 'libido imitandi', mecanismo fundador de las sociedades humanas, no es una desviación de nuestro comportamiento sino su principal sustento. La teoría de Girard ofrece múltiples ventajas: permite pasar, sin solución de continuidad, de la coquetería a los celos y a las persecuciones paranoicas. Todos estos fenómenos se inscriben por derecho propio como eslabones de la trayectoria del deseo. Girard concluye que la violencia mimética que ha acompañado a la historia de la humanidad sólo puede ser domesticada mediante dos procedimientos: lo sagrado en las sociedades tradicionales y lo judicial en la sociedad moderna. Esperamos haber demostrado que la conclusión de Girard es demasiado restrictiva y que si hoy lo judicial ha sido eclipsado por el orden económico, este nuevo camino tampoco indica la solución ideal, ya que la única forma de conjurar lo mimético consiste en admitirlo, vivirlo desde dentro y servirse de ello.

En *Maldición*, los papeles que los personajes interpretan son fluidos y maleables, no existe la posibilidad de asegurarse una identidad estable. Sin embargo, Ramírez y Larry necesitan disponer de una identidad propia. Paradójicamente, en el caso de Larry, ésta se plasma en el preciso instante en que el personaje deja de ver la condición mimética como un callejón sin salida. Para Ramírez, que es incapaz de valorizar positivamente la copia, el mimetismo se asocia fatalmente con la muerte.

Manuel Puig reinterpreta la fecunda hipótesis de Girard sobre el deseo mimético que, según él, no conduce necesariamente a una reciprocidad vindicativa o a la agresividad. No sólo produce violencia intersubjetiva, también aporta dinamismo, creatividad y capacidad de redención. Puesto que el hombre es un animal mimético, la 'libido imitandi' nunca se eliminará: nunca renunciaremos al deseo de coincidir totalmente con el otro, con lo otro, con nosotros mismos a través del otro. Una vez admitido esto, la literatura no debe conformarse con ser antiromántica o novelesca en el sentido girardiano, pero debe reorientarse hacia fines positivos. Esto es lo que ocurre en los finales de todas las novelas que hemos estudiado: Larry, Gladys, Nené y Nidia abandonan la pasividad de la 'copia pura' en favor de una actividad cargada de sentido. La comunicación interpersonal se concibe por fin en términos de un incesante vaivén de préstamos. Cabe añadir que los desenlaces siempre resultan de decisiones tanto no-verbales como verbales (conversaciones, correspondencias), prueba de que Puig confiere a los discursos un estatuto plenamente performativo.

Más novelesco que el propio Girard, Puig pone en movimiento los 'triángulos encadenados' del filósofo francés, los flexibiliza en un movimiento de 'Verwindung' o 'perlaboración' (Vattimo). Sus personajes pasan imperceptiblemente de un lado de la frontera (lo 'romántico') a otro (lo 'novelesco'), tejiendo un entrelazamiento inextricable en el que cobran su identidad.

Ya que la **mímesis** en su dimensión **sociológica** está igualmente muy presente en la narrativa de Puig, hemos realizado un análisis de *The Buenos Aires Affair* y de *Boquitas pintadas* en términos de mímesis sociológica. La obra de Michel Foucault ilustra el abandono de las grandes divisiones binarias entre perseguidores y perseguidos y la importancia creciente de los conceptos de 'norma' en la producción simbólica. El mapa conceptual trazado por Foucault hace aflorar los aspectos miméticos del poder contemporáneo. Como *The Buenos Aires Affair* trata esencialmente de machismo y de prácticas sexuales, nos hemos basado para su análisis en *La volonté de savoir*.

El capítulo sobre *Boquitas pintadas*, que presupone un estudio de la historia argentina, nos ha llevado a una reinterpretación del discurso oficial vigente en ese país desde Sarmiento hasta nuestros días, y a una hipótesis productiva de la ontología 'débil' (Vattimo) de América Latina. Puig ha contribuido a combatir el fundamentalismo nacionalista que congela lo latinoamericano como "un santuario de la naturaleza premoderna y que sublima a este continente como el lugar en el que la violencia social es hechizada por los afectos" (García Canclini 1995). La sociedad argentina se caracteriza por una doble codificación: el mimetismo ha llegado a constituirse desde su independencia en una estrategia de supervivencia; por otra parte, los desplazamientos con respecto a las categorías importadas (europeas y norteamericanas) han generado varias fisuras (Sarmiento que somete la heterogeneidad de la 'barbarie' al orden 'civilizado' del discurso pero en cuyo discurso se cuelan deslices significativos) que se pueden interpretar de diferentes maneras. Puig no las deplora. Al contrario, opina que pueden anticipar las críticas que posteriormente se darán en el contexto de origen. Como de costumbre, el autor adopta una actitud ambivalente frente a los fenómenos de sincretismo a los que ha asistido: ha opuesto resistencia a los estereotipos de blanqueo que han nutrido su cultura, pero lo ha hecho dándose cuenta de que estos mismos estereotipos constituían para ésta la única condición de existencia. Movimiento simultáneo de desterritorialización y de reterritorialización, la identidad colectiva vista como co-producción capaz de abrir espacios de creatividad.

Manuel Puig es un autor empeñado en radicalizar la emancipación de todo patrocinio narrativo. Prefiere la transcripción de las palabras a la reconstrucción de acontecimientos. El análisis de una novela tan estrictamente dialógica y citativa como *Maldición* pone de manifiesto la imposibilidad de la mímesis narratológica cuando ésta se toma en un sentido restringido. Estas constataciones nos han llevado a estudiar el concepto de **mímesis poética** en general desde Platón hasta Derrida, y a sugerir una reinterpretación de este paradigma y una problematización de la originalidad.

Para Puig, la ficción no constituye ningún sucedáneo de la experiencia real; antes bien, esta última mimetiza la primera. Narrar es lo único que puede rivalizar con la experiencia, lo único que constituye un auténtico acto performativo. La poética de Puig revaloriza lo mimético por considerarlo productivo, abandona la pretensión de la originalidad y entiende la escritura en el sentido borgiano de 'plagio'. Puig sabe que cada vez que se ponen en relación dos sistemas, se originan inevitablemente diferencias y residuos: entre lo que se imita y la apropiación siempre media una distancia, el afán más estricto de iconicidad engendra distorsión. En este intersticio es donde Puig sitúa la creatividad.

El lenguaje de la literatura no puede agotarse, pero sí acaban consumiéndose determinadas concepciones de la literatura. Si Platón privilegia lo representado y el modernismo la representación, Puig ocupa la posición intermedia: imita, copia, traduce otras artes (narra películas inevitablemente ausentes para el lector, reproduce diálogos perdidos para siempre), fundando así una estética de la contaminación en la que se difuminan las diferencias entre los materiales de primera y de segunda mano. Mímesis no significa ya tanto subordinación, sino más bien transformación: "Mimesis construes anew already construed worlds" (Gebauer & Wulf 1995: 317).

En nuestro análisis de *Cae la noche tropical*, que se apoya en *La fin de la modernité* de Gianni Vattimo, todas las dimensiones anteriormente mencionadas de la mímesis reaparecen vinculadas. Como ocurre también en *Maldición*, el autor rechaza en su última novela la **mímesis epistemológica**, acepta el no-saber, a menos que se consideren la afectividad y la intuición parte integrante de este saber. Confiere a la literatura una función epistemológica no excepcional (como en el modernismo) sino ejemplar. Defiende la función cognoscitiva de su arte: no sólo se trata de ver la presencia de lo real en la ficción, sino también de ver la presencia de la ficción en la realidad. Puig nos deja en el umbral de una nueva episteme que organiza el conocimiento en torno a la paradoja. Nos entrega a nuestra propia suerte y nos obliga a relacionar todos los aspectos del paradigma mimético: a vincular el 'error' argentino y la urgencia de que esa sociedad asuma su procedencia híbrida con la esquizofrenia de Ramírez; a poner en paralelo la premura epistolar de Nené y de Nidia con el reciclaje de materiales innobles al que se entrega Gladys...

El estudio de cuatro novelas de Manuel Puig destruye el mito de la traslucidez mimética con que se sigue asociando demasiado a menudo la obra del autor argentino. Esta supuesta transparencia se enturbia a cada instante. Nuestro enfoque muestra que Puig está inmerso en el espacio posmoderno y que pone constantemente en abismo la tradición cultural de la 'metafísica de la presencia'. Los teóricos de la posmodernidad parten de la hipótesis de que el saber cambia de estatuto cuando las sociedades entran en la edad posindustrial (Gebauer & Wulf 1995: 309).

La posmodernidad parece haberse reconciliado con las irrupciones miméticas que se producen en el seno de las relaciones humanas, con los procesos de mediación continuos, recíprocos y reversibles entre mundos simbólicos y realidades individuales, estructuras de poder y ficciones sociales (Gebauer & Wulf 1995: 319). Hoy en día, se reconoce que ha expirado una manera restrictiva de enfocar la representación. Manuel Puig ha contribuido a esta entrada en crisis de la 'falacia mimética'.

Opinamos que nuestro método de 'eclecticismo controlado', descrito en el prólogo, se ajusta al contexto posmoderno y al universo de Puig. Este encauzamiento nos parece el más indicado cuando se trata de llegar a lecturas de largo alcance que superen el estrecho marco disciplinario. Cabe destacar que, pese a la aparente monotonía de las últimas novelas de Puig, esos textos se resisten al desciframiento estructural y resultan mucho más refractarios al análisis de lo que aparentan. Las paradojas semióticas omnipresentes en la novelística de Puig (que Linda Hutcheon considera los mayores indicadores de la episteme posmoderna), al no encajar en la coherencia estructural y al trastornar las relaciones interpretativas lógicas (**lo que** significa queda negado en **la forma** en que significa), nos han llevado al camino de la desconstrucción. Las múltiples oposiciones binarias (oralidad/escritura, masculinidad/feminidad, orden establecido/discursos de subversión, vida/literatura) que críticos como Muñoz (1987a) o García Ramos (1993) han proyectado sobre las novelas de Puig, parecen amoldarse a la estructura de las obras. Miradas con detenimiento, estas categorías resultan ser sin embargo encasillamientos 'ad hoc', distorsiones a través de las cuales los textos de Puig ven transformada su diferencia interna en una diferencia entre posturas mutuamente excluyentes.

Mas esta reserva no nos ha llevado a tirar por la borda los modelos de análisis de origen 'moderno', como por ejmplo el de René Girard. El hecho de haber introducido ajustes epistemológicos posmodernos en metodologías de raigambre moderna, gobernadas por una concepción primordialmente teleológica, no constituye, a nuestro modo de ver, una inconsistencia teórica, antes bien una hibridez deliberada. Esta forma de trabajar - combinar un análisis moderno con un marco epistemológico moderadamente posmoderno - nos ha sido dictada por la ambivalencia tan omnipresente en un autor que ocupa un claro lugar de transición en las letras argentinas.

A la hora de considerar la relación entre metafísica de la presencia ('modernidad') y descualificación de los grandes relatos ('posmodernidad'), Puig rechaza rendirse frente a cualquiera de las dos actitudes usuales ante la tradición - la celebratoria y la condenatoria - incluyendo, en cambio, a ambas, de modo que cierto afán utópico y cierta nostalgia del aura benjaminiana se compaginan con la nítida sensación de estancamiento de esta modernidad que a pesar de todo le cuesta abandonar. No obstante su nostalgia de la plenitud, Puig se niega a tomar refugio en cualquier doctrina, prefiriendo presentar sistemáticamente las dos caras opuestas entre las cuales organiza un vaivén incesante, sin determinarse a apostar por una o por otra (poética de doble vínculo con fundamento paradójico). Sustituir el metrarrelato romántico por otro, por ejemplo por el premoderno del cristianismo como lo ha hecho Girard, reinstaurando así la idea trascendente de la presencia absoluta, equivaldría más bien a una forma de hipostasiar la mímesis incompatible con el espíritu puigiano. Semejante incongruencia no invalida, empero, el admirable desmantelamiento de una de las ilusiones modernas - la romántica - que Girard ha llevado a cabo.

Cabe sostener, en conclusión, que una postura metodológica ortodoxa habría estado reñida con nuestro objeto de análisis. A fin de cuentas, sería difícil que un estudio sobre la mímesis no afectase a las capacidades miméticas del investigador; de allí que hayamos optado por este espacio de transitividad teórica, producto de un transvase de conceptos que esperamos fructífero.

Es imposible determinar hasta qué punto la modernidad supone una asignatura pendiente de la posmodernidad. Hemos preferido, por tanto, considerar la posmodernidad un concepto metacrítico. Si se concibe de otra forma, si modernidad y posmodernidad se identifican con entidades históricas inequívocas, se corre el riesgo de plantear mal la problemática, ya que ambos conceptos se rozan en permanencia:

> In this perspective, the postmodern would not be something that could succeed the modern, replace it; nor would it be the negative of modernity, since it is inseparable from it. Rather, it emerges as the reflexive, critical mode of modernity itself; that move **in** the modernity game that raises questions **about** the game. It is a perspective **on** modernity that cannot ultimately escape being part **of** it. It could be said to be a supplement to modernity, or something other in it (Jervis 1998:337; énfasis del autor).

¿Qué es, al fin y al cabo, lo posmoderno? Una imperfecta metáfora que indica la evolución de unos imaginarios estados de equilibrio a una comprensión del desequilibrio, un recordatorio saludable de lo envejecido de ciertas categorías a las que apelábamos para pensar y de las dificultades de dar con herramientas conceptuales para expresar la especificidad de este fin de siglo. El no ignorar las dificultades quiere decir, entre otras cosas, recoger algunos hilos con los que empezar a tejer un pensamiento que asuma su precariedad, pero que no por ello renuncie a sí mismo.

Puig ha explorado la extraordinaria pero apasionante fragilidad de la acción humana. Sigamos su ejemplo. Hagamos lo que Otto Neurath nos aconseja en su parábola de los marineros que transforman su embarcación sin poder regresar a la tierra firme. Aprendamos a convivir en la contingencia.

Bibliografía

1. Bibliografía primaria

1.1. Obras de Manuel Puig
1.1.1. Novelas[1]
Puig, Manuel
- (1968) *La traición de Rita Hayworth*. Buenos Aires: Jorge Alvarez.
- (1969) *Boquitas pintadas*. Buenos Aires: Editorial Sudamericana.
- (1973) *The Buenos Aires Affair*. México: Joaquín Mortiz.
- (1976) *El beso de la mujer araña*. Barcelona: Seix Barral.
- (1979) *Pubis angelical*. Barcelona: Seix Barral.
- (1980) *Maldición eterna a quien lea estas páginas*. Barcelona/México/Caracas: Seix Barral.
- (1982) *Sangre de amor correspondido*. Barcelona/México/Caracas: Seix Barral.
- (1988) *Cae la noche tropical*. Barcelona: Seix Barral.

1.1.2. Piezas de teatro y guiones
Puig, Manuel
- (1983) *Bajo un manto de estrellas* (pieza en dos actos seguida de la adaptación escénica de *El beso de la mujer araña*). Barcelona: Seix Barral.
- (1985) *La cara del villano. Recuerdo de Tijuana*. Barcelona: Seix Barral.
- (1997) *Bajo un manto de estrellas. El misterio del ramo de rosas*. Rosario: Beatriz Viterbo Editora.
- (1998) *La tajada. Gardel, uma lembrança*. Rosario: Beatriz Viterbo Editora.
- (1998) *Triste golondrina macho. Amor del bueno. Muy señor mío*. Rosario: Beatriz Viterbo Editora.

1.1.3. Relatos y crónicas periodísticas
Puig, Manuel
- (1993) *Los ojos de Greta Garbo*. Buenos Aires: Seix Barral.
- (1993) *Estertores de una década, Nueva York '78*. Buenos Aires: Seix Barral.

---

[1] Véanse también las ediciones de referencia mencionadas en la introducción de cada capítulo.

1.2. Obras de otros autores

Aristóteles, edición a cargo de de Van der Ben, N. y J. M. Bremer
   (1995)   *Poëtica*. Amsterdam: Athenaeum/Polak & VanGennep.

Bécquer, Gustavo Adolfo, edición a cargo de Joaquín y Serafín Alvarez Quintero
   (1969)   *Obras Completas*. Madrid: Aguilar.

Borges, Jorge Luis, edición a cargo de Carlos V. Frías
   (1989)   *Obras completas*, tomo II. Buenos Aires: Emecé.

Choderlos de Laclos, Pierre Ambroise François
   (1782)   *Les liaisons dangereuses*. Paris: Gallimard (edición de 1970).

Constant, Benjamin
   (s.d.)   *Adolphe*. Paris: Garnier (1816^1).

Darío, Rubén
   (1979)   *Prosas profanas y otros poemas*. Buenos Aires: Vaduz

Lafayette, Marie Madeleine de (Madame de)
   (1966)   *La Princesse de Clèves* (1678^1). Paris: Garnier-Flammarion.

Lautréamont, Comte de
   (1956)   *Oeuvres complètes* (1869^1). Paris: José Corti.

Martínez, Tomás Eloy
   (1989)   *La novela de Perón* (1985^1). Madrid: Alianza.
   (1995)   *Santa Evita*. Barcelona/Buenos Aires: Seix Barral.

Mistral, Gabriela, edición a cargo de Margaret Bates
   (1970)   *Poesías completas*. Madrid: Aguilar.

Piglia, Ricardo
   (1980)   *Respiración artificial*. Buenos Aires: Seix Barral.

Platon. Textes traduits, présentés et annotés par Léon Robin
   (1950)   *Oeuvres complètes I, II*. Paris: Gallimard (Pléiade).

Sarmiento, D.F., edición a cargo de Roberto Yahni
   (1993)   *Facundo. Civilización y barbarie. Vida de Juan Facundo* (1845^1). Madrid: Cátedra.

Sarmiento, D.F., edición a cargo de Javier Fernández
   (1993)   *Viajes por Europa, Africa y América 1845-1847* (1849^1) Paris/Madrid: colección Archivos.

Sarmiento, D.F.,edición a cargo de María Caballero Wangüemert
   (1992)   *Recuerdos de Provincia* (1850^1). Madrid: Anaya & Mario Muchnik.

2. Bibliografía secundaria

Abril Trigo, Jorge
 (1995) véase González Stephan: 173-198.

Agacinsky, Sylviane (ed.)
 (1975) *Mimesis des articulations*. Paris: Flammarion.

Alegría, Fernando
 (1986) *Nueva historia de la novela hispanoamericana*. Hanover (USA): Ediciones del Norte.

Almada Roche, Armando
 (1992) *Buenos Aires, ¿cúando será el día que me quieras? Conversaciones con Manuel Puig*. Buenos Aires: Vinciguerra.

Altman, Janet
 (1982) *Epistolarity. Approaches to a Form*. Ohio: Columbus.

Amícola, José
 (1992) *Manuel Puig y la tela que atrapa al lector*. Buenos Aires: Grupo Editor Latinoamericano
 (1995) '*Gender* y *genre* en Manuel Puig'. En: Spiller, 1995: 155-163.
 (1996) *Materiales iniciales para* La traición de Rita Hayworth. Universidad Nacional de La Plata. Publicación especial n°1 de la revista Orbis Tertius. (comp.)

Amícola, José & Graciela Speranza (eds.)
 (1998) *Encuentro Internacional Manuel Puig*. Rosario: Beatriz Viterbo Editora.

Anderson, Benedict
 (1983) *Imagined communities. Reflections on the Origin and Spread of Nationalism*. London: Verso.

Andreu, Alicia G.
 (1983) 'El folletín: de Galdós a Manuel Puig.' En: *Revista iberoamericana* 123-124: 541-546.

Anibitarte, Héctor
 (1981) '*Maldición eterna:* carta al hijo.' En *El viejo topo* 53: 66.

Auerbach, Erich
 (1991) *Mimesis. De weergave van de werkelijkheid in de Westerse literatuur* (1946[1]). Amsterdam: Agon.

Avelar, Idelber

(1993) 'De Macondo al Huarochiri: el canon literario latinoamericano ante prácticas discursivas emergentes.' En: *Dispositio* 44: 193-214.

Avellaneda, Andrés
(1986) 'La ética de la entrepierna: control censorio y cultura en la Argentina.' En: *Hispamérica* 43: 29-31.
(1990) 'Estado actual de los estudios literarios: el caso argentino.'. En: *Hispamérica* 56-57: 11-19.

Bacarisse, Pamela
(1986) 'The Projection of Peronism in the Novels of Manuel Puig.' En: Balderston, 1986: 184-199.
(1988) *The Necessary Dream. A Study of the Novels of Manuel Puig.* Cardiff: University of Wales Press.
(1990a) 'Manuel Puig: *Boquitas pintadas*.' En: Swanson (ed.)1990: 207-221.
(1990b) 'Manuel Puig (1932-1990).' En: *Revista iberoamericana* 152-153: 1365-1370.
(1991a) '*Sangre de amor correspondido* de Manuel Puig: subjetividad, identidad y paranoia.' En: *Revista iberoamericana* 155-156: 469-479.
(1991b) 'Manuel Puig and the Uses of Culture.' En: *Review of Contemporary Fiction* 23: 197-207.
(1992) *Impossible Choices. The Implications of the Cultural References in the Novels of Manuel Puig.* Calgary/Wales, The University of Calgary & Wales Press.
(1994) *Carnal Kowledge. Essays on the Flesh, Sex and Sexuality in Hispanic Letters and Film.* Pittsburgh: Ediciones Tres Ríos. (Ed.)

Balán, Jorge
(1993) 'La proyección cultural del psicoanálisis argentino.' En: *Cuadernos hispanoamericanos* 517-519: 105-119.

Balderston, Daniel (ed.)
(1986) *The Historical Novel in Latin America. A Symposium.* Gaithersburg: Ediciones Hispamérica.
(1987) *Ficción y política.La narrativa argentina durante el proceso Militar.* Buenos Aires/Madrid: Alianza.

Bandera, Cesáreo
(1975) *Mímesis conflictiva, ficción literaria y violencia en Cervantes y Calderón.* Madrid: Gredos.

Barrenechea, Ana María
(1982) 'La crisis del contrato mimético en los textos contemporáneos.'

En: *Revista iberoamericana* 118-119: 377-387.

Barth, John
(1976) 'Literatura del agotamiento.' En: Jaime Alazraki (ed.), *Jorge Luis Borges*. Madrid: Taurus: 170-182.
(1981) 'La littérature du renouvellement. La fiction postmoderniste.' En: *Poétique* 48: 395-405.

Barthes, Roland
(1957) *Mythologies*. Paris: Seuil.
(1964) *Essais critiques*. Paris: Seuil.
(1970) *S/Z*. Paris: Seuil.
(1982) 'L'effet de réel.' En: *Littérature et réalité*. Paris: Seuil: 81-90.
(1984) *Le bruissement de la langue*. Paris: Seuil.

Bateson, Gregory Bateson
(1973) *Steps to an Ecology of Mind. Collected Essays in Anthropology, Psychiatry, Evolution and Epistemology*. London/Toronto/Sydney/New York: Granada Publishing.

Baudrillard, Jean
(1990) *De la séduction*. Paris: Denoël.

Benjamin, Walter
(1991) *Ecrits français* (1936[1]). Paris: Gallimard.

Berg, Walter Bruno
(1993) 'Civilización hecha cenizas. La presencia de Sarmiento en la novela histórica contemporánea.' En: Spiller 1993: 77-97.

Berg, Walter Bruno & Markus Klaus Schäffauer (eds.)
(1997) *Oralidad y Argentinidad. Estudios sobre la función del lenguaje hablado en la literatura argentina*. Tübingen: Gunter Narr Verlag.

Beristáin, Helena
(1985) *Diccionario de poética y retórica*. México: Porrúa.

Bersani, Leo
(1976) *A Future for Astyanax: Character and Desire in Literature*. Boston: Little, Brown & Co..

Bertens, Hans & Theo D'haen
(1988) *Postmodern Fiction in Europe and the Americas*. Amsterdam: Rodopi. (Eds.).

Bethell, Leslie (ed.)
    (1992)   *Historia de América Latina*. Tomo X. América del Sur,
                c.1870-1930. Barcelona: Editorial Crítica.
    (1993)   *Argentina Since Independence*. Cambridge/New York, Cambridge
                University Press. (ed.).

Blanchot, Maurice
    (1969)   *L'entretien infini*. Paris: Gallimard.

Borello, Rodolfo
    (1991)   '*Boquitas pintadas*: narración y sentido.' En: *Cuadernos
                hispanoamericanos* 491: 7-20.

Borinsky, Alicia
    (1975)   'Castración y Lujos: La Escritura de Manuel Puig.' En: *Revista
                iberoamericana* 90: 29-45.
    (1978)   *Ver/Ser visto. (Notas para la poética)*. Barcelona: Antoni Bosch.
    (1996)   'Gombrowicz's Tango: An Argentine Snapshot.' En: *Poetics
                Today* 3: 417-435.

Bourdieu, Pierre
    (1980)   *Questions de sociologie*. Paris: Minuit.

Bueno Chávez, Raúl
    (1982)   'Sobre la enunciación narrativa: de la teoría a la práctica y
                viceversa. (A propósito de la novelística de Manuel Puig).' En:
                Hispamérica 32 :35-47.

Bradford, Lisa (comp.)
    (1997)   *Traducción como cultura*. Rosario: Beatriz Viterbo Editora.

Calabrese, Elisa (y otros)
    (1996)   *Supersticiones de linaje. Genealogías y reescrituras*. Rosario:
                Beatriz Viterbo Editora.

Campos, René Alberto
    (1981)   'Las *películas de mujeres* y *La traición de Rita Hayworth*.' En:
                Rose S. Minc (ed.): 59-67.
    (1985)   *Espejos: la textura cinemática en La traición de Rita Hayworth*.
                Madrid: Pliegos.

Carignano, Dante
    (1989)   'Contar y escuchar el amor y la muerte (Sobre *Cae la noche
                tropical*)'. En: *Insula* 510: 25.

Castilla del Pino, Carlos (comp.)
    (1988)   *El discurso de la mentira*. Madrid: Alianza.

(1994)   *La envidia.* Madrid: Alianza.

Castillo Durante, Daniel
   (1995)   'El estereotipo como condición de posibilidad de la identidad argentina. La interacción entre cultura, identidad y estereotipo en las novelas de Sábato y Puig.' En: Spiller 1995: 79-96.

Catelli, Nora
   (1982a)   'Entrevista con Manuel Puig. Una narrativa de lo melifluo.' En: *Quimera* 18: 22-25.
   (1982b)   'El caso Puig.' En: *Quimera* 23: 30-35.
   (1999)   'Rastros de la lucha: traducciones, versiones y menciones en la cultura argentina'. En: *Punto de vista* 64: 1-5.

César, María Oliveira
   (1992)   'El determinismo en *Facundo*. Una visión romántica de la relación entre el medio y el hombre.' En: *América. Cahiers du Criccal* 11: 111-120.

Chamberlain, Lori
   (1987)   'The Subject in Exile: Puig's *Eternal Curse on the Reader of These Pages*.' In: *Novel: a Forum on Fiction* 3 : 260-275.

Chitarroni, Luis
   (1993)   'Narrativa: nuevas tendencias.' En: *Cuadernos hispanoamericanos* 517-519: 437-444.

Cohen, Tom
   (1994)   *Anti-Mimesis from Plato to Hitchcock.* Cambridge : Cambridge University Press.

Cohn, Dorrit
   (1981)   *La transparence intérieure. Modes de représentation de la vie psychique dans le roman* (1978[1]). Paris: Seuil.

Colás, Santiago
   (1994)   *Postmodernity in Latin America. The Argentine Paradigm.* Durham/London: Duke University Press.

Colmeiro, José F.
   (1989)   'Lenguajes propios y lenguajes apropiados en *The Buenos Aires Affair* de Manuel Puig.' En: *Hispanic Review* 2: 165-188.

Compagnon, Antoine
   (1979)   *La seconde main ou le travail de la citation.* Paris: Seuil.

Corbatta, Jorgelina
   (1983)   'Encuentros con Manuel Puig.' En: *Revista iberoamericana*

	123-124: 591-620.
(1988)	*Mito personal y mito colectivo en las novelas de Manuel Puig*, Madrid, Orígenes.
(1991)	'Brief Encounter: An Interview with Manuel Puig.' En: *The Review of Contemporary Fiction* 3: 165-176.
(1999)	*Narrativas de la Guerra Sucia en Argentina*. Buenos Aires: Corregidor.

Culler, Jonathan
(1982)	*On Deconstruction. Theory and Criticism After Structuralism* Ithaca (New York): Cornell University Press.
(1983)	*Barthes*. Glasgow: Fontana.

Dejong, Nadine
(1996)	'Variaciones sobre el tema de *El beso de la mujer araña*.' En: Aleph: Juan Carlos Onetti y Manuel Puig 10: 74-89.

Deleuze, Gilles
(1967)	*Présentation de Sacher-Masoch*. Paris: Minuit.
(1968)	*Différence et répétition*. Paris: P.U.F..

Derrida, Jacques
(1967a)	*La voix et le phénomène. Introduction au problème du signe dans la phénoménologie de Husserl*, Paris, P.U.F..
(1967b)	*De la grammatologie*. Paris: Editions de Minuit.
(1967c)	*L'écriture et la différence*. Paris: Editions du Seuil.
(1972a)	*La dissémination*. Paris: Editions du Seuil.
(1972b)	*Marges de la philosophie*. Paris: Editions de Minuit.
(1990)	*Limited Inc.*. Paris: Editions Galilée (Elisabeth Weber, ed.).
(1991)	*Economimesis*. En: Agacinski 1991:55-93.

Devoto, Fernando J.
(1996)	'Poblar y civilizar: la inmigración europea en el pensamiento Argentino' En: *Revista de Occidente* 186: 57-70.

Ducrot, Oswald
(1980)	*Les mots du discours*. Paris: Minuit.

Dumouchel, Paul (ed.)
(1985)	*Violence et vérité. Autour de René Girard* (Colloque de Cerisy). Paris: Grasset.

Dupuy, Jean-Pierre & Jean Robert
(1976)	*La trahison de l'opulence*. Paris:P.U.F..

Dupuy, Jean-Pierre & Paul Dumouchel
(1979)	*L'enfer des choses. René Girard et la logique de l'économie*. Paris: Seuil.

Dupuy, Jean-Pierre
   (1982a)   *Ordres et désordres. Enquête sur un nouveau paradigme.* Paris: Seuil.

Dupuy, Jean-Pierre & Michel Deguy (eds.)
   (1982b)   *René Girard et le problème du Mal.* Paris: Grasset.

Dupuy, Jean-Pierre & Paul Dumouchel (eds.)
   (1983)   *L'auto-organisation. De la physique au politique.* Paris: Seuil.

Echavarren, Roberto
   (1977)   'La superficie de la lectura en *The Buenos Aires Affair.*' En: *Espiral* 3: 147-174.
   (1986)   *Manuel Puig: Montaje y alteridad del sujeto.* Santiago de Chile: Instituto Profesional del Pacífico. (en colaboración con Enrique Giordano).
   (1991)   'Manuel Puig: contra Borges.' En: *The Review of Contemporary Fiction* 11, 3: 224-227.

Eco, Umberto
   (1985a)   *Lector in fabula* (1979[1]). Paris: Grasset.
   (1985b)   *La guerre du faux.* Paris: Grasset.
   (1986)   *Apostillas a* El nombre de la rosa (1983[1]). Barcelona: Lumen.
   (1988a)   *Sémiotique et philosophie du langage* (1984[1]). Paris: P.U.F..
   (1988b)   *De los espejos y otros ensayos.* Barcelona: Lumen.
   (1993)   *Apocalípticos e integrados* (1965[1]). Barcelona: Lumen.
   (1995)   *El superhombre de masas* (1978[1]). Barcelona: Lumen.

Epple, Juan Armando,
   (1976)   *The Buenos Aires Affair* y la estructura de la novela Policiaca.' En: *Revista de Literaturas Hispánicas* 10:19-56.
   (1980)   'Notas sobre la estructura del folletín.' En: *Cuadernos hispanoamericanos* 358: 147-156.

Essoufi, Moumène
   (1995)   'Entretien avec Manuel Puig' En: *Caravelle* 64: 173-178.

Ezquerro, Milagros
   (1981a)   *Que raconter c'est apprendre à mourir: essai d'analyse de* El beso de la mujer araña. Toulouse: Université de Toulouse-le-Mirail, Institut d'études hispaniques et hispano-américaines.
   (1981b)   'La organización narrativa: el relato y el diálogo.' En: Varios Autores 1981a :295-299.

Fabry, Geneviève
   (1998)   *Personaje y lectura en cinco novelas de Manuel Puig.* Frankfurt am Main/Madrid: Vervuert/Iberoamericana.

Fernández, Liliana Marta
    (1988)   'Manuel Puig: el verso y el reverso del texto.' En: *Hispamérica* 50: 47-57.

Fernández Moreno, César (ed.)
    (1972)   *América Latina en su literatura*. México: Siglo XXI.

Ferro, Roberto
    (1998)   *La ficción. Un caso de sonambulismo teórico*. Buenos Aires: Editorial Biblos.

Fokkema, Aleid
    (1991)   *Postmodern Characters*. Amsterdam: Rodopi.

Fossey, Jean Michel
    (1973)   'Entrevista con Manuel Puig.' En: *Galaxia latinoamericana. Siete años de entrevistas*. Las Palmas de Gran Canarias: Inventarios Provisionales: 137-152.

Foster, David William
    (1985)   *Alternate Voices in the Contemporary Latin American Narrative*. Columbia: University of Missouri Press.
    (1987)   'Los parámetros de la narrativa argentina durante el *Proceso de Reorganización Nacional*.' En: Balderston, 1987: 96-108.

Foster, Hal (ed.)
    (1983)   *The Anti-Aesthetic: Essays on Postmodern Culture*. Port Townsend (Washington): Bay Press.

Foucault, Michel
    (1966)   *Les mots et les choses*. Paris: Gallimard.
    (1969)   *L'archeologie du savoir*. Paris: Gallimard.
    (1975)   *Surveiller et punir*. Paris: Gallimard.
    (1976)   *Histoire de la sexualité 1: La volonté de savoir*. Paris: Gallimard.
    (1984)   *Histoire de la sexualité 2: L'usage des plaisirs*. Paris: Gallimard.
    (1984)   *Histoire de la sexualité 3: Le souci de soi*. Paris: Gallimard.

Franco, Jean
    (1971)   *La cultura moderna en América Latina*. México: Joaquín Mortiz.
    (1987)   *Historia de la literatura hispanoamericana* (1973[1]). Barcelona: Ariel.

Friedrich, Otto
    (1991)   *La ciudad de las redes. Retrato de Hollywood en los años 40*, (1986[1]), Barcelona: Tusquets.

Fuentes, Carlos
    (1969)   *La nueva novela hispanoamericana*. México: Joaquín Mortiz.

(1976) *Cervantes o la crítica de la lectura.* México: Joaquín Mortiz.
Gabetta, Carlos
  (1990) 'Argentina: un caso desesperante.' En: *Claves de razón práctica* 5: 33-40.
García Canclini, Néstor
  (1989) 'El debate posmoderno en Iberoamérica.' En: *Cuadernos hispanoamericanos* 463: 79-92.
  (1991) *Cultura y pospolítica. El debate sobre la modernidad en América Latina.* México : Consejo Nacional para la Cultura y las Artes. (comp.)
  (1993) 'Una modernización que atrasa. La cultura bajo la regresión Neoconservadora.' En: *Casa de Las Américas* 193: 3-12.
  (1995a) 'Narrar la multiculturalidad.' En: *Revista de crítica literaria Latinoamericana* 42: 9-20.
  (1995b) *Culturas híbridas. Estrategias para entrar y salir de la Modernidad,* (1992[1]), México: Grijalbo.
García Ramos, Juan
  (1981) '*Pubis angelical* de Manuel Puig o el discurso espejeante.' En: Keith Mc Duffie y Alfredo Roggiano (eds.), *Texto/Contexto de la Literatura latinoamericana*: 103-107.
  (1991) *Manuel Puig* (Semana de autor). Madrid: Agencia española de cooperación internacional, Ed. de Cultura Hispánica. (ed.).
  (1993) *La narrativa de Manuel Puig.* La Laguna: Universidad de La Laguna, segunda edición ampliada.
Garramuño, Florencia
  (1997) *Genealogías culturales. Argentina, Brasil y Uruguay en la novela Contemporánea (1981-1991).* Rosario: Beatriz Viterbo Editora.
Garrels, Elizabeth
  (1986) 'La historia como romance en el *Facundo.*' En: Balderston 1986: 75-83.
Garrido Domínguez, Antonio
  (1993) *El texto narrativo.* Madrid: Síntesis.
Gebauer, Gunter & Cristoph Wulf
  (1995) *Mimesis. Culture. Art. Society* (1992[1]), Berkeley/Los Angeles/London: University of California Press.
Genette, Gérard
  (1983) *Nouveau discours du récit.* Paris: Seuil.
  (1989) *Figuras III,* (1972[1]), Barcelona: Lumen.
  (1991) *Fiction et diction.* Paris: Seuil.

(1992)   *Palimpsestes* (1982[1]). Paris: Seuil.

Girard, René,
(1972)   *La Violence et le sacré*. Paris: Grasset.
(1976)   *Critique dans un souterrain*. Lausanne: L'Age d'Homme.
(1978)   *To Double Business Bound*. Baltimore/London: Johns Hopkins University Press.
(1982)   *Le bouc émissaire*. Paris: Grasset.
(1983)   *Des choses cachées depuis la fondation du monde. Recherches avec Jean-Michel Oughourlian et Guy Lefort*, (1978[1]), Paris: Grasset.
(1985a)   *Mentira romántica y verdad novelesca*, (1961[1]), Barcelona: Anagrama.
(1985b)   *La route antique des hommes pervers*. Paris: Grasset et Fasquelle.
(1990)   *Shakespeare. Les feux de l'envie*. Paris: Grasset.
(1994)   *Quand ces choses commenceront... Entretiens avec Michel Tréguer*. Paris: Arléa.

Girona Fibla, Nuria
(1996)   'Escribir la historia y escribir las historias. La novela argentina de los 80.' En: *Casa de las Américas* 202: 19-29.

González Echevarría, Roberto
(1988)   'Redescubrimiento del mundo perdido, el *Facundo* de Sarmiento.' En : *Revista iberoamericana* 143. Número especial dedicado a Domingo Faustino Sarmiento: 385-406.
(1990)   *Myth and archive. A theory of Latin American narrative*. Cambridge/ New York: Cambridge University Press.

González-Marín, Carmen
(1986)   'Jacques Derrida: leer lo ilegible'. En: *Revista de Occidente* 62-63: 160-182.

González Stephan, Beatriz (comp.)
(1995)   *Cultura, poder y nación*. Número especial (5) de *Estudios*.

Goytisolo, Juan
(1995)   'Manuel Puig'. En: *El bosque de las letras*. Madrid: Alfaguara: 119-125.

Gusmán, Luis
(1993)   'Los ojos de Manuel Puig'. En: *Clarín* 6-8: 8 de abril.

Guzmán, Jorge
(1984)   *Diferencias latinoamericanas (Mistral, Carpentier, García Márquez, Puig)*, Santiago: Ediciones del Centro de Estudios Humanísticos de la Universidad de Chile 17.

Halperin Donghi, Tulio
- (1987) 'El presente transforma el pasado: el impacto del reciente terror en la imagen de la historia argentina'. En: Balderston 1987: 71-95.
- (1990) *Historia contemporánea de América Latina.* Madrid: Alianza, 13a ed. revisada y ampliada.
- (1994) *Sarmiento. Author of a Nation.* Berkeley/Los Angeles/London: University of California Press. (ed.)

Hamon, Philippe
- (1983) *Le personnel du roman.* Genève: Droz.
- (1984) *Texte et idéologie (Valeurs, hiérarchies et évaluations dans L'oeuvre littéraire).* Paris: P.U.F..
- (1989) *Expositions. Littérature et architecture au XIXe siècle.* Paris: José Corti.

Haskell, Molly
- (1987) *From Reverence to Rape. The Treatment of Women in the Movies* (1973^1). Chicago/London: The University of Chicago Press.

Hassan, Ihab & Sally (eds.)
- (1983) *Innovation/Renovation. New Perspectives on the Humanities.* Wisconsin: The University of Wisconsin Press.

Hassan, Ihab
- (1987) *The Postmodern Turn. Essays on Postmodern Theory and Culture* Ohio: Ohio State university Press.

Herrero Olaizola, Alejandro
- (1993) 'Condenados por leer: lectura y lectores de Puig en *Maldición eterna a quien lea estas páginas*' En: *Hispanic Review* 4: 483-500.

Hobsbawm, E. J.
- (1990) *Nations and Nationalism since 1870. Programme, Myth, Reality.* Cambridge: Cambridge University Press.

Hutcheon, Linda
- (1984) *Narcissistic Narrative. The Metafictional Paradox* (1980^1). New York/London: Methuen.
- (1985) *A Theory of Parody. The Teachings of Twentieth-Century Art Forms.* New York/London: Methuen.
- (1988) *A Poetics of Postmodernism. History, Theory, Fiction.* New York: Routledge.
- (1989) *The Politics of Postmodernism.* New York: Routledge.

Huyssen, Andreas
- (1988) 'En busca de la tradición: vanguardia y postmodernismo en los

años 70'. En: Picó 1988: 141-164.

Ijsseling, Samuel
   (1990)   *Mimesis, over schijn en zijn*. Baarn: Ambo.

Izod, John
   (1988)   *Hollywood and the Box Office 1895-1986*. Hampshire/London: Macmillan press.

Jameson, Fredric
   (1972)   *The Prison-House of Language. A Critical Account of Structuralism and Russian Formalism*. Princeton: Princeton University Press.
   (1984)   'Postmodernism, or the Cultural Logic of Late Capitalism.' En: *New Left Review* 146: 53-92.

Jervis, John
   (1998)   *Exploring the Modern*. Oxford: Blackwell.
   (1999)   *Transgressing the Modern*. Oxford: Blackwell.

Jessen, Patricia B.
   (1990)   *La realidad en la novelística de Manuel Puig*. Madrid: Pliegos.

Jitrik, Noé
   (1968)   *Muerte y resurrección de Facundo*. Buenos Aires: Centro editor de América Latina.
   (1970)   *Ensayos y estudios de literatura argentina*. Buenos Aires: Ed. Galerna.
   (1994)   '*Facundo:* the Riches of Poverty'. En: Halperín Donghi 1994: 171-192.

Josef, Bella
   (1990)   'Cae la noche tropical'. En: *Hispamérica* 56-57: 215-217.

Joset, Jacques
   (1995)   *Historias cruzadas de Novelas hispanoamericanas (Juan Rulfo, Alejo Carpentier, Mario Vargas Llosa, Carlos Fuentes, Gabriel García Márquez, José Donoso)*: Frankfurt am Main/Madrid: Vervuert/Iberoamericana.

Jouve, Vincent
   (1986)   *La littérature selon Barthes*. Paris: Minuit.
   (1992)   *L'effet-personnage dans le roman*. Paris: P.U.F..

Kadir, Djelal (ed.)
   (1991)   *The Posthumous career of Manuel Puig*, número especial (4) de *World Literature Today*.

Kamuf, Peggy (ed.)
   (1991)   *A Derrida Reader. Between the Blinds*. New York/London: Columbia University Press.

Kaptein, Roel & Pieter Tijmes
   (1986)   *De ander als model en obstakel. Een inleiding in het werk van René Girard*. Kampen: Kok & Agora.

Katra, William H.
   (1986)   'Reading *Facundo* as Historical Novel'. In: Balderston 1986: 31-46.

Kerr, Lucille
   (1987)   *Suspended Fictions: Reading Novels by Manuel Puig*. Urbana/ Chicago: University of Illinois Press.
   (1991)   'Reading Between the Lines, Reading Between the Lies: Manuel Puig's *Maldición eterna a quien lea estas páginas*'. En: Kadir: 617-624.

Kibédi Varga, A. (ed.)
   (1986)   *Littérature et postmodernité*. Groningen: CRIN.

Kohut, Karl & Andrea Pagni (eds.)
   (1989)   *Literatura argentina hoy. De la dictadura a la democracia*. Frankfurt am Main: Vervuert.

Kohut, Karl (ed.)
   (1996)   *Literaturas del Río de la Plata hoy. De las utopías al Desencanto*. Frankfurt am Main/Madrid: Vervuert/Iberoamericana.

Kristeva, Julia
   (1991)   *Etrangers à nous-mêmes* (1988[1]). Paris: Gallimard.

Kunz, Marco
   (1994)   *Trópicos y tópicos. La novelística de Manuel Puig*. Lausanne: Sociedad suiza de estudios hispánicos.

Lacan, Jacques
   (1966)   *Ecrits*. Paris: Seuil.

Lacoue-Labarthe, Philippe & Jean-Luc Nancy
   (1978)   *L'absolu littéraire. Théorie de la littérature du romantisme allemand*. Paris: Seuil.

Lacoue-Labarthe, Philippe
   (1986)   *L'imitation des modernes. Typographies 2*. Paris: Galilée.

Lafforgue, Jules (ed.)
   (1972)   *Nueva novela latinoamericana II*. Buenos Aires: Paidós.

Lavers, Norman
    (1988)   *Pop Culture into Art: the Novels of Manuel Puig*. Columbia: University of Missouri Press.

Lazaro, Jesús
    (1981)   'La inquisición sobre la soledad de Manuel Puig'. En: *Quimera* 4: 43-46.

Lentricchia, Frank
    (1980)   *After The New Criticism*. Chicago (Illinois): University of Chicago Press.

Levine, Suzanne Jill
    (1998)   *El escriba subversivo. Una política de la traducción*. México: Fondo de Cultura Económica.
    (2000)   *Manuel Puig and the Spider Woman*. London: Faber & Faber.

Lévi-Strauss, Claude
    (1955)   *Tristes tropiques*. Paris: Plon.

Lewis, Bart L.
    (1983)   '*Pubis angelical*: la mujer codificada'. En: *Revista iberoamericana* 123-124: 531-540.
    (1986)   'Narrative Structure in Manuel Puig's' *Maldición eterna a quien lea estas páginas*' En: *Hispanic Journal* 2: 81-85.

Libertella, Héctor
    (1974)   'Algo sobre la novísima literatura argentina'. En: *Hispamérica* 6: 13-19.

Logie, Ilse
    (1989)   '*Sangre de amor correspondido*, una novela de Manuel Puig. Análisis' En: *Restant* 1/2: 461-489.
    (1991)   '*El beso de la mujer araña*; el cuestionamiento en profundidad de la transparencia realista'. En: *Aleph: realismo-realismos* 6: 13-20.
    (1996)   'Manuel Puig y el cine: un arte de la seducción'. En: *Foro Hispánico* 10: 53-63.

López Parada, Esperanza
    (1999)   *Una mirada al sesgo. Literatura hispanoamericana desde los márgenes*. Frankfurt am Main/Madrid: Vervuert/Iberoamericana.

Lorenzano, Sandra (coordinadora)
    (1997)   *La literatura es una película. Revisiones sobre Manuel Puig*. México: UNAM.

Luraschi, Ilse Adriana
    (1979)   'Donde se trata de la virginidad, otros milagros y demás razones

de amor y sexo en dos textos de Manuel Puig, con todo sistema (primera parte)'. En: *Hispanic Journal* 1: 63-70.

Lyotard, Jean-François
(1979)   *La condition postmoderne*. Paris: Minuit.

MacAdam, Alfred J.
(1973)   'Las crónicas de Manuel Puig'. En: *Cuadernos hispanoamericanos* 274: 84-107.

Magnarelli, Sharon
(1985)   *The Lost Rib. Female Characters in the Spanish-American Novel* London/Toronto: Associated University Press: 117-146.
(1994)   'Staging the Pre-Scription of Gender: Manuel Puig's *La traición de Rita Hayworth*'. En: Bacarisse 1994: 199-215.

Mallea, Eduardo
(1969)   *Historia de una pasión argentina* (1937[1]). Madrid: Espasa-Calpe.

Manzor-Coats, Lilian
(1988)   'Un *Affair* de *Traición*. El lector en dos novelas de Manuel Puig'. En: *Revista de crítica literaria latinoamericana* 27: 111-127.
(1996)   *Borges/Escher, Sarduy/CoBra: Un encuentro posmoderno*. Madrid: Pliegos.

Maravall, José Antonio
(1975)   *La cultura del Barroco*. Barcelona: Ariel.

Marchese, Angelo & Joaquín Forradellas
(1991)   *Diccionario de retórica, crítica y terminología literaria*. Barcelona: Ariel.

Marco, Joaquín
(1981)   'La peor novela de Manuel Puig: *Maldición eterna a quien lea estas páginas*' En: *La Vanguardia* (8 de enero).
(1982)   'Manuel Puig reincide en la vulgaridad' En: *La Vanguardia* (29 de junio).

Marcos, Juan Manuel
(1986)   'Puig, Plutarco, Goethe: La dramaticidad cronotópica de *El beso de la mujer araña*' En: *Latin American Theatre Review* 1: 5-9.

Martí-Peña, Guadalupe
(1997)   *Manuel Puig ante la crítica. Bibliografía analítica y comentada*. Frankfurt am Main/Madrid: Vervuert/Iberoamericana.

Martin, Gerald
(1989)   *Journeys through the Labyrinth. Latin American Fiction in the*

Twentieth Century. London/New York: Verso.

Martínez, Tomás Eloy
   (1990)   'Memorias del fin del mundo'. En: *Claves de razón práctica* 3: 34-42.

Masiello, Francine
   (1987)   'La Argentina durante el Proceso: las múltiples resistencias de la cultura'. En: Balderston 1987: 11-29.
   (1998)   'La manta robada: nostalgia, experiencia y representación'. En: Amícola & Speranza 1998: 341-354.

Masotta, Oscar
   (1990)   *Conciencia y Estructura*. Buenos Aires: Ediciones Corregidor.

Melberg, Arne
   (1995)   *Theories of Mimesis*. Cambridge: Cambridge University Press.

Menton, Seymour
   (1993)   *Latin America's New Historical Novel*. Austin: University of Texas Press.

Merrim, Stephanie
   (1984)   'For a New (Psychological) Novel in the Works of Manuel Puig'. In: *Novel, a Forum of Fiction* 2: 141-157.

Millett, Kate
   (1995)   *Política sexual* (1969[1]). Madrid: Cátedra.

Minc, Rose S. (ed.)
   (1981)   *Literature and Popular Culture in the Hispanic World* Gaithersburg: Ediciones Hispamérica & Montclair State College.

Molloy, Sylvia
   (1983)   *Literatura argentina: los últimos cuarenta años*. Número especial (125) de *Revista iberoamericana*. (ed.)
   (1988)   'Sarmiento, lector de sí mismo en *Recuerdos de provincia*'. En: *Domingo Faustino Sarmiento*. Número especial (143) de *Revista iberoamericana*: 407-418.
   (1994)   'The Unquiet Self: Mnemonic Strategies in Sarmiento's Autobiographies' En: Halperín Donghi 1994: 193-212.

Montaldo, Graciela
   (1995)   'Espacio y Nación'. En: González Stephan 1995: 5-17.

Montero, Rosa
   (1988)   'Un caracol sin concha'. En: *El País Semanal* 606: 24-31 (20 de noviembre).

Morello-Frosch, Marta
- (1981) 'Usos y abusos de la cultura popular. *Pubis angelical* de Manuel Puig' En: Rose S. Minc (ed.) 1981: 31-42.
- (1986) 'La ficción de la historia en la narrativa argentina reciente'. En: Balderston 1986: 201-208.
- (1987) 'Biografías fictivas: formas de resistencia y reflexión en la narrrativa argentina reciente' En: Balderston 1987: 60-70.

Muñoz, Elías Miguel
- (1985) '*Sangre de amor correspondido* y el discurso del poder Judeocristiano'. En: *Revista iberoamericana* 130-131: 73-88.
- (1987a) *El discurso utópico de la sexualidad en Manuel Puig.* Madrid: Pliegos.
- (1987b) 'Lo fantástico y lo maravilloso en *Pubis angelical* de Manuel Puig'. En: *Hispamérica* 46-47:189-196.
- (1987c) '*Boquitas pintadas*: una zona de resistencia en el discurso novelístico de Manuel Puig'. En: *Explicación de textos literarios* 16: 1-7.

Naipaul, V.S.
- (1980) *The Return of Eva Perón with The Killings in Trinidad* (1974^1). London: André Deutsch.

Nelle, Florian
- (1993) 'Sarmiento excéntrico o del nacimiento de un sujeto a través de la sordera'. En: *Dispositio* 44: 65-79.

Newman, Kathleen
- (1986) 'Historical Knowledge in the Post-Boom Novel'. En: Balderston, 1986: 209-219.

Orozco Díaz, Emilio (edición a cargo de José Lara Garrido)
- (1992) *Cervantes y la novela del barroco.* Granada: Universidad de Granada.

Orsini, Christine
- (1986) *La pensée de René Girard.* Paris: Editions Retz.

Ortega, Julio
- (1988) 'Postmodernism in Latin America' En: Bertens & D'Haen 1988b: 193-208.

Ottoni, Paulo
- (1997) 'Traducción recíproca y "double bind". Desbordamiento y multiplicidad de lenguas'. En: *Sendebar* 8/9: 81-91.

Oughourlian, Jean-Michel

(1982) *Un mime nommé désir*. Paris: Grasset et Fasquelle.

Oviedo, José Miguel
(1990) *Breve historia del ensayo hispanoamericano*. Madrid: Alianza.

Páez, Roxana
(1995) *Manuel Puig. Del pop a la extrañeza*. Buenos Aires: Almagesto.

Page, Joseph A.
(1984) *Perón, primera parte (1895-1952)* seguido de *Perón, segunda parte (1952-1974)* (1983[1]). Buenos Aires: Javier Vergara Editor.

Panesi, Jorge
(1983) 'Manuel Puig: las relaciones peligrosas.' En: *Revista iberoamericana* 125: 903-917.

Pauls, Alan
(1986) *Manuel Puig: La traición de Rita Hayworth*. Buenos Aires: Hachette.
(1993) 'La retrospectiva intermitente'. En: *Cuadernos hispanoamericanos* 417-419: 470-474.
(1998) 'La enfermedad del mundo'. En: *Quimera* 167: 34-38.

Pellarolo, Silvia
(1990) 'El narrador ausente en *Boquitas pintadas* de Manuel Puig'. En: *Explicación de textos literarios* 2: 67-77.

Picó, Josep (comp.)
(1988) *Modernidad y Postmodernidad*. Madrid: Alianza.

Piglia, Ricardo
(1972) 'Clase media: cuerpo y destino. Una lectura de *La traición de Rita Hayworth* de Manuel Puig. En: Lafforgue, 1972: 350-362.
(1993a) 'Ficción y política en la literatura argentina'' En: *Cuadernos hispanoamericanos* 517-519: 514-516.
(1993b) *Crítica y ficción*. Buenos Aires: Siglo Veinte.
(1994) 'Sarmiento the Writer'. En: Halperín Donghi 1994: 127-144.

Piña, Cristina
(1993) 'La narrativa argentina en los años setenta y ochenta'. En: *Cuadernos hispanoamericanos* 517-519: 121-138.

Pollman, Leo
(1998) *La separación de los estilos. Para una historia de la conciencia literaria argentina*. Frankfurt am Main/Madrid: Vervuert/ Iberoamericana.

Pozuelo Yvancos, José María

(1988) *La teoría del lenguaje literario*. Madrid: Cátedra.

Prendergast, Christopher
(2000) *The Triangle of Representation*. New York: Columbia University Press.

Rabaté, Dominique
(1991) *Vers une littérature de l'épuisement*. Paris: José Corti.

Radkowski, Georges-Hubert de
(1980) *Les jeux du désir*. Paris: P.U.F..

Rama, Angel
(1984) *La ciudad letrada*. Hanover (U.S.A.): Ediciones del Norte.

Ramos, Julio
(1988) 'Saber del otro: escritura y oralidad en el *Facundo* de D.F. Sarmiento'. En: *Revista iberoamericana* 143: 551-569.
(1989) *Desencuentros de la modernidad en América Latina. Literatura y política en el siglo XIX*. México: Fondo de cultura económica.

Reyes, Graciela
(1984) *Polifonía textual*. Madrid: Gredos.

Ricoeur, Paul
(1983) *Temps et récit I*. Paris: Seuil.
(1984) *Temps et récit II*. Paris: Seuil.
(1985) *Temps et récit III*. Paris: Seuil.

Rimmon-Kenan, Shlomith
(1980) 'The Paradoxical Status of Repetition'. En: *Poetics Today* 4: 151-159.

Robbe-Grillet, Alain
(1963) *Pour un nouveau roman*. Paris: Minuit.
(1984) *Le miroir qui revient*. Paris: Minuit.

Rock, David
(1988) *Argentina 1516-1987. Desde la colonización española hasta Raúl Alfonsín* (1985[1]). Madrid: Alianza.

Rodríguez Monegal, Emir
(1974) '*La traición de Rita Hayworth*. Una tarea de desmitificación' seguido de 'Los sueños de Evita: a propósito de la última novela de Manuel Puig'. En: *Narradores de esta América*, Tomo II. Buenos Aires: Alfa Argentina: 365-393.
(1977) 'The Metamorphoses of Caliban'. En: *Diacritics* 3: 78-83.
(1979) 'Carnaval, Antropofagia, parodia'. En: *Revista iberoamericana*

108-109: 401-412.

Rodríguez Pérsico, Adriana
(1992) 'Viajes alrededor del modelo: para una política estética de las Identidades'. En: *Dispositio* 42-43: 285-304.

Roffé, Reina (ed.)
(1985) 'Manuel Puig, del "kitsch" a Lacan'. En: *Espejo de escritores (Entrevistas con Borges, Cortázar, Fuentes, Goytisolo, Onetti, Puig, Rama, Rulfo, Sánchez, Vargas Llosa)*. Hanover (U.S.A.): Ediciones del Norte: 131-145.

Ronen, Ruth
(1994) *Possible Worlds in Literary Theory*. Cambridge: Cambridge University Press.

Rougemont, Denis de
(1972) *L'amour et l'Occident* (1938[1]). Paris: Plon.

Rouquié, Alain (comp.)
(1982) *Argentina hoy*. Buenos Aires: Siglo Veintiuno editores.

Saer, Juan José
(1997) *El concepto de ficción*. Buenos Aires: Ariel.

Safir, Margery A.
(1975) 'Mitología: Otro Nivel de Metalenguaje en *Boquitas Pintadas*'. En: *Revista iberoamericana* 90: 47-58.

Said, Edward W.
(1978) *Orientalism*. New York: Vintage Books.
(1994) *Culture and Imperialism*. London: Vintage Books.

Salgado, María A.
(1985) 'En torno a Manuel Puig y sus metamorfosis del narrador'. En: *Hispanic Journal* 1: 79-90.

Salomon, Noël
(1984) *Realidad, ideología y literatura en el* Facundo de D.F. Sarmiento. Biblioteca Hispanoamericana y Española de Amsterdam: Amsterdam: Rodopi.

Sánchez Arnosi, Milagros
(1982) 'Manuel Puig: la búsqueda del lenguaje popular'. En: *Insula* 428-429: 14.

Sarduy, Severo
(1971) 'Notas a las Notas a las Notas... A propósito de Manuel Puig'. En: *Revista iberoamericana* 76-77: 555-567.

Sarlo, Beatriz
- (1985) *El imperio de los sentimientos. Narraciones de circulación periódica en la Argentina (1917-1927)*. Buenos Aires: Catálogos Editora.
- (1987) 'Política, ideología y figuración literaria'. En: Balderston 1987: 30-59.
- (1988a) *Una modernidad periférica: Buenos Aires 1920 y 1930*. Buenos Aires: Nueva Visión.
- (1988b) 'Nota Preliminar'. En: *Domingo Faustino Sarmiento*. Número especial (143) de *Revista iberoamericana*: 381-382.
- (1991) 'Estética y pospolítica. Un recorrido de Fujimori a la guerra del Golfo'. En: García Canclini 1991: 309-324.
- (1993) 'Notas sobre política y cultura'. En: *Cuadernos hispanoamericanos* 517-519: 51-64.
- (1994a) 'In Pursuit of the Popular Imaginary: From Sentimentalism to Technical Skill'. En: *Poetics Today* 4: 569-585.
- (1994b) 'The Autodidact and the Learning Machine'. En: Halperín Donghi 1994: 156-168 (en colaboración con Carlos Altamirano).
- (1997) *Ensayos argentinos. De Sarmiento a la vanguardia* (1983[1]). Buenos Aires: Ariel (en colaboración con Carlos Altamirano).
- (1998) *La máquina cultural. Maestras, traductores y vanguardistas*. Buenos Aires: Ariel.

Schäffauer, Markus Klaus & Walter Bruno Berg
- (1997) *Oralidad y Argentinidad. Estudios sobre la ficción del lenguaje hablado en la literatura argentina*. Tübingen: Gunter Narr Verlag.

Scheines, Graciela
- (1993) 'La peculiaridad del fracaso en la novela argentina actual'. En: Spiller 1993:271-282.

Schlickers, Sabine
- (1997) 'Oralidad construida en *Boquitas pintadas* de Manuel Puig'. En: Berg & Schäffauer 1997: 185-199.

Schneider, Arnd
- (1996) 'The Two Faces of Modernity. Concepts of the melting pot in Argentina'. En: *Critique of Anthropology* 2: 173-198.

Scholes, Robert
- (1979) *Fabulation and Metafiction*. Urbana/Chicago/London: University of Illinois Press.

Sebreli, Juan José
- (1990) *Buenos Aires, vida cotidiana y alienación*. Buenos Aires.

Ediciones Siglo Veinte.

Segre, Cesare
- (1981) *Semiótica, historia y cultura* (1977[1]). Barcelona: Ariel.
- (1985) *Principios de análisis del texto literario*. Barcelona: Editorial Crítica.

Shaw, Donald
- (1988) *Nueva Narrativa Hispanoamericana*. Madrid: Cátedra.
- (1989) 'Towards a Description of the Post-Boom'. *Bulletin of Hispanic Studies* 1: 87-94.
- (1994a) 'More Notes on the Presentation of Sexuality in the Modern Spanish American Novel'. In: Bacarisse 1994: 113-127.

Shumway, Nicolas
- (1991) *The Invention of Argentina*. Berkeley/Los Angeles/London: University of California Press.

Silvert, Kalman H.
- (1977) *Essay in Understanding Latin America*. Philadelphia: Institute for the Study of Human Issues.

Sklodowka, Elzbieta
- (1991) *La parodia en la nueva novela*. Amsterdam/Philadelphia: John Benjamin Publishing Company.

Smith, Paul Julian
- (1989) 'Fuentes, Puig, Lyotard'. In: *The Body Hispanic: Gender and Sexuality in Spanish and Spanish American Literature*. Oxford: Clarendon Press: 175-204.
- (1992) 'Manuel Puig and Gianni Vattimo'. In: *Representing the Other: Race, Text and Gender in Spanish and Spanish American Narrative*. Oxford: Clarendon Press:163-190.

Solotoresvky, Myrna
- (1988) *Literatura/Paraliteratura: Puig, Borges, Donoso, Cortázar, Vargas Llosa*. Gaithersburg: Ediciones Hispamérica.

Sommer, Doris
- (1986) 'Not just any narrative: How Romance can love us to death'. In: Balderston 1986: 47-74.
- (1991) *Foundational Fictions: The National Romances of Latin America*. Berkeley/Los Angeles/Oxford: The University of California Press.

Sosnowski, Saúl
- (1973) 'Manuel Puig. Entrevista'. En: *Hispamérica* 3: 69-80.
- (1983) 'La dispersión de las palabras: novelas y novelistas argentinos de

la década del setenta'. En: *Revista iberoamericana* 125: 955-963.

Speranza, Graciela
(1993) 'Manuel Puig: *Malédiction...éternelle... à...qui lise... ces pages*'. En: Spiller 1993:135-151.
(1995) '*Pubis Angelical*: sobre el uso del género'. En: Spiller 1995: 165-172.
(2000) *Manuel Puig. Después del fin de la literatura*. Buenos Aires: Norma.

Speranza, Graciela & José Amícola (eds.)
(1998) *Encuentro Internacional Manuel Puig*. Rosario: Beatriz Viterbo Editora.

Spiller, Roland (ed.)
(1993) *La novela argentina de los años 80*. Frankfurt am Main: Vervuert
(1995) *Culturas del Río de la Plata (1973-1995). Transgresión e Intercambio*. Frankfurt am Main: Vervuert.

Stark, John O.
(1974) *The Literature of Exhaustion. Borges, Nabokov, and Barth*. Durham, N.C.: Duke University Press.

Stavans, Illan (ed.)
(1991) *Manuel Puig*. Número especial (3) de *The Review of Contemporary Fiction*: 159-259.

Steimberg de Kaplan, Olga
(1989) *Manuel Puig, un renovador de la novela argentina*. Tucumán: Universidad Nacional de Tucumán. Secretaría de extensión universitaria.
(1995) 'La hibridez cultural en la obra de Manuel Puig'. En: Spiller 1995: 173-182.

Sternberg, Meir
(1981) 'Polylingualism as Reality and Translation as Mimesis'. In: *Poetics Today* 4: 221-239.
(1982) 'Proteus in Quotation-Land. Mimesis and the Forms of Reported Discourse'. In: *Poetics Today* 2: 107-156.

Suñén, Luis
(1982) 'Amor correspondido y juego sentimental'. En: *El País* (13 de junio).

Swanson, Philip (ed.)
(1990) *Landmarks in Modern Latin American Fiction. London*: Routledge.
(1995) 'Manuel Puig and *El beso de la mujer araña*: Sailing away on a

boat to nowhere'. In: *The new novel in Latin America. Politics and popular culture after the boom*. Manchester/New York: Manchester University Press: 21-41.

Tacca, Óscar
   (1978)   *Las voces de la novela*. Madrid: Gredos.

Terán, Óscar
   (1993)   'El fin de siglo argentino: democracia y nación'. En: *Cuadernos hispanoamericanos* 517-519: 41-50.

Thiher, Allen
   (1984)   *Words in Reflection: Modern Language Theory and Postmodern Fiction*. Chicago/London: University of Chicago Press.

Tittler, Jonathan
   (1984)   '*Betrayed by Rita Hayworth*: The Androgynous Text'. In: *Narratives Irony in the Contemporary Spanish-American Novel*. Ithaca/London: Cornell University Press: 78-100.
   (1993)   *Manuel Puig*. New York: Twayne.

Todorov, Tzvetan
   (1967)   *Littérature et signification*. Paris: Larousse.
   (1971)   *Poétique de la prose*. Paris: Seuil.

Toro, Alfonso de
   (1991)   'Postmodernidad y Latinoamérica (con un modelo para la narrativa postmoderna'. En: *Revista iberoamericana* 155-156: 441-467.
   (1997)   *Postmodernidad y Postcolonialidad. Breves reflexiones sobre Latinoamérica*. Madrid: Iberoamericana.

Torres, Fierro, Danubio
   (1996)   '*El pasado de una ilusión* y América Latina'. En: *Claves de razón práctica* 59: 52-54.

Tortella, Gabriel
   (1990)   'Las claves del atraso económico: el caso de Argentina'. En: *Claves de razón práctica* 3: 30-33.

Touraine, Alain
   (1989)   *América Latina. Política y sociedad* (1988[1]). Madrid: Espasa Calpe.

Triviños, Gilberto
   (1975)   'La destrucción del verosímil folletinesco en *Boquitas pintadas* de Manuel Puig'. En: *Acta literaria* 1: 113-147.

Van Heusden, Barend & Els Jongeneel (eds.)

(1998) *De spiegel van Stendhal.* Groningen: Historische Uitgeverij.
Varios autores
(1981a) *Organizaciones textuales (textos hispánicos). Actas del II Simposio del Séminaire d'études littéraires de l'Université de Toulouse-le-Mirail*: Publications de l'Université de Toulouse-le-Mirail, segunda parte, sección B, 'El beso de la mujer araña de Manuel Puig. La especificidad de una organización narrativa': 261-299.
Varios autores
(1981b) *Texte: L'autoreprésentation. Le texte et ses miroirs.* Toronto: Trinity College.
Varios autores
(1982) *Actes du colloque sur l'oeuvre de Puig et Vargas Llosa. Fontenay-aux-roses*: Les Cahiers de Fontenay 26-27.
Varios autores
(1986) *La polémica de la postmodernidad.* Número especial (66) de *Revista de Occidente.*
Varios autores
(1989) *Michel Foucault philosophe.* Paris: Seuil.
Varios autores
(1993) *La cultura argentina. De la dictadura a la democracia.* Número especial (517-519) de *Cuadernos hispanoamericanos.*
Varios autores
(1996) La Argentina, entre ayer y mañana. Número especial (186) de *Revista de Occidente.*

Vattimo, Gianni
(1987) *La fin de la modernité. Nihilisme et herméneutique dans la culture post-moderne* (1985[1]). Paris: Seuil.
Venuti, Lawrence
(1995) *The Translator's Invisibility.* London: Routledge.
Verdevoye, Paul (coordinador)
(1992a) *Léxico argentino-español-francés.* Madrid/Paris: Université de Paris X, Centre de recherches latinoaméricaines, Colección Archivos.
(1992b) *Discurso historiográfico y discurso ficcional* (Actas del III Congreso Internacional del C.E.L.C.I.R.P.. Río de la Plata, Regensburg, 1990) 11-12. (ed.)
(1994) *Encuentros y desencuentros* (Actas del IV Congreso Internacional del C.E.L.C.I.R.P.. Río de la Plata, Canarias, 1992) 15-16. (ed.)
Viñas, David
(1974) *De Sarmiento a Cortázar: Literatura argentina y realidad*

política. Buenos Aires: Siglo XXI.

Waugh, Patricia
   (1984)   *Metafiction. The Theory and Practice of Self-Conscious Fiction.* London/New York: Methuen.

White, Hayden
   (1978)   *Tropics of Discourse. Essays in Cultural Criticism.* Baltimore & London: The Johns Hopkins University Press.

Wood, Michael
   (1989)   *America in the Movies or 'Santa Maria, It had Slipped My Mind'.* New York: The Johns Hopkins University Press.

Yúdice, George
   (1981)   '*El beso de la mujer araña* y *Pubis angelical*: entre el placer y el Saber'. En: Rose S. Minc (ed.) 1981: 43-57.
   (1989)   '¿Puede hablarse de posmodernidad en América Latina?' En: *Revista de crítica literaria latinoamericana* 29: 105-128.
   (1991)   'Posmodernidad y capitalismo transnacional'. En: García Canclini 1991: 63-94.